ヨハネス・メスナーの自然法思想

山田　秀　著

熊本大学法学会叢書 13

成文堂

Univ.-Prof. Dr. iur.utr., Dr. oec.publ.,

Dr. h.c.mult. Johannes Messner

Professor für Ethik und

Sozialwissenschaften an der

Universität Wien

16.2.1891-12.2.1984

まえがき

本書は、書名が明示しているように、ヨハネス・メスナーの自然法思想を論じている。序章、第一章ないし第四章、及び終章の全六章から成る。そのうちの序章から第四章までは、特に第一章から第四章までは、三十年近く以前に遡る私の学位論文を下敷きにしている。終章は比較的最近纏めた論文である。その後今日に到るまでそれぞれ加筆及び修正を加えて、様々な機会に部分的に公表したものを、この度熊本大学法学会叢書の一冊として公刊するに当たり、最小限の手を加えた。簡単に、著者による解説をしておきたい。

序章において、私は、我が国で名前は知られていても、その人物像と主要著作についてはその重要性に比して知られることの少なかった、ヴィーンの社会倫理学者で法哲学者のヨハネス・メスナー（一八九一―一九八四年）について、主として時系列に従った生涯と主要思想の紹介を試みた。最初の草稿から最終稿までの時間的隔たりが四半世紀に及んでいる本章は、幸いその間研究の進展も僅かながらではあるが見られ、初稿の凡そ四倍の原稿量に拡充された。その際、エピソードも一部交えておいた。特に、メスナーの生前もその死後も世話役として生涯を捧げておられるセンタ・ライヒェンプファーダー博士から寄贈された参考文献に依拠してメスナーその人の理解に資する叙述を織り込むことが出来たのは幸いであった。大戦間の時代にオーストリア政府の知的助言者として活躍した一側面についての論述は松村恵二『カトリック政治思想とファシズム』（創文社）に見られるものの、メスナーの全体像についての叙述が乏しい現状下では本書の公刊にも何ほどかの意義が認められるのではないかと思っている。

［尚、これまでに私の師である水波朗博士によるメスナー関連の幾篇かの論文が公刊されており、現在では『自然法と洞見知』（創文社刊行）に収載されている。］

第一章で、その思想的境位という問題設定のもと、彼の思想がどのような特色を有するのかを、メスナー自身とジャック・マリタンに依拠しつつ世界観・人間観・存在把握の特徴の観点、哲学と神学の観点から、三島淑臣と水波朗に依拠しつつ自然法論の類型の観点から、そして主にアルフレート・フェアドロスと水波朗に依拠しつつ法を観念する際の対抗緊張関係に立つゲゼッツとレヒトの観点から、尋ねてみた。その多くは我が国ではあまり注目を浴びることがないのではないかと思われるが、私の知る限りでは、ヨーロッパ思想ないしキリスト教思想を共通地平としてそこから彼等が理論を展開し議論する場合に、問題の前面に出ることもあれば背景に退くこともありつつも、ほぼ常にそれとの対決をどこかの時点でしている観点である。少なくともカトリック自然法論に立つ論者のばあい、喧しい議論が現在でも熾烈に展開されていることを我が国の研究者は知るべきであろう。

次に、第二章では、その自然法論の課題と方法とを論ずる。そこでは、時代思潮を考慮した、メスナー独特の方法論が説かれている。二十歳前の私に最も強い影響を与えた学者は碧海純一東大教授であった。教授の著作に心酔しカール・ポッパーも原書で少しずつではあるが読み始めていた私は、やがて加藤新平『法哲学概論』、岩崎武雄『倫理学』等を経由して、現代合理経験主義ないし批判的合理主義から徐々に距離を置きはじめ、大学院進学の頃は方向性として伝統的自然法論に立つ覚悟を決めていた。本章の行論に僅かながらその痕跡が認められるであろう。自然法論は、そしてメスナーに代表される伝統的自然法論のばあいにはことの外それを強調しなければならないであろうが、経験を徹底的に重視してことを論ずる姿勢を堅持している。彼自身「経験的・帰納的方法」と呼んでいるその特徴は、しかし他方で「帰納的倫理学」に堕することなく、経験事実を踏まえつつ形而上学的現実を志向する

「帰納的・存在論的方法」にこそ見出される。後者の命名によって、メスナー自然法倫理学の方法が、一方では演繹的傾向の濃厚な「形而上学的・神学的な方法」から、他方では帰納的方法に徹する「経験的・歴史的な方法」から区別されることが了解されるであろう。

第三章では、自然法論の伝統を踏まえつつもそれを更に発展させたメスナー独創の一つに算えられる、均衡の取れた現実即応的な良心論を先ず紹介し、それに続いて他の分野（社会学と経験主義法哲学）のそれと若干比較させつつ、論じておいた。社会学が説く「良心」は、当該学問の方法論的な制約を本質的に伴っているため良心の全現実を把捉するものではあり得ない。又、経験主義法哲学の良心理解についても基本的には同様の問題を指摘しなければならないが、第四章で更に議論を深めることとなる。何れにせよ、著者としては、経験事実を重視してそれらと徹底的に取り組んだ伝統的自然法論の懐の深さが描けているとすれば幸いである。

第四章では、やはりこれもメスナーによる学界への大貢献の一つであると私は信じて疑わないものであるが、自然法原理、倫理原理、そうしたものが、当今よくいわれるように主観的でしかないとか、効力を有しないなどとの批判に屈するものではなく、学問的にも勿論普遍的妥当性を要求し得ることを、その「先天的総合判断」性を論証することを通じて、我々を深く納得させるところがある、このことを論じておいた。自然法原理と呼ばれるものは、結局、人間本性の恒常的、あるいは恒存的なものとして、現実在する各人の実存のうちに存在し、日常不断の生活のなかで万人によって本性適合的に（或いは洞見的に）現に生きられ、かつ洞察されて客在するものである。けっしてイデオロギー的観念的な何かの事象でも構築物でもない。この原経験を我々に提供する原社会が家族であってみれば、その重要性には格別の考慮が払われてしかるべきであろう。

終章は、メスナー自然法論の全体像を、彼の晩年の論文集に基づき描いたものである。そこでは、法哲学並びに社会倫理学で重要な諸論題（自然法の存在と認識並びに概念、自然法論の学問的性格、人権の基本問題、人間の尊厳、自然法の動態性、自然法の豊饒的可変性と根底的普遍性など）が考究されていることが確認される。全体の纏めに位置づけられ得る所以である。最新の学問成果に、そして社会の実情に学びつつ常にその認識と提言を刷新し続ける努力を惜しまなかったメスナーの全活動と生涯を導いていたのは、「大いなる神への信頼」であった（A・ラウシャー）。

センタ・ライヒェンプファーダー博士から、本年元旦に、ヨハネス・メスナー先生の写真一葉とヨハネス・メスナー協会の年次報告書同封の手紙が届いた！そこから光についての記述を三つほど、その他に短い記述を二三引用して前書きを終えたい。ここで「光」とは、無論「この世の光」、即ち、キリスト教徒を指し、従って、究極的にはキリストを暗示している。

「見目麗しい娘は若者や男どもにとっては誘惑となるものだ。だが、娘は彼女自身が善さと高貴さとの世界を体現する場合には善さと高貴さとに対する並外れた貢献を為し得るものである。そうしたら、若者や男どもは、その意志に関わりなく、尊敬の念を抱くし、ややもすれば忘れがちな善さと高貴さを再び見出す。これについて娘は多くを語る必要はない。娘はただ善さと高貴さの世界から滋養を汲み取る光でありさえすればいい。そうした光として娘は素晴らしい使徒職を果たすのである。市井で喧しく語る婦人たちよりも遙にそうである。婦人たちももちろんカトリック運動で活躍はするのだが、それにしても、静かな光はその効能は深く持続的である。」（一九五九年三月三日）

「静かな光はもっとも美しい。その召命に与る者は神に感謝しなければならない。ここのこの家（バーミンガム、オラトリオ会）において私もまた、静かな光であろうと努める。それ以上ではない。私はじっさい当地イングラン

ドでは公的に何ら影響力を有しない。そこで決定的なのは愛である。」（一九六一年五月十七日）

「静かな光は大きな音を立てはしない、大声でお喋りもしない。そうしたら静かな光ではない。」（一九六一年七月四日）

「もちろん私の如きつまらぬ者にこんな大部の書物を書き上げさせられる聖母マリアのお取り計らいを見るにつけ目を瞬かせ、驚くことである。聖母の援けなくしては全く実現しようもないことなのだから。」（『文化倫理学』公刊後、一九五四年九月二十日）

「およそ存在するもので最大の生の目標は、聖化されること。これこそ今も昔も変わらず我々の世界で最高峰である。」（一九五六年四月十二日）

「善いことにおいて進捗すればするだけ、人は真の目標、つまり完全なるものから自らがどれほど隔てられるかをより一層痛感するものである。それだから、力を落とす（mutlos）ことなく、我々が何かを為し得るのは神の援けによる外ないことを常に心得て謙遜のうちに（in Demut）働き続けるように。」（一九五七年十一月七日）

甥のルードルフ・メスナーの筆になる伯父ヨハネス・メスナーの伝記から最後の引用。

「私が死んだ後、私が必要なのはただ祈り、そして多くの祈り、時には私のつまらぬ霊のための聖ミサ。しかし、私はまだまだ生きていたいし、もっと善いことを行う力を頂きたい。」（一九五七年十一月二十三日）

Nach meinem Tod brauche ich nur Gebet und viel Gebet
und manchmal eine heilige Messe für meine arme Seele.
Aber noch möchte ich leben und Kraft bekommen,
noch Gutes zu wirken!

以上の引用は、本文で語られないメスナー先生のキリスト者としての精神面を知る縁となればとの想いから敢えて前書きに載せることにした。私のメスナー研究は、まだまだ道半ばである。今後とも更に研究を継続していきたい。常にメスナー先生の霊的な導きのもとに。

二〇一四年二月十二日

山田　秀

目 次

初出一覧

序章　ヨハネス・メスナーの生涯と著作
同名論文（南山大学社会倫理研究所『社会と倫理』第十八号）（二〇〇五年）。
第一章　メスナー自然法論の思想的境位
第一節及び第二節：「メスナー自然法論の思想的境位」（南山大学法学会『南山法学』第十六巻第三・四合併号、一九九三年）。
第三節「伝統的自然法論と近代的自然法論」：書き下ろし。
第四節：「伝統的自然法論における自然法と自然法則」『法思想における伝統と現在』（九州大学出版会、一九九八年）。
第二章　メスナー自然法思想の方法の問題――倫理学の課題と方法――
同名論文『熊本法学』第一二七号（熊本大学法学会、二〇一三年）。
第三章　ヨハネス・メスナーの良心論――良心の構造と機能をめぐって――
同名論文『自然法―反省と展望』（創文社、一九八七年）。
第四章　倫理的真理と倫理学の認識論
第一節：「倫理的真理について――伝統的自然法論の立場から――」、『法哲学と社会哲学』（法哲学年報、有斐閣、一九八六年）。
第二節、第三節、第四節：「自然法論的認識論――メスナー自然法論の一貢献――」（『法と国家の基礎にあるもの』、創文社、一九八九年）。

終章　伝統的自然法論の精華――ヨハネス・メスナー晩年の著作を中心に――
　同名論文『社会と倫理』第二十一号（南山大学社会倫理研究所、二〇〇七年）。
本書を編むに当たり、第一章第三節の書き下ろしの他は、必要な加筆訂正を施した。

序　章　ヨハネス・メスナーの生涯と著作(1)

1　はじめに

二十世紀は様々な経験をへた世紀であった。近代国家から現代国家への移行は公法学者や政治学者或いは更に経済学者に限らずおよそ国家に関心を寄せる者にとっては周知の事柄に属する。それと並行符合して経済政策についても大きな転換が図られた。しかし何と言っても、二度の世界大戦という大変な犠牲を払って、国際社会の新しい秩序の模索が始まった。今では多くの問題が錯綜しつつも「地球規模で」発生し、それ相応の解決を我々に迫っている。そうした混乱と新しい道標を求めずにはおれない時代の転換期に、「自然法の復活」が語られもした。ハインリヒ・ロメン Heinrich Rommen 風に表現するならば、「自然法の永劫回帰」die ewige Wiederkehr des Naturrechts が見られた。本書で私が紹介してみたいと考えている一人の学者、司祭、自然法論者、その人はこうした時代に、ある意味では翻弄されもしたが、しかし他の意味では真に「輝かしい」、しかしご本人の目にとっては恐らく真に「慎ましい」事績を残して九十二年という人生を全うされた。この人物の生涯をその著作と共に紹介することができることを、私は仕合せにして、且つ心から有り難いことと受け止めている。本文を読み進んでいかれる読者はその真情をご理解いただけることと思う。是非とも読者の一人でも多くの方々が、拙論を機縁にしてこの人物と著作への関心を多少とも呼び起こして下さるならば、これほど嬉しいことはない。

第一節　ギムナジウム時代まで

後年カトリック社会理論の大家(2)（katholischer Sozialethiker）ないし伝統的自然法論者（Vertreter der traditionellen Naturrechtslehre）(3)として活躍することになったヨハネス・メスナー Johannes Messner は、奇しくも、教皇レオ十三世の社会回勅(4)『レールム・ノヴァールム』*Rerum novarum* が発布されたのと同じ年、即ち一八九一年の二月十六日に、オーストリア＝ハンガリー二重帝国（Doppelmonarchie Österreich-Ungarn）のオーストリア側も西に位置するある町で誕生した。ティロール地方の首都インスブルックに近いシュヴァーツ Schwaz（Wopfnerstraße 10-damals Neumark 94）(5)においてである。シュヴァーツは、銀鉱山と銅鉱山とが近接していたことから、中世末期からあまねく知られていた町であったが、ヨハネスが生まれたころは往時の繁栄はもはや過去のものとなり、景観を呈する単なる一地方都市にすぎなくなっていた。しかし、歴史あるシュヴァーツは、感受性豊かな少年に、いつとはなしに歴史的な関心を呼び覚ましていた。

歴史的背景について、ここでは多くは語るまい。十九世紀初頭はスペインでもそうだったが［反ナポレオン戦争、一八〇八年］、オーストリアでも反フランスの気運が盛り上がっていた。一八〇九年二月に墺仏戦争が勃発した。これによってナポレオンの不敗神話は崩れはしたものの、同年十月十四日に締結された「シェーンブルン平和協定」die Bestimmung des Friedens von Schönbrunn はハープスブルク・オーストリアにとって耐え難い屈辱的なものであった。その間、ナポレオンとバイエルンの同盟軍が一八〇九年シュヴァーツを蹂躙したとき、一度は町の家屋の多くが炎に呑み込まれるのだが、この年四月にティロール蜂起が一挙に広がった。その指導者にホーファー Andreas Hofer、シュペックバッハー Speckbacher、そしてカプチン会修道士ハスピンガー Joachim Haspinger がいた[6]。母親がティロールの有名なこの「自由の闘志」ヨーゼフ・シュペックバッハー Freiheitskämpfer Josef Speckbacher家の血を受け継いでいたということも[7]、恐らくはヨハネスの歴史への関心を呼び起こすに深く与っていたであろうことは、容易に想像できる。ヨハネスが誕生したこの頃、シュヴァーツはようやく復興の兆しを見せ始めていた。

父ヤーコプ Jacob は、シュヴァーツに近い銀鉱山で働いていた。母マリア Maria は、国営の煙草工場（Warenfabrik、より一般的用語では Tabakfabrik）に勤めていた。メスナー家の人々は初めのうち銀鉱山の近くに住んでいたが、子供達（長男ヨハネス、次男ヨーゼフ Joseph、三男ヤーコプ Jakob）が国民学校（Volksschule）へ通い始める頃、つまり、十九世紀も終わりやがて二十世紀に入ろうとするその頃、町の中心部附近のフランシスコ会の教会の近くに土地附きの中古家屋を購入して引っ越してきた（一八九九年）。購入価額に修繕費ならびに改築費用、利子、税などを不足なく支払うために、家族はこれまで以上節約に節約を強いられた。入居後の最初の頃は、父親は週末に帰宅するだけで、月曜日の朝早く、というよりはむしろ真夜中の二時にはもう仕事場へ向って歩き始めるのであった。しかも、汽車を利用することもなく、とにかく六時間を歩き続けるのであった。その家族想いの父親も、子供達が高等学校に通う時分（ヨハネスはブリクセン Brixen にあるギムナジウム・ヴィンツェンティーヌム Humanistisches Gymnasium Vincentinum に通い、ヨーゼフはザルツブルクの少年合唱団員になっていた。）、享年五十三歳で死去した（一九〇九年）。それで当然家計は苦しくなるのだが、母親は以前にも増しての苦労をものともせずに、子供達が勉学を継続することを叶えてやった。父親が死ぬ間際に、「お母さん、子供達には思い通りに勉強をさせてあげなさい。諦めなければならないということがどんなに辛いことか、お父さんはよく知っているのだから。」これがその遺言であった、という。父ヤーコプは、貧しい家庭事情から、勉強したくとも、就学できる経済状況になかったのだ。結婚後も、何とか工業専門学校に通いたい、との希望をなかなか捨てきれずにいた。そうした自らの経験が語らしめたのであった。[8] メスナー家の友人であったヨーゼフ・レヒナー Joseph Lechner は、一九七四年九十一歳で他界するまで、保証人として蔭でメスナー家を支え続けた。[9]

かくして、一歳年下の弟ヨーゼフは音楽を、ヨハネスは社会科学を更に勉強していくことができたのである。ところで、若きギムナジウム生ヨハネスの社会問題への関心は、彼自身のごく身近なところから既に始まっていた。労働組合の代表を擁する煙草工場で働く母親の方が、坑夫としてそれとは比較にならぬほど苛酷な労働に従事する父親よりも著しく稼ぎがよかったのである。[10] これやそれやの類似の諸問題が機縁となって、ヨハネスは、先ずは独学でこうした社会問題に取り組むようになった。そして、そのとき彼が手引きとしていたのがインスブルック大学教授ビーダーラック Joseph Biederlack SJ[11](1845–1930)の『社会問題入門』(J. Biederlack, *Einleitung in die Soziale Frage*, 1895)であったが、ブリクセン Brixen[12]［現在はイタリア領］のギムナジウムでは、この書物は「余りにも危険な文書である」という理由で、取りあげられてしまった。

第二節　大学時代

一九一〇年にブリクセンのギムナジウム Vincentinum を卒業したメスナーは、同地の神学大学 Kath.-Theol. Hochschule[13]で神学を学ぶことになるが、そのときの社会倫理学の教授として、ジクムント・ヴァイツ Dr. Siegmund

Waitz[14]（1864-1941）［後のザルツブルク大司教］が着任した。ヴァイツによってメスナーは啓発されること大であった。彼自ら記している、「彼は、いかに多くのことどもが、将来においてキリスト教的に、あるいは反キリスト教的に決定されることになるか、ということに対する目を開いてくださったのである」[15]と。メスナーが述べるところでは、社会科学の領域の探求に彼を駆り立てた原因として、一方では、当時のオーストリア＝ハンガリー二重帝国において急速に増大していく社会不安や民族間での対立があった。他方では、「苦情の多いパトスと要求過大の社会的理想主義があまりにも信頼しすぎる数多くの当時影響力の強かった諸潮流に対面しての不愉快さ」が挙げられる。

ヴァイツ教授を通じて、メスナーは、当時ヴィーン大学神学部教授であったシントラー Dr. Franz Martin Schindler[16]（1847-1922）の『社会問題』（Schindler, *Die soziale Frage der Gegenwart vom Standpunkt des Christentums*, Wien 1905）を熟知するようになった。シントラーの学風を後任のザイペル Dr. Ignaz Seipel[17]（1876-1932）［イエズス会の高位聖職者で、キリスト教社会党の強力な指導者。第一次世界大戦後、ザイペル政府を二回成立させている。］が受け継ぎ、更にそれはメスナーに継承されていった。

さて、時代はまた一九一四年に遡ることになるのだが、第一次世界大戦の口火を切ることになった（とされる）ボスニアの青年によるオーストリア皇太子夫妻暗殺事件のあった翌日、つまり、六月二十九日に、メスナーは、ブリクセンの大聖堂にて叙階されている。二十三歳のときである。その後、一九二〇年まで彼は北ティロール地方の各地（Uderns im Zillertal, Imst, Reutte）およびインスブルック Innsbruck で助任司祭として働いた。この間、若きメスナーは、農民や農家の実生活をつぶさに知る機会を得たのだという。

第一次世界大戦が終結したとき、メスナーはインスブルックの助任司祭であった。因みに、ドイツでは助任司祭を Kaplan といい、オーストリアではこの語ももちろん遣われるが、Kooperator という語も用いられている。当時、ティロリア書肆 Verlagsanstalt Tyrolia 刊行の日刊新聞〝Tiroler Anzeiger〟に掲載されたメスナーの手になる何本かの記事が一人の高位聖職者の目にとまった。[18] エミリアン・シェップファー Prälat Hofrat Dr. Aemilian Schoepfer (1858-1936) である。メスナーの才能を見抜いたこの聖職者はメスナーに、更に法学、国家学の研究に勤しむように、と激励した。それに応えて、メスナーは再度大学で研究を深めることとなる。かくして、彼は先ずはインスブルックで法学博士の学位を（一九二二年）、その後直ちにミュンヒェンで経済学の博士号を取得することができた（一九二四年）。ミュンヒェンでメスナーは、当時令名高かったアードルフ・ヴェーバー DDr. Adolf Weber[19] (1876-1963) とオットー・フォン・ツヴィーディネク＝ズューデンホルスト Otto von Zwiedineck-Südenhorst[20] (1871-1957) に師事して国民経済学を学んだ。ヴェーバー研究室からは多くの有能な社会科学者がでているが、メスナーもそのうちの一人である。彼は、博士論文として『W・ホーホフのマルクス主義』W. Hohoffs Marxismus—Studien zur Erkenntnislehre der nationalökonomischen Theorie—, 1925 を書いた。これは生前はついに公刊されることはなかったが、最近著作集に収録された。[21] 経済史研究においては、ヤーコプ・シュトリーダー Jakob Strieder[22] (1877-1936) がメスナーに刺激を与えた。しかし、マックス・ヴェーバー Max Weber (1864-1920) こそが、学問的営為の上で果たすべき方法論の意義をメスナーに教えた師であった。[23] なお、個人的な面識はなかったようであるが、マックス・シェーラー Max Scheler (1874-1928) からの影響も甚大であること、メスナーの著作を播く者の眼には明らかであろう。

後に大著『文化倫理学』を執筆するに至った社会倫理学者にして伝統的自然法論者ヨハネス・メスナーは、この時期に、文化史、音楽、演劇、オペラといった様々な分野に旺盛な興味をもって取り組み、その広やかな基礎の上にたって着実な研究に、身を粉にして従事したのであった。

第三節　学界デビューからイギリス亡命前夜まで

一九二五年シェップファーは、ティロリア出版社刊行の文化・政治・国民経済のための週刊誌『新国家』*Das Neue Reich* の編集長としてヴィーンに来てくれるよう、メスナーに要請した。彼はそれを受諾し、同年から一九三一年まで同雑誌の編集長として勤務した。[24] その後、一九三一年から三六年にかけては月刊誌『麗しき未来』*Die schönere Zukunft* の編集に携わり、更に、三六年から三八年に至るまで、シューシュニック首相の依頼に応じて、メスナーは『文化と政治のための月刊誌』*Monatsschrift für Kultur und Politik* を編集、発行している。[25] このようにして、全世界に普及している雑誌編集に携わっていたことがメスナーの学問的業績に好影響を及ぼしたことは、推測するに難くない。その間彼はあらゆる種類の文化問題に親密に接し、関わることになった。

『社会経済学と社会倫理学―体系的経済倫理学の基礎づけのための研究』*Sozialökonomik und Sozialethik, Studie zur Grundlegung einer systematischen Wirtschaftsethik*, 1927.

ザルツブルク大学神学部に教授資格請求論文として提出した本著によって、メスナーの名は広く知れ渡ることになった。彼の師アードルフ・ヴェーバーは、この著作を国民経済学的倫理学（ないし倫理学的国民経済学）にとって先駆的な業績である、と高く評価した。実際そこでは「理論的探求によって得られた諸成果を批判的に解明し、最善のものを取り出し、それを実際に追求されるべき社会秩序のための基礎とする」（デーゲンフェルト＝ショーンブルク）ことに主眼が置かれた。[26] この論文は、メスナー自身の言葉を引用すると、「われわれの時代に課せられた、疑いもなく重大で急務の社会倫理学の諸問題を解決するために、新しい国民経済学が寄与する意義」を提示しようとしたのであった。メスナーの後継者であるヴァイラー教授によると、メスナーはこの著作において、社会生活の一領域の倫理問題、つまり、経済倫理の諸問題を「分析的に経験および経験諸科学から説き起こし、原理から説き始めはしなかった」のである。[27]又、本書においてメスナーは、共同善を中心に据えた真の意味での「社会倫理学」、学問としての社会倫理学の樹立を志向した。[28]後に、アルトゥル・ウッツも同じ姿勢で社会倫理学体系の樹立に貢献している。[29]

教授資格請求論文『社会経済学と社会倫理学』発行の翌年、つまり一九二八年、メスナーはザルツブルク大学の私講師となった。三〇年にはヴィーン大学キリスト教社会理論の私講師、更に三五年からは同大学カトリック神学部の倫理学及び社会科学の員外教授として活躍した。この時期（一九二五年～一九三八年）には、既に触れたように、メスナーは『新国家』や『麗しき未来』などに多数の小論文を寄稿している。

しかし、この時期における最重要な著作は、何といっても、大著『社会問題』である。[30]六七二頁にも及ぶこの初版は、『現代の社会問題』*Die soziale Frage der Gegenwart* というタイトルで、一九三四年にティロリア書店から出版され、三八年までに五版を数えたものである。ナチスによって一九三八年に発行禁止処分を受けたこの著作[31]において、メスナーは、資本主義と社会主義双方について、その歴史的展開過程、哲学的世界観的基礎を論じ、しかる後に、経済、社会、国家、文化といったそれぞれの場面で両者がもたらす諸問題に対して社会批判を下しており、そうした社会問題を克服する道として、キリスト教的社会改革を提示している。その後さらに拡充された形で七四二頁にも及ぶ新版として一九五六年に、約二十年ぶりに刊行された第六版の副題「昨日の誤った道、今日の社会闘争、明日の世界決断を視野に組み入れて」„im Blickfeld der Irrwege von gestern, der Sozialkämpfe von heute, der Weltentscheidung von morgen" は、メスナーの観点をある意味で端的に表示するものといえよう。なお、本書の基本的な視点は何ら修正変更されることなく、また、変更の必要なく、後の『自然法』に継承されている、とメスナー自身が証言している。

この時期には、右に挙げた著書等の外、一九三四年七月二十五日首相官邸を襲撃した武装集団 NSDAP（National-sozialistische Deutsche Arbeiterpartei）によって暗殺されたドルフース首相 Dr. Engelbert Dollfuß（1892-1934）についての本がティロリア書店から翌年には出版されている。[33] 更に、その翌三六年には、これも重要著作に数えられる『職業身分的秩序』*Die berufsständische Ordnung*, 344S. が公刊された。それらのほか、この時期に公刊された小冊子、論文、あるいは記事の数は、七〇篇を下らない。[32]

第四節　亡命生活と二大主著の成立

激動の時代であった一九三〇年代は、メスナーの身にも降りかかってこない訳がなかった。周知の通り、一九三三年一月、ドイツではヒトラー Adolf Hitler（1889-1945）率いるナチス（Nationalsozialismus 民族社会主義、或いは国家社会主義）が政権を掌握した。それと呼応するかのごとく、オーストリア国内でのナチスの活動も増大してきていたため、いやそればかりか、マルクス主義的社会主義者らも武力革命を公言している状況下、時のドルフース首相は独裁への道を歩まざるを得なくなった。一九三四年にはいわゆる二月事件が起こり、その後八月にはオーストリア、ハンガリー、イタリア三国間でローマ議定書が調印された。これによって、オーストリアは、実質的にはイタリアの衛星国のようになった。ドルフースがオーストリア＝ナチスに暗殺された後、その後任としてシューシュニック Dr. Kurt von Schuschnigg[34]（1897-1977）が登場したが、彼の政府は、キリスト教社会党と護国団 Heimwehr の不安定な連合政府でしかなかった。一九三五年十月イタリアがエチオピアに侵攻し、翌年にはスペイン内乱にこれまたイタリアが介入するにいたって、フランス、イギリス、イタリア間のストレーザ戦線は崩壊し、これによって結局イタリアは全体主義国家としての同胞をナチス・ドイツに見出すこととなった。ムッソリーニ Benito Mussolini（1883-1945）の意向を受けて、シューシュニックは、三六年七月十一日に独墺協定に調印した。この協定は、実際には「オーストリアの平和的なナチス化を準備[35]」するものでしかなかった。一九三七年九月ムッソリーニがドイツを訪問してヒトラーにオーストリアでの行動の自由を認めるにいたり、ドルフース＝シューシュニックの外交路線はここに至って完全に崩れた。

かくして、オーストリアは徐々にヒトラーの圧迫に屈していき、最後の試みとしてシューシュニックが提案した「オーストリア独立に関する国民投票」もヒトラーにより無期延期とされ、シューシュニックの辞任、親ナチス派たるアルトゥル・ザイス＝インクヴァルト Arthur Seyß-Inquart[36]（1892-1946）の首相就任をみる。一九三八年三月十二日にはドイツ軍がオーストリアに侵入し、翌十三日には早くもいわゆる「独墺合併」der erzwungene „Anschluß" Österreichs an Hitler-Deutschland が成立した。旧政府指導者、キリスト教社会党や社会民主党の重要人物、並びにユダヤ人らおよそ七万人が逮捕された。メスナーは、遅滞することなく三月十一日夜から翌日にかけて、政治前地における活動に関係しそうな手紙や記録類を残らず焼却している。

一九三八年五月三十一日には早くもメスナーはナチスによってその教授職を解かれ、ヴィーン大学構内への立ち入りも禁止されている。前に触れたドルフース首相に関する一九三五年刊行の例の書物がナチスの反感を惹起したのであった。六月四日に、ヴァイツ大司教の下ザルツブルクに一時身を寄せた。しかし、七月二十四日から翌日にかけての深夜、モスクワ放送が、ヨハネス・メスナーは既に当局によって逮捕されている模様との放送を流しているのを耳にする。じっさい同日、ゲシュタポは、メスナーの実家を捜索しているのだ。ヴィーンのメスナー居所は、その前日には既に捜索を受けていた。大司教は、強制収容所での生活は二年だろう、と踏んだ。しかし、メスナーは、自分の健康・体力はそれに耐えられない、と考えた。迫り来る逮捕から逃れるべく、メスナーは幾人かの援助を受けて、即ち、ヨーゼフ・レヒナーとエルナ・リッペルト Frau Erna Rippert（メスナーが記事を書くときのタイピスト）の援助を得て、先ずスイスに渡り、更にイギリスへ亡命した。(37)

七月二十六日、ヴィーンからメスナーの許にヨーゼフ・レヒナーとエルナ・リッペルトがやって来た。メスナーの逃亡を助けるためである。オーストリア・ナチスは、ドルフース暗殺四周年を祝っている最中だった。国境は夜通し警戒されていた。しかし、三人は無事脱出することができた。警備員は、そのとき見て見ぬ振りをしたのだった。(38)

ドルフースは首相の在職中にナチスによって暗殺された。時の首相シューシュニックも、実質解任、ナチスによって強制収容所へ送られたが、幸運にも連合軍によって一九四五年に解放され、その後米国で活躍した。シューシュニックは収容所生活を七年間送ったわけである。メスナーにもナチスの魔の手は、このように確かに既にそこまで伸びていたのであった。

亡命先のイギリスでは、メスナーは、有名なニューマン枢機卿によって設立されたバーミンガムのオラトリオ会に第二の故郷を見出すこととなった。苦労も多かったが、援助者もいた。メスナーは英国でドイツ語を話す信者のためのミサを立てた。そして、何よりも彼自身が身につけていた藝術の素養が身を助けた。オルガニストとして何某かの収入を得る道が得られたと同時に、ミサ時の寄附金にも助けられたのである。(39)

彼は、終戦後ミュンスター大学から社会倫理学、キリスト教社会理論講座の教授への招聘を受けたが、これを謝絶して、一九四九年に祖国に帰った。その後も、毎年ヴィーンとバーミンガムの両都市において仕事を、いわば二分して行ったのである。ともかく、イギリス滞在は、それはなるほど強要されたものではあったが、メスナーの学問形成によい意味で多大の影響を及ぼした。即ち、彼はアングロ・サクソンの文献に精通すればするほど、そこにおいて経験 Empirie bzw. Erfahrung のもつ意義の重大さを認識するようになった。英国滞在は、既に見たように、メスナーにとっては強要されたものであった。しかし、この亡命生活という時期がなかったならば、メスナーの主著二冊は誕生し得なかったのであるから、それを考えると、これも神の深い思し召しだったのかも知れない。メスナーの胸中では、社会的現実在への認識と洞察、社会的諸次元・諸秩序の相互連関や精神的倫理的基盤を統一的観点のもとで、即ち、自然法を引証することによって、総合するという構想が徐々に明瞭に姿を現して来たのであった。[40]

『自然法』第五版への序文にはつぎのような件がある。[41]

長期に及ぶイギリス滞在とイギリス経験論の思考様式に精通したことがこの書物［の執筆］に存分に役立っている。―それというのも、そこでは常に直接的経験から出発するのであって、確実なものと認められた諸概念や教説からは出発しないのだから―ということを、この書物で取り扱われている様々な領域の著名な学者達が証言している。

また、『文化倫理学』の冒頭にも、メスナー自然法論の特徴を明瞭に示す次のような発言が見られる。[42]

すべての学問がそうであるように、倫理学もまた同様に、経験事実から出発しなくてはならない。

更に、数ページ後に出てくるメスナーの言葉を引用しておこう。[43]

倫理的意識事実を把握し、できるだけ正確に記述することが、少なくともその基礎を本気で経験自身に求めようとす

る限り、学問的倫理学の課題である。

尤も、メスナーは、既に『社会経済学と社会倫理学』に関するヴァイラー教授の証言にみられるように、原理から概念演繹的に論を展開するという硬直した学風ではなかった。司牧活動における現場との接触も貴重であった。更に、社会問題関係の雑誌の編集発行に携わったこともメスナーの研究姿勢に大きく影響している。それにしても、英国経験論の思想様式に直接触れる好機をメスナーは見逃すことなく、英国滞在のおよそ十年間（クローゼによれば、一九四〇年から四八年にかけて）を費やして、この主著『自然法』（初版、九五一頁）の完成に取り組んだのであった。本書は、先ず、英訳本（*Social Ethics—Natural Law in the Modern World*, B. Herder Book Co., St. Louis (U.S.A.)-London, 1. Aufl. 1949 : 1018S., 3. Aufl.）が一九四九年に、それに続いて翌五〇年に原著ドイツ語版が出版された。初版も第二版もたちまち売り切れたという。原著の正式なタイトルは次のごとくである。

Das Naturrecht-Handbuch der Gesellschaftsethik, Staatsethik und Wirtschaftsethik.

即ち、『自然法—社会倫理学、国家倫理学、及び経済倫理学の手引書』である。本書は、ドン・ボスコ社から水波朗、野尻武敏、栗城壽夫訳で出版され（ソフトカバーの四分冊版、及び、ハードカバーの上下二巻版）、何れも、間もなく完売している。

メスナーは、こうして「英国にあって、第二次世界大戦勃発の頃、今日の世界情勢に適合した自然法倫理学樹立のための努力」[44]を開始したのであった。それも「実存的諸目的」die existentiellen Zwecke[45]という独得の用語を考案してのことであった。

ここで、国際法学者および法哲学者として世界的に著名なアルフレート・フェアドロス Dr. Alfred Verdross[46] (1890-

1980）元ヴィーン大学教授による本書の評価を記しておこう。[47]

新スコラ学派の法哲学の包括的な著述をわれわれは、一八九一年生れのヨハネス・メスナーにおいて初めて見出すことになる。

フェアドロスは、その後公刊した『静態的且つ動態的自然法』においても、メスナー『自然法』に格別の関心と敬意を払って引用している。[48]

この時期にもう一つの大著『原理倫理学と個人倫理学によって基礎づけられた文化倫理学』*Kulturethik mit Grundlegung durch Prinzipienethik und Persönlichkeitsethik*, Tyrolia Verlag, Wien 1954, 681S. が出版された。本書を書き上げることは、メスナーにとっていわば天命であった。幼い時分から彼の関心は非常にさまざまな文化の表現様式に向けられていた。大学生時代には、文化史、音楽、演劇などの諸科学を学んでいたし、またイギリスでは、文化史、文化社会学、文化人類学といった領域における豊富な経験素材を収集した上でそれらを消化吸収することができた。本書は、『自然法』と並んでメスナーの二大主著と呼ばれるに相応しいものであり、自然法（論）の基礎理論の詳細な記述については、メスナー本人が『文化倫理学』の第一巻「原理倫理学」を参照するように、と指示している。[49]

この時期にコンパクトな自然法倫理学体系の書物も公刊されている。『倫理学—全倫理学の教科書』（*Ethik- Kompendium der Gesamtethik*, Tyrolia Verlag, 1955, 546S.）がそれである。本書は、メスナーの二大主著のエッセンスを抽出して彼自らが纏め上げたものである。従って、メスナー自然法倫理学の最も信頼できる簡約版である。七巻から構成されている本書の内容は、「原理倫理学」、「個人倫理学」、「文化倫理学」、「法倫理学」、「社会倫理学」、「国家倫理学」、

「経済倫理学」となっており、本文凡そ五〇〇頁余りの中に、メスナー自然法倫理学体系の全貌が凝縮されている。

かくして、文化倫理学は多義的な概念となる。即ち、文化倫理学は、「本来的自己における人間の自己実現の秩序」[50]としての自然本性的秩序と解された倫理性を基軸に据えて展開された自然法論的体系という意味では、倫理学の一部門を成すに止まらない。他方ではしかし、個人倫理学、法倫理学、社会倫理学（狭義）、国家倫理学、経済倫理学、国際（法）倫理学、そして今日では環境倫理学や生命倫理学をも当然挙げねばなるまいが、これらと相並ぶ狭義の文化倫理学でもある訳である。[51]

『文化倫理学』が出版された同じ年に、つまり一九五四年に一〇〇頁ほどの小著が著されている。

『英国における社会主義の実験』（*Das englische Experiment des Sozialismus—Auf Grund ökonomischer Tatsachen und sozialistischer Selbstzeugnisse dargestellt*— Wien 1954, 106S.)

本書は一九四五年から五一年にかけての社会主義による社会政策の実験を批判的に経験したことから成立した。[52]それは控え目な領域ではあるが、社会化の問題に関する文献として定評のあるものである。その他、『自然法』が出版されて後の十年間におよそ四十篇の論文が執筆されている。そのうちの幾つかを次に掲載しておこう。

「経済法則と自然法則」（Wirtschaftsgesetz und Naturgesetz, in Festgabe für Adolf Weber, Duncker u. Humblot, Berlin, 1951, 168-188.)

「経済理論それとも福祉理論」（Wirtschaftstheorie oder Wohlfahrtstheorie, in Festschrift für Ferdinand Degenfeld-Schonburg, *Wirtschaftliche Entwicklung und soziale Ordnung*, Verlag Herold, Wien, 1952, 93-104.)

「自然法は実存的秩序である」（Naturrecht ist Existenzordnung, in *Archiv für Rechts- und Sozialphilosophie*, Hermann-Luchterhand Verlag, Neuwied / Rh.-Berlin, 43, 2, 1957, 187-210.)

「実定法に内在する自然法」（Das Naturrecht im positiven Recht, in *österreichische Zeitschrift für öffentliches Recht*, Springer Verlag, Wien, 9, 2, 1958, 125-150.）

このうち「経済法則と自然法則」については、野尻武敏教授による紹介が既になされている。[53]「自然法は実存的秩序である」ならびに「実定法に内在する自然法」の両論文は、主著『自然法』の改訂に際して、補充加筆されて十分活かされている。

一九四九年以降（クローゼによれば一九五〇年以降）メスナーは、ヴィーン大学に復帰している。但し、既に述べたように、春と夏、即ち、夏学期は本人の希望により、以前同様バーミンガムで学問的活動に従事していた。一九五六年にヴィーン大学の正教授に就任すると同時に（六十五歳！）、同大学から名誉神学博士、翌五七年にはブライスガウのフライブルク大学から名誉政治学博士、六一年にはルーヴァン大学から政治社会学名誉博士の各称号を授与されている。そして、一九六三年に七十二歳でヴィーン大学を定年退官した。

第五節　自然法の現実在と作用様態

ここでは、あまり煩瑣にならない程度でメスナー自然法思想のうち基礎的なものを『自然法』及び『文化倫理学』という主著二冊を参照しながら、思い切って自由に要約紹介しておきたい。

自然法は、人間一人一人の存在に内在し、これを生かしている生命の法則である。法則であるからには、規則性が見られる。なお且つ、それは人間的存在の生命法則であるから、それに則する限り人間は人間である限りにおいての存在充足を図ることができる。他方、それに反することによって自らの存在を喪失する。その意味では、この自然法は、存在法則でありつつ、同時に当為法則でもある。これは近現代イデオロギーに染まった者の目には、とくに学識あると思い上がっている者の目には理解することが困難な事態に映るかもしれない。否、そうとしか考えられないことであろう。しかし、日常生活を人類は「学識」があろうがなかろうが、それとは無関係に送って少なくとも何十万年も生き抜いてきているのである。その日々の生活の中で「自然法」を生きてきているのである。この厳然たる事実は片時も忘れてはならないであろう。この意味で、「自然法」と「自然法」観念ないし「自然法」思想とは区別されなければならない。より一般的な用語を用いるならば、「倫理」と「倫理学」とは区別されるべきである。難しい神学的、哲学的な理窟を弄することのない多くの信心深い人々が昔も今も変わらず生きている現実を想うべきである。

ところで、人間における「自然法」は、生命法則ではあるが、それは単なる生物学的ないし動物的次元に閉じ込められた生命法則ではなく、正に「人間の」生命法則である。即ち、「理性的意志」に浸透された生命法則でもある。それを、メスナーはトマスの伝統に繋がりを保ちつつ、展開してみせた。人間本性の法則である自然法の二義性がここに登場する。これについては、以下に「良心」と関連させながら若干説明しておこう。

メスナーの自然法思想全体を根幹で支えているのは、その良心論である。その特徴は、これまたトマスの伝統を尊重しながらも、それを現代的に展開したところに見られる。その要点は、次の通りである。メスナーは人間の原本的体験としての良心を、先ずあるがままに把捉しようと努力する。そして、良心が「原本的」倫理的体験であるからには、この良心にその自然法思想全体を定礎させない手はないであろう。これをメスナーは実行して見せたのである。その際、メスナーは、聖トマスに由来する良心論を現代的に鍛え直して展開した。トマスの基本的良心把握にある synderesis（善悪に関する根源知、「良知」と一応訳出される）と conscientia（良知の個別具体的事例への適用判断、「良心」と訳出される）の区別を踏まえて、後者を更に詳説した。

ところで、トマスの良知をメスナーは「良心洞察」と言い換えるが、そこで注目されるのは、理性に開示される倫理的・法的諸原理は、第一に「ごく一般的」であること、第二に、その一般的である原理ですら「生得的」angeboren ではなく「獲得的」erworben であること、第三に、「根源的直接的良心の洞察」と「哲学的ないし学問的認識」の区別に関する指摘である。それによって、メスナーの自然法論は、はっきりと近代的な理性主義的な啓蒙自然法論から区別される。これは、トマスの良心を「良心判断」と名付けて、通常良心とか良心の声といわれている事態が、実は、実践理性の第一原理を把捉する良心［＝トマスの良知、メスナーの良心洞察］と事実判断とに基づいて下される演繹判断［＝トマスの良心、メスナーの良心判断］である、ということを教示している。

良心において現れる倫理法則は自然法である。そこでこの自然法を次に「人間の理性的本性に内在し、これに適合した行為を惹起するための作用様態」と捉えた上で、この作用様態が、「良心の洞察」及び「良心の推進力」として発現することが論じられなければならない。(54)

ここで倫理と倫理学、権利と権利観念、自然法と自然法思想、こうした問題について、少し具体的に解説しておこう。さもないと、読者はあまりに抽象的に過ぎて一体それは何を具体的に指しているのか、意味しているのか、戸惑われるであろう。その様子がじゅうぶん予想されるからである。

そこで先ず、妊娠中絶というホットな問題を取り上げよう。(55) いわゆるプロ・チョイス［＝両親の、殊に女性の恣意的（?!）自己決定を優先すべしとする立場］が主張する妊娠継続を法的に義務づけることは女性の身体の不可侵性を侵害する、という一つのテーゼに対して、胎児が母胎内にあることは自然本性に適った正常な状態であり、そこには女性の身体［母体］の不法な侵害は認められない、というプロ・ライフ［＝人間である限りすべての者の生命を尊重すべしとする立場」の側からのアンチ・テーゼが今ここに提示されているとしよう。その場合私はアンチ・テーゼを是とする。何故か。母親となるべき妊娠中の女性と母胎内で生命活動を開始している胎児とは決して権利衝突する存在でない、[56]と基本的に考えるからである。これに関しては、秋葉悦子富山大学教授の次の発言が示唆的である。[57]

しかし、中絶に関してはことさらこのような高度な道徳的能力を持ち出すまでもなく、女性は自然本性的に中絶を幸福として志向することはない、という論証から中絶を幸福追求権として位置づけようとする見解に対して異議を唱えることもできる。グレンドンはエリクソンを引用して、女性は自己の胎内の命に対して敵対感ではなく、連帯感、一体感を抱くことを指摘している。

この引用文は、きわめて大切な指摘を含んでいると、私は思う。何故か。何となれば、「学問的な営為」が「健全な常識」から離反して人間が本当に幸福になれる筈などあり得ないからである。この単純な、極めて簡明なことに対する、直覚的・直照的な認識を、自己の理性的本性に融合したままでの認識を人は誰でも有している。それを真っ先に我々は想い起こすことが何よりも大切ではなかろうか。もう一つ述べておくと、母親の自己決定ないし両親の合意に基づき妊娠中絶が実施されたという場合、胎児を除く当事者が如何程その正当性を信じていようが、それは存在論的に見る限り、どこまでも「違法な」所業であり、故意の行為に外ならない。誤って思念された権利不存在という確信は、権利存在及びその効力を無効にできないからである。ここでも権利の存在とそれについての意識や観念は区別されなければならない。メスナーの倫理学、自然法倫理学は、言うまでもなくそうした姿勢で貫かれている。詰り、倫理と倫理学、直接的経験と間接的経験、そうした区別と連関を踏まえて、人間本性の内発的な成長を目指すのである。しかも、その働き、即ち、人間本性に内在する理性に浸透され内発的に作動するこれこそ自然法に外ならないが、その働きに即して認識があるのである。(58)（実は簡素の哲学たる陽明学は、その意味でメスナー自然法論と根底において符合するところがあり、又、王陽明晩年の四言教はトマスの synderesis, conscientia 論と比較対照して考察するならば極めて興味深い主題であると私は考えている。）

従って、私は、具体的事情下で「妊娠中絶」が実施された場合、そこには多くの場合おそらく宥恕すべき様々な事情が実際あるであろうから［網羅的ではないにせよ、私もそれらの幾つかは承知している］、それによって緊急避難の問題が発生することが十分予想されるし、更に事情によっては、期待可能性不存在により不可罰とされることがある、という法理を基本的に採用すべきものと、考える。それ故、一般的に、母体保護法のゆるい解釈で、違法性阻却を具備するが故に合法、という考え方には私は俄かに与し得ないのである。メスナー自身はこの問題に直接発言していないが、その趣旨は、このように展開されることになるであろう、と私は推して考える。

附言しておくと、ここには個別特殊的事例における問題への具体的取組とその妥当適切な解決という次元と、一般的普遍的規則による制度的取組という次元とが相互に緊密に関わりあって影響していることが留意されなくてはならないだろう。制度的問題を個人的特殊問題で、況や「自己決定権」などという主観的曖昧な用語によるイデオロギー的正当化によって置き換えることは許されない、と言うべきではなかろうか。(59)尚、念のために言い添えておくと、ここで原則違法か合法か、それとも責任阻却か否かを殊更に区別して説くことが可能となる前提として、客観的違法性論が承認されていることは言うまでもない。

次に社会集団の中でも格別の位置を占めると了解される国家的集団について考察しておこう。(60)

人間は、既に述べたように、本性に印刻され内在する理性に浸透され内発的に作動する働き、即ち、自然法（本性法則）に基づいて、自己の存在充足に資する様々な社会集団を形成してその中で自己充足を図ってきた。人類が出現して以来この事実は不動であるだろう。それら社会集団が凡そ人間本性に定礎されて存在するに到るものである以上、それら社会集団は何かしら「客観的に実在するもの」であるに違いあるまい。それらは少なくとも恣意的ではあり得ないであろう。しかし、その存在充足度からみるならば、決して人間的存在に優位するものではあり得ない。これを哲学的な術語を用いて言えば、人間が「実体的存在」であるのに対して、社会は「偶有的存在」である、ということである。(61)しかも、人間が霊肉一体的存在であることを鑑みるならば、社会集団的存在の極く基本的な事項については、人々の間で暗々裡の了解が存在すると見なくてはならない。それに根拠を得つつ具体的社会集団形成の人為の業が成立し得ると考えられるからである。この最根底的了解を、メスナーは「ア・プリオーリな総合判断」(62)あるいは「法的・倫理的アプリオーリ」(63)と名付け、又、メスナー学派の水波朗博士は、「本性適合的認識」と呼んだ。(64)

この実体的存在と偶有的存在とに対する洞見知に定礎されて、補完性の原理という存在論的事態、並びにこれへの洞見があり、人間のための社会、人間のための国家という認識がある。それにしても、人間本性に深く織り込まれた「社会生活への傾動」があるお蔭で、人間は現実に社会生活を営むことができた訳であって、これは決して個人主義や個体主義、要素主義が説くような、個々人の意識的契約によって始めて存在し、機能するといったものではない。こうしたことを、メスナーは、人間の個人的・社会的本性、更には「意思疎通及び協同」Kommunikation und Kooperation に連関させつつ、特に「補完必要性」と「補完可能性」という観点を導入してこれを詳しく説いている。(65)こうした社会的本性に促されて、元々は人間本性の要請要求を満たすために成立してくる様々な社会集団は、しかし夫々の単位でみた場合それなりの存在充足を果たし得ていたとしても、集団相互間での相剋対立があるであろう。それらは全体的統一へともたらされなくてはならない。そしてこの任を負うのは、何か「主権性を帯びた社会集団」でなくてはならないであろう。それを、伝統的自然法論では「完全社会」societas perfecta vel perfecta communitas と呼んできた。メスナーの場合には「総体社会」（ないし「全体社会」）Gesamtgesellschaft である。要するに、（歴史的には様々な形態を採り得るところの）国家という権威的な社会である。全体としての社会は、個々人及び部分社会から成り立っている。そして、それらは国家において統一されている。国家と呼ばれる社会集団において各人が夫々の自己充足を果たし得るということ、このことが共同善の重要な内容であり目的でもある。何故なら、国家が共同体として、即ち、共同存在として現に存在し得ている限りにおいて、それは国家目的たる「共同善」、即ち、「公共の福祉」を実現しえているからである。共同善は、その本性からして「援助」である。しかも、飽くまでも、「社会成員―個々人及び社会集団―が自己の使命を果たす上での援助」なのである。[66] 従って、国家と社会とは確かにその存在目的の性格に着目して区別することが出来るし、またそうされなくてはならない。国家目的は共同善、社会目的は個別善、と言うことができる。又、次のようにも表現可能である。[67]

国家は万人の協同を通じて果たされるべき生存使命に基づく、人々の社会生活の統一体である。「社会」は、個々人、集団、共同体が夫々に負っている生存使命に基づく人々の社会生活の多様性（多元的構造体）である。

ここには、伝統的自然法論に特有の認識が見られる。即ち、多元的社会論であり多元的国家論である。しかし、それは英国流の平板で横並びの多元論とは勿論異なる。国家の主権性、完全社会性を踏まえた上でのそれだからである。ここでもアナロギア的な現実在即応的態度が見られる。追加的説明を施しておくと、国家と呼ばれる社会集団は、それに論理的に先立つ諸社会集団なくしては存在し得ないものである。その意味で、国家は本質的に多様な社会的諸集団によって形成される「多元的構造体」である。従って、その多元性を犠牲にし、これを抹殺しては国家の存在そのものがあり得ないのである。

国家の課題としての社会政策に関わる問題を、補完性原理との連関で次に略述しておこう。(68) それはいわゆる福祉国家と連動してくる問題でもある。人間は自己の存在充足を遂げるために、メスナーの用語を使うと、「実存的諸目的」を実現するために、それに好都合な一定の物質的諸条件を必要とする。しかしそうした諸条件が自力ないし自発性に頼っていては整備できない場合はどうなるのであろうか。それこそ人間が社会的に結集して「社会的協同」を通じて実現しようとする目的に外ならない。それを有権的且つ効果的に引き受けるのが国家である。従って、人々がその人間的存在充足を自力・自発性によっては果たし得ない場合に国家がその条件を創り出し自己実現の支援をする。その方途がいわゆる「社会政策」として登場する。つまり、社会政策は、連帯性原理と補完性原理との兼ね合いの中で共同善原理に根基して採られるべき国家の課題である、ということになる。そこで「社会政策」Sozial-politikとは「物質的及び文化的共同善への参与において不利な状況に置かれた社会集団を支援するために採られる国家の措置(69)」であるというメスナーの定義が了解されるであろう。このように見てくると、社会政策には自ずから自然法論的な限界が存在することになる。勿論具体的場面でその限界を見極めることは至難ではあろうが、少なくとも大筋においては次のように言い得るであろう。(70)

国家の全権は、共同善に基礎を有する国家の義務が終わるところで終わる。社会政策にとっても一般的補完性原理は妥当するのである。

ここから更に派生してくる諸基準がメスナーによって展開されているが、その中の一つは、ここで紹介するに値するものと思われる。

共同善実現を目指しての国家の使命〔国家の福祉的機能〕及び補完性原理に拘束されているからには、社会政策が自己目的であり得ないことは明白である。社会政策は、畢竟、「不利な立場におかれた人々（集団）の自力を再興させることによって、彼らが自己責任において社会的協同に参加しつつ実存的諸目的とともに課せられた課題を遂行できるようにすること」を最上の目標としている。(71) このように、当座の必要〔不利な立場に置かれた集団への直接的な援助〕に応えるべき社会政策は、より長期的展望のもと禍悪の抜本塞源を狙う「社会改革」Sozialreform に定位していなくてはならない。個々人の自発性を尊重したこのような社会政策観は、それが経済的共同善実現という経済政策と整合的であることをも要求するのである。かような基本思想に基づく自然法論的国家観によれば、国家はもともと共同善課題を負ってそれを実現する限りで充足して存在するのであるから、「福祉国家」Wohlfahrtsstaat である。しかし、それは「社会的福祉国家」der soziale Wohlfahrtsstaat ではあり得ても、決して「社会主義的福祉国家」der sozialistische Wohlfahrtsstaat や「供給国家」Versorgungsstaat ないし「扶養国家」Fürsorgestaat などではあり得ない。計画経済などは、メスナーやウッツといった伝統的自然法論者にとっては論外であった。(72)

人間本性の規定性としての自然法は、このように、人間存在に内在し、その存在充足を左右する存在・当為法則であり、人間生活の広範な領域でその真価を発揮しているのである。しかも日常生活において不断に働いているが故に、万人の事柄であり、太古から今日まで、又、洋の東西を問わず、(73) 普く作動しており、愚夫愚婦にも知られて生きられてきたものである。それは本節でその一部を瞥見したように、たしかに個人生活の領域でも、社会生活、経済生活、国家生活何れの領域でも厳然として作用力を発揮しているのである。

第六節　一九六〇年以降と司祭としての活動、その人柄

さて、我々はここで第四節からの継続作業に戻ることにしよう。主著が成立した実り豊かな一九五〇年代を後にして、メスナーは一九六〇年代に、即ち、彼の七十歳代にどのような学問活動を行ったであろうか。本節では、先ずそれについて簡単な解説を施し、次いで司祭としての活動、更にその人柄に照準を当てていきたい。

『現代社会学とスコラ的自然法』*Moderne Soziologie und Scholastisches Naturrecht*, Wien, 1961, 47S.

本書は、小著ながら、自然法の存在とその認識の問題、自然法の基礎付けの問題や、歴史の中における自然法、言い換えれば、自然法の歴史性と可謬性、更には発展といった、自然法をめぐるさまざまな問題が簡潔に叙述されているので、これまでメスナーの作品に触れたことのない人々にとっては、(原文がドイツ語であるという点を括弧に入れて考えるならば) ある意味で至便の著作である、と言えよう。

フランツ・ヒッツェ Franz Hitze (1851-1921) 歿後四十周年記念に[74]、ヴェストファーレン州はミュンスター Münster のフランツ・ヒッツェ＝ハウスで、一九六一年七月二十日に行われたメスナーの講義から一冊の書物が生まれた。

『共同善―理念、現実、課題』(*Das Gemeinwohl-Idee, Wirklichkeit, Aufgaben*, 1. Aufl, Osnabrück, 1962, 132S.; 2. wesentlich erweiterte Aufl., Osnabrück, 1968, 267S.)[75]

ご覧のように、第二版は分量もほぼ二倍になっている。勿論、それに対応するだけの内容の充実も図られている。メスナーの自然法思想全体に対する眺望を得るための彼自身が提供しているもので最も簡便なものが、先の『現

代社会学とスコラ的自然法』、次が『共同善』、そして『倫理学』ということになるであろう。尤も、『倫理学』は簡約版とはいっても、既にみたように優に五〇〇頁にも及ぶ著作ではある。

この時期の大部の著作としては、『幹部（役員）』（*Der Funktionär, Seine Schlüsselstellung in der heutigen Gesellschaft*, Innsbruck-Wien-München, 1961, 312S.）が挙げられる。[76] また、この時期に『社会問題』と『自然法』[77]の大改訂、特に後者のそれがなされていることを附言しておこう。

***Die Soziale Frage*, 7. neubearbeitete u. erweiterte Auflage, 1964, 796S.**
***Das Naturrecht*, 5. neubearbeitete, erweiterte Auflage, 1966, 1372S.**

論文も、この時期のメスナー教授の精力的な活動を反映して、夥しい数にのぼるが、そのうちの、一九六五年から七四年までに公刊された諸論文から二十六篇を選んでまとめられた論文集が出版された。
『倫理（学）と社会』（*Ethik und Gesellschaft-Aufsätze 1965-1974*, Köln, 1975, 425S.）

常に真理に従うという全き意味での学究の道を歩み続けたメスナーは、他方では、司祭であって、教授職に自己の重大な責務を見ると同時に、司牧活動に従事したのであった。

一九五三年には教皇ピウス十二世により教皇庁名誉高位聖職者 Päpstlicher Ehrenprälat に任ぜられている。[78] 司教に推挙の話があったときには、メスナーは自分の健康上の理由から、これを謝絶している。[79]

人間の宗教的、倫理的な生の根本問題についての多くの著述が生み出された。例えば、『キリスト者の冒険』（*Das Wagnis des Christen*, 1960, 159S.）は、実存的気遣いと不安のうちに生活する現代人のために書かれたものであり、既に大戦中の一九四三年に、『神の愛と人間の苦難』（*God's Love and Man's Suffering*, Burns & Oates, London）という表題で英語版が出版されていた。しかもこれは点字による英語版も出た。

現代人は、かつて存在したいかなる時代の人間よりもより一層人間的実存における諸矛盾ないし緊張を抱えて意識して生きている。しかも、そうした緊張は、「人間の個人的・社会的実存全体を、そして全実存を構成する諸傾向（欲求）を貫いている」。

『人間的実存における諸矛盾』（*Widersprüche in der menschlichen Existenz–Tatsachen, Verhängnisse, Hoffnungen*, Tyrolia-Verlag, Innsbruck-Wien-München, 1952, 423 S.）

本書は、現代人の内面的な分裂、矛盾の由って来る原因を分析するだけではなく、「かくのごとき諸問題を包蔵する生の錯綜した現実に懊悩する人々に指針を与え」[80]ようとの意図を以て著された。これには、次の英訳がある。

Ethics and Facts–The Puzzling Pattern of Human Existence, B. Herder Co., St. Lous (U.S.A.)–London, 1952, 327pp.

この辺りで、ヨハネス・メスナーの人柄について若干述べておこう。メスナー先生は、常に質素で禁欲的な生活をしておられた。気晴らしとしては、幼年を過ごしたティロール時代から慣れ親しんだハイキング Wanderung や亡命以降イギリスにあってはサイクリング Radfahren、そして音楽を楽しみ、これによって新しい生気の糧とした。彼の弟子であり後継者でもあるカトリック司祭ルードルフ・ヴァイラー教授の伝えるところでは、メスナーは、早くから献身的に教会の仕事に携わり、また一九二五年のオーストリアの司教教書 *Sozialhirtenbrief der österreichischen Bischöfe* の作成にも貢献している。[81] 更に、膨大な著書、論文等を発表し続けたメスナーは、一度も助手をもったことがなかったと言う。また、研究所長のような役職についたこともない。必要な書籍類は、慎ましい生活費を割いて自分で購入していた、と伺った。

シャンベック教授（参議院名誉議長）によると、かつてメスナーに「多くの栄誉や賞賛の中でもっとも嬉しかったのは何ですか」と尋ねたときのメスナーの返事が印象的であり、尚且つ、さもありなん、というものであった。次ぎに紹介しよう。[82]

最大の成果と感じたのは、或る囚人が—（私〔＝シャンベック〕が推測するに、英語圏でのことから）**—刑期を終えてから私〔＝メスナー〕に、書物を読んでから以降は—**（それは『キリスト者の冒険』だったと私〔＝シャンベック〕は思うのだが）**—自由をもはや恐れはしない、と書いてきたときでしたよ、と。**

次ぎに、もっと近くでヨハネス・メスナーと交流のあった人物の証言を見ておきたい。センタ・ライヒェンプファーダー Dr. Senta Reichenpfader[83]（長身で非常に高貴な雰囲気に包まれた女性学者。十年前はじめてお会いした頃はよそよそしかったが、私が本物のメスナー・ファンであると受け容れて下さってからは、積極的に情報を提供して下さるようになった。）である。ライヒェンプファーダー博士は、学生時代からのメスナー・ファンであったようで、その後、メスナー先生の晩年まで身の回りの世話もしていた。貴重な証言が記録に残されているが、[84]そのうちのほんの一部しかここでは紹介できない。メスナー先生の一日は、極めて規則的に厳格に定められていた。朝早く起きて、夜も決まった時刻に就寝。目覚めると、先ず朝の体操を行う。次に、ミサを挙げる。午前中は学問上の生産的な活動に当てる。昼食時には、偉大な音楽に聴き入る。昼食後は、ヴィーン十九区にあるカーレンベルク村を起点に散歩を開始。途中駅に立ち寄り、ロザリオの祈りを奉げる。午後は、国際新聞に目を通して、様々な領域での世界の出来事を確認する。訪問客を迎えて、或いは手紙の返事を書く。夕食後は、「美術館に」でかけて絵画を楽しむ。時間になったら、礼拝堂にて夕べの祈り。こうした一日を送っておられたという。次に、ライヒェンプファーダーさんの記事から引用しておきたい。[85]

彼はクナイプ［発案になる］水浴をとても買っていました。簡単な安心できる食事にも気を配っておりましたが、それも丈夫でない胃を気遣ってのことであり、思考力を胃の具合から妨げられたくなかったからです。彼は厳格に定められた生活様式を必要としました。それも、病弱な健康状態から学問的な活動のために寸暇を惜しんで最高の生産性を上げんがためだったのです。何がよくて何が悪いかよく分かっていたのです。この上なく集中するために、彼は一人になる必要がありました。たった一人でいるときでも、彼は一人でいる感じはしなかったのです。精神生活が充実していたからです。老齢期に入っても内面的には若かったのです。精神の上で、彼はキリストと救世主と、マリアと、聖人と、そして彼をとくに信頼していた人たちと一緒に生きていたのです。私が彼のそばに寛いでおれたのも、私が彼の厳格な生活様式を乱さないことに理由があります。むしろ、私はそれを価値あるものと評価し一緒に耐えて、それに喜びを感じていたのです。

ここに引用した一節は、誰でも、ライヒェンプファーダーさんに一度でも直にお目にかかったら、直ちに理解できることであろう。そこには、こう言っては何だが、そしてもちろん誇張してはなるまいが、ある意味で多少とも「聖化された人間本性」が窺えるように、私は感じ取ったのである。(86) 上引箇所は、ヨハネス・メスナーの規則正しい日課に関する側近による証言であった。次の箇所は、(87) そうした厳しい日課が選択され実践されたそもその目的ないし動機にかかわる。

彼は、自らの生存使命を、神の国のための戦い、神に人々の霊魂を導くことに見出しておりました。キリストのために戦いました。何となれば、キリスト自身がピラトの前で、その人生の決定的な瞬間に「私は真理を証するために来たのだ」（Joh18,37）と言っているからです。メスナーは、その著書と論文とによって、キリストのために戦ったのです。この使命に応える人生を、彼は不屈の努力を伴って老齢期に至るまで歩みつづけました。根源的で広い視野に立った、そして根気強い学問活動を通して彼は神の国の実現に貢献し、不可視の霊魂の救済に役立ちたいと願ったのです。それ故、

彼が最もよく捧げていた祈りは次のものでありました。我が主にして我が神よ、我が神にして我が救い主よ、私を遠ざけないで下さい。恩寵を垂れ給いて、汝の栄光を現し、不可死の霊魂の救済を。

メスナーは、オーストリアにあっては、どんな天候下でも毎日曜日、ヴィーンの森や近くの山に入って何時間もの「散歩」Wandern を楽しんだ。幼い頃から山や森に入り、木々草々の名前もほとんどすべて知り尽くしていた、という。この山歩きは、九十歳になるまで続けられた。そして、その傍らには、いつも、センタ・ライヒェンプファーダーさんがリュックサック持ちとして、寄り添っていた(88)。

そのような人柄のヨハネス・メスナー先生は、一九八〇年に Internationale Stiftung Humanum Augustinus-Bea-Preis を同財団会長であるアルトゥル・ウッツ教授より授与された。二十世紀における伝統的自然法論の体系化に挑んで成果をあげた双璧(89)ともいえる、そのウッツ会長の祝辞から示唆的箇所を、多少長くなるが、紹介しておきたい(90)。

第二バチカン公会議以降、カトリック教会の世界に対する新しい関係が始まったと言われるが、既にそれ以前ヨハネス二十三世の回勅『パーチェム・イン・テリス』においてカトリック教徒のみならず「善意の人すべて」に向けて教会は語りかけていた。教会はあくまでも酵母であり、地の塩であり、神の代理として霊によって世界を変化させる。教会と世界との関係は世界の変化に応じて変化する。今や理性と信仰の分離が進み、教会に従属するのではなく、たとい優位しないまでも同等の地位を要求する主体、理性が、そして世俗的諸科学が登場してきた。そうした状況下、教会はそれら新しい諸科学を対話の相手とする。それら科学が人間に奉仕する課題を果たすために、社会生活の諸問題の克服を己が力でのみ為し得ると僭称することは、教会として承認することはできない。

では、こうした現状において教会と世界ないし世俗諸科学との対話はいかにして可能となるのか。それは旧来の哲学

では為し得ない。経験の最深・最根底の諸原因を汲み取ることのできる存在哲学でなければならない。［具体的に言うと］それは万人の物質的・精神的幸福に役立つ、健全な発展を保証しはするが、失敗を重ねてやっとそれを修正するという社会政策に甘んずることのない、社会的秩序規範を提示することのできる哲学でなければならない。この社会哲学、即ち、唯一の媒介者として、経験的人間諸科学との対話を教会のために可能とした哲学を基礎づけた者こそ、他ならないヨハネス・メスナーである。教会の社会教説の歴史において初めて経験科学を吸収し尽くして、全面的体系的に哲学的議論に投入せんとの関心が高まり、カトリック倫理学と社会理論に道を開き、経験科学との対話を対等に行うことが可能となった。これこそヨハネス・メスナーの偉業である。

これは、メスナー思想を誰よりも内在的に深く理解していたウッツによる、適切且つ最大級の賛辞である。

そのヨハネス・メスナー先生は、九十三歳の誕生日を目前にした一九八四年二月十二日に、その豊饒な天寿を全うされた。その日の様子を、センタ・ライヒェンプファーダーさんの証言に基づいて記しておこう。(91)

午後になると、メスナーは間もなくお迎えが来るだろう、とおっしゃった。そしてロザリオの祈りを捧げ、毎日曜日そうしたように、フランツ・ヤーヒム大司教を呼ばれました。メスナーはここ三、四日風邪で衰弱しきっていたので、仕事場でミサを挙げることすらできなかったので、許可をいただいて、ご聖体を私はお持ちしました。この日は、メスナーの眠気があまりにも強かったので、まだお持ちしていなかったのです。大司教がそれに気づかれまして、私にお持ちするように命じられました。キリストのご聖体を拝領いたしました。メスナーは、夕食にもほとんど口をつけませんでした。それでも夕べの祈りは心から捧げておられました。それからメスナーは直ちにベットに移してくれるよう望みました。眠りに就こうとする彼を何か妨げるものがあり、彼は叫んだのです。「眠ることにしよう、私は。今、私は眠りに就く！」突然の苦痛が彼の胸を襲いました。女医さんが直ぐに来ていました。激しい呼吸が始まりました。安らかにあの世に旅立たれますようにと、私はメスナーの耳もとで囁きました。「もうお休みなさい。イエズスの聖なる心があなたをお待ち下さっていますよ。マリアの無垢なる心も、あなたのお父さんも、お母さんも。それに沢山のお友達がそこ

でお待ちしているでしょう。」すると直ぐ彼は息絶えたのです。いつもの就寝の時刻でした。

常に真理への奉仕に身を捧げ、カトリック教会と経験諸科学との架橋を試み、伝統的自然法論の創造的展開に貢献したヨハネス・メスナーは、郷里シュヴァーツの教会堂に隣接した墓地に今は眠っている。

第七節　メスナー身近の人々とメスナー帰天後

ヨハネス・メスナーの直ぐ下の弟ヨーゼフは、その後音楽の道に進んだ。そればかりか、兄同様、カトリック司祭に叙階された。そして、ヨハネスが準備したテキストを利用して、教会のためのオペラを作曲もしているほどの、二十世紀カトリック教会音楽の担い手ともなったのである。後年、Domkapellmeister in Salzburg（Domorganist von Salzburg という表現も目にする）となった。ヨーゼフ・メスナーは、多数の教会音楽、オルガン曲及び合唱曲、そして交響曲を二曲作曲した。そして、オペラ作品が五つある。

長兄、次兄がともに聖職者の道に進んだのに対して、末のヤーコプは、郵便局に勤め、家庭をもった。その長女アネマリー Annemarie（あまり口数の多くはない、控えめな印象。但し、発言の機会が与えられると明確に考えを述べるところがあった。）は、長じて宗教学の教師になる。アネマリーの夫はアルフレート・クローゼ DDDr. Alfred Klose である。[92] クローゼはたいへん博学の人で、政治学、経済学、経営学、カトリック社会理論の各分野で活躍する大人物である（早口すぎて、そのオーストリア語は私にはしばしば聞き取れないが、笑顔でときどきウィンクをしたりして、何度でも繰り返して説明してくださるところがある。）。ヤーコプの長男は、第二次大戦で戦死。次男ルードルフ Dr. Rudolf Messner は、今はカッセル大学の教育学教授で、アネリーゼ Anneliese 夫人と暮らしておられる（たいへん実直なタイプであり、聞き上手の部類に入るのではないか、との印象が強い。）。シュヴァーツの旧家には、夏休みになると、アルフレート・クローゼ夫妻、ルードルフ・メスナー夫妻が集まられるそうである。

私も、第四回ヨハネス・メスナー記念国際シンポジウム参加報告の折に、この家を訪れていろいろとお話を伺うことができた。そこではヨハネス・メスナー愛用の蓄音機と音盤ほかを見せていただいたりもした。そしてこの機会に、旧家訪問に先立って、シュヴァーツの教会 Stadtpfarrkirche „Maria-Himmelfahrt" in Schwaz に隣接して作られた墓地にお参りをした。この瞬間をもって、私は心の中で「メスナー門下生」としての自覚のもとで活動したい、と考え、墓前でその気持ちをメスナー先生に報告した。(93) 幸いなことに、今では私もメスナー門下生の一人として、ウィーンのメスナー門下生の間で承認されている。

メスナー所縁の人物としては、戦後に限って言っても、たとえば、キルヒシュレーガー元大統領 Präsident Dr. Rudolf Kirchschläger (94)（1915–2000）はメスナー・ファンであった。学者政治家では、国立銀行総裁も務めたシュミッツ元大蔵大臣 Minister Dr. Wolfgang Schmitz (95)（明晰な討論を好まれ、使用語句の定義をはっきりとさせた上で、反証可能なテーゼを提出するといった合理的な色彩が、メスナー門下では最も濃い学者。さすが政治家だけあって、ヴィーン小噺を毎回披露され、聴衆を楽しませておられる。［一九二三年五月二八日―二〇〇八年一一月一六日］）や永年参議院副議長を務めたシャンベック、リンツ大学教授 Präsident Dr. Herbert Schambeck (96)（堂々たる体躯で、党派を超えて信任の厚い学者・政治家。法哲学・公法学を講ずる。メルクルの助手を務めたこともあり、フェアドロスやメスナーとも親密。墺日親善にも多大な貢献をする。私は、参議院副議長執務室に二回お邪魔し、議員食堂で一度昼食を共にして様々なこと、主に法哲学と憲法、カトリック社会理論についてであったが、議論をしたことがある。）の名前が直ちに想い起こされる。又、Dr. Karl-Kummer Institut (97) のメンバー諸氏がいる。しかし、何といっても、後継者となった、ヴァイラー先生 Prälat DDr. Rudolf Weiler[98]（国際法倫理学の形成と発展に尽力すること多大。冷戦時代に早くからソ連・東欧の学者との交流を図り、これを実施継続した。Dr. Leo Gabriel[99]（1902-1987）と協力して平和研究に貢献し、Verein „Universitätszentrum für Friedensforschung“ の設立に関わっている。口調は極めて穏やかで、ゆっくりとしたヴィーン方言を語られる。）、それにメスナー先生を永年にわたってお世話し続けた、ライヒェンプファーダー博士 Dr. Senta Reichenpfader[100]の名を忘れることができない。よき理解者としては、スイスないしドイツにウッツ教授 DDr. Arthur Fridolin Utz OP[101]（1908-2001）やヘフナー枢機卿 DDDr. Joseph Kardinal Höffner[102]（1906-1987）がいた。オーストリアにはシャーシング博士 Dr. Johannes Schasching SJ[103]（長年 Gregorianische Univ. in Rom で教授し、現在はヴィーン在住。「パーター・シャーシングがそういうのだったら、間違いない」と言われるほど、皆から信頼されている。）やメスナー門下でカトリック司祭のツィフコヴィッツ博士 DDr. Valentin Zsifkovits[104]（住所がグラーツである関係上、一度しかお会いしていない。率直な人柄。新しい困難な問題に自ら敢えて挑む進取性の旺盛な社会倫理学者。）がいる。また、ツィフコヴィッツと同世代として現在メンヒェングラートバハのカトリック社会科学中央研究所所長のラウシャー教授 Dr. Anton Rauscher SJ[105]は、一九七二年以降メスナーを毎年のように訪問していた、という[106]。

ヨハネス・メスナー協会設立

メスナー先生を慕う多数の人々によって、メスナー生誕百周年に当たる一九九一年二月二十二日に、ヴィーン大学カトリック神学部附属の「倫理学及び社会科学研究所」„Institut für Ethik und Sozialwissenschaften“の協力を得て、「ヨハネス・メスナー協会」„Johannes Messner Gesellschaft“がヴィーンに設立された。既にヨハネス・メスナーの告別式での弔辞の中で、アルトゥル・ウッツは故人を列福すべきことの意義を説いていた。メスナー協会設立の目的は、公式文書によると、メスナー先生の記念顕彰、生前の偉業とりわけその自然法領域での業績の普及、を堅持し継続することに置かれている。従って、その限りでは学術団体の色彩が前面に出ていると言えるのではないかと思われる。初代会長 Präsident は、Prälat Dr. Leopold Ungar（Prälat は高位聖職者）、第二代会長がメスナーの後継者でもある em. Univ.-Prof. Prälat DDr. Rudolf Weiler、それと並んでつい最近まで Obmann[107]という役職に Bundesminister a.D. Dr. Wolfgang Schmitz が就いていた。現在この職は、Msgr. Dr. Werner Freistetter[108]に引き継がれている。

次ぎに、メスナー協会主催による国際シンポジウムの概況を、開催年月と開催地、及び、統一論題、刊行物の順に、記しておく。

1. Symposium in Wien im Februar anläßlich des Gedenkens an den 100. Geburtstag von Johannes Messner 1991, publiziert bei Duncker u. Humblot Berlin 1993：mit dem Titel：*Die Einheit der Kulturethik in vielen Ethosformen*, hrsg. von Werner Freistetter u. Rudolf Weiler.
2. Symposium in Wien im Februar 1993, publ. bei Duncker u. Humblot Berlin 1993：*Interesse und Moral*：*Gegenpol oder Bundesgenossen*. Wolfgang Schmitz u. Rudolf Weiler（Hrsg.）.
3. Symposium in Nagoya（Japan）im September 1995, publ. in Japan 1996 auf japanisch und in Wien bei Herold-Verlag mit dem Titel：*Das Gemeinwohl in einer sich verändernden Welt* auf deutsch, Akira Mizunami, Wolfgang Schmitz（Hrsg.）
4. Symposium in Brixen / Südtirol im September 1997, publ. Berlin 1999：*Gerechtigkeit in der sozialen Ordnung*：*die Tugend der Gerechtigkeit im Zeitalter der Globalisierung*, Rudolf Weiler u. Akira Mizunami（Hrsg.）

5. Symposium in Wien im September 1999, publ. Berlin 2000 : *Völkerrechtsordnung und Völkerrechtsethik*, Rudolf Weiler（Hrsg.）

6. Symposium in Wien im September 2001, publ. Berlin 2003 : *Wirtschaften– ein sittliches Gebot im Verständnis von Johannes Messner*, Rudolf Weiler（Hrsg.）

7. Symposium in Wien im Oktober 2003, in Verbindung mit dem Institut für Religion und Frieden beim Militärbischofsamt : Enquete „Sicherheit und Friede als europäische Herausforderung. Der Beitrag christlicher Soldaten im Licht von Pacem in Terris".

8. Symposium im Missionshaus St. Gabriel, Mödling bei Wien im September 2007, in Verbindung mit dem Internationalen Theologischen Institut für Studien zu Ehe und Familie in Gaming, publ. Wien-Graz 2008 : *Mensch und Naturrecht in Evolution*, Werner Freistetter u. Rudolf Weiler（Hrsg.）.

初回から第三回までは、ヨハネス・メスナー協会日本支部長の水波朗博士が報告参加した。第四回から第八回までは、それを引き継いで、筆者が報告参加している。その間、日本人学者の協力を得ている。私が参加報告した第四回以降を記しておくと、第四回では、栗城壽夫上智大学教授（当時）、高橋広次南山大学教授（当時社会倫理研究所第二種研究所員）、橋本昭一関西大学教授（当時社会倫理研究所客員研究所員）、と私が参加した。[109] 第五回は、ホセ・ヨンパルト上智大学教授（当時）と私が参加した。第六回は、増田正勝広島経済大学教授（当時社会倫理研究所非常勤研究員）、猪木武徳大阪大学教授（当時社会倫理研究所評議員）、と私が参加した。そして第七回及び第八回シンポジウムは、日本から私一人の報告参加であった。[110] そして、第八回シンポジウムでは、大会二日目（九月二十二日）に九時に開始された私の報告「日本文化の観点からみた進化発展する人間と自然法」に続いて、光栄にも第六回ヨハネス・メスナー記念メダル賞を授与された。第一回はチロル州副知事フリッツ・プリオル教授、第二回は元外務大臣アロイス・モック博士、第三回は九州大学名誉教授水波朗博士、第四回はヴラツラフ神学大学教授ヤン・クルチナ博士、第五回はオーストリア連邦参議院名誉議長ヘルベルト・シャンベック博士、そして第七回はルードルフ・ヴァイラー博士である。

一九八六年には既に、ときのヴィーン大司教 Wiener Erzbischof Groer により列聖列福議題に上せられており、二〇〇二年にその公式の審査が開始された。この列福運動にヨハネス・メスナー協会が積極的に関わってきた。

尚、二〇〇九年六月二十六日開催の総会での選挙以降、ヨハラトス・メスナー協会の会長にヨハネス・クリンガー博士（Msgr. Dr. Johannes Klinger）が即いている。

第八節　メスナー自然法思想の先見性、普遍性、豊饒性

メスナー自然法思想に関して、私の解し得た限りでのその先見性、普遍性、豊饒性について、本章の最後に少し述べておきたい。

ヨハネス・メスナー先生は、若き日の教授資格請求論文において、社会倫理学の方法論的自覚を以て、本格的な学問的な活動を開始された。それは共同善を社会倫理学、自然法倫理学の中心にしっかりと据えることであった。同じ道を少し遅れて、アルトゥル・ウッツも歩むことになる。しかも、両者共に、社会倫理学を神学的なそれから自覚的に区別して、哲学的なそれとして、即ち、自然理性において議論されうる社会倫理学として展開することを目指された。(11) 時代認識がもちろんそれには関わっていた。そして、経験諸科学の成果をこれ以上取り入れることはできない、と考えられるほど、真剣に取り入れることによって、世俗化社会の諸学との対話への地均しをなさった。

第二バチカン公会議で打出される方針を既に早くから先取りしていた訳である。[112]

ここで、現代ドイツにおけるカトリック社会理論の最も代表的な論者アントン・ラウシャーのメスナー評価を紹介しておこう。[113]彼によると、メスナーは多岐に亙る著述によって緊急の問題に対応し、現実的で説得的な解答を試みた。それだけでなく、ますます複雑混迷の度を深める現代社会にあって、個々の課題克服に役立つ指針となり得るものを、常にキリスト教的人間観および社会観から説明しようと試みた。彼の作品はキリスト教的社会理論の全領域に及ぶもので、強いて言うならば、聖トマス・アクィナスの『神学大全』に比較される。このように述べた後、ラウシャーは更に続けている。[114]

そのとき彼にとって最も優先度の高い関心事であったのは、カトリック社会理論の根本諸原則をキリスト教徒でない者も、知性と良心を動員することによって理解し受容することができるように伝えることであった。仮にも教会の現代の社会告知が教会外の領域においても高い名声を克ちえているとするならば、そこにはメスナーの動かし難い貢献があると言わねばならない。

本章では詳述することはできないが、立場の異なる見解にも聴くべきところ、採るべきところがありはしまいか、との態度で謙虚に論敵の言い分に耳を傾けるところがあった。[115]それでなくては、「カトリック」とは言えないであろう。細かな社会状況の変遷によって相関的に訂正されるべき箇所は当然のことながら、予想されるし、メスナー先生がご存命であったならば、先ずご自身で訂正補充されたことであろう。少なくとも、その真理に対する謙虚な姿勢は大変なものである。ここからしか、本当の意味での「普遍性」は語れないのではなかろうか。

メスナーは、人間を「理性的動物」animal rationale という風に抽象的に理解するだけでは足りない、と考える。

メスナー人間論の特色は、人間を寧ろ「文化的存在」Kulturwesenとして把握するところにある。人間は、生物ないし動物としてみたばあい、まことに弱い特異な存在であるように見える。[116] 具体的に言おう。誕生した赤ん坊は、親の庇護養育無くしては間もなく死亡してしまう。誕生時にまったく無防備で、「完全他者依存という最も根源的な状況」がそこに与えられている。ということは、詰り、人間は、生物ないし動物の次元、生命を維持するという次元で既に他者との相互依存的関係に組み込まれている。しかし、人間は、それのみならず、感情的・精神的ないし宗教的次元でも、そしてその象徴的な事実は言語を操るという次元にみられると思うが(animal symbolicum)、他者との緊密な相互依存関係の中に置かれており、それで初めて「人間としての存在を獲得する」、詰り、「自己実現を果たす」ことができる、と考えられる。[従って、私はメスナーに依拠して、既にフロイト流の精神分析学の前提自体が人間の根本的な体験、原体験に反する極めて特異な理論的前提に立脚しており、基本的に間違っている、と言わねばならないと考える。]この両側面を、メスナーは、人間は「個人的かつ社会的存在」であり、相互依存的関係のなかで人間の自己実現を可能にする「歴史的伝統的社会遺産」、つまり一語でいって「文化」Kulturを享受することで、初めて「人間になる」ことができると言う。別な言い方をすると、人間は「理性的動物」animal rationaleという誤解を招きかねない定義で言い表すよりも、むしろ「文化的存在」Kulturwesenとして把握するほうが優っている、とされる。文化生活こそが、人間の「自然状態」Naturzustandである、とメスナーは、スイスの動物学者Adolf Portmannに依拠して語っている。そこには、人間存在の歴史的ダイナミズムを取り込もうとする、態度が窺われると、私は思う。詰り、現実の人間の歴史には、人間が樹立して運営する社会には、人間がいかに努力しても必ず「社会問題」が発生する、しかもその社会問題を解決するための糸口は、同時に「本性の傾動」によって示された共同善への直照的把握[=本性適合的認識ないし洞見知]によって既に与えられている、と考えるのである。

ところで、その文化を形成させる根本には何があるのだろうか？　そこには何かが働いている、と見なくてはならないであろう。それが自然法に外ならない。人間として「善き生活」(ein gutes Leben) を送りたいという、すべての人に内在する根本傾動 (Grundtrieb) である。本性の駆動 (Naturdrang) である。それが人々をして、相協力し、支えあい、共通のよりよい文化創造へと向かわしめ、秩序を人間らしく樹立し改善していくよう促すのである。そこで刻々と現実に働いているものが、それこそ自然法であり、本性法則である、と私は思う。それはメスナーの基本的立場でもある。このように考えると、国家的な人間本性に深く根ざした社会集団は、人間本性の構造を反映している筈である。人間が「尊厳ある存在者」としてこの世に存在するのである以上（そして、現代では「人間の尊厳」は普遍的に承認されていることになっている！）、それに応じて国家的な集団をはじめ、他の社会集団はすべてそれに奉仕する存在でなくてはならない、と帰結されなくてはならない。[117] このあたりの社会原理を、カトリック社会倫理学では、「共同善」原理、「連帯性」原理、「補完性」原理、「自由」原理、等等、と約言してきた。[118] それは、私の目から見ると、同じ人間本性に由来する事態を、観点を変えて重心を推移させて、即ち、構造的理解の下に異なった用語で概念的表明をしているに過ぎない。人間本性の「根本傾動」なし「自然法」の発露をいずれもそれぞれの仕方で表現したものではないだろうか。そのように考えると、実はほぼ全くと言っていいくらいの同じ事態を、「もちろん、西洋流の用語などは一切用いてはいないが、」陽明学でも、少なくとも王陽明などは確かに見据えていたように思われるのである。[119]

ここでは我が国の代表的な陽明学者岡田武彦翁（一九〇八―二〇〇四年）に拠りつつ、儒教の根本義を記すことによって、メスナー自然法思想との比較に供したい。岡田博士に拠れば、孔子の根本思想は、『論語』微子篇の「我非斯人之徒與誰與」に集約される。中国思想を法家・兵家・縦横家の現実主義、道家・佛家（道教・佛教）の超越主義、儒家の理想主義に大別して儒教思想の本質を考察するならば、現実性と純粋性という観点から三者を比較してみた場合、現実主義は純粋性に欠け、超越主義は現実性に欠け、理想主義は現実的であって純粋性を持ち、純粋的であって、現実性を持つ、ということになる。[120] いわゆる黄金の中庸、無理のない人間の現実態に即した立場と言うべきであろう。しかも、人間の生存形態を静観すれば、「斯人之徒與」（斯の人の徒と與にする）という共存の心こそ、人間の本来的なもので、そこに他の動物と異なる人間の存在性があるとするのが最も適切で迫真的である、と考えられるのである。[121] 次に玩味すべき一節を引用しておきたい。[122]

> **「斯の人と与にする」、これを上に延長すると、祖先の人々と与にすることになる。これを下に延長すると、子孫と与にすることになる。またこれを左右に延長すると、人類と与にすることになり、禽獣瓦石と与にすること、すなわち自然と与にすることになる。これを形而上に延長すると、神や仏、聖と与にすることになる。「と与に」ということを自覚するのは人間だけである。古人は「人は天地の心」と言った。まさに、その通りである。**

上引の「斯の人と与にする」は、通常「斯の人の徒と与にする」と言うが、その心は孟子流に言えば自他共存の心の根源[123]と考えられる「惻隠之心」[124]であり、王陽明の言う「萬物一體之仁」[125]の心に外ならない。それは事事物物と感応する心であり、他の人格と交流する心である。これを儒教では最も重い人間的現実として捉えた。それは、北原隆上智大学教授の言を借りるならば、Homo communicans、即ち、「分かち合う人間」ということになる。[126] 儒教は、岡田博士に拠れば、「共に生きる人間の性情」をただ理論的に説くにとどまらず、その存養に力をおいて来た。[127]

以上儒教について多少の解説を施したが、それは、精神風土の背景が相違しても、同じ人間の事柄の中心が問題になる以上は、本質的に収斂するところがある筈で、そこに眼光を向けること、それによって「倫理学の危機の時代」に対話のための共通の土台を提供することに自らの課題を見定めたヨハネス・メスナーの自然法論をより正当に理解するために試みたものであった。例えば、メスナーは、社会の客観的現実在として捉えられる共同善について、一方では、その根本機能の二様に即して「平和秩序樹立」という消極機能と「福祉秩序樹立」という積極機能を語り、他方では、「価値善益」としての中核的共同善と価値善益実現に資すべき「制度としての共同善」とを区別しており、この価値善益に連関して、次のような興味深い発言をしている。価値善益のうちで人間にとって最も重要なものは「人格としての完全な人間存在にとって基礎的な自由」であるので、共同善秩序は何よりも真っ先に「自由の秩序」である。(128) その共同善秩序には位階秩序が見られる。詰り、同じ価値善益（実質的価値）といっても、物質的領域に属する価値善益よりも霊的、精神的、倫理的領域のそれの方が遙かに高い価値を有する。しかも、文化の決定的生命基盤は、こうした領域にこそある。

社会の文化は、包括的意味においては、あらゆる価値領域に伸張する共同善の現実在であり、これを分有することによって、個々人はそもそも本性によって定められている文化的存在に、即ち、社会と共同体とがその前提条件となって奉仕すべき完全な人間的実存と名付けられたところのものに成るのである。(129)

こうした共同善は、超個人性と永続性とをその著しい特徴として有する。それは、何世代もの人間の思惟、工夫、努力、勤勉、労働、経験が蓄積されて、霊知的、精神的、倫理的創造として結晶化したものに外ならない。(130) この領域での共同善実現過程への媒介と分有とは、社会成員には一部自覚されないまま行われている。何れにせよ、文化は、過去に向かっては、幾万世代もの祖先の生の収穫、未来世代にとっては生の基盤としての意味を有するのである。これがメスナー自然法論から眺められた共同善であり、文化価値の一端であってみれば、儒教に見られるそれと基本的に通底していると見られるのではないだろうか。

そして、この事実、詰り、精神風土の相違にも拘らず本質的に類似してこざるを得ない実質的人間理解および社会哲学の展開は非常に大きな意味を有するとメスナー門下生の私は思う。ラウシャーがこの点に特別の注意を促していることは先に述べたとおりである。そして、少なくとも、自然理性の次元で語られる限り、確かに、思想的文化的背景の大きく異なるところで、実質的に同じ内容が語られるからには、その実在的な裏付けがある筈である。それればかりか、その実在的裏付けに即応した認識もある筈だ。この人間本性の実在的な内実に即応した、内的に融合したままでの認識こそが「本性適合的認識」であり、メスナー『文化倫理学』の基礎論が詳述している、法的・倫理的アプリオリーに関わる重要問題である。[131] 繰り返しておくが、概念化の仕方は、その理論的背景の相違をも含めて大いに異なるものである。

メスナーが開拓していった文化倫理学、社会倫理学が英国滞在を機縁とした研究方法の再吟味と新展開、並びに、多方面に亙る豊富な素材の研究及びその消化と深い関連を有することは既に述べた。その連関で「ヴィーン学派」の「社会的現実主義」という用語をここで紹介しておきたい。[132]「ヴィーン学団」der Wiener Kreis という類似語はよく知られている。ここでいう「ヴィーン学派」die Wiener Schule は、キリスト教社会理論におけるそれである。フランツ・マルティン・シントラーによって礎が置かれ、イグナツ・ザイペルを経て、メスナーに継承されていった学派であって、メスナー自身はこれを「社会的現実主義」Sozialrealismus と命名した。一九二六年の『国家事典』に、そしてその後も同様に見られたことであるが、ヴィーン学派には六つの流派があり、そのうちの五つ迄が社会的ロマン主義の傾向を帯びていた。それに対して、シントラーからザイペルを経てメスナーに継承されていったヴィーン学派は、特にメスナー時代に社会的「現実主義」の色彩を強化していった。ドイツ語圏でこうした色調の学派は稀であった。多くは「形而上学的雲」の中を、或いは雲の上を浮遊するかのような思考を優先するといった風であったからである。しかし、近い学派も存在した。「ミュンスター学派」die Münsterer Schule である。フランツ・ヒッツェによって創設され、ヨーゼフ・ヘフナーが引き継ぎ、更にヴィルヘルム・ヴェーバーやアントン・ラウシャーに継承されていく流れである。「メスナー学派」は、従って、「ヴィーン学派の社会的現実主義」と言い換えてもよい訳である。では、その特徴は？　と質問するのが人の常であろう。要点だけを記しておくと、それは原理を振り回して事足れりとする「形而上学的」態度ではなく、「事物の本性から思考する」(von der Natur der Dinge her zu denken) 学問に属する。特定イデオロギーや特定信条を有する他の社会理論と世界観的多元主義の時代に実りある対話を行うためにそれは不可欠の前提となるであろう。更に、それを現実のものとするための前提として、社会倫理学を取り巻く専門学問諸領域、即ち、「法学、国家学、経済学、経験社会学、哲学、とりわけ倫理学」に精通する努力が求められる。(133) 社会倫理学者と呼ばれる人々は、社会関係や経済事情並びに政治状況が益々錯綜し変動していく中で正義原理、とりわけ共同善原理の具体化を試みるという困難な課題を与えられている。当然のことながら、そうした状況把握を正確にするため社会科学的な認識が必要となるであろう。しかし、その認識とて議論の余地あるものという条件を免れない。従って、社会倫理学者の仕事は、具体的問題に関与する度合いを深めれば深めるほど、いよいよ困難になっていかざるを得ない。隣接諸科学の弛まざる研究と消化とが止むことなく求められるのである。メスナーの論文集からこれに関連する一節を引用しておこう。(134)

社会倫理学者は、その原理を具体的問題に適用する場合に、veritas contingens 偶然的真理にしか達し得ない、とトマス・アクィナスはあの時代に語っている。社会倫理学者は、それ故、常に自らの仕事と密接な学問的危険を知らねばな

らないだろう。その帰結として、学者としての職業意識は高度の勇気を要する。第二に、具体的秩序問題では実質的な理由が決定的である。第三の帰結として、そうした問題での真理の発見は、多くの場合、意見の対立を明らかにしていく過程を経てなされる外はなく、しかもその際、これこそが凡そすべての学問、すべての認識が進展していく際の過程である。

何れにせよ、人間が一人では生きていけない他者志向的、価値志向的な「文化的存在」であること、そのために様々な集団が形成されてきたことは異論の余地がない。そして、集団の中でいわゆる国家が独得の意義と使命をもって存在することをも我々は見た。人間は「国家を志向する家族的存在」staatsbezogenes Familienwesen[135]と定式化できるかも知れない。人間が集住する場合、それ自身がたとい共同善追求という正当な理由に基づいていたとしても、何らかの紛争や対立が発生することは不可避である。その解決のためにこそ人々が様々な工夫を歴史上こらしてきた訳である。では不可避と見られる対立の発生原因は何処にあるのか。メスナーによれば、[136]おおむね次の三点に求められる。第一に、人間本性への不充分な洞察、第二に、状況の客観的分析・把握の不足、第三に、法秩序の不可避的不完全性という三点に。権利や義務、総じて法における対立の発生原因は、人間本性や状況を含めての存在認識における人間の有限性、及び、妥協や矛盾をかかえてしか存在し得ない歴史的法秩序の不完全性に求めることが許されよう。これを更に要約すると、社会問題をこの人間の世界から完全には払拭できない究極の原因は、人間本性の毀損にあるのだろう。[137]であれば尚更のこと、共同善を中心に据えた社会生理学、社会問題論としての社会病理学［それは、裏面から言えば、共同善の不作動論である。[138]］、応用自然法論としての、或いは、社会改革論としての社会倫理学［それは心情改革と現状改革 Gesinnungsreform u. Zuständereform[139]、或いは制度改革と気風改革 institutionum reformatio atque emendatio morum[140]の両輪改革を求める。］が、悲観主義と楽観主義の両極を退けつつ、全人間本性を視野に入れた「社会的現実主義」の観点から実践されていかなくてはならないだろう。[141]

尚、以上のメスナー協会主催の国際シンポジウムと関連して、前節末で触れたように、一九八六年には既に、ときのヴィーン大司教グレル Wiener Erzbischof Hans Hermann Groer によりメスナーの列福案件が列聖列福議題に上せられており、それから十六年後の二〇〇二年十月三十一日にその公式の審査が、クリストフ・シェーンボルン枢機卿 Kardinal Christoph Schönborn OP によって開始されている。[142] この列福運動にヨハネス・メスナー協会が積極的に関わってきたことは紛れもない事実である。私も心から応援している。

それにしても、何故私のような者が、メスナー先生のような偉大な社会倫理学者の学問的遺産を継承する陣営に招かれたのであろうか。それは私にとって大きな疑問であり、大変な謎である。しかし、疑問も謎も、今私はそのまま文字通り「有り難いこと」として受け止めて、自らに指し示される道を注意深く、そして、メスナー先生の学問的・生活的姿勢を鑑としつつ歩んでいきたい、と思っている。

いずれにしても、メスナー学徒である私としては、一日も早く正式に „Seeliger Johannes Messner."（福者メスナー先生）と呼びかけることのできる日の到来せんことを心から願っている。

［附記］

本章に登場する人物については、原則として、生歿年を本文中に、そして極めて簡単な解説を註に施し、併せて主著を記入しておいた。常識に属する人物の数名、例えば、Max Weber, Max Scheler, Adolf Hitler usw. については解説を省略した。尚、第六節で登場する現在活躍中の人物に関しては、主著を註で紹介すると共に、本文中括弧内に私の個人的体験や印象を記しておいた。

註（1）にも記しておいたように、本稿は、学位論文の一部として私が三十歳の時に完成していた第一草稿を元に、昨年（平成十六年）夏メスナー所縁の方々（ヴァイラー教授、クローゼ教授、ライヒェンプファーダー博士等）から頂戴していた関連文献等も参照し直し、およそ四倍の分量に書き上げたものである。時間がかかった割に研究が深化していないのは私自身が最も自覚している。それにも拘らず、この度の公刊に踏み切ったのは、偉大な伝統的自然法論者であり代表的なカトリック社会倫理学者であったヨハネス・メスナー先生の生涯と業績を、不十分ながらも世に伝えたい、という至情の故であり、又、どれほど拙くとも自分に課せられた仕事に外ならないと信ずるが故である。更に、メスナーの著作活動自体が「この時に遇えばまさにこの事あり」（王陽明『傳習録』巻上、第二十一章、「是知聖人遭此時、方有此事。」）の証しであったように、この度［平成十七年］拙論公刊に踏み切った私の真情もここにある。

（1）本稿第一草稿は凡そ二十数年前に準備され、その記述は、主として、メスナー教授古稀祝賀論文集に収められたアルフレート・クローゼ教授の記事に依拠していた。Alfred Klose, Johannes Messner- eine biographische Noti in : J. Höffner, A. Verdross, F. Vito (Hrsg.), *Naturordnung in Gesellschaft, Staat, Wirtschaft*, Innsbruck-Wien-München, 1961. その他、特に年号等に関しては、*Der Sozialethiker und Rechtsphilosoph Johannes Messner Leben und Werk*, Scientia Humana Institut, Bonn 1980 を、併せてその中に収録されている他の祝辞等も参照した。更にこのたび加筆訂正を施すことにより全体を凡そ四倍に拡充するに当たって、クローゼ教授から次の最近刊を個人的にプレゼントしてもらったので、これを十分活用することができた。Anton Rauscher SJ u. Rudolf Weiler (Hgg.), *Professor Johannes Messner, Ein Leben im Dienst sozialer Gerechtigkeit, Gedenkschrift*, Verlag KIRCHE Innsbruck 2003.

（2）Katholische Soziallehre については、拙稿「メスナー自然法論の思想的境位」（『南山法学』第十六巻第三・四合併号、一九九三年）、拙稿「カトリック社会理論における自然法の意義——カトリック社会理論入門——」（『社会倫理研究』第四号、一九九六年）、拙稿「カトリック社会理論の現代的意義——出会いとその発展相及び射程について——」（『現代社会とキリスト教社会論』南山社会倫理研究叢書第三巻、一九九八年）を参照されたい。Arthur-Fridolin Utz, *Was ist katholische Soziallehre?*, Köln 1978. これには拙訳がある。「カトリック社会理論とは何か」（『社会と倫理』第十六号、二〇〇四年）。

（3）伝統的自然法論（die traditionelle Naturrechtslehre）とは、「プラトン及びアリストテレスに遡り、アウグスティヌス、トマス・アクィナスにより更に発展せしめられ、十六、十七世紀のスペイン人学者、とりわけフランシスコ・ビトリア及びスアレスによって第二盛期を迎え、その後も絶えることなく伝統として継承されている思惟傾向」（Johannes Messner, *Das Naturrecht, Handbuch der Gesellschaftsethik, Staatsethik und Wirtschaftsethik*, 5. Aufl., Wien 1966, S. 35,〔水波朗・栗城壽夫・野尻武敏共訳『自然法』一九頁。以下、本邦訳書は該当ページ数のみを附記する。〕vgl. auch Johannes Messner, *Kulturethik mit Grundlegung durch Prinzipienethik und Persönlichkeitsethik*, Tyrolia Verlag, Innsbruck–Wien–München 1954, S. 223–224.）を指す。又、同じ自然法論とはいっても、伝統的自然法論は、観念論的自然法論とも唯物論的自然法論とも異なり、（一）人間が倫理的・法的、それ自身で確実な真理を義務拘束的な妥当要求とともに知っており、（二）人間が自己の本性が完全な人間的存在に到るための社会秩序への要求を有することを知っている、という二つの基礎を人間本性自身の中に見出すものである（J. Messner, *Das Naturrecht*, S. 455f.〔五〇四―五〇五頁〕）。要するに、「良心の意義と事物の本性の要求」（die Bedeutung des Gewissens u. die Forderung der Natur der Sache）が伝統的自然法論にとって決定的なのである。我が国で自然法論といえば、決まって啓蒙期の自然法論が直ちに連想されてしまう。

（4）　社会回勅（Sozialenzykliken）とは、メスナー門下の一人ツィフコヴィッツによれば、「全世界規模での人間社会の再建や秩序樹立」を根本関心として発せられた教皇書簡である（Valentin Zsifkovits, Sozialenzykliken, in：A. Klose, W. Mantl, V. Zsifkovits（Hrsg.）, *Katholisches Soziallexikon*, 2. Aufl., 1980）。以下に、主な社会回勅を掲載する。

Rerum novarum. 回勅『レールム・ノヴァールム』：レオ十三世（一八七八―一九〇三年）によって一八九一年五月十五日に、労働者問題に対して、カトリック教会の公式の態度を表明するために纏められ公布された、最初の社会回勅。„Rerum novarum“ とは「新しいことどもの」の意。

Quadragesimo anno. 回勅『クワドラジェジモ・アンノ』：*Rerum novarum* 公布四十周年を記念してピウス十一世（一九二二―一九三九年）によって一九三一年五月十五日に公布された社会回勅。„Quadragesimo anno“ とは、ラテン語で「四十周年に」の意。社会秩序、福音に基づくその再建と完成とについて述べる。「ピウス十一世の原則綱要」（ヨハネス・シャーシング）といわれる。

Mit brennender Sorge. 書簡『ミット・ブレネンダー・ゾルゲ』：ドイツ国内にある教会の苦境に直面して、国家社会主義並びに全体主義的民族主義的理念に対抗すべくピウス十一世によって一九三七年三月十四日に公布された、ドイツ語による回勅。„Mit brennender Sorge“ とは、ドイツ語で緊急事態に際会して「燃え盛るような憂慮をもって」の意。

Mater et magistra. 回勅『マーテル・エト・マジストラ』：ヨハネス二十三世（一九五八―一九六三年）によって一九六一年五月十五日に公布。社会生活の最近の発達とキリスト教の光に照らしてみた社会形成について論じた回勅。„Mater et magistra“ とはラ

テン語で「母と教師」の意。

Pacem in terris. 回勅『パーチェム・イン・テリス』：ヨハネス二十三世がその死の六日前の一九六三年四月十一日に公布したもので、„Pacem in terris"「地上に平和を」説いた回勅。

Gaudium et spes. 司牧憲章『現代世界憲章』：現代世界と教会に関する第二バチカン公会議（一九六二―一九六五年）の司牧憲章として、一九六五年十二月七日に採択（賛成票二三九〇、反対票七五という圧倒的多数により可決）。社会回勅ではないが、極めて重要な文書。教会が教会に属しない人々との対話を求める。世俗の学問諸領域の相対的自立性を承認し、万人に承認されうる基礎に基づくと共に、教会の救済論の光に照らし出されて、状況やその他を分析し、導出されるべき結論への指針としようとする態度を打ち出した。„Gaudium et spes" とは、ラテン語で「喜びと望み」の意。

Populorum progressio. 回勅『ポプロールム・プログレッシオ』：パウロ六世（一九六三―一九七八年）によって一九六七年三月二十六日に公布されたもので、„Populorum progressio"「諸民族の進歩」についての回勅。

Laborem excercens. 回勅『ラボーレム・エクシェルチェンス』：ヨハネ・パウロ二世（一九七八年―二〇〇五年）が一九八一年九月十四日に公布したもので、„Laborem excercens"「働くこと」について説いた回勅。労働が人間論的・神学的にいかなる意味を有するか、労働主体としての人間、労働と資本、労働の精神性および救済論との関連など、さまざまな根源的問題提起を含む。

Solicitudo rei socialis. 回勅『ソリチトゥード・レイ・ソチアーリス』：ヨハネ・パウロ二世が *Populorum progressio* 二十周年記念に、一九八七年十二月三十日に公布した、「人間と社会の真の発展のありかたについて」説いた回勅。„Solicitudo rei socialis" とは、ラテン語で「社会事象（ないし社会問題）についての憂慮・配慮」の意。

Centesimus annus. 回勅『チェンテージムス・アンヌス』：ヨハネ・パウロ二世が *Rerum novarum* 百周年記念に、一九九一年五月一日に公布した回勅。

Centesimus annus については、拙稿「『百周年回勅』の今日的意義――法哲学的観点から――（一）」（『社会倫理研究』第一号、一九九二年）、「『百周年回勅』の今日的意義――法哲学的観点から――（二）」（『社会倫理研究』第二号、一九九三年）を参照されたい。

（5） Johannes Messner, *Die Magna Charta der Sozialordnung, 90 Jahre Rerum novarum*, Köln 1981. これには拙訳がある。「社会秩序の大憲章――『レールム・ノヴァールム』九十周年――」（『社会と倫理』第十号、二〇〇一年）。

（6） Vgl. Zöllner-Schüssel, *Das Werden Österreichs*, ÖBV, Wien,1990, S. 182-183. 本文中のオーストリア史の一般的記述は、本書と註（35）後掲邦語文献に多く負っている。

（7）Alfred Klose und Rudolf Messner, „Johannes Messner : Ein Lebensbild", in : *Professor Johannes Messner*, S. 14.

（8）Johannes Messner, *Die soziale Frage*, 6. Aufl., Tyrolia Verlag, Innsbruck-Wien 1956, S. 15.

（9）Senta Reichenpfader, Johannes Messner, in : *Faszinierende Gestalten der Kirche Österreichs.*（Hg.）v. Jan Mikrut, Wien 2000, S. 206. この書は、個人的にセンタ・ライヒェンファーダーさんから寄贈されたものである。本稿執筆に際してしばしば参照することができた。ここに謝意を記しておきたい。Mein aufrichtiger Dank gilt Frau Dr. Senta Reichenpfader dafür, dass sie mir freundlicherweise und rechtzeitig das Buch geschenkt und dessen Benutzung beim Verfassen dieser Abhandlung ermöglicht hat.

（10）Alfred Klose（Hrsg.）, *Johannes Messner 1891-1984*, Schöningh, Paderborn, 1991, S. 11. Alfred Klose, Soziale Gerechtigkeit als eigene Unterteilung der Gerechtigkeit, in : *Gerechtigkeit in der sozialen Ordnung*, hrsg. von R. Weiler u. A. Mizunami, Berlin 1999, S. 147.

（11）Joseph Biederlack SJ. イエズス会士。インスブルック大学私講師を一八八二年から務め、一八九〇年員外教授、一八九五年正教授となり、教会法、倫理神学、司牧神学を講ず。一八九七年以降はローマのグレゴリアン大学の正教授を十年余り務め、一九〇九年にインスブルックに復帰す。「社会学入門」講座を始めて神学部に導入した立役者でもある。神学者の中でも社会問題に対する関心を喚起した初期の一人として知られる。

（12）今日でもオーストリア側では Südtirol 南ティロールという。ブリクセン Brixen はイタリア名ではブレッサノーネ Bressanone である。それでも、„Brixen, Südtirol" と呼ばれている。

（13）Das vierte Johannes-Messner Symposium fand in dieser Kath.-Theol. Hochschule zu Brixen im September 1997 statt. このとき、親戚縁者ではないが、Johannes Messner という同姓同名の聖職者がシンポジウム参加者のお世話をして下さった。「生存しているヨハネス・メスナー」と冗談で呼びかけられていた。又、南ティロールで耳にした発音によると、無理して表記するならば、「メエッスナル」といった感じであった。

（14）Dr. Siegmund Waitz. 人名綴りは、註（1）の最新文献のそれに従う。事典によって、Siegmund, Sigmund, Sigismund と異同が見られる。当時のオーストリア司教団の指導的な社会理論家。資本主義、社会民主主義、ユダヤ教、フリーメーソン (Freimaurer) に対して論陣を張った。メスナーとの関わりを記しておくと、一九二五年にメスナーと共同で *Lehren u. Weisungen der österreichischen Bischöfe über soziale Fragen der Gegenwart*「今日の社会問題にかんするオーストリア司教団の教説と指針」を起草している。一九三八年に一度はナチスと交渉に及ぶも、これで成果が上がらぬと見るや、ナチスに敢然と抵抗を行った。主著を二冊挙げておく。S. Waitz, *Hauptfragen der christlichen Gesellschaftspolitik*, Wien o. J., ders., *Die soziale Botschaft des Papstes*, Wien

1931.

(15) Alfred Klose, *Johannes Messner: Leben und Werk*, S. 43, sowie Anton Rauscher, Johannes Messner als Katholischer Sozialwissenschaftler, in: *Professor Johannes Messner*, S. 44.

(16) Dr. Franz Martin Schindler. 倫理神学、教会法などを講じ、ヴィーン大学の倫理神学正教授（一八八七—一九一七年）を、その間学長も務める（一九〇四—一九〇五年）。「ドイツ倫理神学派の定礎者にして最大の体系家」と目される。オーストリアの多くの神学者、後出（註17）のザイペルやイニツァー Theodor Kardinal Innitzer（後の、ヴィーン大司教）などはシントラーの門下生である。又、シントラーは、教皇庁からの正式認可を受けることができたキリスト教社会党綱領の生みの親でもある。一八八九年のカトリック教徒大会の成果として「レオ協会」die „Leo-Gesellschaft" が設立されると、その事務局長に就任し、一九一三年まで務めた。この協会は、カトリック学者及び学友から構成される団体で、会員数は一六〇〇名を超えるものであった。同協会の中でも、シントラーは社会科学部門に所属した。第三回オーストリア・カトリック信徒大会の広報局局長として、彼はキリスト教社会新聞 "Reichspost" の導入に貢献した。司教任命問題が浮上したが、親交のあった教会史学者エーアハルト Albert Ehrhard の「モデルニスムス」("der Modernismus")の嫌疑の故に、これは不成立となった。モデルニスムスとは、「新しいものを新しいが故に崇拝し、古いものを古いが故に侮蔑する」精神であり、運動である。我々の周りにもよく見られることである。モデルニスムスは、回勅『パッシェンディ』"Pascendi"（1907）によって断罪され、厳しい処断を受けた。彼の著書は多数に及ぶが、次ぎに一例をあげておく。*Lehrbuch der Moraltheologie*, 3 Bde. Wien 1907-1911.

(17) Dr. Ignaz Seipel SJ. イエズス会司祭。神学博士。ザルツブルク大学、ヴィーン大学で教鞭をとる。大戦間におけるオーストリアの最も重要な政治家の一人。社会改革に身を投じ、カール皇帝の厚い信任も受けた。オーストリア議会議員に選出され（一九一九年）、政治家の道を進むことになる。その後キリスト教社会党内で頭角を現し、一九二二年連邦首相に就任。先鋭な反マルクス主義 „Wiener Richtung" の指導者ではあったが、「倫理的諸原則を考慮する限りにおいては、どのような経済体制」をも退けないという柔軟な態度をとった。二回組閣するが、大戦後の混乱・困難の最中にあって、安定立憲主義を旨とした。ドルフースとの関係でいえば、初めはその姿勢に対してやや距離を置いていたが、その死（一九三二年六月二十八日）に先立って、「形式的民主主義」の欠陥を激しく非難し、ピウス十一世の社会回勅における示唆に基づき、オーストリアを再建する必要を訴えて、ドルフース支持を表明した。ここでは、主要著作のうちの二冊を挙げる。Ignaz Seipel, *Nation und Staat*, Wien 1916, *Der Kampf um die österreichische Verfassung*, Wien 1930.

(18) Prälat Hofrat Dr. Aemilian Schoepfer. 神学博士。旧約聖書学を講ず。ティロリア書肆設立にも関与す。一時期は、メスナーとの共同編集で『新国家』を発行。議員としても、ティロール州議会議員（一八九五―一九二一年）、国民会議議員（一九二〇―一九二七年）を勤めた。最初カトリック国民党に所属したが、一八九八年ティロールでキリスト教社会協会を設立、その後キリスト教社会クラブに入党、これとキリスト教保守派との連携を試み、キリスト教社会改革の理念実現のために尽した。

(19) DDr. Adolf Weber. 法学博士（フライブルク大学）、哲学博士（ボン大学）。一九〇三年にLandwirtschaftliche Akademie Bonn-Poppelsdorf 非常勤講師。Handelshochschule in Köln 等で教授し、ブレスラウ大学及びフランクフルト大学正教授を経て、ミュンヒェン大学正教授（一九二一―一九四八年）。メスナーがミュンヒェン大学で研究を始めた丁度その頃にウェーバーも着任している訳である。一九一八年にブレスラウに「東欧研究所」das Osteuropa-Institut を設立した。ドイツの新古典派経済学者としても有名。A・ヴェーバーの主要著作として以下のものがある。*Der Kampf zwischen Kapital und Arbeit* (1910), *Volkswirtschaftslehre* (4 Bde., 1928, 7.Aufl., 1958), *Der Mißerfolg des bolschewistischen Wirtschaftssystems* (1944).

(20) Dr. Otto von Zwiedineck-Südenhorst. 両法博士。法学、経済学、財政学を学ぶ。一八九八年にはヴィーンで内務省官吏となる。一九〇二年カールスルーエ工業大学員外教授。第一次世界大戦応召。その後、ブレスラウを経て、一九二一年ミュンヒェン大学にて国民経済学を講ずると共に、統計研究所の所長を務める。彼は、主観的価値論から出発して、政治経済学、方法論、経済理論、社会政策並びに賃金政策といった諸問題と取り組んだ。主著として以下のものがある。Otto von Zwiedineck-Südenhorst, *Kritisches und Positives zur Preislehre* (1908 / 09), *Sozialpolitik* (1911), *Allgemeine Volkswirtschaftslehre* (1932), *Mensch und Wirtschaft* (1955).

(21) Johannes Messner, *Johannes Messner Ausgewählte Werke Band 2* Frühschriften : W. Hohoffs Marxismus (Dissertation) und Sozialökonomik und Sozialethik (Habilitation), Eingeleitet von Anton Rauscher, Oldenburg 2002.

(22) Dr. Jakob Strieder. 哲学博士。一九一五年ライプツィヒ大学員外教授。一九二〇年以降ミュンヒェン大学歴史学正教授。主著は次のもの。*Studien zur Geschichte der kapitalistischen Organisationsform*, 1914.

(23) Vgl. Johannes Messner, *Der Funktionär. Seine Schlüsselstellung in der heutigen Gesellschaft*, Tyrolia-Verlag, Innsbruck-Wien-München 1961, Vorwort.

(24) Augustinus Bea Preis, 1980では、一九三二年となっており、クローゼの筆になるメスナー伝記では、一九三三年とある。

(25) 註（34）を参照。

(26) Alfred Klose, Johannes Messner : eine biographische Notiz, S. 32.

(27) Rudolf Weiler, Die Menschheit in vielen Ethosformen und Kulturen vor der Frage nach der sittlichen Ordnung, in : *Die*

Einheit der Kulturethik in vielen Ethosformen hrsg. von W. Freistetter u.R. Weiler, Duncker u. Humblot, 1993, S. 39.

(28)「共同善」の客観的実在性を中心に据えることによって始めて真の意味での社会倫理学を語ることができるのである、というメスナーやウッツの自然法論については、拙稿「共同善―伝統的自然法論ないし社会倫理学におけるその概念と機能をめぐって―」(『経済社会学会年報』XXVI、現代書館、二〇〇四年)を参照されたい。

(29) Arthur-Fridolin Utz, *Sozialethik, 1. Teil, Die Prinzipien der Gesellschaftslehre*, Heidelberg 1958.
Ders., *Sozialethik, 2. Teil, Rechtsphilosophie*, Heidelberg 1963.
Ders., *Sozialethik, 3. Teil, Die soziale Ordnung*, Bonn 1986.
Ders., *Sozialethik, 4. Teil, Wirtschaftsethik*, Bonn 1994.
Ders., *Sozialethik, 5. Teil, Die politische Ethik*, Bonn 2002.
上記五部作のうち、第四部は邦訳されており、これには私による書評「アルトゥール・ウッツ著、島本美智男訳『経済社会の倫理』(晃洋書房、二〇〇二年)」経済社会学会編『経済社会学会年報』XXV(現代書館、二〇〇三年)がある。

(30) クローゼによると、一九三三年。

(31) Johannes Messner, *Die soziale Frage*, 6. Aufl., Innsbruck-Wien 1956, Vorwort.

(32) Dr. Engelbert Dollfuß. ニーダーエースターライヒ[Niederösterreich＝NÖ]のテクシングに農民の子として出生。一九一四年大学入学後間もなく大戦勃発してドルフースは兵役を志願した。陸軍中尉(予備役)となる。大戦後、大学に復帰。一九一九―二〇年、大学に通いつつ同時にカトリック学生運動(Cartellverband)に身を投じ、NÖのキリスト教社会農民同盟会員となる。一九二二―三〇年、NÖの農務委員会秘書を務め、二七年同委員会委員長。キリスト教社会党内で異例の昇進を果たす。一九三〇年十月、オーストリア連邦鉄道総裁となる。一九三一年三月十八日、農林省大臣となる。一九三二年五月二十日、連邦首相となる。ドルフース内閣は、キリスト教社会党、農民同盟、護国団の保守連合内閣であった。同内閣はファシズムイタリアへの接近を余儀なくされる。ナチスドイツに対抗するためでもあった。一九三三年三月四日、国民議会を解散し、先ず共産党を、次いでNSDAP(オーストリアナチス)をも非合法化した。一九三四年二月、SDAPÖを非合法化する。同年七月二十五日、ナチスにより暗殺さる。

(33) Johannes Messner, *Dollfuß*, Tyrolia Verlag, Innsbruck-Wien 1935. 尚、既に当時英訳版があったが、つい最近(二〇〇四年)それを補正した英語版が再刊された。Fr. Johannes Messner, *Dollfuss, an Austrian Patriot*, HIS Press 2004. ドルフースについては、本稿末尾附録の文献案内をも参照されたい。

（34）　Dr. Kurt von Schuschnigg. 法学博士。キリスト教社会党に入党。一九二七年国会議員となる。一九三二年、ドルフース内閣で司法大臣に任命され、翌年教育大臣。一九三四年、ドルフース暗殺後、オーストリア首相となる。キリスト教的職能団体国家の理想を実現すべく努めるも、状況は余りにも厳しすぎた。一九三八年訪独したシューシュニックは、ヒトラーから無理難題を押し付けられる。帰国した彼は、国民投票実施に最後の望みを託すが、これも叶わず、ヒトラー率いるナチスは領土侵犯をおかし、シューシュニックを捕縛し、強制収容所へ送った。こうして、連合軍による解放まで、シューシュニックは七年間収容所生活を送ることを余儀なくされた。解放後は米国で教壇に立ち、政治科学を講ず。晩年祖国オーストリアに戻り、インスブルックで一九七七年に歿した。

（35）　矢田俊隆、田口晃『世界現代史25　オーストリア・スイス現代史』山川出版社、一九八四年、一一八頁。

（36）　Arthur Seyß-Inquart. 第一次世界大戦に従軍。一九二一年弁護士活動開始。カトリック国民団体に参加し、一九三一年以降は、NSDAPと接触するようになる。シューシュニックとヒトラー会談後、ザイス＝インクヴァルトは内務大臣となり、シューシュニック退陣後、首相に就任し、ナチスの連邦政府を樹立した。独墺併合の法律を一九三八年三月十三日に成立させる。三九年五月一日首相退陣。この後四五年まで無任所帝国大臣、四〇年から四五年にかけて占領オランダの帝国警察署長 Reichskommisar であった。戦後ニュルンベルク国際軍事裁判で死刑宣告を受け、四六年に執行された。

（37）　Alfred Klose u. Senta Reichenpfader, Kurzchronik, in: Anton Rauscher SJ u. Rudolf Weiler (Hgg.), *Professor Johannes Messner. Ein Leben im Dienst sozialer Gerechtigkeit, Gedenkschrift*, S. 95.

（38）　Senta Reichenpfader, Johannes Messner, S. 214-215.

（39）　以下は『自然法』の翻訳者の一人でもある野尻武敏氏から直接伺った内容である。氏がメスナー先生をヴィーンの住いに訪問した折（一九六〇年代）、メスナーの質素な生活ぶりを目撃され、又会話で証言を得られた。女子修道会の経営する建物の二部屋（一部屋は寝室）の仕事部屋は壁には天井に届くまでの書籍が戸棚に納めてある。机の上にも本が堆く置いてあった。小柄なメスナー先生は、机の前に腰掛けられて、執筆できるだけのスペースが目の前に確保されていた。子供の頃は、弟ヨーゼフ同様音楽を愛し、実際自分でも一日六時間ピアノに向かっていたという。しかし、英国亡命の頃から、生命の有限性を殊の外意識するようになると、自分に与えられた時間を大切に使わなくてはならない、と考えられたそうで、ピアノに向かう時間をうんと短縮されて、今ではもう弾かないのだそうである。それでも、ティロール出身のメスナー先生は、山に分け入って歩き回るということだけは放棄できなかった。以上については、野尻武敏『長寿社会を生きる――美しく老いるために――』（晃洋書房、一九九一年、一六五―一六七頁）をも参照。それが本文に記したように（第六節末尾近く）、九十歳になるまで継続された習慣であり、楽しみであった。

（40）A. Klose u. S. Reichenpfader, Kurzchronik, S. 95f.

（41）Johannes Messner, *Das Naturrecht-Handbuch der Gesellschaftsethik, Staatsethik und Wirtschaftsethik*, 6. unveränderte Auflage, 1966 Wien, Vorwort zur fünften Auflage.〔序言〕及び、拙稿「ヨハネス・メスナーの良心論――良心の構造と機能をめぐって――」『自然法―反省と展望』一九八七年、創文社、一五九―一六〇頁［本書第三章第二節］をも参照。

（42）Johannes Messner, *Kulturethik mit Grundlegung durch Prinzipienethik und Persönlichkeitsethik*, Tyrolia Verlag, Innsbruck-Wien-München 1954, S. 7. 特に第二次世界大戦後は、一方で自然科学の発展によって真理認識や認識確実性への取組みが認識理論に要求され、他方で「自然」概念の多義性が取り沙汰され、旧来の「永久法」に依拠した自然概念が支持され難くなったとき、メスナーは、「誰もが経験する」ことの可能な「人間本性の作用様態」から議論を開始することが何よりも大切である、と考えた。

（43）Johannes Messner, *Kulturethik*, S. 9.

（44）Johannes Messner, *Das Naturrecht*, S. 45.〔二八頁〕

（45）Johannes Messner, *Das Naturrecht*, S. 42-48.〔二五―三二頁〕尚、註（49）をも参照。

（46）Dr. Alfred Verdross. 法学博士。国際法学者で法哲学者。初期はHans Kelsen, Adolf Merklとともに純粋法学の立場で活躍するが、やがて、ケルゼン流の認識論的相対主義及び懐疑主義を決然と退け、伝統的自然法論、アリストテレス＝トマス主義自然法論に転向する。メスナーがナチスに狙われたのに対し、フェアドロスはヴィーン大学にとどまった。しかし、ナチスからは法哲学の講義を許可されることはなかった。これも実は彼に幸いしたのである。この時期に、古代法哲学及び国家哲学の体系的な叙述のための準備が為され得たのであるから。次の著作こそその成果であり、それに続く西洋法哲学史の好著にそのまま活かされている。*Grundlinien der antiken Rechts- und Staatsphilosophie*, Wien Springer Verlag, 1948. *Abendländische Rechtsphilosophie, Ihre Grundlagen und Hauptprobleme in geschichtlicher Schau*, 1958, 2. erweiterte u. neubearbeitete Aufl., Wien Springer Verlag, 1963. その外、以下の重要著作がある。*Die Einheit des rechtlichen Weltbildes auf Grundlage der Völkerrechtsverfassung*, Tübingen 1923, *Statisches und dynamisches Naturrecht*, Freiburg 1971, *Universelles Völkerrecht : Theorie u. Praxis* (in Verbindung mit Bruno Simma), Berlin 1976.

（47）A. Verdross, *Abendländische Rechtsphilosophie*, 2. Aufl., S. 224-225. 傍点は引用者による強調。

（48）A. Verdross, *Statisches und dynamisches Naturrecht*, S. 33-34. 尚、特定著作ではなく、メスナーの学問・著作活動全体に関する評価としては、第六節末に引用したウッツ評を参照されたい。

(49) Johannes Messner, *Das Naturrecht*, S. 36.〔二〇頁〕公刊年は、『自然法』が『文化倫理学』よりも早いが、体系的には、後者が前者に先行し、その基礎を提供している。ところが、この事実から、メスナー自然法思想の重要概念である二つの用語の意味づけ問題、同じ意味なのか違うのか、違うとしたらどのように違うのかといった問題が浮上してくる。即ち、*Das Naturrecht* (S. 42-48.〔二五—三一頁〕) における „die existentiellen Zwecke (des Menschen)" と *Kulturethik* (S. 156ff.) における „die wesenhaften Lebenszwecke" という用語である。ここでは指摘するにとどめる。

(50) Johannes Messner, *Kulturethik*, S. 331.

(51) *Kulturethik* に関しては、拙稿「メスナー『文化倫理学』案内」(『創文』一九九五、一一所収)を参照されたい。

(52) 本書には、金子弘訳『英国に於ける社会主義の実験』(関書院新社、昭和三六年)がある。

(53) 例えば、初版からの邦訳『自然法』第四巻訳者(野尻武敏)あとがき、及び、野尻武敏「社会経済の倫理」(日本経済学会年報Ⅲ、一九五五年)など。

(54) 以上の要約につき、拙稿「ヨハネス・メスナーの良心論——良心の構造と機能をめぐって——」〔本書第三章第二節〕及び、拙稿「孟子の倫理思想とメスナーの良心論——自然法と実践知に就いての一比較試論——」(『自然法と実践知』創文社、一九九四年)を参照されたい。

(55) この問題についての私見の詳細に関しては、拙稿「妊娠中絶についての自然法論的考察——秋葉・伊佐(松尾)論争に寄せて——」(『法の理論24』成文堂、二〇〇五年)を参照。

(56) Eberhard Schockenhoff, *Das Gewissen: Quelle sittlicher Urteilskraft und personaler Verantwortung*: Kirche und Gesellschaft Nr. 269, Köln 2000, S. 6.「広まっている見解に反して、両親は、子供の生命権によって、自己の良心の自由も自己決定権も、許されない仕方で制約されているなどということは決してない。」

(57) 秋葉悦子「出生前の人の尊厳と生きる権利——母体保護法改正に向けての提言——」『人間の尊厳と現代法理論』(ホセ・ヨンパルト教授古稀祝賀)、(成文堂、二〇〇〇年)一二七頁。

(58) Johannes Messner, *Kulturethik*, S. 21-22.「倫理と倫理学は区別されなければならない。なるほど哲学と倫理学の諸流派は、善の何たるかを知らないかも知れない。しかしながら、行動する人間は、単純な状況下で自分が生きていく上で必要な限りでは、それを知っているのである。この意味において、倫理学が誕生するはるか以前から、倫理そのものは常に存在していたのである。」この一文は、すこぶる重要な一文である。倫理学は倫理に定礎されなければならない。意識は、思考は、実在に現実に一致しなくては真理となり得ない (adaequatio intellectus et rei)。こういうことである。恣意によって左右されてはならないことの一つに、そしてその最も重いものとして、生命権の尊重との関連でいうと、〈胎児の生命権〉があるのである。この問題に就き、拙稿「妊娠中絶についての自然法論的考察」本文第四節後半をも参照。尚、権利と権利観ないし権利思想の区別の重要性を説得的に明快に説いたものとして、宗岡嗣郎『リーガルマインドの本質と機能』（成文堂、二〇〇二年）、一六頁等を参照されたい。

(59) Vgl. Eberhard Schockenhoff, *Das Gewissen. Quelle sittlicher Urteilskraft und personaler Verantwortung*, Köln 2000.

(60) 表現方法はそうとう異なるが同旨を説くものとして、村井実『「善さ」の復興』（東洋館出版社、一九九八年）、「IX『善さ』への働き」、特に二八六―二九二頁、村井実『人間と教育の根源を問う』（小学館、一九九四年）、九七―一一三頁。

(61) Johannes Messner, *Das Naturrecht*, Kap. 17.

(62) Johannes Messner, *Kulturethik*, Kap. 46, ders., *Das Naturrecht*, S. 100-102, 187, 317-318.〔九七―九九、二〇二、三五一―三五二頁〕尚、拙稿「自然法論的認識論――メスナー自然法論の一貢献――」（『法と国家の基礎にあるもの』、創文社、一九八九年）〔本書第四章〕をも参照されたい。

(63) Johannes Messner, *Das Naturrecht*, S. 100, 233f., 239, 256.〔九七、二五五―二五六、二六二、二八二頁〕

(64) 最晩年は、「洞見知」という用語をも使うようになっていた。水波朗『自然法と洞見知――トマス主義法哲学・国法学遺稿集――』（創文社、二〇〇五年）、特に第一章並びに第二章第三節を参照。

(65) J. Messner, *Das Naturrecht*, bes. S. 150f.〔一五八―一六〇頁〕

(66) J. Messner, *Das Naturrecht*, S. 294f.〔三二六―三二七頁〕

(67) J. Messner, *Das Naturrecht*, S. 503.〔五五四頁〕

(68) 我が国の実定法学界では、例えば、刑法学において、梅崎進哉・宗岡嗣郎『刑法学原論』（成文堂、一九九八年）が「補完性の原理」を自覚的に取り上げて、刑法学通説で「謙抑主義」の項目の下で説かれる事態を掘り下げて論じているのが注目される。

(69) J. Messner, *Das Naturrecht*, S. 859.〔九一一頁〕

(70) J. Messner, *Das Naturrecht*, S. 862.〔九一五頁〕

(71) J. Messner, *Das Naturrecht*, S. 865.〔九一六頁〕

(72) Vgl. J. Messner, *Das Naturrecht*, S. 752, 760, 858, 861ff. usw.,〔七九二、八〇一―八〇二、九〇九―九一〇、九一三―九一九頁〕ders., *Ethik*, S. 378f.

(73) その理論的な反省を、問題設定の背景なり地平が同一であるわけでは勿論ないが、例えば、『中庸』特に第一章に読み取ることが可能であろう。

（74）　Dr. Franz Hitze. カトリック司祭。一八八〇年、ブランツ Franz Brantz に乞われて在メンヒェングラートバハの「労働者福祉」同盟 Verband 〝Arbeiterwohl〟の事務局長に抜擢される。一八九〇年同地で「カトリックドイツ国民協会」〝Volksverein für das katholische Deutschland〟の設立に関わり、指導者となる。この国民協会からカトリック労働者団体などの指導者、中央党の政治家がやがては巣立っていくことが期待されたのである。その後も同種の団体「ドイツ・カリタス同盟」を設立す（一八九七年）。ミュンスター大学でカトリック社会教説講座を担当。議員の経歴も有す。労働者保護法の闘志として活躍したケテラーの影響を受け、社会政策の実現に腐心する。マルクスの『資本論』（Das Kapital）を研究し、これと対決した。ここでは、主要著作から次のものを挙げるにとどめる。Franz Hitze, *Kapital und Arbeit und die Reorganisation der Gesellschaft*, Paderborn 1880, und ders., *Die Arbeiterfrage und die Bestrebungen zu ihrer Lösung*, Mönchen-Gladbach 1898.

（75）　拙稿「共同善——伝統的自然法論ないし社会倫理学におけるその概念と機能をめぐって——」、経済社会学会編『経済社会学会年報』XXⅥ（現代書館、二〇〇四年）参照。

（76）　本書には、スペイン語訳と英語訳がある。*El Funcionario en la Sociedad Pluralista*, Madrid, 1962., *The Executive—His Key Position in Contemporary Society*, St. Louis（U.S.A.）-London, 1965.

（77）　その後、ドゥンカー&フンブロート社から、追悼記念版が翻刻出版された。Johannes Messner, *Das Naturrecht* der 7. unveränderten Aufl, 1984, Duncker u. Humblot, Berlin. 尚、本書は、第五版、第六版、第七版の内容は同一であり、その邦訳版が水波朗、野尻武敏、栗城壽夫訳で『自然法—社会・国家・経済の倫理』として一九九五年創文社より出版された。

（78）　A. Klose u. R. Messner, Johannes Messner：Ein Lebensbild, in：*Professor Johannes Messner*, S. 32.

（79）　Senta Reichenpfader, Johannes Messner, in：*Faszinierende Gestalten der Kirche Österreichs*, S. 169.

（80）　Johannes Messner, *Widersprüche*, Vorwort.

（81）　註（14）参照。

（82）　Herbert Schambeck, Johannes Messner und die Bedeutung seiner Lehre von Recht und Staat, in：Rudolf Weiler und Herbert Schambeck, *Naturrecht in Anwendung, „Johannes-Messner-Vorlesungen" 1996 bis 2001*, Graz 2001, S. 138-139. 拙訳「ヨハネス・メスナーとその法・国家論の意義」（『社会と倫理』第十三号、二〇〇二年）一四頁。文意を明確にするために、人称を一部原文とは替えて訳出した。

（83）　Senta Reichenpfader. 母音の前に置かれた子音Sは、有声音（濁音）で読むのが文法的には正規であろうが、Senta Reichenpfader さんのばあい、ご本人によっても、知人友人によっても「ゼンタ」と発音されるのを私は一度も聞いたことがない。表記は従って「センタ」とする。因みに、些事に属することではあるが、ヴィーンでは清音に近くなる一般的傾向が見られ、例えば、有名なSalzburgは、「サルツブルク」にかなり近く発音されている。これとは対照的に、例えば、ミュンスターの人々は音節末尾、従って、当然語末についても、〝-g〟を〝-ch〟と発音するので、「ザルツブルヒ」と発音されるのであるが。

（84）Senta Reichenpfader, Johannes Messner als Seelsorger, in：*Das Neue Naturrecht. Die Erneuerung der Naturrechtslehre durch Johannes Messner. Gedächtnisschrift für Johannes Messner.*（Hg）v.H. Schambeck, R. Weiler, Berlin 1985, 261ff. Dies., Johannes Messner, in：*Faszinierende Gestalten der Kirche Österreichs.*（Hg.）v. Jan Mikrut, Wien 2000, S. 169–224.

（85）Senta Reichenpfader, Johannes Messner, S. 183–184.

（86）ミュンスター留学時代の或る日、私はDirektor Remfert, Subdirektor Freytagの案内で近くの女子修道院に立ち寄ったことがあるが、そこで私たちを出迎えて下さった修道女は、当時の私はその言葉に馴染んでいなかったのであるが、そして今では世間でときどき耳にする「オーラ」、それに包まれており、しかもそれがはっきりと感じられた。たしかにそこに実在した。不思議な体験であった。これは私にとっての一度限りの直接的経験である。これほど強い印象を受けてはいないのだが、今想い起こせば、姉の披露宴会場に一人だけ、確かに余人と違う人物を目撃したことがある。後藤さんという名のロシア正教会（ひょっとしたら聖公会）の信者さんであった。当時の鹿児島純心女子短期大学副学長。

（87）Senta Reichenpfader, Johannes Messner, S. 184.

（88）Senta Reichenpfader, Johannes Messner, S. 191. 尚、註（39）をも参照。

（89）Bernd Kettern, *Sozialethik und Gemeinwohl, Die Begründung einer realistischen Sozialethik bei Arthur F. Utz*, Berlin 1992, S. 25, Anm. 5, sowie 38–41.

（90）Arthur F. Utz, Begrüßungsansprache des Präsidenten der Internationalen Stiftung Humanum, in：*Der Sozialethiker und Rechtsphilosoph Johannes Messner*, S. 11f.

（91）Senta Reichenpfader, Johannes Messner, S. 203.

（92）Alfred Klose, *Die Katholische Soziallehre, Ihr Anspruch, ihre Aktualität*, Graz–Wien–Köln 1979；ders., *Unternehmerethik, heute gefragt?* Linz 1988；ders., *Politischer Grundkurs, Hintergründe, Organisationsformen und Funktionen der Demokratie*, Linz 1991；ders., *Für eine Welt von morgen*, Limburg–Kevelaer 2001.

（93）私が始めてカトリック社会理論の本格的な手解きを受けた、カトリック司祭でミュンスター大学のヴェーバー先生DDr. Wilhelm Weber（1925–1983）は、私の留学中に亡くなられ（十月四日）、その告別式と埋葬に私は参加して、先生のご冥福を祈った（十月十日）。ミュンスターでは大聖堂Domの真向かいに位置するCollegium Borromaeum（Domplatz 8）に一年余り暮らした。当時の寮長Direktor Heinrich Remfertとは現在でも手紙の遣り取りがあるが、その他、副寮長Subdirektor Josef Freytag, Doktorand Reihard Marx, Domchordirektor Freimuth, Kaplan Augustinus Maria Hendriks、幾人もの修道女Schwestern（Schwester-Oberin Dominika, Schw.-Oberin Edelburgis, Schw. Doris u.a.）、女子実習生Praktikantinnenのお世話になった。内心深く感謝している。何人かのシスター（Schw. Georgis, Schw. Bernhild u.a.）は既に天に召されたと聞く。心からご冥福を祈る。その後、フランクフルトにあるネル＝ブロイニング先生Dr. Oswald von Nell-Breuning SJ（1890-1991）の墓参も、シュナイダー教授Dr. Lothar Schneider（当時レーゲンスブルク大学教授、カトリック司祭。ヴェーバー先生の告別式の折に初めてお会いした。神父は、ヘフナー枢機卿とネル＝ブロイニング神父の勧めで、その晩い研究者生活を開始した人である。現在レーヴァークーゼンの主任司祭。）の案内で果たしえた（一九九四年二月）。インスブルックでは、橋本昭一関西大学教授（社会倫理研究所客員研究所員）と一緒にカール・ラーナーDr. Karl Rahner SJ（1904-1984）のお墓参りをした（一九九七年九月）。その都度思うことであるが、故人が遺してくださった、それぞれ貴重な遺産を、私なりにできるだけ活かしていけたら、と念願している。マルクスさんは、パダボーン神学大学校教授として教鞭をとっておられたが、その後、トリア司教を経て、現在ミュンヘン・フライジング大司教且つ枢機卿として活躍している。

(94) Dr. Rudolf Kirchschläger. ヴィーン大学法学部卒。第二次世界大戦で重傷を負う。戦後、裁判官を務め（一九四七―五四年）、外務省に入省。一九五五年の占領国四国との「国家条約」及び「中立法律」の成立に関わる。六七―七〇年在プラハ、オーストリア大使。一九七〇年、Bruno Kleiskyにより無所属外務大臣に任命される。一九七四年、SPÖから大統領候補として立ち、連邦大統領に選出され就任する。一九八〇年に、SPÖとÖVP両党から支持を受け再選される。主著として以下のものがある。Rudolf Kirchschläger, *Der Friede beginnt im eigenen Haus*, München 1980. Ders., *Verantwortung in unserer Zeit*, 1990. Ders., *Immer den Menschen zugewandt*, 2000.

(95) Wolfgang Schmitz, *Die Gesetzesflut—Folge und Ausdruck der Überforderung des Staates*, Verhandlungen 7. Österreichischen Juristentages, Wien 1979.

(96) 著作は夥しい数（論文で、三〇〇篇以上）にのぼる。以下に単著の内から、博士論文ほか、ほんの一部を挙げる。Herbert Schambeck, *Der Begriff der „Natur der Sache“, Ein Beitrag zur rechtsphilosophischen Grundlagenforschung*, Wien 1964 : ders., *Ethik und Staat*, Berlin 1986 : ders., *Kirche, Staat und Demokratie, Ein Grundthema der katholischen Soziallehre*, Berlin 1992.『法の理論5』にシャンベック教授の論文の邦訳を担当させていただいたのが最初のきっかけで、その後三つの論文を翻訳した。

(97) 後出、主要著作案内のなかの、*Moderne Soziologie und Scholastisches Naturrecht* の解説を参照されたい。

(98) Rudolf Weiler, *Wirtschaftswachstum und Frauenarbeit*, Wien 1962 ; ders., *Internationale Ethik*, 2. Bde., Berlin 1986, 1989 ; ders., *Einführung in die katholische Soziallehre, Ein systematischer Abriß*, Wien 1991 ; ders., *Herausforderung Naturrecht*, Graz 1996. メスナー門下の中でも、その後継者としてヴィーン大学に残ったヴァイラーは、冷戦時に既に早い時期から、平和形成のための努力を開始して、ソ連邦や東欧諸国の学者や研究者との交流を継続していた。そうした中、ヴィーンに「平和研究センター」も立ち上げ、上掲二冊『国際倫理学』のパイオニアワークも上梓した。同門のツィフコヴィッツも平和倫理学、亡命問題などに積極的に関与してきた。尚、英語圏の書物としては、単著ではないが、次がある。Mark J. Cherry (Ed.), *Natural Law and the Possibility of a Global Ethics*, Dordrecht 2004.

(99) Dr. Leo Gabriel. 一九三五年ヴィーンのギムナジウム教師、反ナチスの立場を取ったため、教授資格請求論文を提出できたのは戦後の一九四七年のことであった。ヴィーン大学で、一九五一年から七二年まで正教授として、古代哲学、論理学、認識論を講ず。Universitätszentrum für Friedensforschung の会長を務めた。主著として、次がある。*Integrale Logik. Die Wahrheit des Ganzen*, 1965.

(100) Dr. Senta Reichenpfader. 第六節本文、および、註(83)—註(88)を参照。

(101) DDr. Arthur Fridolin Utz OP. ドミニコ会司祭。長年(一九四五—七八年)スイス・フリブール大学「社会哲学及び社会倫理学」の教授を務めた。トマス・アクィナスの徳論で学位を取得して以降、トマスの自然法及び正義論の綿密な註解を著し、他の追随を許さなかった。Arthur Utz, *Recht und Gerechtigkeit. Thomas von Aquin : Theologische Summe II-II, Fragen 57-79*. Nachfolgefassung von Bd. 18 der Deutschen Thomasausgabe. Neue Übersetzung von J.F. Groner. Anmerkungen, sowie vollständig überarbeiteter und ergänzter Kommentar von A.F. Utz, Bonn 1987. 彼は Internationales Institut für Sozialwissenschaft und Politik の創設者であり、Zeitschrift Politeia の編集者でもあった。数々の名誉称号を授与されたが、ここでは「世界法哲学社会哲学会名誉会長」であったことを記しておきたい。また、ウッツは、H・シャンベックなどと同様に、教皇庁社会科学アカデミーの創設にも関わりその会員でもあった。主著として、註(29)に掲載された、社会倫理学体系全五巻 *Die Sozialethik* (*1. Teil, Die Prinzipien der Gesellschaftslehre, 2. Teil, Rechtsphilosophie, 3. Teil, Die soziale Ordnung, 4. Teil, Wirtschaftsethik, 5. Teil, Die politische Ethik*) は、メスナー『自然法』と並ぶ、最高級の社会倫理学大全である。又、カトリック社会倫理学の重要資料(社会倫理学全般の文献目録、教会文書、教皇回勅、ピウス十二世教皇の社会大全等)の編纂でも大変な功労があった。ウッツについては、我が国では、野尻武敏、島本美智男両教授がよき理解者であり、翻訳もある。野尻訳『第三の道の哲学』(新評論、一九七八年）、島本訳『経済社会の倫理』（晃洋書房、二〇〇二年）。尚、島本美智男「アルトゥール・ウッツの経済秩序倫理学」（『社会と倫理』第十号、二〇〇一年）を参照されたい。

(102) DDDr. Joseph Höffner. 一九四五年トリアの司牧神学、後キリスト教社会理論の正教授となり、一九五一年から六二年まで新設の研究所所長 Direktor des Instituts für Christliche Sozialwissenschaften an der Univ. Münster となった。六二年ミュンスター司教。六九年ケルン大司教に任ぜられると同時に、枢機卿となる。一九七六年以降は、ドイツ司教会議議長でもあった。多数の著述から幾つかを紹介しておこう。Joseph Höffner, *Christentum und Menschenwürde, Das Anliegen der spanischen Kolonialethik im Goldenen Zeitalter*, Trier 1947 ; ders., *Christliche Gesellschaftslehre*, 8. Aufl., Kevelaer 1983.特に最後に挙げた書物は広く読まれている。

(103) Johannes Schasching, *Katholische Soziallehre und modernes Apostolat*, Innsbruck 1956 ; ders., *Kirche und industrielle Gesellschaft*, Wien 1960 ; ders., *In Sorge um Entwicklung und Frieden, Kommentar zur Enzyklika „Sollicitudo rei socialis"*, Wien 1988 ; ders., *Unterwegs mit den Menschen, Kommentar zur Enzyklika „Centesimus annus" von Johannes Paul II.*, Wien-Zürich 1991.

(104) Valentin Zsifkovits, *Ethik des Friedens*, Linz 1987 ; ders., *Politik ohne Moral?*, Linz 1989 ; ders., *Asylpolitik mit Herz und Vernunft*, Regensburg 1993 ; ders., *Wirtschaft ohne Moral?*, Innsbruck-Wien 1994.

(105) Anton Rauscher, *Subsidiaritätsprinzip und berufsständische Ordnung in „Quadragesimo anno"*, 1958 ; Ders., *Die soziale Rechtsidee und die Überwindung des wirtschaftsliberalen Denkens. Hermann Roesler und sein Beitrag zum Verständnis von Wirtschaft und Gesellschaft*, 1968 ; Ders., *Die Eigenart des kirchlichen Dienstes. Zur Entscheidung der katholischen Kirche für den „dritten Weg"*, 1983 ; Ders., *Kirche in der Welt. Beiträge zur christlichen Gesellschaftsverantwortung*, Bd. 1 und Bd. 2 : 1988, Bd. 3 : 1998.

(106) Senta Reichenpfader, Johannes Messner, S. 180.

(107) 二〇〇三年十月十七日、私はクローゼさんの招待で、Café-Restaurant Schönbrunn にて約三時間に亘る（！）昼食をご一緒したが、その折、„Obmann" という用語の正確な意味を解説して頂いた。それによると、メスナー協会の年間活動計画の立案、実現のための下準備交渉などを行う実質的な責任者との由であった。これに近い一般ドイツ語としては „Geschäftsführer" がある。これをその集団の代表ともいえる „Präsident" との対比で言うならば、元首（天皇、女王、無答責型大統領）に対する宰相・首相の役割を担っている、ということであろう。

(108) Werner Freistetter, *Internationale Ordnung und Menschenbild*, Innsbruck-Wien 1994.

(109)　拙稿「第四回ヨハネス・メスナー記念国際シンポジウムに参加して」（南山大学社会倫理研究所編『社会と倫理』第五号、一九九八年）七四―八三頁。

(110)　第八回ヨハネス・メスナー記念国際シンポジウムについては、同名の学界報告の記事を南山大学社会倫理研究所編『時報しゃりんけん』第一号、二〇〇八年、一二―一四頁に寄せているので、ご参照を乞う。

(111)　フランツ・クリューバーも同じ志向性をもち続けたカトリック自然法論者の一人である。Franz Klüber, *Naturrecht als Ordnungsnorm der Gesellschaft：Der Weg der katholischen Gesellschaftslehre*, Köln 1966. Ders., *Katholische Gesellschaftslehre, 1. Bd.：Geschichte und System*, Osnabrück 1968, ders., *Katholische Soziallehre und demokratischer Sozialismus*, Bonn-Bad Godesberg 1974, ders., *Der Umbruch des Denkens in der katholischen Soziallehre*, Köln 1982.

(112)　拙稿「共同善――伝統的自然法論ないし社会倫理学におけるその概念と機能をめぐって――」において論じておいた。

(113)　Anton Rauscher, Johannes Messner（1891-1984）, in：*Zeitgeschichte in Lebensbildern. Aus dem deutschen Katholizismus des 19. und 20. Jahrhunderts.*（Hg.）v. J. Aretz, R. Morsey, A. Rauscher. Bd. 6. Mainz 1984, S.254.

(114)　Anton Rauscher, Johannes Messner（1891-1984）, S. 254.

(115)　Anton Rauscher, Johannes Messner（1891-1984）, S. 261f.

(116)　「人間の『弱さ』の価値」を重視して、これを昨今の遺伝子技術の発達、生命操作技術文明の脈絡の中に位置づけて包括的な「生命環境倫理学」を論じている、松田純『遺伝子技術の進展と人間の未来――ドイツ生命環境倫理学に学ぶ――』（知泉書館、二〇〇五年）は、自然法論から見ても同意できることが多く、又啓発されるところが多い。本書の概要については、『社会と倫理』第十八号に寄せた私の書評を参照されたい。その他、拙稿「共同善と補完性原理」。

(117)　フェアドロスは、伝統的自然法論の二大支柱を成すのは「人間の尊厳」と「共同善」である、と明言している。Alfred Verdross, *Statisches und dynamisches Naturrecht*, S. 104-105：„Ein Rückblick auf die vorstehenden Ausführungen zeigt uns, daß die *Würde des Menschen* und das *Gemeinwohl* die beiden tragenden Pfeiler des Naturrechts bilden.“ Vgl. auch A. Verdross, *Abendländische Rechtsphilosophie*, S. 268.

(118)　これら社会諸原理について邦語文献としては、アントン・ラウシャー著（拙訳）「人格性、連帯、補完性」（『社会と倫理』第九号、二〇〇〇年七月、一二六―一五六頁）［Anton Rauscher, *Personalität, Solidarität, Subsidiarität*, Katholische Soziallerhre in Text und Kommentar, Köln］を参照。又、補完性原理については、宮川俊行「補完性原理についてのトマス主義社会倫理学的考察」（『法の理論17』、成文堂、一九九七年）を参照されたい。

(119) 既に第五節本文にて言及した通り、特に、メスナーの自然法論の根幹に良心論が置かれており、それこそトマス学説の現代的展開に外ならないのであるが、それと王陽明のいわゆる四言教、四句訣とが酷似している点で興味深い。ここでは指摘するだけにとどめておく。

(120) 岡田武彦『儒教精神と現代』明徳出版社、平成六年、九―一〇、一七―一八頁。人間の生き方には三種類がある。「人に反して」、「人を超えて」、「人と与に」が即ちそれである。第一の生き方は、我を張り、欲を遂げ、人を支配することを念願として、いつも人と対立し闘争して、人を絶対的に支配しようとする立場を採る。人間の本性は、この立場では「悪」とされる（性悪説）。これを現実主義と称する。第二の生き方は、人生を矛盾葛藤に充ちた苦海として、これからの離脱のために人間以上の存在（絶対者ないし超越者）に帰依して人生の幸福を求め永遠の光明に憧れる。人間の本性は、ここでは善でも悪でもない、と考えられる。性無善無悪説。これを超越主義と称する。第三の生き方は、人のことを我がことのように思い、人の苦しみを我が苦しみと感じ、人の楽しみを我が楽しみと感じて自分も人も共に幸福と安寧になることを願う。この立場では、人間の本性は善である、と考えられる。性善説。これを理想主義と称する。尚、詳細は、岡田武彦『中国思想における理想と現実』（木耳社、昭和五十八年）一―三三頁を参照されたい。

(121) 岡田武彦『儒教精神と現代』二五、三九頁。初出は勿論『論語』の微子篇であるが、王陽明も『傳習録』巻之中、「答聶文蔚書」（聶文蔚に答ふる書）において、「人は天地の心」という良知より出でて「萬物一體」の論に進み、微子篇に描かれた孔子と同じき至情によりて、天下の苦しみを己が苦しみとなす、自らの誠心と真情を切論したのである。

(122) 岡田武彦『陽明学つれづれ草』明徳出版社、平成十三年、七九頁。

(123) 岡田武彦『儒教精神と現代』二七頁。「孝」もこうした全体的連関の中に位置づけて見なければ、「孝」イデオロギーに堕してしまうであろう。林秀一『孝経』（中国古典新書、明徳出版社）。

(124) 『孟子』巻第三公孫丑章句上六（いわゆる四端説章）。

(125) 『傳習録』巻之中、答顧東橋書（顧東橋に答ふる書）［当初は故あって「答人論学（書）」となっていた］。その後半のいわゆる抜本塞源論。尚、上註（一一八）をも参照。

(126) 北原隆「人類サバイバルの条件―人類学者の考察」『文化会議』第二一五号、昭和六十二年。岡田武彦『儒教精神と現代』一四―一六、二五―二六、三八―四〇頁を参照。

(127) その存養、修養の方法として、克己復禮（孔子）、（拡充と養氣を含む）存心と（寡欲と存夜氣を含む）求放心（孟子）、後世に下っては、宋代に静坐、明代にこれと並んで事上磨錬や省察克治（王陽明）、現代我が国の岡田博士にあっては静坐を更に推し進めて「兀坐（こつざ）」にまで辿り着いた。以上につき、岡田武彦『静坐と坐禅』（大学教育社、昭和五十二年）、及び、同『陽明学つれづれ草』一二〇頁以下参照。

(128) Johannes Messner, *Das Naturrecht*, S. 196.〔二一三頁〕

(129) Johannes Messner, *Das Naturrecht*, S. 196.〔二一三頁〕

(130) Johannes Messner, *Das Naturrecht*, S. 197.〔二一四頁〕

(131) Johannes Messner, *Kulturethik*, S. 237-263. Johannes Messner, *Das Naturrecht*, S. 100, 233f., 239, 245, 256.〔九六―九七、二五五―二五六、二六二―二六三、二六九、二八二頁〕拙稿「自然法論的認識論――メスナー自然法論の一貢献――」『法と国家の基礎に在るもの』（創文社、一九八九年）〔本書第四章〕。

(132) Rudolf Weiler, *Die soziale Botschaft der Kirche. Einführung in die Katholische Soziallehre*, Wien 1993, S. 13.

(133) 以上につき、次の文献を参照。Johannes Messner, *Kulturethik*, S. 425-426, Rudolf Weiler u. Alfred Klose（Hrsg.）, *Menschen im Entscheidungsprozeß*, Wien 1971, Rudolf Weiler, Sozialhumanismus：Grundwerte und Prinzipien im Gesellschaftlichen Wandel in：ders., *Naturrecht in Anwendung*, Graz 2000. 拙訳「社会的ヒューマニズム――社会転換期における基本価値と原理」（『社会と倫理』第十三号、二〇〇二年）。

(134) Johannes Messner, Die Entscheidungssituation des Sozialwissenschaftlers, in：*Ethik und Gesellschaft*, Köln 1975, S. 420.

(135) メスナー自然法思想を踏まえての私の造語である。Hideshi Yamada, Philosophische Überlegungen über die Menschenrechte, in：Rudolf Weiler（Hrsg.）, *Völkerrechtsordnung und Völkerrechtsethik*, Berlin 2000, S. 125-127.

(136) J. Messner, *Das Naturrecht*, S. 283f.〔三〇九―三一〇頁〕

(137) J. Messner, *Kulturethik*, S. 587ff., 591f., ders., *Das Naturrecht*, S. 478f., 501.〔五二八―五二九、五五二―五五三頁〕

(138) Johannes Schasching, Die soziale Frage, in：Alfred Klose, Herbert Schambeck, Rudolf Weiler（Hrsg.）, *Das Neue Naturrecht. Die Erneuerung der Naturrechtslehre durch Johannes Messner*, Berlin 1985, S. 163.

(139) J. Messner, *Das Naturrecht*, S. 490f.〔五四一―五四二頁〕

(140) *Quadragesimo anno*, Nr. 77.

(141) 「私のすべての著作がそうであるように、本著作は疑問提示と反対論述と並んで、建設的で肯定的なものを見ようと試みている。これは、事実として見られる発展力の社会学的分析によって正当化されるばかりでなく、往々にして見られる悲観主義的観点からの一面的社会批評及び文化批評に対しても適切であると思われる。」（J. Messner, *Der Funktionär*, Vorwort）

(142)　Kard. Chr. Schönborn, Predigt zur Eröffnung des diözesanen Seligsprechungsprozesses, in : *Professor Johannes Messner*, S. 11–12.

第一章　メスナー自然法思想の思想的境位

我々は序章において、メスナーの生涯と著作に即して、彼の自然法論の成立背景並びに根本特徴について概要を描いてきた。ヨハネス・メスナーがトマス主義の観点に立つ法哲学・社会倫理学の最も代表的な論者であることは、我が国における文献引用の記述からも推測される。しかし、その場合、伝統的自然法論者が関説する場合を除いて考えると、その内実に立ち入った上でのこととは思われない。大著『自然法』の初版（及び第二版）が邦訳されて久しい。又、第三回ヨハネス・メスナー記念国際シンポジウムが我が国で南山大学を会場として、ヨハネス・メスナー協会ヴィーン本部、ヨハネス・メスナー協会日本支部、南山大学社会倫理研究所共催で開催されるのを記念祝賀するために、『自然法』の最終版が初版の翻訳者、即ち、水波朗、野尻武敏、栗城壽夫の三氏によって再び翻訳されて、一九九五年に出版された。

もう一つのメスナーの主著『文化倫理学』は、その内容の豊穣さ、明晰さにも拘らず、余りに注目されること少ない。そこで、本章ではメスナー自然法論の思想的位置づけの問題を以下論じていくこととしたい。又、この行論を辿ることによって、トマス主義法哲学ないし社会倫理学に対する謂れなき先入観を幾らかでも除くことができるならば、幸いである。

第一節　前提となる人間理解

法理論・社会理論は、法及び社会の本性及び価値、そしてその存在の活動法則を解明せんとする学問的営為である。我々がこれから取り扱おうとしている自然法論もそうした営為の一つに外ならない。学としての自然法、即ち、自然法論は、社会秩序を考察の対象にするのであるが、この場合の社会秩序とは「人間相互間の諸関係における権利及び法義務の総体」としての秩序である。[1] 従って、社会理論としての自然法論は、当然のこととして社会の考察から出発しなければならないように思われる。実際、社会には社会それ自体の存在性格が認められるのではないか。第一に、個人は決定的にその所属する今此処での具体的社会に依存し、従属していることを我々は確かに知っている。文化的存在としての人間は、文化の中でしか、言い換えるならば、社会の中でしか、人間になることが出来ないのである。[2] このことを我々は、「社会的存在としての人間」と言い習わしてきた。[3] 第二に、社会は個々人が死んでも尚存続し得ると言えよう。[4] 第三に、「社会集団の善益が個人の善益に優先しているので、必要とあらば、社会のために個人の財産や生命が犠牲にされもするのである」[5]。

ところで、我々が社会の探求を更に進めていくと、詰り、社会の存在根拠の問いへ突き進んでいくと、「どこに社会の現実は在るのか、そして社会の現実の基礎は何であるのか」[6] という問いに辿り着く。答えはもちろん「人間」である。何となれば、社会の生命や作用を問う場合にも、また社会の権限と機能を問う場合にも、我々は「人間とは何か」という問いに直面するからである。従って、社会理論が解明すべき問題に答えを出すためには、この問いに対する明確な理解が必ず前提されているのであって、従ってまた不可欠なのである。

全現実――詰り、人間と社会――を把握することが可能になるのであれば、社会理論は、個人から出発してもよいし、或いは社会から出発してもよい[7]。何れにせよ、それぞれの社会理論が前提にする人間観、即ち、人間本性についての解釈は、現実在としての人間存在そのものによってその妥当性を判定されるであろう。「若しも提供された方法がこの二支柱［＝人間と社会］の何れかの領域の経験の全体を把握できないようであるならば、その方法は学問的に不十分なのである。そういう場合の結果は、科学的現実主義ではなく、イデオロギーに災いされた独断論 ein ideologischer Dogmatismus」と呼んで然るべきである[8]。

これに連関して個人主義的自由主義的人間観と集合主義的社会主義的人間観について少しここで述べることにしよう。

個人主義の社会理論は、メスナーの言葉を借りるならば、「自分だけで完結し、全く自己自身に基づいた諸価値を有する本質存在としての個人から出発したが、実際には決して超個人的存在、目的、そして価値をもった現実在としての社会の概念に到達しなかった[9]」。集合主義的社会理論は、これとは全く逆に、詰り第一義的価値物たる社会から出発して、終に超社会的存在意義の担い手たる個々の人間人格に達することが出来ないでいる。

個人主義的価値体系にしても集合主義的価値体系にしても、またそれぞれに基づいた個人主義的社会イデオロギーにしても社会主義的社会イデオロギーにしても、実践の場面では完全に実現されることはなかったし、今後も決して実現されえないであろう。人間本性がそれを承知しないのである[10]。

即ち、人間の本性自体が理論的にも実践的にも、あらゆる社会理論の有効性・妥当性の基準として現在するのである。

尚、右のように言うからといっても、個人主義的社会観・人間観や社会主義的社会観・人間観が果たしてきた歴史上の役割を忘却する訳ではないし、両人間観・社会観を全面否定する訳でもない。自然法論は、それもここでは伝統的自然法論の謂いであって、特殊近代的な啓蒙期自然法論ではないのだが、[11]それぞれの社会理論・人間論に必ずや含まれる筈の真理を漏らさないようにして、それぞれの理論にその然るべき地位を与えるのである。

メスナー自身は、『自然法』の冒頭に現代における代表的な人間観を類型的にあげているのだが、[12]我々は、直ちにメスナー自然法論の思想的立脚地たるカトリック自然法論へ目を向けることにしよう。

第二節　カトリック自然法論としてのメスナー自然法思想

第一項　カトリック自然法論の人間観・社会観

伝統的自然法論は、メスナーによれば、経験的人間論と形而上学的人間論からそれぞれ二つの認識を獲得する。**経験的人間論**は、人間領域に現れる経験現実を批判的に取り出して体系化することを自己の課題とする学問であって、これに拠ると、(1)人間は、肉体的に見るならば動物に近いが、動物学的意味で唯一独自の「種」である。(2)人間は、理性を付与された存在である。

(1)について考えてみよう。何故に「動物学的意味で」人間は唯一独自の「種」であると言われるのだろうか。それは先ず、人間のあらゆる種族が無制限に異種交配ができるからである。[13]しかしながら、人間が唯一独自の種であるのは、これだけの理由によるのでは勿論あるまい。A・ポルトマンを始めとする生物学者たちによっても、人間の生命は、その端緒から既に「人間的」であると報告されている。[14]又、動物は、その本能・衝動に支配されているが、人間は自己の本能を知り、自己の為すべき事柄を弁え、自己に内在する衝動エネルギーを支配し制御することができる。「衝動の支配可能性と衝動エネルギーの変換可能性は、人間本性の種的特徴である」[15]。我々は、ここで既に(2)の問題、即ち「理性」の問題に関わっていると言わねばならない。何となれば、自己の本性を洞察したり、当為を認識し、或いは衝動を制御し、更にそれを昇華するのは、理性の働きに外ならないからである。動物と同じように、人間は感覚によって個物やその性質等を認識するが、そればかりでなく、個別性を超え出る性質、即ち本質、本性、普遍性をも認識することができる。このような人間理性には、概念構成、判断、そして推論の働きが属する。[16]人間が、叡知的人間 homo sapiens、理性的動物 animal rationale、製作する人間 homo faber、記号的動物 animal symbolicum、などと呼ばれるのは、正に右の意味においてである。**形而上学的人間論**は、経験から出発して人間の本質を解明しようとする学問であり、伝統的自然論に次の二つの洞察を提供する。(1)人間は、霊魂 eine geistige Seele, a spiritual soul を持っている。(2)人間は、その霊肉的本性の故に、社会的存在である。敷衍すると、人間の精神は、質料と一体化するが故にその制約を受ける。このため、補完の必要が生ずる訳である。然しながら、この同じ質料的身体的本性故に、個別的人間本性は、相互補完の積極的可能性をも得る訳である。そして、相互補完の必要性と可能性に支持されて、人間は協同と交流を通して、詰り、社会の中で自己充足を遂げるのである。[17]即ち、人間の全き成長と発達は社会の中でしか望み得ない。

先ず、形而上学は、論理実証主義がかつて専断的に観念したように経験と全く無関係な、真でも偽でもない無意味な言明や命題にかかずらっているのではない。形而上学を批判するというのであれば、手続き的には先ずは歴史上形而上学とされて来たものを丹念に跡付けて、定義を与え（以上、歴史的事実確認の仕事）、その上で形而上学の批判的吟味（これ論理的経験的吟味ないし批判）を行うべきであろう。[18]この手続を踏まえずに徒に形而上学批判を繰り返すのは、それこそ形而上学的独断と言わねばならない。

メスナーの考える形而上学とは、次のようである。

形而上学は、経験に基礎づけられており、方法論的には、自己の諸成果をその対象にかかわる経験的現実の全領域に関係づけることができて初めて自らの使命を果たしたことになるという確信によって営まれているものである。[19]

従って、現実の全体に目を向けずに、或いは経験の一部にのみ拘泥し他の一部を黙殺するというものであるならば、それは真正な形而上学の座から独断論へと滑り落ちてしまうとメスナーの目には映るのであろう。自然法論の形而上学的人間論は、人間精神が動物の魂とは違うということ、従って、霊的で独立不死の実体であり、理性の座であることを固持するものである。それ故に、「霊肉二元論」が唱えられる。但し、物質的肉体と精神的霊魂は、二者の全き合一において人間本性を形成する。[20]

理性と自己決定（意志の自由）**によって抜きんでているので、人間は人格である。霊的肉的本性の故に、人間は社会的存在である。人間本性の、従って人格としての発展は、全く社会的な制約の下にある。**[21]

キリスト教的人間論は、上述の経験的人間論と形而上学的人間論が提示した認識を補強し、自然法論に対して、更に又、社会理論にとって重要な意味を有する二つの洞察を提示する。第一は、「原罪」の事実に関するものである。この原罪こそが人間本性に内在する不完全さ、たとえば誤謬への傾き、意志の倒錯、更に、いわゆる社会問題（社会秩序の不完全な発展）の根拠である。第二の洞察は、「救済」の事実に関係する。即ち、神ご自身がこの世に降り給いて人間本性を引き受けられることにより、人間霊魂に刻印された神の似像性を証し給うた事実である。これによって、人間は、地上のいかなる価値をも凌駕している。人間が国家のために存在するのではなく、国家こそ人間のために存在するのである。(22)

次に我々は、キリスト教的自然法論の人間観、社会観をより詳細に尋ねてみよう。「原罪」に関する認識は社会理論に対してどれほどの光を投ずるであろうか。

原罪が意味するところは、人間本性が傷つけられているということであって、破壊されてしまったということではない。若しも人間本性が根本的に破壊されてしまっているならば、かの有名な一節はどのように解釈されうるのだろうか。

> **律法を有たぬ異邦人も、もし本性のまま律法の載せたる所をおこなふ時は、律法を有たずともおのづから己が律法たるなり。即ち律法の命ずる所のその心に録されたるを顯し、おのが良心もこれが證をなして、その念、たがひに或は訴へ或は辯明す。……なんぢ律法を守らば割禮は益ある、律法を破らば汝の割禮は無割禮となるなり。割禮なき者も律法の義を守らば、その無割禮は割禮とせらるるにあらずや。本性のまま割禮なくして律法を全うする者は、儀文と割禮ありてなほ律法をやぶる汝を審かん。それ表面のユダヤ人はユダヤ人たるにあらず、肉に在る表面の割禮は割禮たるにあらず。隱かなるユダヤ人はユダヤ人なり、儀文によらず、霊による心の割禮は割禮なり、その誉は人よりにあらず、神より來るのである。**

人間本性が完全に破壊されているならば、そもそも善、悪の区別も知り得ないであろう。(23) 異邦人自身が律法であり得るのは、人間本性が全面的には破壊されていないということが前提条件としてどうしても必要である。即ち、人間本性は傷つけられているにせよ、決して破壊されてはいないのである。実際、神が創り給うた人間本性を、人間が自己の意志によって、自己の力によって、詰り原罪によって、全面的に無効にすることが哲学的観点からはもとより、神学的に可能であろうか。[24] この問題は、次項で取り上げて論ずる「理性と信仰」の問題に連関してくる。原罪（人間本性の毀損 natura humana vulnerata, Beeinträchtigung der menschlichen Natur）の教説のお蔭で、伝統的自然法論は、社会的空想主義に陥ることもなく、又その対極の社会的悲観主義に堕することもない。

それ故、自然法倫理学は、現実主義的人間論を掲げて自然法（或いは本性法則）の作用様態を確信してはいるが、人間本性の毀損の事実を認め、社会の本性や社会秩序を探求する際に、この事実を勘案するのである。[25]

原罪の故に、あらゆる社会秩序は必然的に社会問題を孕んでいる。完全な社会秩序などおよそ人間が人間である限り望むべくもない。しかしながら、他方において、正にこの社会秩序の紊乱、或いは共同善実現を自己の使命としている社会秩序の機能不全、要するに社会問題が、社会秩序の本質的探究へと人間を駆り立てる最も強力な動因となってきたのも事実である。[26] ここは社会問題を詳しく論ずる場ではないが、我々の当面の問題にかかわる限りで、もう少し触れることにしよう。

社会問題として真っ先に我々の念頭に浮かぶものは、十九世紀のいわゆる労働者問題であろう。[27] しかし、既に指摘したように、欠陥を内含しない社会などというものは歴史上一度も存在しなかった。我々の時代においても社会問題は姿を変えつつ現象しているが、[28] その根本原因は、キリスト教の教えに拠れば、「原罪」であった。

現実は、……いかなる社会秩序もその目的を近似値的にしか達成し得ないという結論を示唆している。[29]

社会秩序や共同善は、従って、不可避的に多少とも摩擦を伴ってしか実現され得ないものである。しかし、前述した通り、人間本性は傷つけられこそすれ、破壊はされなかった。このことから次の帰結を我々は導き出すことができる。

第一の帰結。社会秩序は、その本質からして腐敗への傾向を擁している。さればこそ、我々は社会問題を最小限に食い止めるべく「不断の警戒と絶えざる努力と」が必要なのである。[30]「原罪の事実を承認することは、従って、社会の不完全な発展への傾向を十分に考慮して、かくして社会改革をすべての社会の絶えざる倫理的義務にするところの社会的現実主義に逢着する」[31]。従って又、社会改革は人間自身の倫理的改革に依存すること大なので、この人間改革をも要求しているのである。

第二の帰結はこうである。「社会問題の現実的な解決への糸口は、どれほど救済という革新作用の影響に身を委ねるかに掛かっている。[32]」

以上、我々は、現実主義的人間観、社会観を説くキリスト教的自然法論の内容を、主として原罪の教えの観点から通覧してきた。そこで知り得たことの一つとして、次の認識を確認しておきたい。即ち、人間である限りにおける人間の社会は、共産主義や社会主義の説く未来像のように社会体制の変革の結果自動的に人間の向上が見られるというようなものではない。[33]寧ろ、我々自身のメタノイヤ metanoia が重要なのである。[34]そこで我々は、次に、自己を深く反省することのできる存在としての人間人格に眼を向けることにしよう。

人格は、ボエティウスの与えた定義によると、「理性的な本性の個別的実体」rationalis naturae individua substantia である。人間人格は、人間が独立した存在であることを意味する。それは無二性を意味する。即ち、他者と置き換えることができない存在である。人格は、行為、思考、意志決定の主体であり、それ故に責任を負う存在である。そして、この責任は意志の自由と密接に関連している。[35]人格は、ミュンスター大学の故ヴィルヘルム・ヴェーバー教授の表現を借りるならば、「他の人格に対面している自立存在 Selbstand im Gegenüberstand zu anderen

Personen」[36]である。詰り、人格は、ただ単に自立的存在であるだけではなく、寧ろ他の人格に対して開かれた存在であり、「言い換えると、対話的な存在である。そして人格は、自己自身の根源、目標、意味に対する人間的解答を最終的なものとして容認することのない自分自身にとっての秘儀にとどまるのである。[37]」

このような理由から、人間人格の根拠たる自由は、人間本性の際立った特徴である。[38]この自由は、個人主義ないし自由主義が思い做したように、自己の目的を自ら絶対的に定立するという意味での自律ではない。却って、倫理的人格の発展は、人間本性に印刻された秩序に即応した「自己実現」であり、それは常に原罪の自己を延び超えていくこと outgrow（自己超越または自己超克）を意味する。

自己超越が同時に自己実現であるという事実ほど人間の倫理的尊厳を明らかに証するものはない。しかるに、正にこのことの中にこそ人間の実存的危機が内含されている。[39]

人間は、そして人間だけが、自己の自由な意志決定によって自己を獲得し超越することもできれば、逆に、自己の存在を喪失し堕落することのできる、実存的振幅の大きい悲劇的かつ英雄的存在である。動物は、その衝動本能に従うことしかできないが、人間は自己の本性に印刻された諸目的、詰り人格の全目的に矛盾する目的にすら自己の傾向性を向けることができる。実に、「羞恥の根源は、自己を堕落させることのできる可能性にある」[40]。ウラディミール・ソロヴィエフは、羞恥心の中に人間本性の際立った格別の特徴を見出した。即ち、「人間は、具体的傾向（本能）や生得的機能を恥ずることによって、自分が物質的存在ではなく、何か他のものであり、より一層高尚なものであることを証している」[41]。

最後に、伝統的自然法論の社会観（これは勿論人間観と表裏一体のものであるが）について、一一、二二、語っておこう。

これまで述べてきた事柄の随所に既に我々の社会観が現れているが、第一に重要な点は、人間が取りも直さず人格であるということである。人格であるが故に、一方では人間は他の自然的存在を凌駕するし、又他方では、社会をも凌駕する。更に、人間は肉体的・精神的存在、即ち人格性の故に、他の人格との交わりへと呼び招かれているところの、補完的ないし相補的存在でもある。(42) この観点から、社会秩序の課題、即ち共同善の内容が確定されなければならない。ここでは、思想的に極めて近いアルフレート・フェアドロスの簡潔な次の文言を引用しておこう。

ところで、人間人格の尊厳があらゆる社会秩序に先行して与えられているのだから、このことから次の普遍的な五原則が生ずることになる。

一、すべての社会秩序は、人間に、その中で各人が自由で自己責任を負う存在として活動することができる領域を与えなければならない。

二、社会秩序は、この領域を確保し、かつ保護しなければならない、

三、社会の権威には、限界が引かれていなければならない。

四、この限界の遵守は、制御されなければならない。

五、法共同体員が社会に対して負う服従義務は、絶対的な義務ではない。この服従義務の限界は、人間人格の尊厳に見出される。(43)

第二項　メスナー自然法思想における理性と信仰（哲学と神学）

メスナーの自然法論が彼自身説くように、伝統的自然法論であるのならば、詰り、アリストテレス＝聖トマス主義の思想的系譜に属するカトリック自然法論であるのならば、当然次の問いが提起されるであろう。即ち、彼の自然法論において信仰と理性の問題はどのように扱われているのか、という問いがそれである。神学（的観点）と哲学（的観点）の問題である。或いは又、キリスト教（的）哲学の存立可能性の問題と言い換えることもできよう。そこで我々は、この問いに答える前に、一般的に「理性と信仰」或いは「哲学と神学」の問題を考察しておかねばならない。

哲学と神学の問題を論じるに際して、ジャック・マリタンの著書『哲学綱要第一巻、哲学への一般序説』（邦訳書名は『形而上学序論』となっている。[44]）は恰好の手引書である。マリタンによると、或る学問が他の学問から区別される根拠は、当該学問の objectum materiale 質料的対象（又は実質的対象）と objectum formale 形相的対象（又は形式的対象）とにある。質料的対象とは、当該学問が考察の対象として有するところの当のもの、詰り、その学問によって考察される素材である。従って、例えば、動物学と人間学ないし人類学とは既にその質料的対象からして異なる。しかし、質料的対象は同じでありながら、しかも形相的対象から見ると同じでないということもあり得る。例えば、同じ経済現象を取り扱うにしても、記述的な学問と規範的な学問、より正確に言うなら、学問における記述的側面と規範的側面とが異なることは明らかであろう。

一つの学の形式的対象とは、その学が依って以て何等かの事物に達するところの規定であり、換言すれば、「それ自身に、すべてに先んじて」その学によって考察されるところのもので、他のすべてはこの根拠に基づいてのみ、考察される所のものである。[45]

哲学は、他の学問が対象とするありとあらゆるものを自己の対象とすることができる。即ち、哲学の質料的対象は「有る所のもの一切」詰り「森羅万象」である。換言すると、他の諸学問が有る所のものの部分を考察対象とし、第二原因ないし卑近な原理を求めるのに対して、哲学は第一原因を求める。かくして、哲学は事物の第一原因を考察する学問的認識であると言える。

ところで、自然的理性の守備範囲に在る諸学問を論じるだけでよいのであれば、右に掲げた哲学の定義で一応十分であるとすることができよう。しかし、我々は更に、「神学」の問題を取り上げねばならない。ここにいう神学は、超自然神学ないし啓示神学であって、自然神学（これは実は神学ではなく哲学である。[46]）ではない。哲学も神学もともに森羅万象を対象にし得るとすれば、両者の相違はどこに求められるのであろうか。それは、「光」の違いである。哲学は「人間理性の自然的光 lumen naturale と呼ばれるところのものによって[47]」事物を認識する。この自然的理性の光又は対象の自明性・明証性が哲学を規定し、哲学の使用する真理の基準となる。自然神学が哲学であるのは、それ故に、神についての学でありながらも、自然的理性の光の下で獲得され得るところのものに立脚するからに外ならない。これに対して、神学は「神自身が天啓によって人間に親しく語られることを予想し、かくて次に我等の理性が信仰に依って照らされて天啓の含む諸結論をそこから引き出す[48]」学問である。「この神学の知るところは、すべてかく神性の理拠の下に考へられた神に基づいて知るのであるが、形而上学の知るところは、すべて存在一般（神自らをも含めて）に基づいて知るのである[49]」。従って、哲学は今や次の如く定義される。

哲学とは理性の自然的光によって事物の第一原因、或いは最高根拠を考察する学的認識であり、換言すれば自然的秩序に関する限りにおいて第一原因を以てするところの事実の学的認識である。[50]

では、神学と哲学の相互関係はどのようなものであるのか。両者を本質的に区別するのは、上述の如く、「そが下に事物が考察される理性の光」の区別であった。そして、神学が超自然的、即ち、神的光の下で営まれる学問である以上、何らかの仕方で哲学に対して介入してくるのではないか。然り。神学は、哲学的命題の虚妄を正すことにおいて、哲学を消極的に支配統御する。[51] 積極的に支配するのではない。若しそうであったならば、哲学の存在意味は無に帰すであろう。附言しておこう。

神学はわれわれの救いに必要なあの真理をわれわれに伝える。したがって、神は、事物についてのありとあらゆる真理をわれわれに伝えたわけではなかった。むしろ、事物についての自然的な学のための余地が、啓示についての学——神学——の外側に残っているのである。そのため、事物を独立した研究対象として探求する哲学が可能となる。[52]

しかし、哲学が神学から独立しているということは、分離を意味するものではなく、区別を意味するのである。その一つの理由は、既に述べた。神学によって外部から統御されているので、哲学は自己の誤る可能性に制限を受ける訳である。第二には、信仰によって、哲学的探求のための道標が与えられる。第三の理由は、哲学が神学に対してもつ積極的意味である。「神学を有つ主体の故に、即ち神の事についても被造物との類推によってしか推理することのできない人間精神の弱さの故に、神学は哲学を使用せずには発展し得ない」のである。哲学は信仰の基礎を確実にしたり、或いは、信仰が反理性的でないことを説明することもできよう。かくして、マリタンは言う。

神学即ち、天啓によってわれわれに知らされたところに従っての神の学は哲学の上位にある。哲学はその原理においても発展においてでもなく、ただその結論において神学に帰属せしめられ、かくして神学は哲学に対して消極的規範なる故に、その結論の上に神学は統制を施すのである。[53]

さて、以上述べ来たったことを踏まえて、我々はこの問題に対するメスナー自然法論の態度を明確にする作業に取り掛かろう。この問題を考えるためには、メスナーがいわゆるキリスト教的倫理法則（キリスト教的道徳律）を如何に把握していたかを確かめておけばよい。ところで、キリスト教的倫理法則が自然的倫理法則から区別されるのは、メスナーに依れば、「後者が自然的啓示を通して人間に与えられているのに対して、前者が超自然的啓示を通して与えられている」ことによる。[54] 創造神の意志が、前者においては神の言葉という形で直接語られているのに対して、この同じ神の意志が後者にあっては人間本性を通じて間接的に告知されている。即ち、彼によれば、両者の相違は、神の意志の告知のなされ方（方法）にある訳である。では、その内容についてはどうであろうか。

メスナーは言う。「その［＝キリスト教的倫理法則の］内容及びその社会倫理（学）的射程については、しかしながら、キリスト教的倫理法則は自然的倫理法則を殆ど超え出るところがない[55]」と。詰り、十戒の如き宗教的戒律として、第三戒を除いては、自然的倫理法則と何ら内容的に変わるところはない。ただ、自然的理性による認識をより明確に述べ、よりよく理解させる働きを有すると、メスナーは説くのである。そこで、啓示による倫理法則の有する意義が次の問題となるが、これに関して彼は二点を挙げる。先ず、啓示によって人間の自然本性的良心は、認識の明証性と確実性に到達する。第二には、啓示がないとすれば、人間は自分の本性に見られるあらゆる特徴を「自然本性的（natürlich, naturales）」なるものと誤認しがちなのであるが、啓示によって人間は、自己の真の本性を全き姿において把握することが可能となる。

このように説くメスナーの見解に対しては、異論がない訳ではない。例えば、今は亡きヴィルヘルム・ヴェーバー教授は、カトリック社会理論の認識の源泉として、自然法則［自然的倫理法則］と啓示、換言すると、理性と信仰を挙げる点においてはメスナーと一致するが、この理性の捉え方において両者は見解を異にする。ヴェーバー教授の見解を次に引こう。

創造主なる神は、世界並びに理性と自由意志を備えた人格としての人間とを存在へと召し出された。神は、自然本性を有する人間の心の中に、彼が認識することができ且つ服従すべき掟をお記しになった。人間の認識能力と意志能力は、原罪によってなるほど破壊はされなかったが、決定的に弱められた。それ故に、人間は、堕落以後は神的啓示と恩寵を必要とする。神によって心に記された権利と義務とをよりよく認識できんがためである。(56)

ヴェーバーにおいてもメスナーにおけるが如く、人間は原罪によって本性が破壊されるまでには至らなかった。この点で、カトリックの人間本性毀損論 natura humana vulnerata を堅持しており、いわゆるプロテスタント的な人間本性破壊論 nautra humana destructa を採っていない。それにも拘らず、引用文中に見られるように、彼は、内容に関して啓示は自然的倫理法則を遥かに凌駕するというニコラウス・モンツェル教授の主張に与する。我々は、前にメスナーが、啓示に基づくキリスト教的倫理法則は内容上、自然的倫理法則を殆ど越えることがない、と発言しているのを見た。モンツェルの論文「キリスト教社会理論とは何か」(57)は、一九五六年に執筆されており、そのときに彼が批判の矛先を向けたのは、メスナーの「現代世界における自然法の問題に就いて」という論文であった。この論文で、メスナーは、「啓示と信仰は、探求する人間精神に人間本性について何ら新しい認識を与えない。ただ、より明らかに見ることを可能にするだけである」(58)と書いていた。これに対してモンツェルは、自然的倫理法則に立脚する社会理論、即ち自然法論がそもそも何故啓示によって解釈されねばならないかという問いそれ自体が、既に啓示によってしか我々に到達し得ない真理（内容）に決定的に依存するような神学的探求の必然性を示しているのだと、主張する。更に、超自然的啓示は、社会生活にとって意味ある自然的認識によって知られるもの（社会倫理学）を超え出る「内容的剰余」を含むと主張して(59)、カトリック社会理論の神学化を志向する。(60)

メスナーは、モンツェルのこうした異議に対して、自分の見解はキリスト教社会理論の伝統に悖るものではないと応えており、更にモンツェル自身が依拠すると称するヴィルヘルム・シュヴェーアの次のように明記していることを指摘している。

信仰、恩寵、そして恩寵によって照らし出された良心から社会生活の根本原則に対する新しい認識は決して生れない。本性の中に定礎された秩序に内在する諸目的を完全に実現するために必要な新しい力だけが生れるのである。(61)

メスナーは、シュヴェーアの文中に現れている「認識と力」Einsichten und Kräfte の区別に注意を促す。そして、自分の見解が、モンツェル自身が依拠すると称するシュヴェーアの見解と実質的に一致していることを説くのである。私にはこの問題に決定的な断を下す資格は無い。しかし、カトリック自然法論が神学化の方向へ進めば進むほど、非信者にとって近づくことがそれだけ一層困難な社会理論に変容するであろうと言うことは許されるであろう。(62)勿論、こう言うことが直ちに神学的社会理論の否定を意味するものではない。実際、神学的社会理論は存在するし、それはそれで存在根拠を十分有するのである。(63)

我々は、最後にもう一人のカトリック社会理論家の見解を聞いてみよう。フランツ・クリューバー教授である。彼は嘗て、『カトリック社会理論における思惟の大変革』という書物の中で、次のように明言した。

カトリック社会理論は、哲学的な方法に基づいて「自然法」と呼ばれるものから自己の認識を獲得する。それ故、この学は、キリスト教の啓示から自己を根拠付けるのではなく、哲学的・自然法的に自己の根拠付けを行う。……信仰は、人間的な解決や改革へと導く霊感を与え、動機付ける力となるが、社会倫理の規範の源泉にはならない。(64)

以上を要するに、カトリック（的）社会理論の「カトリック（的）」という形容詞の意味は、自然法論としてのカトリック社会理論はその原理や規範に関して殊更にカトリック的な構成要素（詰り、他の社会理論には見られないものでカトリック社会理論にのみ見られるという意味での構成要素）を持つものではないが、それにしても、歴史的にこの理論がカトリック教会の精神的状況の中で保存され発展し、教授されて来たのであるから、やはり「カトリック（的）」という形容詞を冠せられることは正当であるという事態を指している。(65)

小括

我々は、以上において、メスナー自然法論の思想的境位を明瞭ならしむべく、先ず第一節において、法理論ないし社会理論が或る特定の人間観に基づかざるを得ない所以をごく簡単に説き、メスナー自然法論がカトリック自然法論であることを観た。次に第二節第一項において、では一体そのカトリック自然法論は如何なる人間観、社会観を採るのかという問題を探求した。そして、そこでは正しく解された意味での「霊肉二元論」が採られること、従って、カトリック自然法論は、A・フェアドロスのいわゆるペルソナリスムスの自然法論であることが解明された。又、「毀損された人間本性論」――これ、原罪教説を哲学的観点から言い直したものである――から、カトリック自然法論が、社会的空想主義と社会的悲観主義の何れの極にも走らず、中庸の社会的現実主義たり得る理由が了解されたのではないかと思う。更に、第二節第二項において、メスナー自然法論における理性と信仰の問題、換言すれば、哲学と神学の問題が考察された。冒頭で「謂れなき先入観を幾らかでも除くこと」を本章の課題の一つとして予告しておいたが、それは主として、この第二項に関わる。我が国の大方の論者に関して言うならば、神学的社会理論ならいざ知らず、少なくも哲学的社会理論として自己を主張する伝統的カトリック自然法論を宗教性の名の故に予断を以て無視することは許されない。それは、メスナー、クリューバー、ダバン等の諸著を虚心に繙く者の目には明らかであろう。かく言う著者自身、若き頃「謂れなき先入観」を植え込まれ、それに囚われていたことを、今忸怩たる想いを以て告白しなければならない。それだけに尚一層、「謂れなき先入観」の問題性を強く感ずる次第である。私の細やかな試みは所期の目的を幾ばくかは果たすことができたであろうか。

第三節　伝統的自然法論と近代的自然法論——自然法論の二類型(66)——

本節では、メスナー自然法思想の位置確定作業の一環として、自然法論の重要な区別とされるべき二類型の問題を取り上げる。

権利の存在と権利の観念とは、たとい深い関連があるとしても「何故なら、全く基礎を有しない或る要求を「権利」として正当化することは、de facto の問題としてならばいざ知らず、de iure の問題としては許されないから。」、やはり区別しなくてはならない。自然法とて同様である。しかし、啓蒙期自然法思想の影響のため、人は自然法と自然法観念ないし自然法思想とを長期に亙って混同してきた。

では、その我々に常に働いて一刻も休息することのない自然法には、どのようにすれば我々は接近することが出来るのであろうか。そこで次に、自然法の存在及び作用様態をごく簡単にではあるが考えてみよう。「スベテノ事物ノ本性ハ、ソノ働キカラ明ラカニナル。」これは十三世紀の聖トマス・アクィナスの言葉であるが、私が帰依する伝統的自然法論は、啓蒙期のそれが豪語したように第一原理から始めて幾何学的推論により得られるような「不変普遍的な」自然法典を提供できるなどとは僭称しない。その対極に近代的な自然法論が位置する。完璧な自然法典の提供、それが出来ると近代自然法論が思い誤った根源・根底には、人間を霊魂と身体との独立の二実体の偶有的結合からなるとするデカルト的なものの見方、考え方があった。即ち、もし人間の霊魂が、デカルトが考えたように、身体なしに独立して存在するというのであるなら――そしてこれが「実体」ということの意味であるが――、規範の一形態である自然法は、原理的に身体の拘束のないところでこそ最も純粋な姿で明瞭に認識されうる筈である。ジャック・マリタンによって端的にデカルトによって人間に「天使的理性」が注入されたといわれる所以である。(67)実際に、この延長上に自然法と自然法論との同一視化ないし混同が発生した。(68)それをいち早く実行して見せたのが、英国のホッブズであった。(69)しかも、この含意するところは決して無視し得ない。と言うのは、その後錚々たる哲学者や法学者がこれに続き、現在我が国においても、その影響下にあり続け、しかもその事実に気付かないまま、多くの者が観念論的な権利論を振り回しているように見えるからである。(70)

そこで、我々としては、人間本性の作用様態として一般的に経験するところを振り返ってみるのがよかろう。すると、直ちに、人間は他のすべての生物同様、自己実現を求めることを知る。自己実現は、もちろん精神・身体両側面に亙る基本的必要を充足し、素質を展開することを求める。第二に、人間は、その人間としての素質と独自性の十全な展開を家族共同体に依存せしめている。第三に、家族共同体内において各人が夫々の自己実現を求めての努力を通じて内容空虚でない行為の範型が形成されることを、人間は経験を通じて知るのである。そうした行為範型としては、相互の敬愛尊重、相互愛、誠実性、正義、両親への服従、約束遵守などを挙げることが出来よう。更に第四に、人間の親子の場合には、動物の親子とは異なり、情愛のみならず理性による考量が共に働いて行為の範型形成が見られる。第五に、かかる人間的な経験のお蔭で、人は人間の自己実現にとって共同善が必要不可欠であることを知る。禽獣と異なる人間は、(71)人間に相応しい仕方での自己実現を、全家族成員を拘束する外的秩序によって整序された補助支援の助けを得て、果たすのである。第六に、人はその成長するに及んで、行為の範型に内在する価値［第四章で詳述するように、自然法原理とも倫理原理とも呼ばれる。］を、その当為性を良心の判断として洞察するに到る。しかも、他者もまた自分同様に自己実現を願う存在であることを認識する人間は、家庭内で拘束的であった行為規範がより大きな社会でも各人が満足すべき生活を送るための前提条件であることを知る。無論ここに列挙した事柄は、簡潔に過ぎて、本来ならばより詳細に亙る説明を要しよう。しかし今はそれに深入りすまい(72)。

伝統的自然法論は、人間を〈霊肉一体的な存在〉と見、さればこそ勝義における相互補完的存在であると説く。どういうことかと言えば、身体的条件からみれば、人間とりわけ乳幼児はその生存を全く養育者の世話に負っている。しかし、より一般的に身体の活動能力は、人間霊の資質と希求との関係において制約されているので、人は他者による補完を得てより人間的な充足を得ようとする。他面、人間の理性的本性もその精神的発展のために、詰り欠乏の故に補完を必要とするというばかりでなく、寧ろ積極的に相互補完をすることへと人格的に指向している。人間の社会的本性の根底には、こうした相互補完必要性と可能性とがある。

人格としての人間各人の存在充足、自己完成のために必要とされるものは、実に多種多様であって、それらは身体的、経済的、社会的、文化的、宗教的、政治的、法的等々諸領域に及ぶ。それらを充足すべく、人間は多様な相互補完の方途を求め、多様な社会を形成して来た。人間の生存形態の現実は、社会の多元性を要求する。しかも、多元性の中において人格性を恐らくは反映してのことであろうが、統一性も求められる。それを伝統的自然法論は「完全社会としての国家」と規定してきた。国家以外の他の社会諸集団は、人間の存在充足に必要な部分的善益ないし目的を追求する。営利を追求する諸団体、同好会の如きもの、非営利の諸団体、地域共同体等々。それらに対して、人間の諸々の必要がそこにおいて充足され、そこにおいて人々が「自己完成」を遂げることが可能となるような社会、それが「完全共同体」perfecta communitas（St. Thomas Aquinas 聖トマス・アクィナス）であり「総体社会」（ヨハネス・メスナー）であり、国家である。「総体社会」とは、原語が Gesamtgesellschaft であるから、「全体社会」としても良い。伝統的自然法論がしばしば「完全社会」societas perfecta と言うといかにも仰々しい響きを有するが、国家はそれに先立つ諸々の社会集団なくしては存在しない。勿論、社会集団とて、その成員なくして存在しないこと、言うを待たない。それらを前提にし、それらの出来る限りでの自主的・自発的活動目的を実現させるべく補完することに多元的国家論の主意がある。

相互補完を為すべく結集した人々の具体的現れ方は、様々である。それらは果たして人間の自己完成に資するかそれとも寧ろ背くか。この問題を制度的側面、イデオロギー的側面の両面から考察する学問が私の解する自然法論であり社会倫理学である。それは、人間の存在に刻印された法則としての自然法と不即不離の知的人間的営為でなくてはならないであろう。

以上において、我々は、伝統的自然法論と近代的自然法論とを区別すべきことの理由と意義とを併せて考察した。問題の重要性を考慮して、明快な説明を提供している二つの自然法論を改めて纏めて紹介しておこう。

自然法論に造詣の深い法哲学者に共通して見られることとして、そこに少なくとも二つの類型が区別されているという事実を指摘することができる。即ち、それらが「自然法」論である限り、そうでない理論（仮に反「自然法」論と呼んでおこう。）との対比に於いて共通するところがあるのは当然であるのだが、同じ自然法論でありながら、それらが類型を異にするということは、そこに差異が存在するということでもある。

ヨハネス・メスナーは、伝統的自然法論を観念論的自然法論及び唯物論的自然法論に対置させる。水波朗と三島淑臣は、伝統的自然法論を近代的自然法論に対置させる。こちらでは、メスナーで観念論的自然法論及び唯物論的自然法論とされたものが一括して近代的自然法論とされている。何れにせよ、自然法論に二類型が承認されている。

以下では、便宜上、三島教授の論述を先ず紹介し、次に水波博士のそれを紹介する。

第一項　三島淑臣教授による二つの自然法論

自然法論とは、一般に、自然法もしくはそれと本質的に同類のものの存在を認め、それについて人間が認識すること——少なくとも認識的接近をなすこと——が可能かつ必要であると主張する理論的立場ないし思考態度である。(73)

先ず古典的自然法論（三島教授は、伝統的自然法論を古典的自然法論と呼ぶ。）について言えば、それは「前七—八世紀のギリシャの叙事詩人ホメロスやヘシオドスに始まり、ギリシャ古典期哲学者たち（とくにプラトンとアリストテレス）によって理論的に体系化された後、ローマの法学者たち（とくに古典期法学者たち）によって法的実務に応用された自然法論、しかもキリスト教的中世世界にも生き続け、一二〜一三世紀思想革命の中で一つの頂点に達した後、急速に変容しはじめ、やがていわゆる『ルネッサンス』と宗教改革の過程の中で完全に解体されて近代的自然法論に道をゆずった自然法論」(74)である。その基本思想として特筆されるべきは、「法的規制の本質的＝不可欠的契機をなすもの——ユスとしての〈法〉——は、一般的・抽象的規範ではなく、正しい事柄（〈法〉）、「各人のもの」ないしその配与という事態であり、これはその本質において〈自然（本性）〉にその究極的基礎を置いている」(75)という考え方である。

それに対して、近代的自然法論の特徴を最も端的に示しているのはトマス・ホッブズである。(76)彼の思想に即して、近代自然法論の特徴を眺めてみよう。その第一の特徴は、「自然権の優位」(77)思想である。第二の特徴は、「国家（及び法律）の社会契約説的基礎附け」(78)である。

第一特徴について詳言すると、①近代自然法論は自然法論というより、寧ろ自然権論と言うべきであること。ここでは権利中心の思考様式が特徴的である。[79] ②自然権と区別される自然法は、「それ自体、人間的理性の発する命令ないし指図として、人間理性に最終的根拠を有する一つの技術的＝算術的命題という性格を与えられ」、終に「理性の推論によって創出される一般的規範の体系」となる。③この規範体系は、数学の命題の如く、不変・普遍的妥当性を持つものと見なされる。

第二特徴について。①国家や国法秩序は、意図された目標追求のために各人の合意によって作り出された「一種の人工機械」であるという思想。②国家が目標に根本的に違背した場合に認められる抵抗権（革命を含む）思想。また、近代自然法論の確立者であるホッブズこそが、同時に法実証主義の定礎者であったというパラドクシカルな否定し得ない事実が三島教授によって指摘されている点も注目される。[80]

第二項　水波朗博士による本性適合的理性と天使的デカルト的理性の区別論

前述の如く、啓蒙期の合理主義的自然法論は経験にも歴史にも由来せず、理性の合理的な推論によって得られる細目的規定までも含んだ不変・普遍の自然法体系（自然法の法典）を提示した。例えば、近代自然法論者のうちで最も詳細な体系を樹立したといわれるC・ヴォルフにおいては、「約束は遵守せざるべからず」「汝同様に汝の隣人を愛すべし」といった所与の上位命題から数学的演繹という外観の下に、公法上私法上のあらゆる問題に対する法規範ないし法規則が導出された。これはデカルトの観念を法学に移植したものに他ならない。それ故、簡単にでも、デカルト的観念を論じなくてはならない。

アリストテレスによって唱えられ、その後の哲学史を通じて継承されていった質料形相論を見てみよう。[81] 有体的事物 ens corporale は、無体的事物 ens spirituale と異なり、それが現実的に存在しうるためには、二つの形而上学的原理の全き合体を必要とする。即ち、第一質料 materia prima と形相 forma（人間の場合には、特に実体的形相 forma substantialis という）と呼ばれる原理である。この質料形相論が人間存在に適用されると、「人間は二つの形而上学的原理、すなわち第一質料と、（知性と自由意思を備えた）霊魂的な実体的形相との全き合一により存在する一つの有機的かつ実体的存在である、ということになる。この霊的形相的原理は、それが含む能動理性 intellectus agens の故に第一質料からくる質料性をある程度脱却しうる点において第一質料的原理を全く欠いて実在しうる純粋に霊的な存在 ens spirituale（神・天使ないし悪魔）と同じではないとしても、なお片鱗的にそれに類している。(82)」

人間各個人はその第一質料的原理と形相的原理との実体的結合に成る一つの実体的存在であるから、根源的霊・肉一体的なものである。こうした存在の理性は身体的条件からくる感覚的認識を媒介せずしては何らの概念も形成しえず、推論の何らの現実的働きもない。それは物体的事物を対象化し尽くして純粋な認識主体として立つアルキメディス的一点をもちはしない。それは事物の形而上学的構造については慎ましく存在の秘義を尊重して、その概念化的・対象化的認識の限度をわきまえる。ただ自らの本性（自然）とその法則に同化しての主体的な本性適合的認識（その意味の natural reason や Bon Sens）の万人一致的洞見においてのみ、事物の形而上的構造を瞥見する。自然法のもっとも基本的なものを——それも基本的なもののみを——人間が把えうるのも、こうした仕方においてである。(83)

では、質料形相論はデカルトにおいてどのように人間存在に適用されたのであったか。彼にあっては、人間は「思惟 cogitatio をその本質的属性とする霊魂 anima という実体と、延長 extensio をその本質的属性とする身体 corpus という実体との、詰り、二つの実体の偶有的結合」とされる。身体は、本来的には人間的な霊的原理なしに自分自身から存在し作用する「動物機械」となり、一方霊魂は、本来的には質料なしに、従って身体なしにも存在し働くことの可能な「純粋霊的実体」となるのである。要するに、デカルトは、人間存在に天使的知性（天使的理性）を注入した（J・マリタン）と言えるのである。この天使的理性は、有体的事物を認識するばあい、動物機械としての自らの身体を始めとする全自然を対象化する。即ち、認識主体と認識客体の枠組みの中で認識客体を眺め精査し、これに自然科学的諸法則を発見する。他方において、この同じ天使的理性が無体的な事物の認識に向かうや、その本領を発揮し得る訳である。何となれば、この理性は、非有体的な事物、神や事物の形相、諸事物の本質的連関、それらの諸法則、もちろん自然法を、原理的には感覚的経験なくして、直ちに一瞥の下に、見通すことが出来る筈のものであるからである。かくして、啓蒙期の近代自然法論は、人間理性のデカルト的変容を通して、これをして、自然法の第一原理から細目的規定の適用に到るまでの一切の演繹過程を見通し、永遠に妥当し普遍的効力を有し得る「自然の法典」を構成し提示することが出来ると豪語せしめることとなった(84)。

かれは先にみたように、感覚や概念形成作用の不謬性を、スコラ学とともに確信していた。しかも唯一誤謬の源である各事物についての判断作用を超越する理性の数学的理性の不謬性に過大に依拠していた。このいわゆる計算的理性はひと度その第一原理あるいは定義が措定されるならば、必然的確実性をもって、感覚的経験の臆見の域を越えて――人間業であるから絶対不可謬ではないとしても――まずは間違いのない真実の帰結を演繹するのである。かくして自然法は細目にまで及んで体系化される。……自然法のこの種の擬似法典化は後にプーフェンドルフやヴォルフによって一そう徹底的に大規模になされるもので、ホッブズはその原型を法思想史上始めて供したのであった。いずれにせよホッブズによって万人の理性の中に投入されるのは、第一原理から必然的に演繹された自然法の体系である。これが近世啓蒙期の自然法なのである(85)。

第四節　Naturrecht と Naturgesetz――動態的現実的法理解に向けて――

第一項　はじめに

前節において我々は、法を超歴史的・静態的に捉えることが原理的に可能と考える傾向の強い近代自然法論に対して、我が国では注目されることが少ないと思われる歴史的・動態的な自然法理解を示す伝統的自然法論の主要特徴を、それもごく重要な点に絞り込んで考察した。ここでは、別の角度からこの問題を更に考察してみよう。自然法ないし自然法論の多義性を考えるばあい、「自然」natura, Natur, nature に照準を合わせて問題を探求することが可能であり、前節において論じられたのは主にこれに連関する。本節で行う多義性考察の手掛かりは、法ないし自然法の多義性に関わる要因のなかでも格別の重要性を有すると思われる「法」ius, Recht, droit と「法律」lex, Gesetz, loi 或いは「自然法」ius naturale, das Naturrecht, le droit naturel と「自然法律（自然法則）」lex naturalis, das Naturgesetz, la loi naturelle の相互関係の理解である。[86]

我々は、この区別を便宜上レヒトとゲゼッツ（ナトゥアレヒトとナトゥアゲゼッツ）と一般的に表記して用いることにしよう。

第二項　ヴィレイの見解

伝統的自然法論の原型は古代ギリシャの法思想に既に見出されるが、[87] フランスの法哲学者で法思想家ミシェル・ヴィレイ Michel Villey は、この伝統的自然法論における或る一つの契機を重視して法を理解すべきことを説いた。

アリストテレスにおいて初めて法学固有の意味での自然的正＝法が語られた、とヴィレイは指摘する。アリストテレス以前に説かれていた徳全体にかかわる一般的正義は、「狭義の正（義）」ないし「特殊的正（義）」を含みつつも、なおその他にポリスにおける全道徳を包含する。しかるに、特殊的正義――配分的正義と交換的正義に分たれる――においては、正義の主体的側面と客体的側面とが区別されており、この後者こそが本来の意味での法学の対象である。(88)

正（dikaion）と正義（dikaiosyne）とは、アリストテレスの場合、かなりはっきりした区別があるようである。前者は客観的な社会的関係そのもののあり方にかかわっているのに対して、後者はソクラテス＝プラトン以来、主題化されてきたところの、人間の主体的な卓越性（徳）を主として意味している。これら両者は盾の表と裏のように切り離しえないが、事柄の性質としては、一応区別されなければならない。(89)

斬新な『法思想史』の著者三島淑臣教授は、アリストテレスの正義論に関して、それまで知られていた様々な正義に関する主張見解をアリストテレス自身が批判的に構造的に解明した点に彼の功績を見出している。そこでは㈠道徳と区別されるべき法の固有の領域が存在することと、㈡正義の相対性・可変性［整匡的正のみならず、配分的正も(90)］が明らかにされた。特に前者の意義を解明した点で、三島教授はヴィレイを高く評価している。(91)

ヴィレイは、アリストテレスによって確立されたディカイオンの観念がその後多くのローマ法学者の実践において保持され、経験的で対話法的な仕方で、「法＝jus（ius）（droit、レヒト）」の具体的探求がなされたと言う。聖トマスも、聖アウグスティヌスの「法＝lex（loi、ゲゼッツ）」観を斥けて、古典的法概念、即ち、「法＝ius」の立場に帰ったと言う。(92)では、ヴィレイにおいて、レヒトius（droit）とゲゼッツlex（loi）は、より厳密に言ってどのように理解されているのか。

ヴィレイの理解する古典的自然法論の法概念の核心は、水波朗教授によると、次のようである。

㈠法は「事物」であって何かの法則、何かの行為規範ではない（法と規範）。㈡それは権利とか権能とか言われるものではない（法と権利）。㈢法は自然的理性によって、キリスト教徒であると否とを問わず認識されるもので、超自然的啓示を俟たない（法の世俗性）。㈣法の学問の用いるべき論理は、義務論的なものでなく、法命題は、命令法でもって当為をのべず、ただ平叙法でもって存在判断をいうものであり、法学に適した方法は、アリストテレス的な本来の弁証法（対話法。トポスの論証）である（法の方法(93)）。

上掲引用文中の㈠についてのみ今少しく中身を尋ねて概要を把握してみると、次のように纏められよう。(94)「法＝jus」は、各人の主観に本来関係なく、「事物」として存在する。行為規範としての自然法の掟が「各人の正しい持分たる「法＝jus」を追求することを命じているとしても、これで以て「法＝jus」が「正しいもの（la chose juste, justum）」であることを止める訳ではない。「法＝jus」は事物であるから、その限りで物理的強制に馴染む。但し、これは執行の問題であり、政治の問題であって、「法＝jus」それ自体の問題ではない。「正しいもの（la chose juste, justum）」は、単なる事実ではなく、「そのものを誰かのものとすることが社会生活のなかで観察される事物の『本性』natura に適合している（juste）からこそ、その者（あるいはその集団）の持分なのである。(95)」では、この持分の正しさを測る基準は何であるか。それは、「社会的状況の典型性」ないし「モデル」である。自然や典型は、事物の生成発展の目的因（同時に形相因）であり、経験的に洞察して認識されるものである。それは、「客体化」的な近代科学の認識方法によってではなく、全体としての直観、「秩序付けられた事物全体への洞見によってのみ知られる。」

以上の纏めを前提に、我々はいよいよヴィレイにおけるレヒトとゲゼッツの関係の問題、彼の用語でいえば「法＝jus, droit」と「法律＝lex, loi」の関係を問うことが出来る。ヴィレイにとって「法」として理解されるのが上記の意味でのjus＝レヒトであるならば、lex＝ゲゼッツは、本当にjus＝レヒトとは無関係なのだろうか、と。彼が依拠する聖トマスは、『法律論』を著しているではないか。ヴィレイも、古典的自然法論においてlex＝ゲゼッツが「法律家の『法』の制定にとって素材として」重要な意義を有していたことを否定しない。[96]ヴィレイについて包括的な研究をした水波教授は次の如く要約している。

法が法規により判定されるのではなく、法jusは法規・法則lexを超えて実在し、むしろlexがjusによってその正当性・合法性を判定される。法律家が法規を尊重するのは、法の判定に際しては法律家はおよそ価値あるものはすべてこれを考慮することをよしとするからであって、法規が唯一の基準だからではない。[97]

ヴィレイは、レヒトを中心に据えて法を観念する。しかもそれは、通常理解されているのとは逆に、規範ではなく「事物」、「事柄」であった。この「法＝正」を発見するための一素材としてのみゲゼッツがそこでは位置づけられていた。

第三項　カウフマンの法存在論におけるレヒトとゲゼッツ

刑法学者で法哲学者でもあったアルトゥル・カウフマンは五十年代に精力的に法の歴史性問題に取り組んだ。彼の見解によると、自然法に懐疑的ないし拒絶的な態度をとる法実証主義が徐々に擡頭してきた最重要な理由として、「法が歴史的な制約下にあるのだという意識が今日ではまったく一般的なもの」[98]となっていたことが挙げられる。彼は、法の歴史性を一方では完全に承認するのではあるが、他方では何とかその客観性をも求めようとした。前項でみたように、フランスの法哲学者ミシェル・ヴィレイが法 droit と法律 loi を区別し、トマス・アクィナスにおいては法律 lex, leges ではなく、むしろ法 ius が重きをなしていたと主張するのと同様に、[99] カウフマンも、トマス自然法論を解釈する大多数の研究者が「トマスが立てていた自然法 Natur*recht* と自然法律（法則）Natur*gesetz*」の区別を見誤っていたとの見解を主張する。彼はその見解を更に展開する。その際、本問題に存在論の観点から切り込もうというのである。彼の存在論の若干を以下に略記しよう。

法は実在である。……実在するすべてのものに、本質と実存、可能性と現実性、本質性と現存在というこの二面性は固有に備わっている。[100]

それでは、この二面性は法においてどのように現れるのであろうか。それは自然法性と実定性（Naturrechtlichkeit und Positivität）である。カウフマンの考えでは、存在するのは実定法の外にはない。現実に存在する法は、どうしても「実定的（positiv）で」なければならない。自然法に緊密にかかわる超実定的な原理は、それ自体では未だ法ではない。そうとは言え、実定性だけでは法たるの性格を纏うことはない。しかも、ヴィレイにおけるがごとく、カウフマンにおいても、レヒトとゲゼッツは厳密に区別されなければならない。ゲゼッツは、「正しい行為にとっての規範であり、指針であり、基準である。」それは、行為にとっての一般的＝抽象的指針を与える規範であるが故に、本質的に「非歴史的で超歴史的（ungeschichtlich und übergeschichtlich）」[101]である。しかし、正にそれ故に、ゲゼッツは具体的な現実性を獲得せず、従って未だ法ではない。これに対して、レヒトは、自然的正 physei dikaion である。[102] 即ち、「事物の自然的秩序に基づくところの、存在相即的なものであり、存在者の具体的秩序として全く具体的である。[103]」

しかしながら、レヒトとゲゼッツのこの存在論的な区別にも拘らず、両者間には不即不離の関係がある。レヒトはゲゼッツを予想・前提せざるを得ない。しかもこのゲゼッツは国家の法律に限られない。国家制定法は、特定の根本決断に基づくものである。正しくこの決断こそ、国家の法律に優位する基準としての根本規範とも言うべきものであり、自然法則 Naturgesetz［自然的倫理法則、或いは倫理的自然法則の意味］が提供するものである。[104]

一国の法律は、前提された右の根本規範からの演繹的・帰納的手続きという複合的作用を通して、立法者により創出されたものであり、具体的・状況的法への生成途上にあるものとして、根本規範と（具体的）法との中間に位する。こうして、カウフマンにおける法の生成過程は三つの段階をもつことになる。すなわち、根本規範（自然法規、法原理）→実定法規（法律）→具体的法決定。矢印の部分は、単なる論理的演繹（三段論法的導出）の作用であるだけでなく、同時に、個々の状況（立法や法的決定がかかわっている社会生活の事実関係＝自体 Sachverhalt）を考慮しつつ行われる機能の作用を含むものであり、まさにそれゆえに創造的（法形成的）作用であることが、注意されねばならない。[105]

かくのごとく、法の歴史性の現実を凝視することを通じて、カウフマンは、法の存在論的構造の問題に向かい、そこからレヒトとゲゼッツの存在論的差違の観点を得、その上で更に法の創造的形成過程の分析へと突き進み、法律学的解釈学 juristische Hermeneutik に到達するのであるが、それ自体は興味深いとしても、我々の本論文での問題関心からは割愛して差し支えあるまい。[106] 右に述べてきたところから、カウフマンにおけるレヒトとゲゼッツの相互関係は十分明らかになったと思われるからである。それは今日通有な法的ドグマ、即ち、レヒトとゲゼッツの同一視、或いはほとんど同じことであるが、ゲゼッツをしてレヒトに代替する思考様式[107]への有力な批判的視角を我々に提供する。何となれば、「このドグマを通じて、〈裁判官の法への拘束〉という――それ自体は法生活に不可欠な――原則は〈裁判官の法律への拘束〉へと容易にすりかえられたのだし、〈法治国家〉Rechtsstaat という近代国家の――それ自体正当な――原理は〈法律国家〉Gesetzesstaat の成立と貫徹を定礎する危険なイデオロギーとなって来た」[108]からである。

我々は、以上において、現代の有力な二人のトミスト法哲学者が、レヒトとゲゼッツについての伝統的な捉え方に異議を提出しつつ、それぞれに独自の論拠を掲げて、法の中心にレヒトを据えようと努めていることを確認した。それでは、伝統的ないし通説的な見解は、この両者をどのように理解してきたのであろうか。我々が次に取り上げるのは、この問題である。

第四項　シュメルツおよびフェアドロスの見解

ヴィレイやカウフマンがそこから距離を意識的に置こうとした「正統派」においてレヒトとゲゼッツはどのように解されているのであろうか。ドミニコ会のフランツィスクス・M・シュメルツは、ヴィレイやカウフマンで共有されていた認識、聖トマスにおいては Naturgesetz と Naturrecht とは明確に区別されており、後者のみが法学固有の対象とされていたという認識に反対している。両概念はしばしば同義語として用いられていた、と。この点、H・A・ロメン、J・ダバンもシュメルツと同見解である。但し、これは聖トマスにおける語法に関する文献学上の問題であるので、ここでは立ち入らない。仮に事実がシュメルツの主張する通りであったとしても、事柄そのものが区別を要求するか否かはまた別問題である。実際シュメルツは、聖トマスは Naturrecht を lex naturalis と ius naturale の側面から別々に、殊に後者にあっては ius positivum と ius gentium との関連で論じたのだ、との認識を有している。[109]

シュメルツを始めとする多くのトマス主義者において、自然法則と自然法（Naturgesetz und Naturrecht）の相互関係に関連しては、自然法則が物理法則のみならず倫理法則をも内包しており更に自然法が自然法則の内の人間相互間の関係領域に関わっているとする見解が一般的な通用力を有するように思われる。[110] そうだとすると、自然法とは外的な共同生活を送るための一般的な方針を含む自然法則の一部分であるということになる。[111] これをより明快に説いているフェアドロスの著作を手掛かりに必要な説明をしておこう。

彼は、なるほど「法」„Recht“という用語で一般的に客観的法（法秩序 die Rechtsordnung）も主観的意味での法［即ち権利］も何れも意味されることを容認する。それと同様に、自然法は自然的な法法則（das natürliche Rechtsgesetz）をも主観的な自然的要求（die subjektiven natürlichen Ansprüche）をも意味し得る。そういう状況下、しかし、彼は彼自身の著作においては「自然法」という術語 Terminus „Naturrecht“を常に客観的意味で用いようと提唱している。提唱理由の一つに、イマヌエル・カント以来「自然法則」„Naturgesetz“という用語で決まって因果律が理解されるようになったという事態が見られるからである。[112] これは消極的な理由である。もちろん、積極的な理由も挙げられるべきであろう。フェアドロスによって提唱された概念、即ち、自然法と「自然的法法則」という名辞を用いることによって、法と倫理ないし法と道徳の緊密な内的関連と区別とが適切に位置付けられると期待されるからである。

彼は「道徳」„Moral“という語の用法の二重の意味に注意を促す。一方では、「倫理世界の全秩序」（Moral im weiteren Sinne）が、他方では客観的意味での自然法（das natürliche Rechtsgesetz）を除外した残余の倫理秩序、即ち、「狭義の道徳」（Moral im engeren Sinne）が理解されるのである。こうした説明から見えてくるのは、狭義の道徳と自然法とは共通の基礎を有するということである。さすれば法哲学は特殊倫理学 *ethica specialis* として取り扱われることになる。[113] 言い換えると、このように解された自然的法法則は、狭義の道徳がそうであるのと同じく、自然的倫理法則（das natürliche Sittengesetz）に含まれており、但し、自然的「法」法則という点で自然的「倫理」法則たる道徳から区別されるのである。

上述したところから、自然法は法哲学固有の探求領域をなすものであり、これはミシェル・ヴィレイやアルトゥル・カウフマンが説く内容と合致する。他方ではしかし、自然法は、ヴィレイやカウフマンが説くのとは異なって、未だ「今此処での正しいこと」或いは「具体的な正しさ」を指示しない。そうではなくて、自然法は尚依然として一般的原理を意味しているのであって、それは自然的法「法則」という語それ自体が暗示しているところである。

フェアドロスの卓抜な見解は、第一次自然法及び第二次自然法という彼の見解を考慮に入れる場合には、いよいよ概念明晰にして説得的であると私には思われる。

自然的法法則の内容が目的志向的な人間本性から導き出されるのであってみれば、どのような歴史的変遷を蒙ろうとも常に同一であり続ける一般的な人間本性に適合するところの、かの規範だけがあらゆる時代およびあらゆる民族にとって妥当することが出来る。……それにしてもすべての人間が一般的な人間本性だけしか有しないというのではない。人間は常に具体的な個人的存在でもある。……歴史の経過の中で変わるのは何も諸関係だけではない。人間自身も例外ではない。実際歴史は、原始的な諸民族も徐々に文化民族に成長し得るということを教えているではないか。従って、自然的法法則は、それが人間に適合する規範秩序である以上は、歴史の経過の中で登場してきた相違をも考慮に入れなければならない。

ところが、人間誰しも歴史的存在であるけれども、一般的人間本性の個別的で特別の刻印を有する者であるから、自然的法法則には不変的な部分もあれば可変的な部分もなければならない(114)**。**

自然的法法則のこの不変的部分は第一次自然法 primäres Naturrecht と名づけられ、可変的部分は第二次自然法 sekundäres Naturrecht と名づけられる。

第二次自然法に我々が到達するのは、所与の状況下において指導的根本命題によって指示された目的を達成するためにどのような手段が必要であり、或いは有益であるかを我々が問うことによって、一般的根本命題のより詳細な決定であるとか或いは補完であるとかを通じてのことである。[115]

アルフレート・フェアドロスの見解によると、それ故に、法の具体化、即ち今此処では自然法の具体化は論理的演繹的推論の帰結でもあり得るが［これを一面的に展開したのが近代啓蒙期の観念論的自然法論である。[116]］、しかし大抵の場合には、所与の状況下での目標達成に必要ないし有益な手段探求として行われる。この意味においてアルトゥル・カウフマンが熱心に取り組んだ問題、例えば法の歴史性及び可変性、法の発見及び実現に役立つ法律（法則）、事物の本性への指示などの諸問題はフェアドロスにおいて十二分に考慮されているのである。

以上見て来たように、フェアドロスは、いわゆる法と道徳の問題について非常に明快で説得的な説明を与えていた。そして、それは同時に、我々の当面の関心事たるレヒトとゲゼッツとの相互関係の理解の仕方にも直接かかわっているのであった。カウフマンやヴィレイで全く具体的正として把握されていたレヒトは、フェアドロスにとっては未だ視界に入ってこない。何となれば、彼にとっては第二次自然法ですら更に実定法による細目的確定であるとか補完とかを必要とするからである。ここで我々は法的思慮が現実的にはたらく位相たる実定法に辿り着いた訳であるが、その前に、法と道徳の相互関係についてフェアドロスが与えている簡潔な説明を聞いておくことにした。

フェアドロスにおいては、自然法は自然的倫理法則のうちで狭義のモラールを除いた部分であった。それは積極的に言うならば、広義のモラール（＝自然的倫理法則）のうちで人間相互間での行為の諸原則であり、[117]実定法に先行する社会的秩序原理である。[118]現代の我々にとっては法と道徳が区別されるのは自明であるかのように思われている。

このこと自体は正当であり、フェアドロス自身次の如く語っている。

（自然法を含めて）法は、狭義の道徳が個々人の（道徳的）完成を目的としているのに対して、法規範は、人間がその課題を実現する上で必要とする社会的諸条件を創出しなければならないという事実によって区別される。[119]

これは、法と道徳においてはその直接の目的が異なるということを意味する。更に道徳は義務を課すが、法のように権利を与えることができない。フェアドロスによれば、この法と道徳の相違を強調し過ぎるという誤りを犯したのがトマジウスであり、カントであり、今日のトミストのなかではA・アウアー（Alfons Auer）でありR・マルチッチ（René Marcic）である。彼らに対するフェアドロスの批判の要点はこうである。彼らの主張する人権は、「若しもそれを尊重すべき人々の義務、それを保障すべき社会機関の義務によらないのであれば、何によって保障されるべきなのか。人間の尊厳に由来する諸権利を守ろうとする者は、それ故にこれらの権利を尊重し、守る義務をも強調しなければならないのである。[120]」法と道徳とは、窮極的には同一の目的へと規定されていることを彼は強調する。

ところで、レヒトが倫理的世界秩序の最下層として愛の道徳というより高い層に仕えるならば、レヒトは、或る社会における人間の共同生活を可能にするのに必要な、現実にはたらく最小限の愛を保護するのであって、この基礎の上に立って、個々人の愛の活動はより容易に、またより豊かに展開され得るのである。[121]

我々は次に、ジャン・ダバンの法観念に目を向けることにしよう。彼は、実定法という現実在について非常に犀利な分析を行っているからである。

第五項　ジャン・ダバンの法観念

ジャン・ダバンは、今は亡きルーヴァン大学の法哲学の巨匠である。ダバンについては水波朗『法の観念――ジャン・ダバンとその周辺[122]――』が卓抜な研究書である。その上、ダバンの三部作、即ち、『法の一般理論（新版）』、『国家とは何か』、『権利論』も邦訳されている。ここで我々の問題に特に関係するのは、第一の書である。予めダバンの法理論が提起する二つの問題を述べておくと、第一に、法は「所造」であって「所与」でないという点、第二に、法律学的意味での自然法の存在を拒否する点、この二点である。以下、それぞれにつき簡単に説明を与えておこう。

先ず、「所与」と「所造」とは何を意味するか。ダバンによれば、所与とは「人間の生産的な一切の活動のほかに、客体として存在する」ものであり、所造とは「人間によって制作されたもの」である。[123] 前者の例として、神、自然、人間存在及びその諸関係、歴史上の事件などが、また後者の例として、家屋、詩、推論、ベルギーとかフランスとかの国家などが挙げられている。所与に向う人間の態度は、認識の、学の態度である。これに対して、所造においては、人間はこれを技術とか藝とかいった業で、要するに創造的活動によって造り出している。[124] そしてこの創造的活動、言い換えると、「造成」construction は、「制作すること」facere――これは道徳的行為の領域（agibilia）に関わる――をも含意している。制作するという業は、その労の多少に応じて「藝」art と「技術」technique とに区分し得る。また、道徳的行為の領域において、その行為を導くのは、「思慮」prudence である。「技術」「藝」「思慮」の何れにおいても、問題となっているのは「造成」であって、「認識」ないし「思弁」ではない。

以上を踏まえて、「法は所与であるか、それとも所造であるか」という問題にダバンは取り掛かる。ここで我々はダバンの法理論のきわめて重要かつ独自の一つの観点に出会うことになる。それは、法的所与について更に「所与」un donné と「与件」une donnée, les données とを区別する観点である。与件とは、「一般にそれにかかわって法形成がなされる素材[125]」である。ダバンにより問われている法の所与とは、このような与件などではない。それは「むしろ法の形相にかかわるもの」であり、解決すべき問題＝事案の解決・決定の指示を与えるものである。言い換えるならば、「法素材に法の形相を附与して採り入れるべく法律家が義務づけられるような、そうした『もの』があるかどうかという問題である。[126]」

このようにダバンは、法形成の際に、法形成者（為政者たる法律家）を形相的に拘束する何らかの所与があるか、と問うのであるが、先ず彼は、誰しもが一部では法が所造であって所与でないことを知っていることを挙げる。[127]次に、制定法規、慣習法、判例が、法をいわば載せ運ぶ道具であることを証明している、と言う。[128]また同じ箇所で、所造が法（規）の内容にまでも及んでいることを言う。

次に法を所与とみる「所与説」を取り上げて、それを逐一反駁する。所与説は、実証主義的な法理論と形而上学的現実主義に二分される。デュギー、サヴィニーに民意説と種々の実力説である。我々の問題関心からして、直ちに形而上学的現実在に対するダバンの見解をみてみよう。何となれば、そこには「自然法論」が含まれているからである。

ダバンは、実力説や民意説に反論を加えたのち、（道徳的）自然法が法律家に対して固有の規範として（＝義務拘束的所与として）強課され得るか否かを問う。そして、「事実対他的道徳規範の『所与』（各人の個人生活社会生活上の権利、義務、地位）を構成する自然法や正義が、上述の所論の筋道において、同時に法規範にとっての『所与』として役立つかどうか[129]」を問う。法実務は、この問いかけに対して、確かに否定的に答える。なるほど法律家は、或る場合には自然法や正義の「所与」を採用しもしよう。しかし、それを拒んで他の観点から、例えば、社会的安定とか法的安定とかいう考え方から法の制定を、そして事案の解決を行うのである。ダバンの用語で表現するならば、自然法とか正義、或いはそういったものの諸原則は、法律家にとっては、与件ではあり得ても、端的な意味での所与ではない。

選択することは、法学者が原則を「受け容れる」場合にも、例外を「つくる」場合にも、同じく造ることである。原則を受け入れる場合でさえ、受け容れは、証明や登録の対象のような純粋・単純な「所与」にかんしてのように、受動的なのではない。それは真に能動的で、造成的な性格を帯びるのである。忌避しえもする所与を受け容れながら、法律家は未決定を離れでて、確定を、したがって解決を創り出すのである。[130]

ダバンは更に言う。

この選択の権限をもち、したがって選択の責を負うのは、自然法や正義の理論家たちではなくして、為政者たる法律家達（l'homme d'Etat-juriste）である。同じくまた、自然法および正義という一義的な名辞のもとに、相対立した内容の多義的な方向指示を、なんら選択の鍵を供することもなく、集めているようなものが、どうして効用をもちえようか？なんらの解決（＝事案決定）も与えない「所与」など、現実にはもはや「所与」ではないのである。[131]

以上のように、ダバンは法を決定的に所造とみる独自の観点――これを彼自身ジュリディスム juridisme と呼ぶ――を打ち出した。そしてこの観点から、法律家に対して事案解決のための指針を与えるという意味での自然法＝法律的自然法を否定したのである。それでは、ジャン・ダバンは自然法論者ではないのか。

これについては、水波教授の論文「ジャン・ダバンと法観念の二つの系列」に簡潔な説明が見出される。自然法論に二つの意味があることを人は考慮しなければならない。「法律学的」意味での自然法論と「倫理学的」意味での自然法論である。若し誰かが「実定法規の外から法律家を拘束してくる『所与の何か』を前提するならば、かれは

〔法律学的意味での—引用者註〕自然法論者である。[132]」例えば、〈法＝実力説〉論者ですら、この意味における自然法論者であり得る。即ち、「この意味で自然法論者たるためには、人は必ずしもいわゆる固有の意味での自然法の存在、人間本性の傾向としての倫理法則の存在を確信しなくともよい。[133]」ダバンは、そうした所与を認めない点で自然法論者ではないのである。

倫理学的意味での自然法論者とは、「人間本性の一定的傾向としての自然法の存在を認め、主張し、かつそれこそが『法』即ち実定法の窮極的な存在根拠であり、かつ倫理的義務づけの根拠であることをいう[134]」者である。この意味で、即ち倫理学的意味でダバンは全く自然法論者である。まさにこの立場を可能にしたのが、所造-所与についてのダバンの鋭い洞察であり、またジュリディスムの確立であった。

これまで、我々は、現代トマス主義における数人の代表的法哲学者の見解を、ナトゥアレヒトとナトゥアゲゼッツに即して、それぞれ紹介してきた。最後に、ヨハネス・メスナーによって、この両概念がどのように把握されているかを見て、その上で、以上述べ来った諸見解との問答を若干試みることによって、メスナー自然法思想の特徴を描出してみたい。

第六項　メスナーの見解と本節の小括

ここでは、彼においてナトゥアレヒトとナトゥアゲゼッツがどのように把握されていたかを確かめてみよう。

先ず、両者の連関について言えば、ナトゥアレヒトはナトゥアゲゼッツの一部である。より詳しく規定するならば、それは「社会秩序にかかわる限りでの、ナトゥアゲゼッツの一部分[135]」であり、また「社会の存立に必要な倫理の最小限[136]」である。この限りでは、メスナーの見解はシュメルツやフェアドロスが行っていたナトゥアレヒトとナトゥアゲゼッツについての見解と一致する。我々は次に、両者のそれぞれについて更に検討を加えてみよう。ナトゥアゲゼッツから始める。

ナトゥアゲゼッツ（人間本性の法則）を我々が知る手続きは、メスナーによれば、いわゆる自然法則を我々が探求する場合にとる手続きと違わなければならない理由はない。即ち自然法則ナトゥアゲゼッツとは、「人間の理性的本性に内在しており、その本性に適合した行為を招来するための作用様態である。[137]」人間におけるこうした自然法則 Naturgesetz は、もちろん他の無生物や動植物と違って彼自身の理性的認識 Vernunfterkenntnis と理性的意志 Vernunftwille を通じて作用する。メスナーは、この両者にそれぞれ二つの働きが伴うことを言う。先ず理性（的認識）には、自明な倫理原理の洞察（価値認識）、と存在的に制約された目的秩序および或る環境下で倫理原理を具体的に実現すべき要求の洞察（事物認識）という働きがある。次に、意志には、倫理的な命令として認識された義務を履行する力（良心の命令）と幸福を求めて作用する人間本性に内在する諸力に舵を取らせる働き、つまり価値追求とがある。[138]

メスナーは、こうしたナトゥアゲゼッツの作用様態における存在論的―客観的側面と心理学的―主観的側面とを一応区別して説きつつも、両者に内的に緊密な連関があることを「家族的存在としての人間」という彼独自の観点から証明していく。始源的・本源的社会としての家族の中において、人間は自己の本性の充足に必要な本性法則（＝自然法則）を具体的に体験し、習得するのだとメスナーは説く。

それにしても、人間理性が自己の存在充足のための規定性を或る一定の作用様態として見出し、これを自らに課せられた倫理的法則として、言い換えるならば、命令ないし掟として理解するという事実は、何を含意しているのか。それは、近代啓蒙期の自然法論者たちが誤って考えたように、理性が理性それ自身の資格において、またその能力において口述し、知らしめるところの、細目に到るまで演繹的に導出された、かの自然法体系などとは先ず無縁であることを意味している。何となれば、理性の自覚作用、反省作用を受ける以前に既にナトゥアゲゼッツは、本性（＝自然）として作用しているからである。[139] 要するに、ゲゼッツとして把握された自然的倫理法則は、存在論的なそれを前提にしているのである。こうした視点から初めて、存在と当為についての問題の正しい解決の道も開かれる。[140]

さて、我々は右にごく簡単にナトゥアゲゼッツに触れたので、今度はナトゥアレヒトを見ておこう。[141] ナトゥアレヒトは、メスナーの理解によれば、法存在であり、かつ学問である。このそれぞれが更に二つに区分される前者は「法規範の総体」であり、また「根源的権利の総体」である。後者の「学問としての自然法」は、法哲学と法倫理学に分たれ、それぞれ「法と正義の本質と規準の解明とその基礎づけ」の問題を、また「一般的自然法原理を社会の諸領域（例えば、社会的、文化的、国家的、経済的、国際的生活領域）に応用展開する応用倫理学」の問題を取り扱う。[142] ところで、前者の法規範と権利の総体といわれたものの中に、人権が基礎づけられるとともに他方で共同善 bonum commune, das Gemeinwohl（公共善）目的に由来した国家の権利および義務が基礎づけられている。[143] 即ち、人間の本性自身が社会的なものであって、この本性自身に押し促されて人間は社会の中で生きるのであるが、その社会の中でも国家は、人間の包括的な諸善益を実現する特別の社会（＝完全社会）として自然法（ナトゥアレヒト）によって実定法による自然法の具体的実現を授権されている。ケルゼンが実定法の妥当根拠を、単なる論理の要請としての根本規範に求めたのはよく知られているが、では一体、実定法を制定する国家権力（または権威）の根拠はどこにあるのか、という問いには右の根本規範は何も答え得ない。正しくは、それは実在的なものであり、実定法を全体として基礎づける自然法規範 Naturrechtsnorm である。[144]

以上我々は、メスナーにおけるナトゥアレヒトとナトゥアゲゼッツを瞥見してきたが、このことを通じて明らかになって来たことは何か。第一に、多くの論者においてナトゥアレヒトとナトゥアゲゼッツは区別されているということ（もっともダバンによってこれは厳しく批判されてはいるのだが）[145]。第二に、ナトゥアゲゼッツは、いずれの論者においても倫理的な（道徳的な）一般法則であること。第三に、ナトゥアレヒトは、通常正義の徳 iustitia がその固有の対象とする「各人のもの」ないし「各人に帰属せしめられるべき分」に関係づけられて語られているということ。言い換えるならば、ナトゥアレヒトは（対自己関係および対神関係においてナトゥアゲゼッツが語られるのとは異なって）対他（人）関係において語られる「権利」にかかわっているということ。第四に、ナトゥアレヒト（＝自然法）は、ヴィレイやカウフマンにあっては、「正しい事柄」chose として理解されており、他方、フェアドロスやメスナーにおいては、今だ一般的な法則もしくは原理として把握されているということ。第五に、ナトゥアレヒトの可変性・力動性が認められていること。第六に、ナトゥアレヒトは実定法に先行しており、実定法の存在根拠となっていること。

第一と第二の結論は、緊密な関係に立っている。何となれば、両者に区別がないならばナトゥアゲゼッツのみを倫理法則と規定することはできないからである。メスナーは、フェアドロス同様、ナトゥアゲゼッツのうち、対他関係の部分をとくにナトゥアレヒトと呼んだ。そしてこれはいまだ一般的な法則であって、更に具体的に確定され、適用される必要があった。そうだとすると、立法者や法適用者、裁判官（ダバンのいう「為政者たる法律家」）が法の内容として直接に取り入れるべく拘束された所与としての「法律的自然法」の存在を否定して、法の形相が実に「法的思慮」にあること、従って、法が「所造」であることを主張するダバンの見解とはどのように関わるのか。私は、この点についてメスナーは何ら異議を唱えるとは思わない。何となれば、彼自身、自然法原理は一般的な法則（＝原則）であって、自然法秩序自体が国家の立法権力や強制権力を含んでいることを述べているし、更に自然法の一般原理を宣言の手段により明確に規定したり、推論の手段により法秩序の維持を保障したりするという様々な任務が秩序権力に委ねられていることを説いているからである(146)。

第三にかんして言えば、対他（人）関係にかかわるという点で確かにナトゥアレヒトはナトゥアゲゼッツから区別はされるのであるが、ダバンのいう法律的自然法ではない。尤もメスナーにあっては「実定法は、その起源においても発展においても自然的法良心によって樹立され、是認された法秩序の確認として理解されねばならない」(147)と言っている。このように見て来ると、メスナーにおいては、フェアドロスにおいてそうであったように、やはりナトゥアレヒトの独自性・超倫理性が語られている、と考えることができるのではなかろうか。それ故に、メスナーは次のように主張するのである。

全体主義国家がその国民の基本的人権を否認したばあいに奪われ得るのは権利の行使だけであって、権利そのものでは決してないのだ、と誰もが確信しないであろうか。そうであるならば自然的権利 die natürlichen Rechte は、たとい外的強制力によって常に保障されている訳ではないにしても、良心の力によって保障されているところの、言葉の完全な意味での権利である(148)。

第四の帰結については、我々は次のように考えることができよう。ヴィレイやカウフマンにおいて「正しい事柄」「正」「レヒト」として捉えられたものは、メスナーにおいては客観的意味でのナトゥアレヒトによって基礎づけられるものである。そしてナトゥアレヒトは未だ一般的な原理でしかなかったので、事物の本性に対する即事的な認識と協同することによって、ヴィレイたちの言う「正」が具体的に確定されることになるであろう。但し、この場合には、次の一点に気をつけておく必要があるように思われる。それはメスナーの場合、法も権利も、ともに人間本性それ自身に、そして人間本性の諸傾動に刻印された諸目的（実存的諸目的）に関係づけられているので、それ自体としてみるならば、客観的に具体的に存在しているものである、という点である。[149] 従って、ヴィレイのいう ius の発見は、メスナーによっても自然法（＝ナトゥアレヒト）の原理と事物の本性についての認識とが協同することによって、あるときはより正確に、またあるときはより不正確に為されることになるであろう。そして事物の本性の発見のためには、通常の単純な状況下においてならいざ知らず、より複雑な諸関係を含んだ状況において、専門的な実践知（倫理徳）が要請されることになるであろう。そうだとするならば、右に今まで見てきた諸家のナトゥアレヒトとナトゥアゲゼッツについての概念規定の仕方に違いがあり、またその関心の方向に差違が見出されるにも拘らず、そこに共通していた様々な認識をも我々は認めることができた、と言わねばならない。

（1）Johannes Messner, *Das Naturrecht. Handbuch der Gesellschaftsethik, Staatsethik und Wirtschaftsethik*, Innsbruck–Wien–München 6. Aufl. 1966, S. 23.〔五頁〕

（2）Vgl. Alfred Verdross, *Statisches und dynamisches Naturrecht*, Verlag Rombach, Freiburg 1971, S. 76. Wilhelm Weber : *Person in Gesellschaft*, Paderborn 1978, S. 10.

（3）アリストテレス『ニコマコス倫理学』（高田三郎訳、岩波文庫、上巻三一頁）の次の言葉を参照。「人間は本性上市民社会的なものにできている。」

（4）J. Messner, *Das Naturrecht*, S. 163.〔一七三―一七四頁〕

（5）J. Messner, *Das Naturrecht*, S. 23.〔五頁〕例えば、国家緊急権のごときものを想起されたい。

（6）J. Messner, *Das Naturrecht*, S. 23.〔五頁〕

（7）J. Messner, *Das Naturrecht*, S. 24.〔六頁〕

（8）J. Messner, *Das Naturrecht*, S. 24.〔六頁〕

（9）J. Messner, *Das Naturrecht*, S. 24, 167.〔六、一七七―一七八頁〕

(10) J. Messner, *Das Naturrecht*, S. 24.〔六頁〕傍点強調は原文斜体。
(11) 伝統的自然法論と近代的自然法論に就いての詳細は、本章第三節を参照。
(12) Vgl. J. Messner, *Das Naturrecht*, S. 27-33.〔一〇—一五頁〕
(13) J. Messner, *Das Naturrecht*, S. 26.〔八頁〕
(14) A. Verdross, *Statisches und dynamisches Naturrecht*, S. 74. 前掲拙稿「共同善、社会、国家」をも参照。
(15) A. Verdross, *Statisches und dynamisches Naturrecht*, S. 74.
(16) K・グドルフ『キリスト教社会哲学概論』（ミネルヴァ書房、一九七二年）二〇頁以下参照。文化と言語について、祖父江孝男『文化人類学入門』（中公新書五六〇、昭和五四年）、特に第二章を参照。なお、この点につき、次の注目すべき論文を見よ。水波朗「ホッブズとスコラ学—藤原保信教授に答えて—」『法の理論4』（成文堂、昭和五九年）。本論文は、現在では水波朗『ホッブズにおける法と国家』（成文堂、昭和六二年）に収録されている。
(17) J. Messner, *Das Naturrecht*, S. 153.〔一六一—一六二頁〕
(18) 安藤孝行『形而上学—その概念の批判的概観—［増補版］』（勁草書房、一九六五年）参照。増補版には、非常に明快な「補遺　論理実証主義と形而上学」が収録されている。その外、墺語文献としては次を参照。Emerich Coreth, Metaphysik, 2. Aufl., Innsbruck-Wien 1980, Kap. 1.
(19) J. Messner, *Das Naturrecht*, S. 26.〔八—九頁〕
(20) これについては、山田晶「トマス・アクィナスにおける個物の問題」『中世思想研究』XXⅧ（一九八六年）及び、F・ファン・ステンベルゲン『トマス哲学入門』（稲垣＝山内訳、白水社、一九九〇年）九九—一〇二頁。更に、社会の存在論的考察において「霊肉の一体性」の格別の意義を明らかにしているメスナーの次の箇所を参照。J. Messner, *Das Naturrecht*, Kap. 15, bes. S. 152f.
(21) J. Messner, *Das Naturrecht*, S. 26.〔九頁〕
(22) ジャック・マリタン『人間と国家』（久保＝稲垣訳、創文社、一九六二年）、ジャン・ダバン『国家とは何か』（水波朗訳、創文社、一九七五年）、水波朗『基本的人権と公共の福祉』（九州大学出版会、一九九〇年）を参照。周知の如く、カントは「尊厳」Würde と「価格」Preis でこの区別を明言した。
(23) 人間の理性は、堕罪によって完全に破壊されてしまい、従って、この理性に基づく哲学的（＝自然的理性による）倫理学は根本的に成立不可能であって、神学的（＝超自然的）倫理学しか成立しないとするプロテスタントの見解に対しては、本文記述に加えて、メスナーによる六つの理由からする批判的な記述を参照されたい。Johannes Messner, *Kulturethik mit Grundlegung durch Prinzipienethik und Persönlichkeitsethik*, Innsbruck-Wien-München 1954, S. 229f.

（24）松本正夫『神学と哲学の時代』（中央出版社、昭和四三年）参照。Vgl. auch J. Messner, *Das Naturrecht*, S. 124 Anm. 1.〔一一九頁註（1）〕

（25）J. Messner, *Das Naturrecht*, S. 124.〔一二五頁〕良心論におけるその反映が「理想的自己」ideales Ich、「より善き自己」ein besseres Ich、「対立する自己」das gegenteilige Ich の相互関係についてのメスナーの細かな議論である。J. Messner, *Kulturethik*, S. 16. 前掲拙稿「ヨハネス・メスナーの良心論」一六七頁以下（本書第三章、特に第二節）参照。第一次自然法と第二次自然法の区別、始源的自然法と原罪後の自然法の区別（*Das Naturrecht*, Kap. 48, bes. S. 375ff.〔第四十八章、特に四一四—四一五頁〕）、更に、国家権威の二側面、即ち、命令権力と強制権力の認識の意義も（*Das Naturrecht*, Kap. 127.）、人間本性の毀損にかかわる問題である。

（26）J. Messner, *Das Naturrecht*, S. 477.〔五二七頁〕

（27）Johannes Messner, *Die Magna Charta der Sozialordnung. 90 Jahre Rerum novarum*, Kirche und Gesellschaft Nr. 76, Köln 1981.

（28）ヨハネ・パウロ二世の回勅 Centesimus annus, 1991 では、"humana vitia cum consequenti dominatu rerum in homines"（no. 33）とか、"nimium rerum consumendarum studium"（no. 36）と規定されている。又、そこでの人間の存在様態について、次の如く語られる。"Homo enim magis habere cupiens et gaudere quam esse et crescere, immodice et sine moderatione opes terrae et suae ipsius vitae absorbet."（no. 37）. 尚、本回勅については、拙稿「『百周年回勅』の今日的意義——法哲学的観点から——㈠」及び、「同㈡」（『社会倫理研究』第一号、一九九二年、及び、同第二号、一九九三年）を参照されたい。

（29）J. Messner, *Das Naturrecht*, S. 478.〔五二八頁〕

（30）J. Messner, *Das Naturrecht*, S. 479.〔五二九頁〕

（31）J. Messner, *Das Naturrecht*, S. 479.〔五二九頁〕

（32）J. Messner, *Das Naturrecht*, S. 479.〔五二九頁〕

（33）J. Messner, *Das Naturrecht*, S. 125. 尚、A・フェアドロスによると、マルクス主義的世俗的終末観（例えば、E・ブロッホの「支配のない自由の王国」の思想）は、「人間本性のラディカルな変化」を前提にしているので、首肯できない。何故なら、精神分析学や行動学が証明しているように、「破壊的衝動ないし攻撃的衝動は、人間の生物物理学的エネルギーの定数であり、この定数は、経済活動の根底にあるので、経済形態が如何に変革されようとも、それによって止揚されることはあり得ない」からである（A. Verdross, *Statisches und dynamisches Naturrecht*, S. 38.）。

（34）*Quadragesimo anno*, no. 77では、道徳気風の改善となっている。「社会構造が単に変化するだけで、若し人間もそれと同時に改変しないというのであれば、社会構造の変化は殆ど役に立つまい。メタノイヤなくして持続的な社会の進展はないのだ」（A. Verdross, *Naturrecht*, S. 54.）。

（35）Joseph Kardinal Höffner, *Christliche Gesellschaftslehre*, 8. erweiterte Aufl., Kevelaer 1983, S. 29f.

（36）Wilhelm Weber, *Person in Gesellschaft*, Paderborn 1978, S. 11.

（37）W. Weber, *Person in Gesellschaft*, S. 11.

（38）J. Messner, *Das Naturrecht*, S. 143.〔一四八頁〕勝義における自由については、水波『基本的人権と公共の福祉』八八―九三頁、殊に九二頁を参照されたい。その外、拙稿「共同善と補完性原理――伝統的自然法論の立場から――」『社会と倫理』第二十号（南山大学社会倫理研究所、二〇〇六年）一一三―一一四頁をも参照されたい。

（39）J. Messner, *Das Naturrecht*, S. 143.〔一四九頁〕

（40）J. Messner, *Das Naturrecht*, S. 143 Anm. 1.〔一五三頁註（1）〕

（41）J. Messner, *Das Naturrecht*, S. 143 Anm. 1.〔一五三頁註（1）〕

（42）J. Messner, *Das Naturrecht*, Kap. 14 u. 15. 両性の相補的性格については、今道友信『愛について』（講談社現代新書二七二、昭和四七年）を参照されたい。

（43）Alfred Verdross, *Abendländische Rechtsphilosophie. Ihre Grundlagen und Hauptprobleme in geschichtlicher Schau*, 2. erweiterte u. neubearbeitete Aufl., Springer Verlag, Wien 1963, S. 266. 尚、共同善実現の不作動という意味での社会問題に連関して考察されるべき国家の使命の位置づけに就き、J. Messner, *Das Naturrecht*, S. 499ff.〔五五〇―五五二頁〕を参照。

（44）Jacques Maritain, Éléments de philosophie, tom. I, Introduction générale à la philosophie. 吉満義彦訳『形而上学序論（改訂版）』エンデルレ書店、昭和二三年。

（45）ジャック・マリタン（吉満義彦訳）『形而上学序論（改訂版）』七五頁。

（46）自然神学は哲学の一分科である。それ故にこそ、例えば、山内清海神父の著書『哲学』（サンスルピス大神学院、昭和五三年）において、最終章が「自然神学」に当てられている訳である。

（47）ジャック・マリタン『形而上学序論（改訂版）』七二頁。

（48）マリタン『形而上学序論（改訂版）』九六頁。

(49) マリタン『形而上学序論（改訂版）』九六頁。

(50) マリタン『形而上学序論（改訂版）』七八頁。

(51) マリタン『形而上学序論（改訂版）』九八頁。これ、丁度ソクラテスにダイモンの合図（ダイモニオンの声）が語りかけるとき常に禁止的に立ち現われたことに比肩されよう。この禁止と自由の問題に就いて、より厳密に言えば、禁止の故に自由が減殺されるのではなく、寧ろ逆に、いわば質的転換を遂げて充実し異彩すら放ち得たことについて、田中美知太郎『ソクラテス』（岩波新書）「四　ダイモンに憑かれて」を参照。因みに、刑事責任論における行為責任、行状責任、人格責任を巡る問題、即ち、性格と行為（ここでは犯罪行為）の親近性、親和性が責任の大小に大いに影響を与え得る根拠の問題に連関して、ハビトゥス論の観点から一言述べておくと、一見行為者の行為をより強く規制規定するように思われる、その意味で、行為者の意の儘にならない性格は、実のところ、ハビトゥス（習慣）の一種、即ち、或る程度の一貫性を以て行使された自由のいわば「経験的徴」であって、「自由の経験が大書されたものが習慣である」とさえ言うことができる。これに就き、稲垣『習慣の哲学』特に「第三部第七章　習慣と自由」を参照されたい。

(52) ジルソン＝ベーナー『アウグスティヌスとトマス・アクィナス』（服部＝藤本訳、みすず書房、一九八一年）二一〇頁。

(53) マリタン『形而上学序論（改訂版）』一〇三―一〇四頁。理性と信仰に就いては、フランシスコ・ペレス『人間の真の姿を求めて』（ヨルダン社、一九七三年）一七三頁以下の優れた記述をも参照されたい。

(54) J. Messner, *Das Naturrecht*, S. 129.〔一三一頁〕

(55) J. Messner, *Das Naturrecht*, S. 129.〔一三一頁〕

(56) Wilhelm Weber, *Der soziale Lehrauftrag der Kirche*, Köln 1975, S. 19. 傍点強調は引用者による。

(57) Nikolaus Monzel, Was ist Christliche Soziallehre? (1956), jetzt wiederabgedruckt in: ders., *Solidarität und Selbstverantwortung, Beiträge zur christlichen Soziallehre*, München 1959.

(58) Zitat aus Nikolaus Monzel, Was ist Christliche Soziallehre?, S. 17.

(59) Nikolaus Monzel, Was ist Christliche Soziallehre?, S. 18.

(60) N. Monzel, Was ist Christliche Soziallehre?, S. 12.

(61) J. Messner, *Das Naturrecht*, S. 129 Anm. 1〔一四五頁註（1）〕u. S. 141f. „Aus dem Glauben, der Gnade und dem von ihr erleuchteten Gewissen stammen keinerlei neue Einsichten in die Grundgesetze des gesellschaftlichen Lebens, sondern nur neue Kräfte, um die in seinen naturverwurzelten Ordnungen gesteckten Ziele vollkommen zu erreichen.“

(62) Vgl. Bernd Kettern, *Sozialethik und Gemeinwohl. Die Begründung einer realistischen Sozialethik bei Arthur Utz*, Berlin 1992, S. 30f.

(63) 水波朗「ミッシェル・ヴィレイの法思想（二・完）」（『法政研究』第四四巻第三号）四三八頁。同論文は現在水波朗『トマス主義の法哲学』（九州大学出版会、一九八七年）に収録されている。尚、カトリック社会理論における哲学と神学の問題について最近の動向を纏めた好論文が、ウルズラ・ノーテレ＝ヴィルトフォイヤー女史（現在フライブルク大学神学部教授）によって公刊された。Ursula Nothelle-Wildfeuer, Vom Naturrecht zum Evangelium? Ein Beitrag zur neueren Diskussion um die Erkenntnistheorie der katholischen Soziallehre im Ausgang von Johannes Paul II. in : Franz Furger (hrsg.), *Jahrbuch für Christliche Sozialwissenschaften* 32. Band. 1991 Münster. 詳細な検討は別の機会に譲ることとして、ここでは大要を紹介し、その後でごく簡単なコメントを附記するにとどめたい。

カトリック社会理論の自己理解を巡って、認識論上の議論がここ数年来継続してきた。ピウス十二世からヨハネス二十三世へ教皇が交代したときも、既に何らかの程度の推移が認められない訳ではなかったが、ヨハネ＝パウロ二世の社会教説に特徴的な真に神学的にして殊更キリスト教的な契機の強調が見られるに及んで、議論は益々白熱してきた。こうした状況を背景に、ノーテレ＝ヴィルトフォイヤーは問題提起を行う。これまで争われることのなかった教会の社会教説を抛棄して、真に神学的な基礎づけの議論を受容すべきか否か。しかし、受容すべきとせば、従来常に確言されてきた社会哲学としての古典的社会理論との継続性を棄てて、社会神学という全く新しい第一歩を踏み出すことになるのであろうか、と。

カトリック社会理論の二重の認識源泉としては、本文でも触れたとおり、自然的倫理法則ないし自然法と啓示とがある。これら両認識源泉は、恰も「並行して流れる支流の如く、その共通の水源を神に仰ぐ」ものである。にも拘らず、第二ヴァティカン公会議以前には、社会哲学、自然法論的議論が支配的な地位を占めていた。尤も、本文にも述べたモンツェルの外、或いはパダボーンのグスターフ・エルメッケ教授らの批判的見解がなかった訳ではない。それも、しかしながら、主流にはならなかった。ところが、ヨハネ＝パウロ二世の登場で、こうした議論が再度前景化して主題化されるに至った、と言うのである。

論文は、三部より成り立っている。第一部は、認識論上の議論に就き、主要学説を紹介しつつ回顧する。第二部は、上記議論を契機として成立した、ヨハネ＝パウロ二世下の社会教説の認識論上の形態及び構造を、その本質的並びに種的特徴という観点から――これは、伝統的定義論を踏まえた立論である点に注意されたい――素描する。そして、第三部は、体系的（体系を樹立せんとする）意図の下に、今日の社会教説にとって決定的且つ不可欠の要素を展開する。

今、興味深い幾つかを取り上げてみると、自然法は *Gaudium et spes* では、文化領域と人間本性に関係している。それは、要するに、「ペルソナ」を中核として相互に関連し合っている。その上で、理性の演じ得る役割が語られる。しかし、私には首肯できない主張が織り込まれている。「理性万能的先験的思弁（新スコラ学自然法論の特徴である）」に代置するに、ノーテレ＝ヴィルトフォイヤーは、「具体的で近代思想に馴染み深い現実主義的思考」を以てする。彼女の解する「理性」Vernunft は、近世の Verstand ではなく、rückgebunden an Wahrheit, Weisheit, sittliche Werte und letztlich an Transzendenz である。「理性は、……新スコラ学的偏狭な仕方で先所与的存在の中に堅固に書き記された当為を合理性的に読み取る器官へと貶められない」（S. 53）。こうした事実誤認は、我が国で脚光を浴び続けている観のあるアルトゥル・カウフマンの伝統的自然法論への批判の中にも見出し得るものである。ともあれ、ノーテレ＝ヴィルトフォイヤーは、形而上学的に固定して眺められた人間の本質ではなく、歴史的にして且つ一回限りの人間的位格こそが、あらゆる倫理的考察の中心且つ基礎となると主張する。この点、私も同感である。そこで、人間それ自身への議論の集中化は、"Personalisierung" と呼ばれ、「自然法」は「人格法」と呼び換えられることになる。

さて、右翼に位置する新スコラ的自然法論、左翼に位する唯神学的カトリック社会理論の両翼を退ける第三の道を進むべく、我々は一体どのような立場を採るべきなのだろうか。全く新しい道を行くのではない。自然法は装いを新たにして生き延びる。即ち、「哲学」として。新スコラ的定位は時代遅れである。とは言え、「形而上学なくしては倫理学はあり得ない」。神学的次元に関して、注目すべきは、「質料的規範」の拡大問題ではなく、「意味剰余」Sinnüberhang の問題である。重要なのは、「キリスト者にとって拋棄し得ない真にキリスト教的なものの次元を、あらゆる人間にとって同様に中心的である人間的現実という問題についての世界規模でなされる対話の中へ持ち込むこと、キリスト教的思想の遺産に精神史が及ぼした『無名の』ものとして存在するものの限度を超えてかの次元を現前的に保つこと」（S. 61f.）である。私は、全体としての著者の論旨に共感する。ただ次の二点で異議を呈したい。一点は、先に記したように、「新スコラ的＝演繹的＝同語反復的＝形式主義的」という余りにも形式的な理解の仕方、第二点は、「自然法論（的）」を「哲学（的）」と呼び換えたところで、それだけでは何ら実質的進展も深化も見られない、という点。

（64）Franz Klüber, *Der Umbruch des Denkens in der katholischen Soziallehre*, Köln 1982, S. 10f.

（65）J. Messner, *Das Naturrecht*, S. 310f.（勿論、自然法問題の神学的探求は特に神学的な信仰を有する者には強く響く。他方で今日では従来のように自然法の哲学的探求と根拠づけが自然法論の中心的課題として争われることがない。トマス・アクィナスや中世盛期の学者たちが、当時キリスト教的生活観や世界観が支配的であったにも拘らず、また彼ら自身が神学的関心を有していたにも拘らず、自然法論を哲学的に取り扱ったのは決して偶然ではない。〔三四三頁〕）Heinrich A. Rommen, *The State in Catholic Thought*, 1945.

(66) もともとは「第三節　伝統的自然法論と近代的自然法論——自然法論の歴史の概観——」と題して、古代の自然法論、中世の自然法論、近代の自然法論、現代の自然法論の四項目のもと、二五〇〇〇字程度のオーソドックスな原稿を書き上げていたが、本書を編むにあたって、簡潔を宗とし、紙幅を圧縮するため思い切って全部割愛した。トマス主義的な自然法思想史としては、本書でしばしば引用しているフェアドロスの『西洋法哲学』が優れている。

(67) 水波朗『ホッブズにおける法と国家』（成文堂、昭和六二年）、三七頁。

(68) 例えば、井上茂『自然法の機能』（勁草書房、一九六一年）は、もっぱら自然法思想の機能を探求するものであり、自然法それ自体を自覚的に論じてはいない。しかし、これは啓蒙期自然法論の土俵に乗っている限り無理からぬことである。

(69) 水波『ホッブズにおける法と国家』（成文堂、昭和六二年）。

(70) 水波朗『トマス主義の法哲学』（九州大学出版会、一九八七年）「八　権利の存在論的考察——J・ダバンの権利論に因んで——」、四八八―四八九頁、水波朗『基本的人権と公共の福祉』（九州大学出版会、一九九〇年）一〇頁以下を参照。なお、拙稿「巻頭言　古くて新しい自然法」、『経済社会学会ニューズレター』第五十四号（二〇一三年七月）、一―二頁。

(71) 拙稿「孟子の倫理思想とメスナーの良心論——自然法と実践知に就いての一比較試論——」阿南誠一、稲垣良典、水波朗（共編）『自然法と実践知』（創文社、一九九四年）二三九―三〇一頁。

(72) 第三章及び第四章を参照されたい。

(73) 三島淑臣「第二章　自然法論」（井上茂、矢崎光圀、田中成明編『講義法哲学』青林書院新社、一九八二年）二六頁。

(74) 三島「第二章　自然法論」二九―三〇頁。

(75) 三島「第二章　自然法論」三二頁。

(76) 詳細は、三島淑臣『法思想史［新版］』（青林書店、一九九三年、初版一九八〇年）二二一―二三七頁を参照されたい。

(77) 三島「第二章　自然法論」三五―三六頁。

(78) 三島「第二章　自然法論」三八―三九頁。

(79) 「今やホッブズにおいて『ユス』は完全に義務とは切断された各人の主観的権利（各人の自由な行動の権能）を意味し、そのようなものとして近代的権利概念の確立を意味した。と同時に、自然法はもっぱら、この唯一生得的なものとみなされた主観的権利を前提・根拠としてそこから合理的に導き出されるのである。各個人の（生得的）権利に中心がおかれるという点に近代自然法論の根本特質の一つが求められうるとすれば、ホッブズはまさしく近代自然法論の確立者だといわなければならない。」（三島『法思想史［新版］』二二八―二二九頁）。

（80）　三島『法思想史［新版］』二三四頁。Michel Villey, *La formation de la pensée juridique moderne. Cours d'histoire de la philosophie du droit*, nouvelle édition corrigée, Paris 1975, pp. 635–646. 水波『ホッブズにおける法と国家』九二頁以下は、ホッブズが、実のところ、功利主義の源泉にも位することを解き明かす。

（81）　アリストテレスは、すべて運動には四原因があると考えた。質料因、形相因、動力因、目的因である。家の建築を例にとって説明すると、質料因は木材や石材など（事物がそれから生成しその生成した事物に内在しているところのそれ）、形相因は建てようとする家の型ないし設計図（事物の原型、事物の本質を表す定義）、動力因は建築家あるいはその技術（物事の転化又は静止の第一の始まりがそれからであるところのそれ）、目的因は現実に完成した家（物事の終わり、物事がそれのためにであるそれ［目的］）である。水波『ホッブズにおける法と国家』三六頁。

（82）　水波『ホッブズにおける法と国家』三七頁。

（83）　水波『ホッブズにおける法と国家』三九頁。

（84）　水波『ホッブズにおける法と国家』三八、四〇、一四六—一四七頁。

（85）　水波『ホッブズにおける法と国家』一六〇頁。

（86）　メスナー『自然法』において、翻訳者は、Naturrecht と Naturgesetz を、それぞれ「自然法」と「本性法則」と訳出している。両者の区別を明瞭にするためである。三島淑臣教授も、「自然法」と「自然法（則）」とする。この外、ホセ・ヨンパルト教授は、法学上の自然法（Naturrecht）を「自然法」と訳し、倫理学上の自然法（Naturgesetz）を「自然倫理」とすることを提唱される。ホセ・ヨンパルト『実定法に内在する自然法――その歴史性と不変性――』（有斐閣）二七頁。

（87）　三島淑臣『法思想史［新版］』（青林書店、一九九三年）九一—九五頁を参照されたい。

（88）　三島『法思想史［新版］』八五—八八頁。

（89）　三島『法思想史［新版］』九五頁、註（4）。

（90）　三島『法思想史［新版］』八八頁、九五頁、註（5）を参照されたい。

（91）　三島『法思想史［新版］』八七—八八頁。

（92）　水波朗「ミシェル・ヴィレイの法思想㈠」『法政研究』第四十四巻第二号、六頁（現在では水波朗『トマス主義の法哲学』所収、二〇八—二〇九頁）。

（93）　水波『トマス主義の法哲学』二〇九頁（「ミシェル・ヴィレイの法思想㈠」六頁）。

（94）　水波『トマス主義の法哲学』二一〇頁。

(95) 水波『トマス主義の法哲学』二一一頁。

(96) 水波『トマス主義の法哲学』二一二頁。

(97) 水波『トマス主義の法哲学』二一二頁。

(98) Arthur Kaufmann, *Naturrecht und Geschichtlichkeit*, Verlag J.C.B. Mohr（Paul Siebeck）Tübingen 1957, S. 11.

(99) Michel Villey, *La formation de la pensée juridique moderne. Cours d'histoire de la philosophie du droit*, nouvelle édition corrigée, Paris 1975, p. 38 et s., p. 124 et s., p. 399 et s., p. 650. 我が国では民法学者星野英一教授が「『法』と『法律』の用語法について」（『民法論集第七巻』、有斐閣、一九八九年）及び『民法のすすめ』（岩波新書、一九九八年）において「法」と「法律」を区別すべしと強調する。星野英一『人間・社会・法』（創文社、二〇〇九年）一五―三四頁。法哲学界では三島淑臣教授が「法の近代的観念と古典的観念」（『月刊法学教室』No. 5、有斐閣、一九八一年所収）において「ユス」に視点を定めて「レックス」をその発見のための手掛かりと観る立場の意義を強調し、この観点から『法思想史〔新版〕』（青林書店、一九九三年。初版は一九八〇年出版）において、特にトマス・アクィナスの法論の論述（法の概念とその諸相）で見事な成果を見ている。なお、民事訴訟法の分野でこうした問題意識を以て書かれたものとして、小山昇『民事訴訟法〔新版〕』（青林書院、二〇〇一年）三―五頁。Michel Bastit, *Naissance de la loi moderne. La pensée de la loi de saint Thomas à Suarez*, Paris 1990, pp. 157-168. バスティは、≪Lex non est ipsum ius, proprie loquendo.≫（lexは、厳密に言うと、iusそれ自身ではない。）とトマスの言を引いている（Bastit, *ibid.*, p. 163）。

(100) A. Kaufmann, *Naturrecht und Geschichtlichkeit*, S. 26. „Recht ist eine Realität……Allen realen Dingen ist diese Zweiheit von Essenz und Existenz, von Potenzialität und Aktualität, von Wesenheit und Dasein eigen."

(101) Arthur Kaufmann, *Gesetz und Recht*, Tübingen 1962, jetzt in : ders., *Rechtsphilosophie im Wandel : Stationen eines Weges*, 2. überarb. Aufl., Carl Heymanns Verlag, 1984. S. 158.

(102) A. Kaufmann, *Gesetz und Recht*, S. 153.

(103) 三島淑臣「自然法と法の歴史性の問題―現代自然法論の一考察―」（『法政研究』第三十三巻三―六合併号、一九六七年）三八六頁。

(104) A. Kaufmann, *Gesetz und Recht*.

(105) 三島淑臣「〈自然法論〉と法実証主義の彼方」（大橋智之輔外編『現代の法思想』、有斐閣、一九八四年）二〇五頁。

(106) Arthur Kaufmann, *Rechtsphilosophie*, 2. Aufl., München 1997. 邦訳（上田健二訳『法哲学〔第2版〕』ミネルヴァ書房、二〇〇

六年）があるが誤訳が多い。現在でも容易に入手できるカウフマンの邦訳書を挙げる。竹下賢監訳『正義と平和』（ミネルヴァ書房、一九九〇年）、上田・竹下・永尾・西野編訳『法・人格・正義』（昭和堂、一九九六年）、甲斐克則訳『責任原理―形法的・法哲学的研究―』（九州大学出版会、二〇〇〇年）など。

(107) 星野英一『法学入門』（有斐閣、二〇一〇年）第一章、特に七―九頁を参照。

(108) 三島「〈自然法論〉と法実証主義の彼方」二〇四頁。

(109) Franciscus M. Schmölz O.P., *Das Naturgesetz und seine dynamische Kraft*, Freiburg in der Schweiz 1959, S. 14.

(110) 思想史ないし哲学史の研究上、Naturgesetz が「規範法則」でもあること、即ち「自然法」ないし「倫理法則」でもあることを知らない研究者が我が国には多数見られる。著名な独和辞典を参照しても、例えば小学館の『独和大辞典第2版』の Naturgesetz の語釈は「自然法則、自然律」とあり、郁文堂の『独和辞典第二版』の語釈も単に「自然法則」とのみ掲載されている。これでは、中世思想を論じた文献やカトリック文献を読む場合、最初から誤読をすることに直接繋がる。

(111) F.M. Schmölz O.P., *Das Naturgesetz und seine dynamische Kraft*, S. 15. „Das Naturrecht ist Teil des Sittengesetzes, welcher die allgemeinsten Richtlinien für das äußere Zusammenleben enthält.“ Johannes Messner, Artikel Naturrecht in : Klose, Mantl, Zsifkovits (Hrsg.), *Katholisches Soziallexikon*, 2. Aufl. 1980, Sp. 1891. „Den Verpflichtungsgrund des Naturrechts bildet das natürliche Sittengesetz, dessen das mitmenschliche Leben betreffender Teil es ist.“「今日では自然法倫理学が明瞭に観念された種的法概念を以て研究に取り組まねばならないことは疑うべくもない。それ故、我々はそれに大いに注目して来た。しかしながら、それと同様に、自然法則（lex）と自然法（ius）が相互連関の下に考察されなければならないことも言うまでもない。これは我々の自然法則の論述が示している。この内的な切り離し得ない連関の故に、これを詳細に論究する必要があったのである。自然法則の理論は、決して単に自然法理論の導入ないし準備と看做されてはならないのであって、自然法論の本質要素である。自然法は自然法則と連結してのみ義務拘束的秩序たることが示され得る。自然法は又、自然法則、即ち人間本性に特有の作用様態を通じてのみ、人間が完全な人間存在に到ろうと努力しながらそれへと押し遣られ、歴史的文化的に変遷する事情に応じて常に新たに押し遣られることになるであろう実存的秩序であることが明らかになる。」(J. Messner, *Das Naturrecht*, S. 333.〔三六六頁〕)

(112) Alfred Verdross, *Statisches und dynamisches Naturrecht*, Freiburg 1971, S. 15.

(113) Alfred Verdross, *Abendländische Rechtsphilosophie. Ihre Grundlagen und Hauptprobleme in geschichtlicher Schau*, 2. erweiterte u. neubearbeitete Aufl., Wien 1963, S. 286f.

(114) A. Verdross, *Abendländische Rechtsphilosophie*, S. 273f.

(115) A. Verdross, *Abendländische Rechtsphilosophie*, S. 275.
(116) J. Messner, *Das Naturrecht*, S. 456f.〔五〇五頁〕
(117) A. Verdross, *Statisches und dynamisches Naturrecht*, S. 92.
(118) A. Verdross, *Statisches und dynamisches Naturrecht*, S. 57.
(119) A. Verdross, *Abendländische Rechtsphilosophie*, S. 287.
(120) A. Verdross, *Abendländische Rechtsphilosophie*, S. 288.
(121) A. Verdross, *Abendländische Rechtsphilosophie*, S. 290.
(122) 水波朗『法の観念——ジャン・ダバンとその周辺——』（成文堂、昭和四十六年）
(123) Jean Dabin, *Théorie générale du droit*, nouvelle édition, Dalloz Paris 1969, p. 160. ジャン・ダバン（水波朗訳）『法の一般理論—新版—』（創文社、昭和五十一年）、二〇一頁。
(124) J. Dabin, *Théorie générale du droit*, p. 160. J・ダバン（水波朗訳）『法の一般理論—新版—』、二〇一頁。
(125) 水波『法の観念』六六頁。
(126) 水波『法の観念』六六—六七頁。
(127) J. Dabin, *Théorie générale du droit*, pp. 168-169. J・ダバン『法の一般理論—新版—』、二一〇—二一一頁。
(128) J. Dabin, *Théorie générale du droit*, pp. 169-170. J・ダバン『法の一般理論—新版—』、二一一頁。
(129) J. Dabin, *Théorie générale du droit*, pp. 182. J・ダバン『法の一般理論—新版—』、二二三頁。
(130) J. Dabin, *Théorie générale du droit*, p. 183. J・ダバン『法の一般理論—新版—』、二二四頁。傍点は、引用者による強調。
(131) J. Dabin, *Théorie générale du droit*, p. 187. J・ダバン『法の一般理論—新版—』、二二七頁。
(132) 水波朗「ジャン・ダバンと法観念の二つの系列」（『法政研究』第二十八巻二号）、七〇頁［水波朗『トマス主義の法哲学』所収］。
(133) 水波「ジャン・ダバンと法観念の二つの系列」七〇頁。
(134) 水波「ジャン・ダバンと法観念の二つの系列」七一頁。
(135) J. Messner, *Das Naturrecht*. S. 233.〔二五六頁〕
(136) J. Messner, *Das Naturrecht*. S. 234.〔二五六頁〕
(137) J. Messner, *Das Naturrecht*, S. 55.〔三九頁〕

（138） J. Messner, *Das Naturrecht*, S. 56.〔四〇頁〕

（139） Vgl. J. Messner, *Das Naturrecht*, Kap. 4. 人間本性において現実に働いている傾向性（＝傾動、駆動力）は様々でありながらも、それらは究極的な欲求によって規定されており、押し促されている。この本性自身の最奥にある根源的な傾動（傾向性）を、我々はアリストテレスに倣って「幸福への衝動あるいは希求」と呼ぶことができよう。そして、この根源的幸福への欲求能力は意志と呼ばれるものでもあり、意志は、対象を自ら「善」と認めた限りにおいて欲求するものであるのだから、意志の正しい活動は、善を存在として把握する人間の能力、つまり理性の正しい認識に相関的であると言うことが出来る。

（140） Vgl. J. Messner, *Das Naturrecht*, S. 87f.〔七六―七八頁〕

（141） 我々は、「終章　伝統的自然法論の精華」の第三節において、これを詳説することになろう。

（142） Vgl. J. Messner, *Das Naturrecht*, S. 312〔三四四頁〕; ders., *Moderne Soziologie und scholastisches Naturrecht*, S. 10f., 18; ders., Artikel "Naturrecht"（in : *Katholisches Soziallexikon*）Sp. 1890.

（143） Vgl. J. Messner, *Das Naturrecht*, Kap. 43, bes. S. 287ff, Kap. 49, bes. S. 397ff.

（144） Vgl. J. Messner, *Das Naturrecht*, S. 402.〔四四七頁〕ジャン・ダバンは、これについて次のように語っている。「政治的自然法も実在していて、これは人間の政治的本性の基盤に、政治的社会や、この社会のうちにある本質的なもの、ことに公的権威とか国法とかを基礎づけるのである。この国法がその具体的条規においてではなく、その存在原理や形成の方法においてみられたかぎりでそうなのであるが。」（J. Dabin, *Théorie générale du droit*, p. 341. J・ダバン（水波朗訳）『法の一般理論―新版―』、四二六―四二七頁）

（145） J. Dabin, *Théorie générale du droit*, p. 319 et suiv.. J・ダバン（水波朗訳）『法の一般理論―新版―』、四〇六―四〇七頁。Vgl. auch Heinrich Rommen, *Die ewige Wiederkerh des Naturrehts*, 2. Aufl., Kösel-Verlag, S. 68.

（146） Vgl. J. Messner, *Das Naturrecht*, S. 284ff.〔三一五―三一八頁〕なお、他の箇所では次のようにも表現している。「制定法を有する社会にあっては、つとに伝統的自然法論が強調してきたように、その諸要求を実定法化することによって、全国民に基本的法原理を明確に認識させる任務が立法者に委ねられることになる」（J. Messner, *Das Naturrecht*, S. 361.〔四〇二頁〕）。フェアドロスも同様の見解を抱いている。「若干の著者たちは、そして特にヨーゼフ・フンクは、自然法ナトゥアレヒトがあらゆる個別的な状況を規律するという見解を主張する。しかしながら、ここでは自然法は通常人間の立法者や裁判官に様々な選択可能性を与えている、ということが見逃されている。こうした根本原理は、たいていの場合、そこから明白な（一義的な）解決が引き出され得るという程には、規定されていないのである」（A. Verdross, *Abendländische Rechtsphilosophie*, S. 278f.）。

（147）　J. Messner, *Das Naturrecht*, S. 364.〔四〇五頁〕

（148）　J. Messner, *Das Naturrecht*, S. 239.〔二六三頁〕フェアドロスにも類似の見解がみられる。A. Verdross, *Statisches und dynamisches Naturrecht*, S. 14. ここでは、無国籍人の間における、法的諸関係（法的事態）がただ、自然法によってのみ基礎づけられることが主張されている。

（149）　これにつき詳細は、本書第四章第一節第三項を参照。

第二章　メスナー自然法思想の方法の問題
――倫理学の課題と方法――

これまで私は、ヨハネス・メスナーの自然法思想に関連して様々な観点から、そして様々な論題に即して、[1]或いは、その趣旨を酌んでの応用発展的な論稿を公刊して来た。[2]本章では、これまでの論文において部分的に言及されることはあっても主題的に取り上げられなかった論題、即ち、彼の自然法思想の方法の問題を取り上げようと思う。自然法思想は、倫理学と法学の両方の領域を含む。ここではより広い倫理学の観点から、課題と方法を四節に亙って論述する。

自然法思想の方法論の問題に立ち入るに先立って、若干の註釈が必要である。私が目指すのは、あくまでもヨハネス・メスナーの自然法思想に即してその学問方法論を見定めることである。但し、ここでは一応メスナー自然法論の位置づけを最小限確認しなければならないであろう。自然法論は、人間個人についても人間集団、即ち、社会共同体についても関与する学問である。とくに社会集団、社会組織体にそれが関わるときに「社会倫理学」Sozial-ethik, Social Ethics としてそれは登場する。しかも、キリスト教的（カトリックの、或いはプロテスタントの）社会倫理学として登場する社会倫理学の一つとしてメスナー自然法論が存在する。いまカトリック社会倫理学 katholische So-zialethik（これは通常「カトリック社会論」katholische Soziallehre と呼ばれている）に限定して語ると、これには神学的なカトリック社会倫理学と哲学的なカトリック社会倫理学とが存在する。メスナーの自然法論は後者に属する。倫理学は、方法論の問題を取り扱う部門、主にメタ倫理学と称される部門、個人的であれ社会集団的であれ人間の実践生活に関する具体的な指令当為を取り扱う規範部門に分たれるが、領域的には、基礎倫理学、個人倫理学、社会倫理学と分類され得る。社会倫理学には、主要なものとして古くから国家倫理学（政治倫理学）、家族倫理学、近代以降になると経済倫理学が数えられてきているが、昨今では科学技術の発展の背景の中でもたらされてきた人間の生活水準及び環境の激変に対応しつつ生命倫理学、環境倫理学、経営倫理学、医療倫理学、平和倫理学など新しい倫理学が生成し誕生しつつある。[3]

メスナーの自然法思想は、（啓示）神学的な領域の独自性を尊重しつつも自然理性の自立性に立脚する哲学的世俗的な社会倫理学である。[4] その思想の重心は応用自然法論に置かれているとしても、メスナーの控えめな表現で「必要な限りで」、基礎理論についての詳密な考察が展開されているので、本章でそれを取り上げて以下に論じることにしよう。

第一節　学問としての倫理学の課題

第一項　学問の概念

我々は既に第一章第二節第二項において、学問の分類にかんするジャック・マリタンの説明を一瞥しておいた。ここでは我々は、メスナーが学問をどのように把握していたかを、彼自身の言説によって明らかにしようと思う。

人間の経験には、外的経験と内的経験とがある。そしてこの二種類の経験の区別が、メスナーの学問の概念を規定することになる。ところで、メスナーによると、あらゆる学問は次の共通の課題を有するものである。即ち、学問は、「真理を解明するにあたって、何が経験領域の経験諸事実のそれぞれの根底に、そしてその連関の根底に存するのかを探求」[5]しなければならない。そして、このような共通の課題をそれぞれ有している諸学問が他の学問から区別されるのは、それぞれの学問に固有の問題関心と認識様態による。ここでは人間科学［自然科学方法論に定位した、という意味においてではなく、人間にかんする学問という意味におけるそれである。以下同様。］に限定してことを論じよう。

人間諸科学は、外的経験と形而上学的経験の区別に従って、二分される。即ち、人間諸科学は、一方では経験的方法にもとづく科学、つまり経験的人間科学と、他方では形而上学的方法にもとづく科学、つまり形而上学的人間科学とに細分されるわけである。

(i)経験的人間科学は、外的経験（äußere Erfahrung）によって確認できる人間に関する現実の中にその直接の認識目的を見出す。また、その用いる経験的方法とは、行為様態（行動様式）の事実、原因、相互作用を確定し、人間相互の諸連関の事実的規則を確定する、ということを意味する。これに対して、(ii)形而上学的人間科学は、なるほど外的経験あるいは内的経験から出発しはするが、それに止まらず、更にこの内的または外的経験のなかに存する所与を、現象学的に取り出して分析を施してゆくことを通じ、超感覚的現実在の本質と根拠の認識を目指し、人間と人間的実存に対して有するこの超感覚的現実在の意義を認識せんと志向するものである。かくして形而上学的人間科学は、人間の本質の問題、人間存在の起源と意味の問題を解明し、これを踏まえたうえで更に、次の問い、即ち、人間の個人的および社会的生活にかかわる道徳（倫理）秩序が特にどういうものであるのか、という問いに答えなければならない。[6]前者、即ち経験的人間科学には、医学、実験心理学、社会学、国家学、法学、等が含まれ、後者の形而上学的人間科学には、哲学のさまざまな領域が含まれる。それは、存在論、形而上学、心理学、認識論、論理学、方法論、価値哲学、倫理学、自然法論、社会倫理学、国家倫理学、経済倫理学、文化倫理学である。

さて、ある学問は他の一切の学問から区別されるわけであるが、それは、マリタン流にいうならば、学問の質料的対象と形相的対象によるものであった。これに対して、メスナーは、それを「目的」と「方法」と呼んだのであった。[7]このようにして、諸学は他の学問領域と区別されるとともに、自己の領域を一方では確保するのである。自己の領域においては、その学問はある意味において主である。しかし、人間によって営まれる学問は、自らの分を弁えずに、すなわち自らに固有の［つまり自己の観点、視角に制約された］認識方法で接近できるのは実在のホンの一部分、一局面に過ぎないのだということを自覚しそこなうことによって、それを実在の全体と思い誤り、更に自己の正当性まで主張するにいたることが往々にしてあり得る。論理実証主義は、その一つの例に過ぎない。視点を倫理の領域に移してみると、事態はなおさら深刻であるかのようである。しかしながら、倫理には倫理に固有な方法があるのであってみれば、倫理に接近するのに相応しくない方法に頼って倫理に取り組んでみたところで失敗して失望するのは当然の事理である。

諸学問間の衝突・対立は、常に一方又は他方が、自己の方法論的限界を踏み越えることに究極の理由がある。[8]

形而上学的人間科学の認識目的は、人間存在の領域にある。この領域は、人間の「形而上学的経験」の対象であり、「人間精神の自然的形而上学」la métaphysique de l'esprit humain（ベルグソン）の対象である。換言すると、その対象は「先入観に囚われていない人間精神が少なくとも外的実在に関すると同程度の確実さを以て知っている領域」[9]である。この先入観に囚われていない人間精神の知るところのもの、即ち「前学問的（前科学的）認識」（vorwissenschaftliche Einsichten）には次のごとき認識が数えられる。人間本性は、感覚的現実在によっては把握し尽くすことができない、という認識。良心が人間本性の原事実であること。人間は自己決定を行うことのできる自由な存在であること。人間は絶対的価値の世界に関わっており、それも殊に倫理的世界に参与しつつ生きていること。更に創造者の認識があり、最後に、この創造者に対して自分が責任を負う存在であること、等の認識である。メスナーは、これらの認識を、内的経験事実（innere Erfahrungstatsache）ないし倫理的経験事実（sittliche Erfahrungstatsache）として、彼の主著の一つ『文化倫理学』の冒頭百数十ページに亙ってこれを詳述している。その連関で重要なことは、哲学的反省や省察によってしか探求し得ないような意識事実が問題となっているのではない、ということである。メスナーに言わせれば、形而上学的認識と存在論的認識が学問的哲学だけに属すると考えるならば、それは思い違いも甚だしい。形而上学的認識と存在論的認識は、最初から先入観（先入的把握）によって狭められてしまった思惟［それは実はすでにイデオロギーでしかなくなっている］によるよりも、遙に高い程度で、実在に背を向けない自然的思惟によって獲得されるのである。[10] かくして、我々は次の問題である倫理学の課題の入り口に到達した訳であるが、この項を結ぶ前に、学問の概念を要約しておこう。

学問は、前にも述べたように、経験的諸事実の連関の根底に何があるか、を探求する人間の知的営為である。メスナーの原文を引いておく。

学問的認識は、我々の意識や観察に提示される事実と事象の根拠と連関の認識である。個別的学問、それゆえに倫理学もまた、ある対象領域の認識の総体であって、この認識の概念連関と根拠連関が批判的に確保された統一体である。[11]

第二項　倫理学の課題

倫理学は、前に述べた人間科学の二種類のうちでは、もちろん形而上学的人間科学に属する。更に、倫理学は、他の形而上学的人間科学から、それが「実践的」学問であることによって、区別される。確かに、論理学、認識論、存在論等は、たといそれが実践あるいは実践的学問たる倫理学に寄与することがあるとしても、そして実際それらの諸学は倫理学にとって不可欠であることは言うまでもないのだが、それ自身としてみれば、やはり「思弁的」学問と呼ばれるに相応しい。これに対して倫理学は、人間の人間的行為をその対象とする学問であるから、[12]紛れもなく「実践学」なのである。[13]

ところで、倫理学も「学（問）」Wissenschaft, science である以上、あらゆる学問に要求される責務を果たし、課題に応えることができなくてはならない。その上ではじめて倫理学固有の諸問題にも解決策を提出する資格があるのだから尚更である。メスナーによると、どのような学問体系であっても、それがいやしくも「学問」である限り、そして「学問」を標榜する限り、次の三つの学問の試金石によってその充足性を測られる。すなわち、(i)経験事実を徹底的に分析しえているか否か、(ii)論証に論理的首尾一貫性があるか否か、(iii)その体系に内的な矛盾点がないか否か、こうした三つの試金石によって、諸学はその妥当性、充足性を判別されるのである。[14]これら諸要求に応えるために、メスナーの自然法論、これは自然法倫理学と呼ばれるべきものであるが、その自然法論に限らず、すべての倫理学は、主として二つの手続・方法を用いる。「帰納的方法」と「演繹的方法」とがそれである。[15]

この二つの方法をどのように結合して用いるかについては、さまざまな可能性がある。しかし、何れにしても、各々が自己の方法論的な正当化を果たさねばならないことは当然である。より明確に語るならば、「それぞれの方法が、倫理的意識に現われる全経験を徹底的に探究し、解明し、説明するのに役立つように結合されていることが示されなければならない」[16]。メスナー自然法論は、その課題を遂行するために、倫理学の対象たる「人間」を全面的に徹底的に理解しようと努める。従ってそれは、確実でかつ包括的な経験（事実）から出発するのである。

学問は、自己の探究すべき領域内に見出される経験所与ないし経験事実を取り上げるのであるが、それは経験事実自体に内在する諸連関を明らかにし、その原因・結果の関係を説明するためである。倫理学においても亦然り。我々は、この問題を第三章以下で更に詳しく論ずることになるであろう。

あらゆる偉大な倫理学体系が取り組んできた根本問題に三つがある。倫理的なるものの根拠への問い、本質への問い、そして基準への問い、である。いかなる倫理学体系といえども、もしそれが初めの二つの問題を避けて通るならば、必然的に、およそ学問たるものに本質的な要求に応えることなどできはしない。つまり、その学問の対象たる経験所与の基底にある因果連関を探り出すことはできないのである。これに加えて、実践学としての倫理学には、第三の問題が提示される。それは、個人的および社会的生活の秩序原理に関する問いであるが、この問いに答えるためには、倫理学体系は、倫理の基準を指針として提供しなければならない[17]。

ここで第三の問いにいう「倫理（的なるもの）の基準」は、それによって我々が何が人間や社会にとって倫理的に善であるかを知ることが可能になるような、基準あるいは原理のことであるので、「倫理原理」[18]と呼ぶこともできる。倫理学体系に課せられた三つの根本課題については、我々は本書第四章「倫理的真理と倫理学の認識論」においてより一層詳細に論ずることとなろう。

我々は、更に、学問としての倫理学の課題として、メスナーによって挙げられているものの幾つかをここで確認しておこう。(i)倫理的意識事実を把握して、できるだけ正確にそれらを記述すること。[19] (ii)倫理的経験事実の本性、根拠、意味を学問的手法を用いて探求し、更にそれが、個人的・社会的・政治的そして経済的生活に対してどの程度役に立ちうるかを明示すること。[20] (iii)倫理法則と人間本性との間に存する相互連関の認識を学問的に獲得すること。[21] (iv)義務の義務たる所以を説明すること。[22] (v)倫理的領域においては、自然科学の領域におけるように、計算化することによって認識の確実性を高め、あるいは確保することができない。しかし、この欠陥は、内的経験ないし内的経験事実によって十分に補われ得る。そして、この内的経験が知らしめる直接に明白な原理とその絶対的な妥当性を哲学的省察によって裏付けること、[23] などである。第二の問題は、基礎倫理学を踏まえた上での応用倫理学、あるいは応用自然法論の課題であって、[24] メスナーの『自然法』の「第二巻　社会倫理学」、「第三巻　国家倫理学」、「第四巻　経済倫理学」、更には『文化倫理学』の「第二巻　個人倫理学」、「第三巻　文化倫理学」、および『社会問題』が、この課題を具体的に遂行している。本書の目的は、こうした応用倫理学の厖大な領域を徒に駆け巡ることにあるのではなく、基礎倫理学の領域にあることを予め断っておかねばならない。

以上述べ来たったように、倫理学(体系)には様々な問題が提起されており、その一つ一つを倫理学は解明していかなくてはならない。最後に、あらゆる倫理学(体系)が直面し、乗り越えることを要求される、三つの形而上学的根本問題[25]が残されている。それは何であるのか。

(i)経験を分析する際に当該倫理学が根拠としている形而上学的諸原理が、先ず第一に、現実在と経験とを探究するのに必要な論理的前提としてしか使用されておらず、第二に、倫理そのものの本質や根本原理を導き出す前提として用いられてはない、という前提を充たすことが求められる。要するに、結論先取りをしてはならない。

(ii)何れの倫理学体系も、自己の形而上学的公理によって倫理的経験の全領域に接近する方法を提出しうるものでなくてはならない。「本質的な経験所与」[26]を説明せずに素通りするか、それどころか否認せざるを得ないような体系は、誰の目にも明らかなように、決して充足的倫理学ではありえない。[27] それは、自己批判という学問の課題を果たしていない、ということである。

(iii)もし有効な倫理学であらんと欲するならば、すなわち、もっとも重要な人生問題に目をつぶることなくそれを直視しようとするならば、倫理学体系は、経験の分析から出発しつつも、形而上学的現実在へ上昇していくための確実な道あるいは方途を見出すことができなければならない。

以上述べてきたところから、倫理学の根本諸課題にメスナーがどれほど真剣に真正面から取り組もうとしていたか、少なくともその意気込みの程が窺われるであろう。

第二節　倫理学における経験的・帰納的方法と演繹的方法

第一項　帰納的方法と演繹的方法

前項において、倫理学体系が直面する形而上学的試金石として、当該倫理学が立脚している諸原理から論理必然的に倫理そのものの本質や根本原理が導かれてはならないという条件のあることを、我々は既に見た。即ち、倫理の本質が、第一原理あるいは幾つかの形而上学的諸原理から実在の認識とは無関係に、演繹的に(狭義の演繹的方法で)説かれるようでは駄目なのである。実際メスナーが行った作業は、これとは全く逆の方法によっている。つまり、経験的ないし帰納的な方法を用いて、彼は倫理的なるものに探究のメスを入れるのである。

すべての学問がそうするように、倫理学も又、倫理的真理や倫理的秩序を究明するにあたって、経験から出発して、概念的思考や判断を用いつつ、その目的に到達しようと努めなければならない。その際、思考は主に推論的判断とと

に働く。この判断には二様があり得る。経験を分析することを通して直接得られる諸認識にもとづいて下される帰納的判断と、他の方法で直接的に基礎づけられた諸概念（諸認識）にもとづいて下される演繹的判断である。(28)

メスナー倫理学は、経験（事実）の徹底的な解明という学問としての一課題を遂行するために、先ずは経験からその考察を開始する。そして経験の分析を通じて、倫理の存在根拠、倫理の本質、倫理の基準（倫理原理）の諸問題に接近するのである。我々は、これを本書の第四章で改めて詳論する。

とは言え、あらゆる学問が帰納的方法（または判断）と演繹的方法（または判断）を用いるように、倫理学もやはり帰納的な方法だけではなく演繹的方法をも用いるのである。(29)我々は既に、倫理学が人間的行為に関わる学問であり、従って実践的学問であることを見たが、このことから実は、倫理学における「演繹的方法」の有する重要な意義が判明することになる。倫理学は、「人間の個人的生活および社会的生活の倫理的秩序に関する学問」(30)である。実践学としての倫理学の方法は、それ故に、一般原理、倫理原理（道徳原理）を「そこにおいて真に人間的なものとしての倫理的生活秩序が実現され得るような情況へ適用（ないし応用）すること」(31)である。詰り、倫理原理の具体的妥当性は、情況如何によるわけである。従って、個々の問題に原理を適用することは当然ながら、推論の手続を含んでいる訳である。これは、同様にあらゆる学問が一般法則を実践的目的に応用する際に用いている方法であって、「演繹的手続」に外ならない。この連関で重要な認識事項が一つある。それは、自然科学的・物理学的諸法則は、世界の多様な存在相や諸力に応じて特殊化されているので、個々の法則は極めて限定された領域にしか適用されえないのであるが、倫理の原則はそうではない、という認識である。即ち、倫理原理は、ごく限られた領域に適用され得るだけではなく、我々はこれを広範に、具体的に言い換えるならば、個人的領域にも、社会的領域にも、また国家的領域にも、国際的領域にも、経済的領域にも、そして文化的領域にも、要するに、およそ人間関係が問題になるあらゆる領域・場面に適用することができるのである。[32]

第二項　経験的・帰納的方法を倫理学の出発点にすえる根拠

メスナーは、彼の大著『文化倫理学』の第四十五章「倫理学の方法論」において、何故に彼が自然法を論ずる際に、また同じことでもあるが、倫理を論ずる際に、新スコラ学やカトリック自然法論に特徴的であると見なされるような演繹的な方法ではなく、経験的・帰納的方法を選んだのか、という理由を挙げている。[33]

我々は、経験的・帰納的方法を採用した。これには釈明が必要である。我々は、倫理学を論ずるに際して先ず人間の倫理的経験事実から出発した。これに基づいて、倫理的なるものの本質と根拠に肉薄しようと努めたのであった。この方法を概念的・演繹的方法に優先させることが必要だと我々に思われたのは、後者の（概念的・演繹的）方法は、哲学的あるいは神学的概念を用いるのであるが、正にこの諸概念に馴染むことが多くの者にとってイデオロギー的ないし心理的な理由から、ことのほか困難になっているからである。[34]

つまり、メスナーが経験的・帰納的方法を採用するのは、今日の精神的情況によるわけであって、何も概念的・演繹的方法それ自体が劣っている、という理由に基づくものではない。[35]経験的・帰納的方法を駆使することによって自然法の全貌を明確にしようと努める大きな機縁となった英国滞在も見逃すことはできないであろう。実際メスナー自身次のように語っている。

……私の長期に亙る英国滞在と英国経験論的思惟様式に精通したことは、徹頭徹尾本書［『自然法』――引用者］に活か

されている。何故なら、不断に直接的経験から出発するのであって、現実的なものとして仮定された諸概念と教説から出発しないのであるから。(36)

概念的・演繹的方法においては、自己の行為を意識的に目的に向けることのできる理性的存在としての人間行為の終極目的が、始原に置かれている。(37) そして、この方法は、それ自体としては、決して学問的に支持できないものではない。むしろ、「それは、人間の究極目的への問いと共に提示されている問いであって、あらゆる人間を動かす、人間存在の根拠と意味への問いなのである」(38)。

前に述べた現代の精神的情況をいま少し説明しておこう。すなわち、概念的・演繹的方法に対して多くの者が接近し難い理由は、あるいはイデオロギー的要因に、あるいは心理的要因にあった。我々の時代は、自然科学（的思考）の影響を多大に受けている。また、昨今の教育の傾向も経験に向っている。こうした事情からも、現代における倫理学が、概念的・演繹的方法ではなく、経験的・帰納的方法を採用した方がよさそうな理由が窺えるであろう。

倫理的経験は、各人に、何故に人間は倫理法則に従わねばならず、また倫理法則は我々に何を要求しているのか、という問いに対する返答を否応なしに求めてくる。そして、最初からすべての宗教的あるいは形而上学的思惟に懐疑の目を以て向かう者であったとしても、その大多数の者は、上述の問いから逃れることはできない。(39)

それ故、何れにせよ、倫理学は、人間の意識に直接上ってくる事実と経験から出発し、そして、この倫理的経験事実を包括的に分析することを以てその基礎とすることには、(40) 充分な理由もあり、又同時に正当でもあると言わなくてはならない。

我々は、たった今、メスナー自然法倫理学が経験的・帰納的方法を重視していることを見たわけである。ここで直ちに、これには留保が付されていたことを忘れてはならない。即ち、経験的・帰納的方法を倫理学の出発点に据えることは、それが直ちに「倫理的・法的基本原理が、人間の傾動的本性 Triebnatur に規定された価値志向をもった人間的経験から導出されうる」[41]という意味での「帰納的倫理学」に陥らざるを得ないことを意味するわけでは決してない。経験あるいは経験事実は、メスナーの自然法論ないし自然法倫理学においては、むしろ形而上学的現実在を認識するための「媒材（媒介物）」であるといってよかろう。媒材なしに、我々は形而上学的現実在を認識することはできない。この意味で、メスナーは、経験ないし経験事実に徹底的に拘りこれを凝視する。しかしながら、媒材はあくまでも媒材であって、決して形而上学的現実在ではない。内的経験と外的経験は、計量化する方法によっては、決して完全に汲み尽くされ確定されうるようなものではない。

人間本性は、外的自然に関与する諸科学がその対象領域を究明し説明するに際して用いる、数・量・重さという単位では説明不可能なのである。人間の本性と倫理の本性とを、行動主義者が意図するように、行動様式に関する統計によって解明し、説明しようとする試みが失敗せざるを得ないのは、ちょうど美の世界を統計的手法で把握し、解明する試みが失敗せざるを得ないのと一般である。[42]

こういう訳で、自然法論ないし自然法倫理学が真に自己の関心として有する対象は、経験的に把握され得る事実性の次元の存在ではなく、形而上学的ないし存在論的な本質存在である。それ故に、メスナーは、自然法の根拠付けを行う際の彼自身の方法を「帰納的・存在論的」[43]と自ら形容していたのであった。そして、この「帰納的・存在論的」という形容詞によって彼は自己の倫理学の方法を、一方では演繹的傾向の強い「形而上学的・神学的」な方法から、他方では帰納的方法に徹する「経験的・歴史的」な方法から区別する。[44]

さて、倫理学の方法として、先ずは経験から出発する帰納的手続を踏み、しかも経験的・歴史的な帰納主義に陥らないと自認する以上、メスナーの自然法論の方法は、「帰納的・形而上学的」と呼ばれてしかるべきではなかろうか。果して、彼自らがこれを認めているのである。しかし、ここでも注意すべき点がある。メスナーがいう「帰納的形而上学」は、フェヒナーやロッツェ等に依拠して考えられたときのそれではない。いわゆる帰納的形而上学は、『経験可能な領域』に最後まで止まり、個別科学の基礎と基礎的認識を総括し、『学問的世界観』へと到達せんとする」形而上学である。[45] しかし、感覚的経験を超え出ることが実際ないようなものが、一体形而上学であり得るのであろうか。それはもはや形而上学ではあるまい。この誤った帰納的形而上学に対して、真正な帰納的形而上学を、メスナーは次のように要約して描いている。それは、「なるほど経験科学（自然科学と文化科学）によって獲得されるすべての確実な認識を経験の基礎に算入するのではあるが、形而上学の本来の使命を果たさねばならない。それは、全存在とその起源の根本現実へ肉薄するという課題である。[46]」

第三節　倫理学領域における経験科学の意義と限界

現実（実在）と倫理とは、密接な関係に立っている。これは言葉をかえて表現するならば、存在と当為、あるいはスコラ的術語では存在と善とは密接な関係に立っているのだ、ということである。[47] 倫理の本質は「人間の行為と、人間本性の身体的および精神的傾動に予め刻印された諸目的との合致」[48] に在り、従って、倫理は、本性に適ったものであり、言い換えると、「個人的存在および社会的存在としての人間の本性の完全な現実性によって要求されているもの」[49] である。ところで、このように「倫理」と「現実」とが不可分のものであるならば、そして実際そのようでしかあり得ないのであるから、倫理学ないし自然法論が現実在を無視することが許されないであろうことは、容易に理解できるであろう。

真正な倫理学は、倫理原理を実在に押し付けようとはせず、かえってそれぞれの存在現実に直面して本質的な存在秩序の諸要求を自己のものにする。この現実を探究するのは、諸科学の任である[50]（傍点原著者）。

かくして、我々は倫理学に対する諸科学、つまり経験科学の役割の問題に直面することになる。倫理的なるものの領域においては、二つの認識様態が区別される。それらは、「基本的原理にまで到達する直接的認識による真理認識と認識の確実性」と「基本原理と道徳原理の適用にまで到る推論的理性認識[51]」である。これを簡約して直接知と間接知とよぶこともできるであろう。後者、つまり間接知は、主に応用倫理学に関係してくるのであるが、この応用倫理学（広い意味での社会倫理学）は、社会科学の確証された諸成果を十分に吸収せずして自己の使命を全うすることなど出来るものではない[52]。それ故、「経験諸科学の認識が倫理と倫理学に対してもつ有効範囲（射程）は非常に大きい[53]」。メスナーは、経験科学が倫理並びに倫理学に対して有する射程を次のように説いている。

経験科学が倫理学に対してもつこの意義は、個々人の肉体的・精神的本性の作用様態については勿論のこと、それを越えて、人間的実存の社会的・文化的・歴史的被制約性を人間に教示するところにまでも及ぶのである[54]。

我々は先ず経験諸科学が倫理学に提供してくれる寄与、即ち積極的面について考えてみよう。経験科学は、周知の通り、この百年間に長足の発展をみている。そして、これには直接的には人間に関わらないものもあれば、又他方で大いに関わるものもある。ここでは、人間存在に深く関係しており、従ってまた、倫理学に対しても重要な意味をもつと思われる二、三の点が採り上げられるに過ぎない。例えば、生物学においては、特に遺伝に関する分野において、人間の行為に影響を及ぼす遺伝子についての幾多の認識が得られてきた。或いは又、女性の不妊期間についての認識も注目される[55]。心理学の分野においても、パーソナリティー心理学や精神分析学の研究によって、パーソナリティーに及ぼす先天的素質や後天的に獲得され形成されてゆく性格等が、次第に解明されつつある[56]。或いは又、社会学の功績も挙げられるであろう。メスナーはここでは言及してはいないが、文化人類学的方面からの寄与も我々は想起することができる[57]。以上にその若干を述べてきた諸認識が倫理学にもたらす帰結は、次に列挙する判断をくだすに際して役に立つであろう。即ち、(i)人間の個々の行為を判断するとき。(ii)人間の行為の動機分析。(iii)倫理的に問題視されうる行為と疾患による行為とを区別するとき。(iv)既存の法体系に社会の階級構造、政治支配の形式、文化の発展が倫理的観点からみて如何なる性格を有するかを判断するとき。(iii)の問題では、例えば刑事責任を問う場合に現在では責任原理の立場からいわゆる「責任能力」を有しない者の犯罪行為と責任能力を有する者の通常の犯罪行為とを区別する点で現実的実務的意味を果たしている[58]。

倫理学の本来の任務が、基礎倫理学に立脚しての応用篇にあるのであれば、そして実際そうでなくてはならないであろうが、それは当然に倫理の基礎原理をそれぞれの社会情況に適用する手続を踏む訳である。従って、ここでは社会情況の可能な限りでの正確な把握が要求されることになる。「倫理的判断は、言うまでもなく、決定的に確証された科学的探究の諸成果にだけ基礎づけられ得るのであって、単なる憶見や仮説に基礎づけられ得るものではない[59]」。それ故にこそ、現実は如何にあるのか、このことを倫理学は他の経験科学から大いに学ばねばならないのである。

以上我々は、経験科学が倫理学に対して寄与しうる広範な問題領域を指摘したのであるが、既に述べたように、学問には自己に相応しい探求の対象がある。「これらの経験科学の守備範囲には明確な境界線が引かれているが、それも当該学問の論理的理由からである」[60]。即ち、経験科学の固有の対象故に、経験科学の使命は、「自然や文化における対象領域の諸事実を可能な限り完全に記述し、このような諸事実を因果原理に従って説明したり、或いは歴史的な現象や文化的な諸現象をその一回性や被制約的発展に即して理解し、獲得された諸知識をその内的相互連関の解明を通じて統一的に秩序づけたりする点」[61]にある。経験科学に内在するこうした方法論的論理が、即ち、経験科学の本質であり限界でもある。換言すると、経験科学は、自己自身の力をもってしては感覚的経験に属する事実認識を超え出ることは出来ないのである。

経験科学は、個々のばらばらでは勿論のこと、たとい総合されたとしてもその使用する経験的方法によって得られる単なる事実探究に基づいて、自力で一般的に妥当し、絶対的に義務づける倫理原理を獲得し、また基礎づけることなど、土台無理な話である。同様に、人間の存在意義を論理的に正当な仕方で解決する権限も経験科学にはないのである。[62]倫理原理を獲得し、かつ基礎づけ得るのは、そして又人間存在の意味を明らかにし得るのは、形而上学である。

このことは、……それに相応しい認識方法、つまり形而上学の方法を用いてしか明らかにされ得ないところの、存在の根本現実に対する洞察によってのみ可能である。[63]

右に我々は、経験科学の固有の領域とその使命について瞥見してきたのであるから、専ら経験科学に立脚しようと努める「経験科学的倫理学」が挫折せざるを得ない事情はもはや直ちに理解されると言わねばならない。このような立場の倫理学には三つの形態ないし流派が見られる。第一は、倫理的実証主義（実証主義的倫理学と呼ぶも可）で、これは倫理を単なる倫理意識に基礎づけようとする。次は、科学主義的人間論である。最後の形式は、弁証法的唯物論である。これら総ての流派は、単なる経験に基づいている（という）のであるから、「倫理的プラグマティズム」を超え出ることは出来ない。(64)

倫理学と隣接諸科学の関係を極めて簡潔適切にテュービンゲンの現実主義的倫理神学者が述べているので、次に引用しておこう。

倫理神学が、法哲学や政治学や経済学などから、それぞれの学が固有な管轄領域としているその領域に応じて学ぶ態度を保持していてこそ始めて、倫理神学はこれらの学問に対して、自分が最後の発言権を有する領域での教示を採択するよう要求することができる。(65)

右引用文中の「倫理神学」は「倫理学」に、そして「法哲学や政治学や経済学など」は「経験科学」に読み替える必要があるのは、改めて言うまでもない。

第四節　倫理学領域での実験的方法の意義

最後に本章を締め括るに先立って、経験科学に固有であると考えられる「実験的方法」が倫理学の領域で適用できないものかどうか、という問題を考察しておきたい。

経験科学の誇る厳密性ないし正確さは、実験によってその認識を確定することができるという点に求められる。言い換えれば、実験によって検証または再吟味をなし得る、という点に求められるであろう。ところで、このような意味での吟味は、倫理の領域では不可能であると思われる。社会生活や倫理の領域では同じ情況は二度と巡って来ることはあり得ず、時時刻刻情況は変化している、と一般に思いなされているからである。この一見あまりにも当然と思われる一般的な予想・期待に反して、メスナーは、倫理学の領域においても、実験的方法が使用される余地があるのだ、と説く。それは、一体どういうことであろうか。勿論その場合にいわれる実験とは、「計画的に準備された実験という自然科学的意味」[66]における実験ではあり得ない。メスナー自身の語るところによると、倫理学にとって可能な実験は、次の三類型、即ち、(i)「思考実験」、(ii)「教育実験」、(iii)「個人生活の実験」並びに「社会生活の実験」である。[67]

先ず「思考実験」について述べよう。これは、その用語自身がその内容を推測させるに充分である。思考実験はメスナーによると、「思考結果の論理的諸帰結が、お互いに吟味され、あるいは確証された諸認識や諸事実によって吟味される」[68]点にその本質が見られる。我々は既に、あらゆる学問体系の方法論に課せられている要請の一つとして、体系の内部に矛盾がないこと、を指摘しておいた。[69]この「無矛盾性の要求」は、理論的認識に通用するだけでなく、倫理的な、従って又実践的な認識にも妥当する。何となれば、無矛盾律は、たとい厳密な意味での証明がなされ得ないとしても、理性的に思考する限り、そこからあらゆる説明や推論、要するに思考が出発すべき原理、換言すれば、これに依らずしては如何なる対話も成り立たなくなってしまう、そういう第一原理だからである。[70]それ故に、思考結果を論理的に徹底して得られた帰結が、相互に、または確実な認識や事実に矛盾するようであるならば、明らかにこの思考結果は、支持し得ない訳である。たとえば、「私がある人間に対してする行為を、その者が私に対して行ったと考えてみた場合、この行為に関して私の倫理的意識や感情は私に何というだろうか」とか、「私にとって正当であると思われる行為を、もしすべての人がとった場合、その結果はどうなるだろうか[71]」と自問することによって、我々がここで問題としている思考実験は行われることになる。このような実験は、類比的な意味での実験であり、ある特定の行為がもたらす結果を、仮説的に発明し、その上で、当該行為の価値を評価するのである。

第二の「教育上の実験」とは、「教育の場面で提供される機会に、人間本性の作用様態を観察することによって学ぶことの可能性」[72]である。ここでメスナーは、社会主義的に運営されている託児所を例に挙げて、この教育上の実験を説明している。要約するとこうである。初めは軽微な窃盗が頻繁に起こったが、子供全員に同額の小銭を分け与えてみると、その後窃盗が行われなくなった。この事例の中に、メスナーは、人間本性の私的所有への欲求とこれに結合した黄金律の認識があることを見るのである。[73]そればかりか、子供たちはお互いの間で自分でお金を出し合って協力し合うことを学んだ、という。

既述の二類型の実験方法が第三の領域においては、更に緩やかな程度でしか語りえないと重々承知しなくてはならないが、次の事実もまたそれなりの意義を有していることを忘れてはならないであろう。即ち、程度の差はあれ、政治的・経済的・社会的諸体制と実験とは結びついているのであって、これらの体制が人間に及ぼす否定的作用を虚心坦懐に見つめることが倫理的認識を得る上で重要な手段となる。[74]つまり、「失敗ないし誤謬から学ぶ」ということが倫理的認識においても問題となり、重要となる。そして、或る倫理原理が有効であるか否かは、「個人生活における実験」と「社会生活における実験」によって判明する。

個人生活における実験は、実は各人によって日々に新たに行われている。たとえば、真に倫理法則が知らしめるところに従わずば、人は人間に固有の存在を獲得することは出来ず、人格価値を蔑ろにして架空虚偽の価値の世界に身を委ね、そこに幸福を見出そうとする訳である。だがしかし、この場合には、たとい一時的に幸福感が得られたとしても、それは直に失われてしまうものだ。それが自己逃避の幸福に過ぎず、自己の存在喪失に他ならないからである。[75] そして、こうした事態を誰よりも真っ先に、少なくとも薄々とではあれ、知っているのは、外でもないその本人である。人間の倫理的実存が実現され、充足を見ることが出来る場合にのみ、人間の幸福への傾動が最もよく実現されるのである。何となれば、自然的倫理法則が人間本性の内奥に印刻されているのであるから。それ故に、真に幸福である、という事態は、文字通り「ある」Sein, to be という秩序に関わっているのであって、「もつ」Haben, to have という世界と一致する訳ではない。[76] 人類の普遍的経験は教示する。「人間は、自己を放棄し低次元の自己を超越することなしには、自己完成を遂げるものではない。[77]」と。

社会生活において行われる実験の場は、世界である。我々は既に、二つの世界大戦を招来し、経験し、かつ現在においてもなお「国際情勢に緊張、危機、悲劇を露呈する瑕疵ある倫理原理の諸影響[78]」を、つまり、個人主義的・集合主義的原理の諸影響を経験しているのである。自然的倫理法則は、社会生活においても歴史においても容赦なく妥当する。それ故、「社会の運命は、もし社会がこの自然的倫理法則を無視するならば、長い目で見た場合（比較的長い期間が強調されねばならないが）繁栄することはできない、ということの限度において自然的倫理法則に依存している。[79]」

以上、個人生活および社会生活における実験では、メスナー自身の言葉を引用すると、「観察を通しての検証[80]」が問題なのであった。我々は、これを「歴史的経験による検証」と呼び直してもいいかも知れない。

以上の検討を通じて明らかにされたのは、第一に、類比的な意味においてではあるにせよ、倫理領域においても、確かに実験の意義が認められること、[81] 次に、その帰結として、自然法則と倫理法則とでは、法則の意味が全く異なると異議を唱える見解[82]が現実にそぐうものではないことが、確認されたのである。更に第三に、倫理領域において看破される原理は、説得力をもって直接内心に現れるものであるが、これは我々が後に第四章で詳細に取り組む問題である。

（1）「倫理的真理について――伝統的自然法論の立場から――」、『法哲学と社会哲学』（法哲学年報、有斐閣、一九八六年）、「ヨハネス・メスナーの良心論――良心の構造と機能をめぐって――」、『自然法―反省と展望』（創文社、一九八七年）、「自然法論的認識論――メスナー自然法論の一貢献――」、『法と国家の基礎にあるもの』（創文社、一九八九年）、「メスナー自然法論の思想的境位」、『南山法学』第十六巻第三・四合併号（南山大学法学会、一九九三年）、「自然法と共同善――メスナー自然法論の一側面――」『多文化時代と法秩序』（法哲学年報、有斐閣、一九九七年）、「ヨハネス・メスナーの生涯と著作」『社会と倫理』第十八号（南山大学社会倫理研究所、二〇〇五年）、「伝統的自然法論の精華――ヨハネス・メスナー晩年の著作を中心に――」『社会と倫理』第二十一号（南山大学社会倫理研究所、二〇〇七年）。

（2）「『百周年回勅』の今日的意義――法哲学的観点から――(1)」『社会倫理研究』第一号、一九九二年、「『百周年回勅』の今日的意義――法哲学的観点から――(2)」『社会倫理研究』第二号、一九九三年、「共同善、社会、国家――トミスムの観点から――」『法政研究』第五十九巻第三・四合併号、一九九三年、「孟子の倫理思想とメスナーの良心論――自然法と実践知に就いての一比較試論――」『自然法と実践知』（創文社、一九九四年）、「カトリック社会理論における自然法の意義」『社会倫理研究』第四号、一九九六年、「伝統的自然法論における自然法と自然法則」『法思想における伝統と現在』（九州大学出版会、一九九八年）、「ロールズ正義論と伝統的自然法論」『社会と倫理』第十九号、二〇〇六年、「共同善と補完性原理――伝統的自然法論の立場から――」『社会と倫理』第二十号、二〇〇六年。Für eine Kulturethik im 21. Jahrhundert, in : Rudolf Weiler (Hrsg.) *Wirtschaften-ein sittliches Gebot im Verständnis von Johannes Messner*. Duncker & Humblot, Berlin 2003. Rechtsethik von Krieg und Frieden im Blick auf Pacem in Terris, in *ETHCA 2004. Jahrbuch des Instituts für Religion und Frieden*, Institut für Religion und Frieden beim Militärbischofsamt, Wien 2004. Mensch und Naturrecht in Entwicklung aus Sicht eines japanischen Naturrechtlers, in : Rudolf Weiler (Hrsg.) *Mensch und Naturrecht in Evolution*, Wien 2008, Philosophische Überlegungen über die Menschenrechte und Menschenwürde, in *Zeit-Fragen*, 20. Dezember 2011, 19. Jahrgang, Nr. 51.

（3）田中朋弘『文脈としての規範倫理学』（ナカニシヤ出版、二〇一二年）は、倫理学を、規範倫理学、応用倫理学、メタ倫理学に大別して、その内の規範倫理学を、義務論、功利主義、徳倫理学、ケアの倫理の四部に別って、考察している。Annemarie Pieper, *Einführung in die Ethik*, 4. Aufl., Tübingen-Basel 2000. Arno Anzenbacher, *Was ist Ethik? Eine fundamentalethische Skizze*,

Düsseldorf 1987. 尚、註（55）を参照。メスナー自身、主著『自然法』において既に国際社会に適用された社会倫理学としての国際法倫理学に論及している。これを承継発展させて、R・ヴァイラーは『国際倫理学』全二巻を伝統的自然法論ないしカトリック社会倫理学の観点から執筆した。Rudolf Weiler, *Internationale Ethik. Eine Einführung*, Band I（Berlin 1986）, Band II（Berlin 1989）.

（4）水波朗『自然法と洞見知——トマス主義法哲学・国法学遺稿集——』（創文社、二〇〇五年）「第四章　現代社会とキリスト教社会論」、特に二九八—三一三頁の記述が、この問題について極めて明快な説明を与えている。神学的倫理学（倫理神学）theologia moralis を説くものの代表として、Franz Böckle, *Fundamentalmoral*, 5. Aufl., München 1991.

（5）Johannes Messner, *Kulturethik mit Grundlegung durch Prinzipienethik und Persönlichkeitsethik*, Innsbruck–Wien–München 2. Aufl., 1954 S. 143.

（6）Johannes Messner, *Das Naturrecht. Handbuch der Gesellschaftsethik, Staatsethik und Wirtschaftsethik*, Innsbruck–Wien–München 6. Aufl., 1966 S. 417f.〔四六〇—四六一頁〕

（7）J. Messner, *Das Naturrecht*, S. 417.〔四六一頁〕

（8）J. Messner, *Das Naturrecht*, S. 418. „Die Konflikte zwischen den Wissenschaften beruhen im Grunde immer auf Grenzüberschreitungen von der einen oder von der anderen Seite."〔四六一頁〕

（9）J. Messner, *Das Naturrecht*, S. 417. 傍点強調は引用者による。

（10）J. Messner, *Das Naturrecht*, S. 61.〔四五頁〕Metaphysische und ontologische Einsichten „können sich dem natürlichen wirklichkeitsoffenen Denken in höheren Maße eröffnen als dem sich von vornherein durch vorgefaßte Anschauungen verengenden Denken." 水波朗博士の著述の持続的関心はこの問題に係わっている。それを実定法領域において具体的に適用してみようとする貴重な試みとして、宗岡嗣郎『リーガルマインドの本質と機能』（成文堂、二〇〇〇年）、宗岡嗣郎『犯罪論と法哲学』（成文堂、二〇〇七年）を挙げておく。

（11）J. Messner, *Kulturethik*, S. 230f. „Wissenschafliche Erkenntnis ist die Einsicht in die Gründe und Zusammenhänge der sich unserem Bewußtsein und unserer Beobachtung bietenden Tatsachen und Vorgänge. Die Einzelwissenschaft, daher auch die Ethik, ist der Inbegriff der Erkenntnisse eines Gegenstandsbereichs als kritisch gesicherte Einheit des Begriffs- und Begründungszusammenhangs dieser Erkenntnisse."

（12）トマス・アクィナスは、倫理学の考察対象を、「人間である限りにおける人間の行為」、即ち、「人間の行為」と区別される「人間的行為」と見る。これにつき、山田晶「人間の行為と人間的行為」（『社会と倫理』第十七号、二〇〇四年所収）参照。

（13）　Vgl. J. Messner, *Das Naturrecht*, S. 67.〔五一頁〕アルトゥル・ウッツも同旨。Arthur Fridolin Utz, *Approches d'une philosophie morale*, Editions Beauchesne et ses Fils, Paris et Editions Valores, Freiburg / Suisse 1972, p. 17 et suiv.

（14）　Vgl. J. Messner, *Das Naturrecht*, S. 66.〔五〇頁〕

（15）　帰納的方法と演繹的方法については、第二章第二節第一項で論じる。次の水波博士の発言（水波朗『自然法と洞見知』二八八頁）にも注目されたい。即ち、「メスナーが言う通り、哲学であれ、倫理学であれ、社会諸科学であれ、万人の本性適合的認識の確実な内的経験と、確実なものとして選ばれた外的経験とを併せて、常に経験的所与から出発し、帰納・演繹の方法を自由に駆使しつつ、事象の原因・根拠を探求する点ですべて共通であり、凡そ学は経験学として真理を求めるものでしかありえず、この限りでは、すべての学の方法論は唯一的である。（ただこのことの上に立って、各専門分野固有の学的方法論はもちろんありうるとしても。）」この他、重要な収斂 Konvergenz について、J. Messner, *Kulturethik*, Kap. 47 を参照。類似した方法としての「誘導的な（abductive）理由づけ」について、岩崎武雄『現代英米の倫理学』（勁草書房、一九六三年）二五二頁以下を参照されたい。

（16）　J. Messner, *Das Naturrecht*, S. 66f.〔五〇頁〕

（17）　J. Messner, *Das Naturrecht*, S. 37. „Als *Grunfragen, die alle Großen Systeme der Ethik beschäftigten*, ergeben sich dann drei : die Frage nach dem Grund, nach dem Wesen und nach dem Kriterium des Sittlichen. Die ersten beiden kann kein System der Ethik übergehen, ohne genüber der wesentlichen Anforderung jeder Wissenschaft, nämlich der Ermittlung des Begründungszusammenhangs für die Erfahrungsgegebenheiten ihres Bereiches, zu versagen : dazu kommt für die Ethik als praktischer Wissenschaft die dritte Frage nach den Ordnungsprinzipien des einzelmenschlichen und gesellschaftlichen Lebens, für deren Beantwortung sie in einem Kriterium der Sittlichkeit die Richtschnur zu bieten hat."〔二一頁〕

（18）　J. Messner, *Das Naturrecht*, S. 48.〔三二頁〕

（19）　J. Messner, *Kulturethik*, S. 9.

（20）　J. Messner, *Kulturethik*, S. 21.

（21）　J. Messner, *Kulturethik*, S. 35f.

（22）　J. Messner, *Kulturethik*, S. 57.

（23）　J. Messner, *Das Naturrecht*, S. 67.〔五一頁〕

（24）　Vgl. J. Messner, *Das Naturrecht*, S. 368f., 418.〔四〇八―四一一、四六一頁〕

(25) J. Messner, *Das Naturrecht*, S. 93.〔八二―八三頁〕

(26) 譬えば、功利計算とは全く独立した義務意識が存在するのだ、という意識の本質的経験所与。或いはまた、良心の義務付けの絶対性の意識など。

(27) ここで私は、我々の自然法倫理学の立場とは異なった立場にありながらも、価値、善、倫理的生き方、といった倫理性の最も基本的問題について全く独自の立場から真摯な思索を展開されていった故岩崎武雄教授に倫理学についての、それも特に分析哲学系の倫理学についての見解を指摘しておきたい。昔万学の女王であった哲学から様々な学問が分化・独立していった。その中でも特筆すべきは近代以降の自然科学である。人はその後、自然科学的認識の客観性ないし学問性を基準にして哲学――岩崎教授によれば「人生観の学としての哲学」――の客観性・学問性を論じ、哲学を非難するようになった。「人生観としての哲学は科学的認識の持ちうるような客観性を持つことができない。したがってそれは非学問的である」（岩崎武雄著作集、第九巻、哲学論文集、一二六頁）という偏見があることを教授は指摘する。ここで更に教授の言葉を引用すると、「しかしとにかくわたくしは、われわれが人間として生きてゆく限り必ず人生観としての哲学が必要であり、しかもわれわれが真剣に哲学を追求してゆくならば、どうしても価値判断の客観性を求めてゆかねばならない以上、単に価値判断が科学的判断と異なるという理由で価値判断を『非学問的』であるときめつけるのではなく、何とかして価値判断の客観性を見い出し、哲学を学問的ならしめる道を発見するようにつとめるべきであることを強調したいのである。このような努力を少しも行なわず価値判断は非学問的であるとしてはじめから捨ててしまうのは、人間としてのまじめさを欠いたものと言わざるを得ないであろう。」（前掲書、一二八頁）これは明らかに、論理実証主義、情緒主義を念頭においた発言であるが、日常言語学派もやはり、これに含まれている。それは他の多くの箇所（例えば、著作集第三巻、三一八―三一九頁、『倫理学』有斐閣、一九―二五頁など）からみて明らかである。更に、ソクラテスの「無知の智」を常に自ら実践してこられた田中美知太郎教授も、次のような辛辣な発言をしている。「イソップの寓話でしたか、狐が高いところにあるぶどうの実をとろうとして、いろいろやってみるが、どうしてもとれないので、あのぶどうはすっぱいと言って、立ち去ったというような話があります。（中略）哲学の問題を、無意味であると宣言するのも、同じような解決法だということになるかも知れません。しかしそれは、けっしてわたしたちを満足させる解決法にはならないでしょう。一種の回避であり、ごまかしだからです。」（田中美知太郎『哲学入門』講談社学術文庫、一五五―一五六頁）

(28) J. Messner, *Kulturethik*, S. 231. „Wie jede Wissenschaft, so muß auch die Ethik bei der Ergründung der sittlichen Wahrheit und der sittlichen Ordnung, ausgehend von der Erfahrung, mit Hilfe von begrifflichem und urteilendem Denken ihrem Ziele zustreben. Dabei arbeitet das Denken hauptsächlich mit Folgerungsurteilen. Diese können zweierlei Art sein: induktive,

beruhend auf Erkenntnissen, die unmittelbar durch Analyse der Erfahrung gewonnen sind, und deduktive, beruhend auf Begriffen, deren unmittelbare Begründung anderweitig gesucht wird."

(29)　Vgl. J. Messner, *Das Naturrecht*, S. 66.〔五〇頁〕

(30)　J. Messner, *Das Naturrecht*, S. 67.〔五一頁〕

(31)　J. Messner, *Das Naturrecht*, S. 68.〔五一頁〕

(32)　Vgl. J. Messner, Ebendort.〔五一―五二頁〕

(33)　メスナーは、『自然法』では次の如くも述べている。「この方法〔帰納的方法〕は自然法倫理学 Naturrechtsethik が既にその名辞を強調しているように、人間の自然本性 die Natur des Menschen に関与しているので、尚更特別の仕方で要求されるのである。」(*Das Naturrecht*, S. 67.〔五一頁〕)

(34)　J. Messner, *Kulturethik*, S. 231-232. 経験的・帰納的方法が採用されるべきであることは、新スコラ学内でもますます感じ取られている。たとえば、ドナ Donat とM・ヴィトマンがそうした論者である。但しメスナーによると、彼らによっては経験的・帰納的方法の意義および必要性は説かれはしたものの、それに見合うだけの包括的な経験分析は終に立ち入って遂行されることはなかった。

(35)　「概念的・演繹的方法は、経験事実の分析に精進するというよりは、むしろ形而上学的・宗教的に規定された世界の基本的把握から眺められるような、総体的実在像の中へ経験事実を組み入れていくことに専念する。」(*Kulturethik*, S. 212.) 確かに、中世哲学において経験が無視された訳ではなかった。しかし、全体としてみれば、やはり上述したことがあてはまる、とヴィトマンは言う。

(36)　J. Messner, *Das Naturrecht*, Vorwort zur fünften Auflage. この他、たとえば、より最近の別論「進化する自然法」において次のようにこの事情を説明している。「イギリスの法文献を詳細に読んだ後で、私は次のことを確信した。即ち、英語圏ではそのように〔形而上学的に〕基礎づけられた自然法論は、受け容れられないであろうということを。イギリス人やアメリカ人の思考は、大陸ヨーロッパ的思考よりもむしろ直接的経験に規定されている。従って、自然法論への接近の可能性を直接経験に見出すということが問題に浮上してきたわけである。」(Naturrecht in Evolution, in：Internationale Festschrift für Stephan Verosta zum 70. Geburtstag, Berlin 1980, S. 467-468.)

(37)　Vgl. J. Messner, *Kulturethik*, S. 233.

(38)　Ebenda.

(39) Ebenda.
(40) Vgl. J. Messner, *Kulturethik*, S. 234.
(41) J. Messner, *Das Naturrecht*, S. 320.〔三五三頁〕
(42) J. Messner, *Das Naturrecht*, S. 67.〔五〇―五一頁〕
(43) J. Messner, *Das Naturrecht*, S. 345.〔三七八頁〕
(44) Vgl. J. Messner, *Das Naturrecht*, S. 344.〔三七七頁〕
(45) J. Messner, *Kulturethik*, S. 231, Anm. 2.
(46) J. Messner, *Kulturethik*, S. 231.
(47) これは Bonum et ens convertuntur というスコラ学の公式に明示されている。この点について、我々は後に立ち入って検討することになる。第四章第二節第一項および第三節第二項参照。
(48) J. Messner, *Das Naturrecht*, S. 41.〔二五頁〕尚、第四章第一節「倫理的真理」を参照。
(49) J. Messner, *Das Naturrecht*, S. 87.〔七七頁〕
(50) J. Messner, *Das Naturrecht*, S. 88. „Aus der dargelegten inneren Beziehung zwischen Wirklichkeit und Sittlichkeit folgt aber auch, daß *echte Ethik nicht der Wirklichkeit sittliche Prinzipien aufzuzwingen sucht*, sondern daß sie *die Forderungen der wesenhaften Seinsordnung angesichts der jeweiligen Seinswirklichkeit erarbeitet*."〔七七頁〕更に次の引用文をも参照。「倫理学の課題は、本性の秩序を既存の社会的現実の中で築き上げてゆくところにある。この存在の現実を探究することが、先に述べた経験科学の目的である。従って、所与の情況の下での本性的秩序を尋ねるに際して、倫理学は、経験諸科学に依拠しなければならない。」(Das Naturrecht S. 120〔一一〇頁〕) 同趣旨の記述を我々は水波朗博士の次の言葉に見出す。「メスナーが言う通り、哲学であれ、倫理学であれ、社会諸科学であれ、万人の本性適合的認識の確実な内的経験と、確実なものとして選ばれた外的経験とを併せて、常に経験的所与から出発し、帰納・演繹の方法を自由に駆使しつつ、事象の原因・根拠を探求する点ですべて共通であり、凡そ学は経験学として真理を求めるものでしかありえず、この限りでは、すべての学の方法論は唯一的である。」（水波朗『自然法と洞見知』二八八頁）。
(51) Vgl. J. Messner, *Kulturethik*, S. 265 u. *Das Naturrecht*, S. 68.〔五一頁〕この二つの認識様態の区別は、特に良心の構造分析の上で非常に重要な役割を演ずることになる。
(52) Vgl. J. Messner, *Das Naturrecht*, S. 89.〔七八頁〕

(53) J. Messner, *Kulturethik*, S. 265.

(54) J. Messner, *Kulturethik*, S. 265.

(55) Vgl. J. Messner, *Kulturethik*, S. 265–266. 勿論、現在では生物学、医学、とりわけ医療技術の未曾有の発達により新しい困難な問題が次から次へと出来しており、これだけでも詳細で慎重な検討を要すること、言うを待たない。Günther Pöltner, *Grundkurs Medizin-Ethik*, 2. Aufl., Wien 2006. Ulrich H.J. Körtner, *Grundkurs Pflegeethik*, Wien 2004. 前者は伝統的自然法論（カトリック倫理学）の立場からの文献、後者はプロテスタント倫理学の文献である。ペルトナーについては、次の二篇の論文の邦訳と書評を参照されたい。ギュンター・ペルトナー著「生命の不可侵性――自己決定の限界――」『社会と倫理』第十七号（二〇〇四年、一七一―一八〇頁）、ギュンター・ペルトナー著「尊厳の尊重と利益の保護」『社会と倫理』第十九号（二〇〇六年、一七五―一九六頁）、「書評 J. Bonelli（Hrsg.）, *Der Mensch als Mitte und Maßstab der Medizin*, Wien 1992 ; J. Bonelli u. E.H. Prat（Hrsg.）, *Leben-Sterben-Euthanasie?*, Wien 2000 : Günther Pöltner, *Grundkurs Medizin-Ethik*, 2. Aufl., Wien 2006」『熊本法学』第一一七号（二〇〇九年、七一―八一頁）。

(56) J. Messner, *Kulturethik*, S. 266.

(57) 特に「文化とパーソナリティー」を中心に論ずる文化人類学の一分野である「心理人類学」は倫理学に対してますます意義深くなるものと予想される。祖父江孝男『文化とパーソナリティー』弘文堂、一九七六年、参照。

(58) Vgl. J. Messner, *Kulturethik*, S. 266.

(59) J. Messner, *Das Naturrecht*, S. 121.〔一一一頁〕

(60) J. Messner, *Kulturethik*, S. 266.

(61) J. Messner, *Kulturethik*, ebenda.

(62) J. Messner, *Kulturethik*, S. 267. „Die Erfahrungswissenschaften können weder einzeln noch zusammengenommen auf Grund der bloßen Tatsachenforschung mit Hilfe der ihnen zur Verfügung stehenden empirischen Methoden von sich aus zur Gewinnung und Begründung allgemeingültiger und unbedingt verpflichtender ethischer Prinzipien gelangen, und zwar ebensowenig wie ihnen eine logisch gerechtfertigte Deutung des Daseinssinnes des Menschen möglich ist.“

(63) Dortselbst.

(64) Vgl. J. Messner, *Kulturethik*, S. 267.

(65) Zitiert aus J. Messner, *Das Naturrecht*, S. 89.〔七八頁〕倫理学に独自の境地を切り拓いた岩崎武雄教授も、同趣旨のことを説かれている。教授によれば、われわれは「道徳的原理」の問題と「具体的行為」の問題とを区別すべきであり、従ってまた「原理的な価値判断」と「具体的な価値判断」を区別しなければならない。（岩崎武雄『倫理学』（有斐閣、昭和四六年）第一章2「行為の原理の性格」および三二五頁参照）そして、具体的な価値判断は、必然的にある具体的な状況における判断なのであるから当然にその状況の事実的認識に結びつかねばならない。もとより状況についての事実的な判断だけでは我々は行為することはできない。「いかなる」行為をなすべきか、という根本的な方向・指針が欠けているからである。こういう意味で、岩崎教授は次のように言われる。「われわれが何をしようとも、その行為は道徳的原理にしたがうものでなければならない。ただ具体的な行為を決定するためには、道徳的原理のみならずさらに事実・状況についての具体的な知識、広い意味で科学的知識を必要とするのである。道徳的原理についての認識は倫理学的、ないし哲学的認識であるが、われわれが具体的に行為しようとする場合には、この哲学的認識と科学的認識とをあわせ持たねばならないのである。」（『倫理学』三三〇頁）このように、岩崎教授は哲学と科学（或いは哲学的・倫理学的認識と科学的認識）の相補性を子供のしつけや脳出血で倒れた人の看護の仕方という問題などを例にとってきわめて明確に語っておられる。

（66）J. Messner, *Kulturethik*, S. 234.

（67）J. Messner, *Kulturethik*, S. 235.

（68）J Messner, *Kulturethik*, ebenda.

（69）第二章第一節第二項「倫理学の課題」参照。

（70）Vgl. J. Messner, *Kulturethik*, S. 248. 無矛盾律は通常「矛盾律」と呼ばれているが、なるほどこの原理が矛盾と関係しているとはいえ、直接には矛盾の「無い」ことを要求している原理であるのだから、私はやはり無矛盾律と呼びたい。村井実『「善さ」の復興』（東洋館出版社、一九九八年）は、「善さ」を人間本性に内在する機構の要求に即した構造的な判断とみて、その要求のひとつとして「無矛盾性」の要求を挙げる（同書、二八六頁以下参照）。因みに、ピオヴェザーナ『スコラ存在論』（五〇頁）は、むしろ「非矛盾律」と呼ぶべきである、という。何れも至当な見解である。

（71）J. Messner, *Kulturethik*, S. 235.

（72）J. Messner, *Kulturethik*, ebenda.

（73）たとえば、母親が子供に対して次のように忠告する場合、即ち「お前がするように皆がしていたら、この家は一体どうなるの！」と叱るとき、この基底には黄金律が妥当している。

（74）Vgl. J. Messner, *Kulturethik*, S. 236.

（75）　J. Messner, *Das Naturrecht*, S. 90.〔七九―八〇頁〕

（76）　Gabriel Marcel, *Être et avoir*, Paris 1935. ガブリエル・マルセル『存在と所有』春秋社。Erich Fromm, *Haben oder Sein*, Stuttgart 1979.

（77）　J. Messner, *Das Naturrecht*, S. 90.〔八〇頁〕

（78）　J. Messner, *Kulturethik*, S. 236.

（79）　J. Messner, *Das Naturrecht*, S. 90.〔八〇頁〕

（80）　J. Messner, *Kulturethik*, S. 236.

（81）　J. Messner, *Das Naturrecht*, S. 90–92.〔七九―八一頁〕

（82）　これは現在蔓延している見解である。たとえば、H・ケルゼン（長尾龍一訳）『神と国家』木鐸社、一三七頁以下、碧海純一『法哲学概論』全訂第一版（弘文堂、一九七三年）一三〇頁以下。これについては、次を参照されたい。J. Messner, *Das Naturrecht*, Kap. 3, 4 u. 5.

第三章　倫理的事実の析出

第一節　経験事実としての倫理的意識

第一項　内的経験と外的経験

人間は、その生存期間中に、経験を通して様々な事実に遭遇する。否、人間は様々な事実を経験することなしに生きることは出来ない、と言ったほうが適切である。ところで、学問としての倫理学は、そしてわれわれの自然法倫理学もまた、他のすべての学問と同様に、経験事実から出発しなければならないのであるから[1]、先ず、経験事実を析出して、それを可能な限り正確に記述し、その上でそれらの内的相互連関、根拠を明らかにしなければならない。

さて、我々が一般に経験する事実は、二様の認識様態の区別に従って、二種類の経験事実に区分される。「外的に経験される事実」と「内的に経験される事実」とである。メスナーは、「外的経験事実」äußere Erfahrungstatsache を「観察事実」Beobachtungstatsache と呼び、「内的経験事実」innere Erfahrungstatsache を「意識事実」Bewußtseinstatsache と呼んでいる。

観察事実は、感覚的知覚によって直接に、あるいは道具や計算によって把握される、外的経験の諸事実である。意識事実は、人間の認識に確固たるものとして迫ってくる、内的経験の諸事実である(2)**（傍点は、原著者によるゲシュペルト強調）。**

ここで意識事実について先ず注意すべき点は、意識事実（Bewußtseinstatsachen）と意識所与（Bewußtseinsgegebenheiten）とは混同されてはならない(3)、ということである。意識所与には、白昼夢とか単に主観的でしかない感情の情態が含まれる。われわれの自然法論・自然法倫理学にとっての関心事は、倫理的な意識事実であって、これは「その基本内容においても、その妥当要求においても、普遍人類的性質を具備した内的経験の所与(4)」を指示している。このようにして、メスナーは、意識事実の客観性を確保しようとする。第二に、意識事実は、観察事実と並ぶ独自の経験事実であって、決して外的な知覚、つまり観察事実に還元されてしまうものではない。この意識事実の外的知覚（観察事実）への還元不可能性は、人類の言語使用一般によっても、またシェーラーによっても証明される(5)。第三に注意しておくべきことは、内的経験が外的経験に還元され得ないだけではなく、それが確実性までも内含している、という点である。たとえば、外的経験事実において、物が或る一定の性状をまとって存在していることを我々が確信しているように、内的意識事実の世界においても「相互に矛盾する判断は、同時に同じ観点のもとで真ではあり得ない」ことは確実である、とか、或いは、「善悪の認識としての良心はこの認識に合致した行為を要求している(6)」ことが一般に承認されている。既述のように、人間の認識が一般に外的経験事実［＝観察事実］と内的経験事実［＝意識事実］とに係わっているのであってみれば、人間の倫理的認識も又、両者に係わっている、と言うべきであろう。実際そうなのであって、倫理学にとっても、自然科学や心理学、社会学にとってと同様に、観察事実は重要な探究領域になる。それ故、「外的経験の探究領域を形成するのは、事実上の行動様式である」[7]訳だが、それは、社会内における倫理的確信や価値判断、あるいは社会通念とか習俗[8]といった形で認められる。他方、意識事実は、直ちに倫理学の扱うべき対象であるわけではない。何故なら、「全く一般的に見て、意識事実を昔から取り扱ってきたのは哲学である」[9]からである。たとえば、外的世界の現存在や相存在を我々が知っている、という場合、それは如何なる意味において語られており、また語られ得るのか、あるいは又、その認識は確実であるのか否か、などの問題がそうである。このような意識事実を探究するのが哲学の一部門としての認識論であるとすれば、倫理学は一体何を研究対象とするのか。それは、倫理的意識事実である。

　倫理的意識事実は意識事実のなかでも格別の地位・性質を有していると言わねばならない。先ず、倫理的意識事実は、あらゆる人々に、思考を迫り、また或る独特の感情を惹き起こさずにはいない。これに対して、他の意識事実については、このような事態が見られない。次に、外的経験世界の現存在や相存在の確実性について思索をめぐらす者は非常に少ないことであろうが、倫理的意識事実の場合には事情が全く異なる。

> **一人一人の人間に対して、大なり小なり彼の思考や感情に対する不安が、倫理的意識事実から生じてくる。……彼は一時的には、否かなりの期間に亙ってこの不安から逃れることができるかも知れない。しかし、この不安は、再び彼の顧慮せざるを得ないものとなるだろう。それだから、倫理的意識事実には、意識事実の中でも特別の地位が認められるのである。**[10]

　本項の冒頭で既に述べたように、学問としての倫理学の課題の一つに、倫理的意識事実を把握して、可能な限り正確にそれを記述することがあった。ここで倫理学に要求される任務は、ひたすら経験事実としての倫理的意識事実を「正確に、且つ包括的に見て」[11]記述することである。従って、先ず何よりも、「見る」Sehen ことが重要である。この認識経過を、メスナーは、花を眺める場合と絵画を鑑賞する場合とを例に採り上げて説明している。花を見る場合を見てみよう。ただ単に眺めたときよりも、本腰を入れて花を見たときの方が、より正確に見ることができる。これは当然である。又、我々がよく慣れ親しんでいる花であっても、たとえば、「植物学者」の手助けを得ることができれば、それ以前とは比較にならないほど花をよく見ることができるであろう。何となれば、「植物学者の眼は、あらゆる細かな特徴までも見逃さず把握できる程までに研ぎ澄まされている」[12]からである。絵画においてもこれと基本的に同様のことが当てはまる。そして、倫理的経験事実を把握する場合にも、それも殊にこの事実の「種々様々な特徴や、その全領域、全本性、その相互連関」[13]を把握する場合には、植物や絵画を見るときと同様に、より正確な注視（Zusehen）が必要となっているのは言うまでもない。

以上のことから、倫理学に課せられた批判的課題が生じてくる。その課題には二つある。第一に、人間の精神史の中で遂行されてきた、倫理的実在の把握の試みが、どの程度事実に合致しているのか、それとも、この事実によって不完全であったことが証明されるのか、を確定すること。第二に、そのような試みに伴っている、倫理的なものの解釈が、異論の余地なく確証される倫理的意識事実（これは前述の如く、正確に析出されなければならない）の前で、どれほど持ち堪えられるか、を究明すること、この二点である。[14]

これまで我々は、内的経験と外的経験とについて考察してきた。それも特に、内的経験における倫理的経験の位置を確認するためであった。次に我々の取り上げるべき問題は、倫理的意識事実としての良心であるが、その前に、内的経験と外的経験とも関連する、直接的経験と歴史的経験について論じておくことは、あながち無意味なことではないであろう。

第二項　直接的経験と歴史的経験

内的経験（事実）が外的経験（事実）に還元され得ないことを、我々は前に見たのであるが、メスナーにおいてこれと類比的に語られているのは、「直接的経験」（unmittelbare Erfahrungen）と「歴史的経験」（geschichtliche Erfahrungen）[15]である。この新たな経験の類型は、文化あるいは文化的価値意識を問うに際して、非常に重要な意味をもつようになる。何となれば、歴史的経験に対して如何なる意義を付与するかに応じて、我々の当面の問題である倫理的意識事実の位置づけの問題、従ってまた結局は人間本性の問題に対する解答が異なってくるからである。

人間は、そもそもの初めからして文化的存在であり、文化は生活の形（形態）として歴史を通じて世代から世代へと順々に受け継がれてゆくものであるから、文化的存在としての人間が歴史的経験を抜きにしては到底理解され得ないことは、余りにも当然であろう。[16]しかしながら、他方において、文化には、人間に与えられた課題としての側面（人間存在の未来志向的創造という側面）もあるということをも、我々は忘れてはならないであろう。[17]

文化とは、メスナーの説明によれば、[18]「社会成員が、個々の生活領域で、生活の展開に参与することを通じて人格を展開することを以てその根本目的とする、全一体としての民族（国民）の生活展開の社会的・歴史的形成」であって、要約していうと、「価値実現」である。このことをもう少し詳しく見てみよう。

文化の形式として我々が第一に想い起こすのは、「言語」ではないだろうか。しかしながら、メスナーは、「文化的存在としての人間が動物から区別されるのは、伝統においてである。[19]」と続けていう。言語は、確かに伝統を後世に伝えるための最も重要な媒材である。しかし、それは唯一のものではない。[20]そして、人間だけが伝統のお蔭で、先祖の経験、仕事や努力、認識の諸成果を継承することができる。「人間は、彼の成長にとって重要なあらゆることを、先ずは社会的伝統から受け取る。即ち、人間は徹頭徹尾彼の身体的本性以外で、彼を彼の本質たらしめるもの、つまり文化的存在にするものを受け取るのである。[21]」ここで伝承されるものとしては、様々なものがある。たとえば、衣食住の生活様式から、行動規範としての習俗や法規範、倫理規範、更に精神的な文化遺産等がそうしたものである。

ところで、社会的事象である文化は、デュルケームが社会的事実について語っているように、[22]一人一人にとってはなるほど「外在的」でもあれば「拘束的」でもあろう。この意味で、文化ないし伝統は、個々人によって習得されねばならないし、個々人の嗜好とは無関係に、そしてその意味で客観的に存在すると言える。このような意味で、我々は前に「人間は、歴史的経験を抜きにしては到底理解され得ない」と言ったのである。しかしながら、人間は、徹底的な仕方で歴史的な存在であるのだろうか。否。実際、文化は、そもそも人間が創造していたものではなかったか。人間は文化を継承して自己の血肉とする、という意味でも文化的存在であるのだが、文化を作り出してゆく、という意味においても文化的存在なのである。即ち、人間は、単に歴史的な存在でしかない、ということではないのである。[23]従って、人間は、ディルタイが言うように、「人間の何たるかを人間が経験するのは歴史を通じてだけである」という意味での「歴史的経験」だけから理解され得る存在ではない。歴史的経験は、なるほど伝統や価値意識、その他を獲得するために欠かすことのできない条件ではあっても、決して充分な条件であるとは言えない。我々が既に本章の第一項および本項でみたように、経験には様々な様相があるのだから、歴史的経験だけでは人間は理解し尽くすことなどできないことは、もはや明らかであると言わねばならない。さればこそ、メスナーは言う。

人間は歴史によって理解され始めるはるか以前に、文化的存在であった。彼が文化的存在であり得たのは、直接的で内的な経験の故に自己を理解し、かくして自己の文化的課題の基本的な方向を見出すことができたからに他ならない。[24]

人間をもっぱら歴史的産物ないし歴史的存在と看做す見解が生れてきた背景には、人間を全く固定的に「理性的存在」ens rationale vel animal rationale と捉えてきた本質主義哲学へのある意味で正当な反撥がある。[25] この反本質主義的、より明確に表現すれば歴史主義的人間観には、人間をもっぱら生物的進化によって歴史的に規定された、より高級な動物と理解する「生物学的進化論」、ディルタイ的精神史的歴史主義、それにアルノルト・ゲーレンの「文化プラグマティズム」等がある。[26]

人間の歴史を振り返ってみると、いかに広範に文化が歴史的であり進化の制約下にあるかが理解されるし、文化的価値意識の根本形式もそうであることが知られる。「それにも拘らず、文化的価値意識自体は、その最も一般的な認識においては、歴史的経験に由来するものではなく、直接的経験に由来する」[27]。このことはいくら強調しても強調しすぎることはないであろう。かくして、歴史的経験と直接的経験とは、独立の経験類型である。この故に、メスナーは、人間本性に内在する傾動構造 Triebstruktur を前提しているにも拘らず、この傾動の外化・対象化された形式、即ち歴史的・文化的形式にとどまり、「初めから内的経験を、即ち、倫理的価値原理と文化的価値原理とに係わる思惟する人間の意識事実を、外的経験に、つまり行為する人間の経験に還元しようとする」[28] ゲーレンの理論に反対する。

ところで、直接的経験（内的経験）と歴史的経験（外的経験）とが、相互に還元し得ないとしても、だからと言って無関係であるという訳でもない。様々な民族に共通した文化の根本形式が確かめられる。その理由を、メスナーは次の点に見る。それは、「人間の傾動本性、構成、構造と、文化の基本価値との間に内的関連があるに違いない」[29] ということである。「人間の傾動構造に彼の生の充足への熱望 Drang nach Lebensfüllung（原文ゲシュペルト強調）が基因するということは、……アリストテレス以来今日の進化論的哲学やプラグマティズムの哲学に到るまで、常に新たな形態をとって現れてきた、哲学的思惟の根本思想であった」[30]。このことは、次の事実を含意しているであろう。即ち、文化は、展開された人間本性であり、文化を問うことは実は人間本性を問うことでもある。実際、我々は暗々裏に文化および文化価値と人間本性あるいは人間本性の内的理解（本性適合的認識）とが不可分のものであることを、知っている。もしそうでなかったならば、「いかにして全体主義国家の正当性が否認され得ようか。いかにして全体主義国家が、人間性の名において、あるいは同じきことであるが、人間の尊厳の名において断罪され得ようか」[31]。

以上を要するに、文化価値の妥当性は、結局のところ真の人間本性の要求に応え得ているか否か、という客観的事態に懸かっているのであり、決して歴史主義的に解釈されるようなものではなかったのである。

第二節　良心の構造と機能

第一項　倫理的意識事実としての良心

いかなる倫理学も、事実から出発しなければならないことは、既に述べたとおりであるが、その事実は、倫理学にとっては倫理的な意識事実であった。しかるに、最も一般的な倫理的意識事実は、善と悪とを人間が知っている、という事実である[32]。従って、あらゆる倫理学は人間が有するこの最も一般的な倫理的意識を前提にしなければならない。次に、倫理的意識は、個別・具体的には、以下に見られる一連の内的経験事実によって特徴づけられている[33]。先ず、内的経験事実の真理性と確実性とは、外的世界の存在を人間が知覚を通して確信するときと少なくとも同程度の確信を以て知られている[34]。次に、人間は、外的世界の存在についてと同様に、善悪の存在について確信を抱いている。第三に、我々は善悪において顕現してくる倫理的秩序が総ての人々にとって同じであることをも確信しているのである。

倫理的意識の中で最も顕著なものは何であるだろうか。それが「良心の声」die Stimme des Gewissens であることについて異論はないであろう。良心に特有な事実としては、次の三点が挙げられる。(i)或る具体的行為の善悪を判断して決定しなければならない場合に、良心は登場してきて、警告を下す。(ii)良心は、超越的・絶対的権威を要求する。(iii)良心の警告に反して行動した場合には、その後で良心の呵責が伴うものである。[35] この三つの事実のうちに認められる最も重要な事柄は、「義務づけが絶対的＝無条件的であることの認識」[36]である。この認識が顕わにされるのは、一つには、どれほど魅力ある利益に対してもこの義務づけは屈することなく、第二に、義務づけに反して行為した場合でも、行為者は依然としてその義務の無条件たることを知っているし、又自己の行為を正当化できないことを知っている、という基本的事実である。更に、義務認識に責任意識が結びついている。最後に、罪の感情が義務の絶対性と結びついている。[37]

さて、以上に述べた根源的ないし基本的な倫理的意識（事実）においては、概念化に基づいた明瞭な認識が語られていたのでもなければ、道徳体系の如く、個々人の倫理的決断と無関係な総体が語られていたのでもない。人間が倫理的意識を経験するのは、「先ずは家庭と社会の中での教育を通して成長してゆく過程において」[38]である。

ここで我々は、良心を巡って提起されるであろう若干の問題を取り上げて検討しておいた方がよいだろう。その問題とは、人間存在の根源的倫理意識たる良心を認めた上で、先ず第一に、この良心は異なった民族に対してそれぞれ異なった内容を語っているのではないか、第二に、良心は時代によってその内容を変えるのではあるまいか、という問題である。そして、タブー倫理、カニバリズム、高齢者や病者の殺害を命じる掟、若しくは子供の遺棄といった事実を以てすれば、良心の客観的存在などもはや確信し続けることは困難になるかのように思われる。倫理的相対主義にわれわれは赴かざるをえないのではないか。しかし、果してそう考えてよいのだろうか。メスナーは、この問いに、四つの観点から解明を試みている。[39] (i)民族の相違にも拘らず、また未開であるか否かを問わず、人間は無条件に且つ一般的に義務づける善悪を確信している。それでも尚、たとえば未開社会で現代人の目から見たとき反良心的な行動が一般化しているのは、あたかも現代において政治的理想のために謀殺が正しく、又英雄的でもあると或る一部で考えられ信奉されているようなものである。(ii)人間の倫理的意識は、つまり良心は、その内容までを具体的に含んだ上での生得的なものではない。良心の下す判断内容は、社会の情況に関係しているのであって、その故に、後天的とも言い得るわけである。倫理的確信は、習俗、法、伝統といった社会文化に大いに依存しているのである。それ故に、「老親や子供の殺害の如き顕著な事例であっても、良心の欠如の故に見られるのではなく、未開部族の生活情況から説明されるべきものである。……老人や病人および所与の状況下で生きる能力のない子供が、社会の生存競争の中でただ単に負担し得ない厄介者と受け取られたのではない。かれらを殺害してやることが、敵に征服された場合の恐るべき残忍さの危険からかれらを救う、善意と同情とから為される行為であると思われたのである。そして元々はこのようにして成立した倫理的習慣が、その直接の動機がなくなったにも拘らず、存続したことは、社会学的に確立した習俗と習慣の力を考慮してみれば、別に驚くべきことでもない」[40]。(iii)右に述べた理由から、未開部族社会の中で強大になってきた権力を、権力者が私的利益のために利用できたことは容易に理解できよう。(iv)最後に、特に重要な事実は、「倫理的意識は、人間の精神と文化がそもそもそういったものであるのと同様に、発展するものである」[41]ということである。人間本性の構成要素は、それ故に、倫理的意識(良心)の具体的内容ではなく、「基本的倫理意識」だけである。[42] そのようであってみれば、未開人のあるいは有史以前の人類の世界に見られる矛盾する諸事実もまた、進化発展の過程において観ることが可能になるのである。

良心は、人間に最も直接的に、且つ持続的に迫ってくる意識事実であった。この「持続的に」とは、常に現に意識されることを意味するものではないが、それでも執拗に回帰してくる良心の意識事実の性質を表している。それは倫理的なるものである。「背後に何ら外的強制がないというのに、それにも拘らず、当該人間行為に対する要求が、それ［意識事実としての良心――引用者注］に結びついている」[43]からである。この良心を凝視することによって、差し当たって次の三つの事実が確認される。

(i)良心は、自己自身を直接に自覚することへと人間を促す。「良心は、警告し、正す声として現われ、人間に自己自身と自己の行為とを意識させる」[44]。この意味での良心は、「自己意識」と同義である。ギリシャ語、ラテン語でも、また現代ヨーロッパ諸語でも、たとえば、フランス語、イタリア語においては、意識と良心は同一語である。ここに暗示されているのは、或る行為に対する知性的（ないし理性的）意識が、行為の倫理的価値の位相に向けられると、倫理的意識として現われる、ということではなかろうか。[45]

(ii)我々の日常生活において良心が最も典型的に経験されるのは、或る具体的な行為に対する抑制力 Hemmungskraft としてである。根源的良心は、決して整然と秩序付けられた一般的知識の体系などではないが、とにかく個々の場面で顕現してくることは間違いない。そして、このことにはそれだけの理由がある。人間の行為は、通常性向ないし傾動（Trieb, Triebe）[46]に導かれているのであって、行為が傾動に従っている間は良心は特別登場しないように考えられるが、行為が傾動、即ち人間本性の傾向性に反して、従って又倫理秩序に反して為されようとするときには、良心がこの行為を阻止せんとして、抑止的に働き始める。

(iii)良心を、しかし、右のようにただ単に「抑制装置」Hemmungsmechanismus としてだけ捉えるとすれば、それはいかにも不十分であり単眼的であると言わねばならない。何となれば、警告と抑制とは、何れも既に何らかのものを前提しているのであって、この何らかのものを守り、尊重すべきことが今正に問題となっているからである。そして、ここでは「より善き私」das bessere Ichと「それに対立する私」das gegenteilige Ichとの間で葛藤が見られる。ここで充分注意しておくべき点は、この「より善き私」は「理想的私」das ideale Ichではなく、どこまでも「より善き私」にとどまる、ということである。即ち、「根源的良心は、人間に理想的自我については何ら教示はしないが、それでも充分な確実性を以て、他の自我に対して要求を掲げるより善き自我を教示するのである」[47]。

かくして、良心には二つの側面があることを、本項で確認することができた。その一つは、自己意識としての良心の側面であり、他は或る一定の要求を掲げてくる自己についての意識であった。そしてこの後者の意味での自己についての意識において、自然法（実践理性の第一原理）は具体的情況においてその者が何を為さねばならないのかを、特殊具体的な帰結という形を取って立ち現われるのである。従って、以下に良心を巡って我々が検討する諸問題は、常に自然法（自然的倫理法則、自然倫理を含む）の存在とそれの認識の問題と表裏一体の関係にあることを記憶に留めておかなければならない。

第二項　良心の古典的定義――聖トマスの良心論――

本項においてわれわれは、良心についての古典的な見解の代表として、聖トマス（Divus Thomas de Aquino）の良心論をみておこう。それは、メスナーが彼の良心論を展開する上で、思想的流れから見ても、大きな底流となっているからである。

トマスにおいて特徴的であると考えられるのは、「良知」synderesisと「良心」conscientiaとの区別である。そこで先ず、良心を規定するに際して、それと関係の深い良知を予め省みる必要がある。「良知」synderesisが能力

petentia であるかないかを巡る議論で、聖トマスは次のような根拠を挙げて、良知が能力態（習慣）habitus である、と論じている。

人間の推理は、一種の運動ともいうべきものなるがゆえに、それは、或ることがらの認識 intellectus、つまり理性の探究なしに本性的に知られるごときことがらの認識を、いわば不動な根源・始点 principium としてそこから出発するものたるとともに、さらにまた、我々は推理によって見出したことがらを本性的に自明的な基本命題 principium に照らして判断するものなるかぎりにおいては、それは、こうした認識 intellectus を終着点とするものである。……従って、我々に本性的に与えられたものとして、ちょうど観照的なことがら（speclativa）の場合における諸々の基本命題 principia が存するごとく、同様にまた行為的なことがら（operabilia）についての基本命題も存しているのでなくてはならない。[48]

理論理性の第一原理（又は第一基本命題）が特殊な能力として我々に与えられているのではなく、むしろ、「基本命題のさとり」intellectus principiorum と呼ばれる或る特殊な能力態 habitus に属しているのと同様に、「我々に本性的に与えられた『行為的なことがらについての諸々の基本命題』も、決して特殊な能力に属しているわけではなく、ただ、一つの特殊な本性的な能力態 habitus naturalis に属している。[49]」とトマスは言う。この本性的能力ないし本性的習慣が良知である。

良知、即ち実践的なことがらの第一原理（のさとり）を大前提にして、理性が個々の具体的場面で具体的に判断をくだす場合、この判断（作用）が「良心」である。このことを、聖トマスは、『神学大全』の或る箇所で論じている。その記述によると、良心 conscientia が能力 potentia ではなく、良知 synderesis でもなく、「働き」actus であることを、次の二つの理由に基づいて彼は結論している。第一の理由付けは、名辞の語源的解釈によるものであり、第二のそれは、良心に帰属せしめられる事柄の分析によるものである。

(i)先ず「語源的解釈」によると、conscientia は、cum alio scientia つまり「他のものに繋がる知」であるが、これは「知を何ものかに対して秩序付けること」[50]を意味している。ところで、「何ものかに対する知の秩序付け」とは、知を何ものかに「適用する」applicare ということに外ならない。しかるに「適用すること」は「働き」actus である。良心が働きであることを、トマスはこのようにして先ず、名辞を語源的に、或いは名辞の構成要素を解釈することによって説明する。[51]

(ii)次に、トマスは、「良心に帰属せしめられる事柄」を分析する。これは、別様にいうと、主語としての「良心」にいかなる内容のことばが「述語」としての適性を有するか、ということの確認である。語法の確認作業である。すると、「良心はXする」という場合のXに入るべき適切な動詞として、「証する」testificari、「励ます」instigare、「非難する」accusare、「呵責する」remordere、「譴責する」reprehendere などが想起されるであろう。トマスによると、「これらはいずれも、我々の何らかの認識とか知とかを我々の行うところのことがらに適用することに伴うものにほかならない」[52]。既に述べたように、「適用する」とは、良心の「働き」actus を意味していた。

ところで、この適用の仕方には、トマスによると、次の三つの類型がみられる。第一は、「我々が或ることがらを為したとか為さなかったとかいうことを認める場合におけるもの」[53]であり、「証する」というのがこれに当たる。第二の適用の仕方は、「励ます」とか「拘束する」ligare といわれるばあいに該当し、これは「我々が我々の良心によって、何ごとかを為すべきであるとか為すべきでないとか判断する」[54]ことを意味する。第三の適用方法は、既に為されてしまった行いについて、良心が事後的に判断するばあいを指す。「赦す」excusare とか「非難する」というのがこれに当たる。こうした三適用方法のすべてについて言いうることは、それらが行為に知識を現実的に適用することに伴うものである、ということである。それ故に、語法の観点からも、良心が働きであることが理解される。附言しておくと、第二の類型は conscientia antecedens「先行的良心」、第三類型は conscientia subsequens「後続的良心」（或いは「後伴的良心」、若しくは、その意を汲んで「回顧的良心」と訳出するも可）とも呼ばれる。後続的良心は、我々が日常生活において最も如実に経験する良心の相であり、それ故に又、文学作品が好んでとりあげる主題とされる良心の形態である。ところが、人間一人一人が実際に或る行為に及ぶか否か、或いは、この行為をするか、それともあの行為をするか、という観点に我々が立ってみると、先行的良心が重要な役割を果たしていることが理解される。

良心は、トマスによると、実践的第一原理（それを把握する自然本性的習慣が良知と呼ばれた）を具体的情況において適用する理性的判断（作用）であった。良心と良知とが明確に区別されていた。我々は、次に、メスナーにおいて、トマスで立てられていた右の区別がどのように継承され発展せしめられているかを、見てゆくことにしよう。

第三項　良心の構造と機能——メスナーの良心論——

第一　良心の洞察

善・悪の知としての倫理的意識、すなわち良心は、なるほど社会学や文化人類学が教えるように、無謬の内容を告知するものでもないし、細目的規定までも含んだ詳細な倫理学説を提供するものでもないこと、勿論である。とはいえ、良心は無内容な心の働きに付与されたことばに過ぎない[55]訳でもない。良心は、「もっとも一般的で、且つ直接的に明白な倫理的真理」allgemeinste und unmittelbar einsichtige und sittliche Wahrheiten[56]を人間に知らしめる。こうした真理は、「自然法原理」であって、これには次の如きがある。「悪は避くべし、善は為すべし。中庸を心得べし。汝の欲せざる所人に施すことなかれ。正当な上司に従うべし。契約は遵守すべし。報恩義務」[57]など。このような諸真理をメスナーは、「良心の洞察」Gewissenseinsicht と呼んでいる。又、後に他の箇所では「倫理的・法的アプリオーリ」sittliches und rechtliches Apriori[58]とも命名されるのであるが、「この最も一般的な倫理的真理へのそれ自身において明白な洞察ないし認識」[59]は、内的経験事実、つまり意識事実それも倫理的意識事実として、人間に迫ってくる。

ここで我々は、三つの留保に注目しなければならない。第一は、あらゆる情況を考慮に入れた倫理法典 Moralkodex などは存在しない、ということである。そんなものなどあり得ない。我々の立場は、この点で、啓蒙期の合理主義的（＝理性主義的）自然法論とは明らかに一線を劃する。その意味では、我々の立場は所謂情況倫理に近いとも思われよう。しかし、理性にここで開示される倫理的真理は全く一般的なものでしかないとしても、それでもそれに相応しい役割を客観的に果たし得る、と見る点で、情況倫理とも一線を劃する。第二に、この一般的でしかない（と我々伝統的自然法論によって把握された）倫理的真理の洞察（認識）ですら、「生得的なるもの」angeboren ではなく、「獲得されるもの」erworben である。[60]この留保は特に重要であると考えられるので、後に再説しよう。最後に第三の留保であるが、これは「根源的直接的良心の洞察」die ursprüngliche unmittelbare Gewissenseinsicht と「哲学的ないし学問的認識」との区別に関係する。[61]この事態についての明確な認識が欠けるところから、倫理の探究（倫理学）に混乱が生ずるものと考えられる。その結果、たとえば、通常人は、自分の行動様式に関して善を知っているのであるが、そうした紛れもない事実を前にして、かのニコライ・ハルトマンですら、我々は未だ善を知らず、と公言する訳である。なるほど、あらゆる倫理学派から承認されるような「善の概念」を倫理学が手中に収めていないというのは正しい。[62]しかし、それはちょうど時間の哲学的概念が未だ獲得されていないのと同様であろう。[63]実際、我々は、日常生活においては、不自由することなく時間のなかで行動して生きている。たしかに、善とか存在とか時間とかを考えてみると、我々一人一人が確かにそれについて何らかの仕方で既に知ってしまっている。だが、一旦それは何なのか、と問うと、明確な仕方で、しかも他者をも納得させる仕方でそれに答えることはできないであろう。これに連関するメスナーの或るパッセージを引用しておこう。

倫理と倫理学は区別されなければならない。［なるほど］哲学と倫理学の諸流派は、善の何たるかを知らないかも知れない。［しかしながら］行動する人間は、単純な状況下で自分が生きる上で必要な限りにおいてはそれを知っている。この意味において、倫理学が誕生するはるか以前から、倫理そのものは常に存在していた。(64)

さて、ここで我々は第二の留保に立ち帰って、その意味するところを更に詳しく考察しなければならない。それが良心、つまり倫理的意識を考える上で、見過ごし得ない事実に係わるからである。その第二の留保はこうであった。詳細な法典の如きものの認識ではなく、しかも非常に限定された倫理的真理ないし原理のその認識ですら、生得的なものではなく、獲得される後天的なものである。では、そのような認識はそもそも妥当性を有しない、と我々は直ちに考えなければならないのだろうか。正にこの困難を解く鍵がメスナーの次の文章に存すると思われる。

こうした［最も一般的な倫理的真理への］洞見は、生得的ではなく、獲得されるのである。生得的であるのは、こうした洞見への資質（的能力）Anlage だけである。しかしながら、最も一般的な倫理的真理は、ひとたび認識されると、外的経験によって獲得されたというあり方とは無関係に、完全に発達した理性によってそれ自身において明白で且つ必然的に妥当するもの in sich gewiß und notwendig gültig と理解されるのである。(65)

右に述べたことを仔細に検討することによって、更に次の三点が確認されるであろう。(66)第一に、右に述べた最基本的真理の認識は、感情にではなく理性に基づく判断であること。第二に、基本的な倫理的真理は、それ自身において明白且つ必然的に妥当するのであるから、普遍的妥当性を有すること。[67] 第三に、この普遍的妥当性は、例外をも排除すること、以上の三点である。「或る特別な場合における人間の行為にこれらの真理のうちの一つが関わっている限り、その妥当性もその要求も彼にとって不動のものである」[68]。

さて、我々は、これまで一般的な予想とは恐らく逆に、倫理的・法的諸真理（それは自然法原理と言い換えてもよい）が、一方では生得的ではないことを、他方ではそれにも拘らず普遍的妥当性を有することを強調してきた。では、そのような諸原理は、現実にはどのように認識され、獲得されるのであろうか。

経験がわれわれに語る第一の事項は、我々が倫理上の根本的確信を、従って、良心の洞察を獲得するのは「経験」によってである、ということである（Omnis cognitio incipit a sensibus. スベテノ認識ハ感覚ニ始マル）。我々は（主要には子供時代の我々ということになろうが、誕生してから以降、常に世界の一員として経験を積むのである。）、「或ることを為してはならない」ということを、経験を通して学びながら成長してゆく。この学習・成長の過程を「社会化」（Vergesellschaftung, Sozialisation, socialization）[69]と呼ぶことは確かに正当である。そして、してはならないことを子供が学ぶのは、たとえば、それをしたら、或いはそうしないと親に叱られるからとか、親の愛を失うからとか様々であるにせよ、それらはすべて、具体的で現実的な情況と理由に基づいている。「悪いことをすれば悪い結果をまねく」――これが子供の経験することである。[70]

かくして、我々は、先ずは外的経験を通じて倫理的真理を獲得する。[71] さらに、基本的良心の洞察は、外的経験によって制約されている。外的経験によって、そもそも基本的倫理的（ないし法的）真理の根底にある概念の意味が何であるかを我々は学ぶのである。[72] たとえば、善い行いが何であり、感謝が何であるかを学び知ることによって、報恩への義務認識、いいかえるならば自然法（原理）の認識が成立するのである。この「報恩」の自然法原理に即して付説しておこう。「人間は恩に報いるべきである」という原理は、メスナーによれば、「先天的総合判断」である。「人間」という主語には概念的に「恩に報いるべきこと」は含まれていない。つまり、この原理は総合的な判断である。他方、「人間」という概念、「恩」という概念、「報いる」という概念、など僅かの概念を知るや否や、我々は直ちに「人間は恩に報いるべきである」と判断することへと、自己の内的な本性の傾向性に支持され促されて傾く。この意味で先天的な（或いは先験的な）そしてある独特の意味で生得的とでも言いうる総合判断が成立する。以上を要するに、倫理の基本的原理は、その認識においてはなるほど経験に制約されているが、理性が発達した段階においては、それ自体において確実で妥当性を有することが当の本人によって認識されるのである。(73)

倫理的真理の認識過程については、通常の認識過程についてと同様のことが言えるのであるが、ここでは特に、倫理的真理を認識して身につけて成長していく過程で「教育」のもつ役割と意義に言及しておきたい。たとえば、理性が、それ故にまた良心が未だ充分に発達しておらず、自分で正しい行為の判断を下せない子供のばあいを考えてみよう。そうすると、現実の問題としては、親（または大人）が、彼を注意したり諭したりすることによって、その子供は正しい行為へと導かれる。子供に内在する傾動資質（欲求、愛、痛み、憎悪など）が比較的早い時期から正しい目標に向かうように教育者ないし養育者が子供に影響を及ぼすならば、先ずは教育者の理性がその子供において働くことになる、と言い得るであろう。しかるに、子供の理性が目覚めると、この子供の理性がそれまでの教育者の理性に取って代わり、教育の根底にあった倫理的諸規則の真理性を自ら理解するに到るのである。(74)ここに、教育の意味が、すなわち、教育の積極的な意義と限界が確認される。この点を考慮に入れると、「社会化」に関する経験諸科学の言い分には、次の第三節で改めて詳細に論ずることになるが、結論を先取りして述べておくと、有効である分とそうでない分とが併有されていることが見えてくる。なるほど人間は成長して人間になるために、社会から真理をいわば「押し付けられて」学ばねばならない。しかし、その真理たる所以によってそれを受け容れる人間の主体的・能動的側面がそこではややもすれば看過されがちであった、と言わねばならない。約言するならば、倫理的真理は、窮極的には、個々人の真理洞察ないし認識への資質的能力 Anlage に基づくものであり、それ以上でもそれ以下でもあり得ないからである。(75)

第二　情緒倫理学と良心

良心が一般的倫理的真理、或いは原理（自然法原理）を具体的状況下での或る特定の行為に適用する働きであるということを、我々はこれまで通観してきたのであった。これを踏まえて言うならば、良心は、既に一般的倫理的真理の把握を、すなわち第一で取り扱った良心の洞察ないし良知を前提にしている訳である。実際、この事態を古人は見抜いていたのであって、ヘラクレイトスでは世界法則たる神的ロゴスの人間による分有として、プロティノスでは生得の正しい理性の分有として、聖アウグスティヌスでは各人に植え込まれた普遍で共通の真理として、語られた。(76) それは、聖トマスにあっては既述の如く、良知 synderesis であった。いずれの場合においても、良心はロゴス、理性に結局は立脚していたのである。

ところが、この基本的良心把握に異議を唱えたのがヒュームであった。彼は『人間本性論』において「理性は情熱の奴隷であって、奴隷であることに徹すべきである。理性は情熱に仕え、従う以外の役割があると僭称してはならない。(77)」と明言している。情熱または情念 passions は、窮極的には「快」と「苦」（"pleasures" and "pains"）である。快苦は、結局「幸福感情」に還元される。ところで、真の知識を我々が獲得するのは、知覚を通じてであり、推論によって論証し得る真理の認識は、知覚と推論に基づく。しかし、倫理的判断ないし善悪の判断それ自体は、知覚に基づくものではない。それ故に、それは理性的判断ではなく、単なる信念に過ぎないこととされてしまう。ヒューム の語るところでは、第一に、倫理ないし道徳は、感情によって、つまり快苦の感情によって決定されており、第二に、徳とは是認という快を惹き起こす精神的特質である。[78]

このようなヒュームの見解は、彼と同時代の、スコットランド常識学派の一人であるトマス・リードが既に批判している。その要点はこうである。

我々が倫理的判断能力を使用するときには、なるほど判断（作用）と共に感情もある。しかし、判断と感情とは異なる。窃盗をしてはならない、人を殺してはならない、偽証をしてはならない等、一般に倫理的命題は、そして多くの場合合法的命題もそれに付け加えて我々は言うことができるであろうが、ユークリッドの命題が真であるのと同様に真である、とリードは確信している。この確信の根拠を彼自身、「常識」common sense に求めたのであるが、「常識で彼が理解しているのは、たとえば、既存の民族通念といった意味での事実上固持されている倫理観ではなく、理性にとってそれ自身で確実で、従ってまた理性的存在に共通して認められる洞察である」[79]。

とはいえ、感情ないし情緒 passions or emotions に積極的な意味が全くないのか、と改めて問うと、決してそうではない。何となれば、我々の理性認識には感情が伴うばかりでなく、感情は理性認識を、そしてこれに基づく行為を支持もするからである。たとえば、「遺憾の念」regret や「良心の呵責」remords, Gewissensbiß は、「受動的なものである（これらのものは、われわれとは無関係にわれわれの所へやってくるのである。時には、われわれの意に反してわれわれに付き纏うことすらある）から、称賛に値するものではないが、ある種の倫理的価値を示してはいる」[80]。それ故、我々は、「倫理的感情が良心の洞察に役立つものであり、従ってまた、倫理的真理の下位基準として広範にはたらき得る、ということを承認するに吝かではない」[81]。

第三　良心の法則

良心が我々に或る行為を命じたり、あるいは禁じたりするということは、その命令または禁止が、我々の好悪のいかんや同意の有無に関わりなく我々を拘束することを意味している。言い換えれば、倫理の基本的真理においては単に「存在」だけではなく、法則ないし掟としての「当為」ein „Sollen" als Gesetz も認識されているのである。[82] 良心において彼が直面する倫理的真理の法則は、自分自身に対する行為の法則であり、同時にまた、この法則が関わっている行為が規則であり規範である。そして、この意味で、良心は彼個人に関係する。人間は良心においてかれ自身に対面する。更に、人間は、良心において「超越的権威者」(eine „übernatürliche" Autorität)[83] を意識することになる。良心の中で自己を示現するのは、行為者の意志ではなく超越者の意志である。言い換えると、良心は、人間存在の内奥で超越者が語りかけてくる声である。人間の意志が、良心の法則に反する、従ってまた良心において自己を開示してくる超越者の意志に反する行為へと向かうことを承認したとしても、右に事態に何ら変更はないであろう。

我々は、良心の「法則」Gesetz について今述べている。ところで、「法則」ということばに二義性があるのと同様に、「良心の法則」Gewissensgesetz にも二義性が認められる。第一の意味における良心の法則は、前に述べたように当為法則であり、規則 Regel または規範 Norm としての法則であり、「立法者の法則」das Gesetz eines Gesetzgebers である。[84] 我々が通常法律というばあい、それはこの意味における法則であり、社会における権威者 (通常は立法府) の命令である。良心の法則、つまり倫理法則も、それが命令である限りにおいては命令者＝立法者を予想せざるを得ない。実際、また理論的にも次のことがいえるであろう。「いかなる倫理学も、彼の意志が倫理的自然本性の秩序を規定し、その秩序が毀損された場合彼の力がその秩序を恢復するような、神的立法者の命令に倫理法則を基礎づけない限り、倫理法則に真に絶対的義務づけの根拠という絶対的制裁力を見出し得ないのである」[85]。

第二の意味における法則とは、通常我々が言い習わし聞き慣れている、いわゆる法則、物理学や化学などにいう諸法則であって、自然法則 Naturgesetz である。良心の法則 das Gewissensgesetz は、自然的倫理法則 das natürliche Sittengesetz[86]といってもよいし、倫理的自然法（ないし倫理的自然法則）das sittliche Naturgesetz[87]と言い換えてもよい。しかし、このように言えば、当然のことのように、次の反問が予想されるであろう。代表的なものとして先ず、ハンス・ケルゼンのそれを紹介したい。

……「法則」の基本形式は因果法則にせよ規範法則にせよ要件と効果の結合であるが、この結合の意味の相違が規範と自然法則＝因果法則の決定的相違点であり、社会と自然はこの対立に基礎をおいているのである。ところが自然法論はしばしばそれを混淆する傾向をもっている。すなわち自然法規範においては、要件と効果が直接的明証性によって結ばれているから、「外的」強制は無用であり、効果はあたかもおのずから「内的必然性」をもって実現すると考えられがちである。さらにかれらはこの「必然性」を因果的必然性と誤解し、それを自然必然性と解して、自然法規範の要件と効果が因果法則のように「当為」的でなく「必然」的に結合していると解するのである。……こうして法法則は自然法則となる[88]（傍点は引用者による強調）。

碧海純一教授も、ケルゼンやエルンスト・トーピッチュの所説に依拠している。[89]要点だけを次に引用しよう。「未開人や古代人は、自然と人為とを根本的に同じ種類のものだと考える。……われわれが自然の因果関係と考えるのも、この世界［アニミズムの世界―引用者］では、倫理的な信賞必罰の原理で説明される。……これがもう一段高級になると、……この宇宙全体が何か人格的な創造主によってつくられ、そして、かれの完璧な世界計画にしたがって発展している、という考えかたが生じてくる」[90]（傍点は原著者による強調）。

こうした異論に対して、我々は、いまは簡単な弁明ないし反論を与えるにとどめよう。先ず、因果法則と当為法則とでは、ケルゼンが言うように、要件と効果（或いは前件と後件）の結合自体が異なった意味をもっている。この点につき、我々は別に異を唱えはしない。そのような誤謬に陥っている訳ではない。このことについては、「義務」を論ずる際に立ち帰って明らかにされるであろう。しかしながら、他方では、違うといわれる両法則に共通する面がない訳でもなく、この問題については、既に我々は第二章第三節で「実験」による検証問題を論じたところである。

第二の意味における良心の法則は、自然科学がその概念を用いるときと同じように、「本質に固有で、本性によって条件づけられ整序づけられた作用様態[91]」として理解される。或いは、**良心の法則（＝本性法則）**は、「人間の理性的本性に内在している、その本性に即応した行為を惹起するための作用様態[92]」である。この場合には、明らかに、自然科学が自然法則を探究するときの方法と同じ方法を用いて、倫理法則を探究しようとしているのである。

第四　良心の判断

既に本章の第一項および第三項において、我々は、良心が単なる感情ではなくて、理性的認識に基づくものであること、そして、良心の存在を我々がひしひしと感得するのはその働きによってであることを見た。即ち、それは、忠告警告し（suadere, warnen, to warn）、事後的に非難する（accusare, anklagen, to accuse）「良心の声」vox conscientiae, die Stimme des Gewissens として経験される。ところで、この声は「良心の判決」der Spruch des Gewissens とも呼ばれるもので、一つの判断 ein Urteil である。聖トマスが「良心」conscientia として確定したのは、まさにこの判断（＝働き）としての良心であった。

第一に、我々は、良心を或る具体的な行為に対する是認あるいは否認という形で経験するのであるが、この良心の判断は、主要的には自己自身の行為の規準として自己に直接係わるとしても、副次的には他人の行為にも及ぶ。[93] 第二に、良心の判断は、或る具体的な行為がなされる前にも後にも下される。良心は、当該行為を、行為前に是認しあるいは警告し、行為後に非難しあるいは赦すのである。[94] 第三には、これは人間の確実な経験であるが、「良心の判決（判断）は、人間がそれを聞こうとしようがしまいが、人間に告知される」[95] のである。

さて、良心の判決ないし良心の声が判断であるとすれば、それは一体どのような判断であろうか。この問題を検討することを通じて、良心の構造と機能とについての視界が開かれてくるであろう。また、そこにおいて、カニバリズム等の内含する問題についても明確な解答を得ることができるであろうし、同時にまた、義務直覚主義や状況倫理学の不充分さ、不徹底さが顕わにされるであろう。このことは、言い換えるならば、良心がそれに基づいて判断をくだす原理の認識のあり方を問うことに他ならない。

良心の判断は、それが判断であるかぎり「人間的認識が営まれる場である判断[96]」のうちの一種である。ところで、人間の営む認識作用としての判断には、メスナーによると、三つの形式が区別される。それらは、「（アプリオリな）直覚的判断（直観的または直視的判断）」(apriorische) Anschauungsurteile と「事実判断」Tatsachenurteile と「演繹的判断」Folgerungsurteile である。[97] このうち、直覚的判断は、それ自身において確実ないし明白な真理（たとえば自然法原理）の理性による直接的把捉作用である。事実判断は説明を要するまでもなかろう。第三の判断形式たる演繹的判断は、経験事実とそれ自身において確実な真理から演繹的に得られる真理の理性による間接的把捉作用である、と言える。このように見てくると、良心の判断 Gewissensurteil（トマスのいう conscientia）とは、実践理性の第一原理（自然法原理）を把捉する良心（それは即ち直覚的判断 Anschauungsurteil、トマスのいう synderesis）と事実判断 Tatsachenurteil とに基づいてくだされる演繹的判断 Folgerungsurteil である、ということが理解されるであろう。

演繹的判断ないし推論による判断の特徴は、この判断には「何故に」と問う余地があるという点にある。[98] 何となれば、直接的に明白な真理（自然法原理など）の妥当性に関する直覚的判断においては、このように「何故に」と問うことはもはやできないからである。たとえば、無矛盾律、同一律、排中律のごとき理論理性の第一原理とよばれるものについて、われわれは積極的な論拠を挙げて証明することはできない。それは、そもそもあらゆる理性的判断や証明が前提する根拠となるからである。これに対して、良心のくだす判断は、演繹的な推論による判断であるので、原理上当然に「何故に」と問われ得る。

個別的行為の善悪に関する良心の判断は、経験上何故にという問いや、判断の根拠への問いを排除することはない。[99]

ここでいう「根拠を問う可能性」とは、原理上判断の根拠を我々が問い得るという権利問題を意味しているのであって、事実として良心のくだす判断の根拠をわれわれが問うているという事実問題をとりあげているのではない。「決定的なのは、基礎づけを問うことが許容され、また無意味ではないというように思われることである」。[100] 何れにしても、良心のくだす判断の根拠を問うということは、我々の日常の経験では、或る行為について、それが倫理的に善であるか否かを熟慮することに他ならない。そして、熟慮は「その特殊な状況下で何が正しくあるいは不正であるかを、より一般的な真理から洞察する」[101] ことを表している。この真理は、窮極的には「直接的に明白な」真理（unmittelbar einsichtige Wahrheiten）でなければならない。何となれば、さもなくんば良心のくだす判断の妥当性はそもそも成立しえないことになるからである。そしてこの場合、良心の判断の当否を判別するための規準とは、実践的推論を全体として根源的に方向づけ、規制し、根拠づける実践理性の第一原理、すなわち自然法原理なのである。

我々の日常生活を振り返ってみると、或る具体的な行為が善いのか、それとも悪いのかを、我々は直ちに理解するかのように思われる。もしも行為の善し悪しが不明であるならば、我々は恐らく熟慮することになるであろう。

直接的に明白な諸真理や諸原理を適用する過程では、たいてい意識的に熟慮する必要はなく、適用は潜在意識によって活動する習慣によってなされる[102]（傍点は引用者による強調）。

このことを、メスナーは、我々が信号機のある横断歩道を渡るばあいを例にあげて説明している。我々は信号機の赤色を知覚すると、「自動的に」automatisch 横断しようとしない。だが、そのとき我々の行為は、実際には、潜在意識における（意識下での）思考に規定されていると言わねばならない。――赤色が見えている（直覚的判断）、赤信号で道路を横断するのは可罰的である（事実判断）、それ故に、待つことは正しい行為である（演繹的判断）――こうした思考が我々の行為を潜在意識的に規定しているのである。しかも、日常生活において我々は、様々な行為をたいていは「習慣的に」gewohnheitsmäßig 行っている。その場合、ことさらに行為の善悪、適不適などを考える必要はない。

倫理的な演繹的判断の真理性が『直ちに』明白であると我々に思われるという事態は、個々の行為や決定において義務と価値の直接的把握あるいは観照があるかのような印象を惹き起こす[103]（傍点は原著者によるゲシュペルト強調）。

ここにおいて我々は、倫理学にとって頗る重要な意味をもつ事実の認識に到達したと言わねばならない。それは、「直接的に」unmittelbar 明白な真理と「直ちに」sofort 明白な真理との相違の事実認識である。すなわち、我々が習慣によって「直ちに」或る行為の善悪を判別してその行為を行うばあい、その行為の善悪を、あたかも「直接的に」認識しているかのように思いがちである。ここに、良心の判断が現実には演繹的判断であることが見逃され、直接的な直覚判断であると誤って考えられるようになる（義務直覚主義、状況倫理学）理由がある。そこでは、古典的な用語を用いて説明するならば、synderesis と conscientia との相互関係が自覚されないが故に、直覚主義を拒否する者にあっては、後者の多様性を以て前者の普遍的妥当性が否定されてしまう。その典型例を、我々はカニバリズムや、あるいは文化人類学や社会学などが提供するその他の事実を楯にとって、揚句の果てに、「良心は、異なる民族に異なる内容を告げる」、「良心は具体的内容を語ることはできない」、「良心は客在しない」などと主張される場合に見る。

なるほど、良心は或る部族にはカニバリズムが善いと教え、他の部族には悪いと教える。しかしながら、このことは、良心の洞察（良知）についてではなく、良心の判断（狭義の良心）についてだけ言われ得るにすぎない。「演繹的判断は、どれもみなその基底に在るより一般的な認識をそれに適用する対象と、適用の仕方については、誤謬に曝されている。良心は、当該状況で妥当する義務にかんして誤り得る。その判断が演繹的判断だからである」[104]。それ故に、カニバリストの良心の判断が間違っているということは、真理（良知によって把握されている倫理原理ないし自然法）の適用の誤りを示すものではあっても、彼らが「恣意的殺害は倫理的に非難されるべきである」という真理の認識を欠いていることを示すものではない。彼らは、この真理が適用されるべき対象の範囲にかんして錯誤に陥っているのである。更に、良心の判断の可謬性には、何も未開人に限ったことではなく、現代人を含めてあらゆる人間の一人一人が常に晒されているのである。このことは、いくら強調しても強調しすぎることはない。何となれば、現実の問題として、「良心は、全く同様の状況下でも、当該行為者が陶冶された良心をもっているか否かに応じて、相異なったことを告げる」[105]からである。

以上を要するに、良心の洞察は不可謬であるとしても、良心の判断は、それが演繹的判断である限り、誤謬の可能性（危険性）に常に晒されている。そうであるからこそ、正しい良心の（判断能力）形成が、換言すれば、良心を絶えず陶冶研磨してゆくことが、各人の重大なる実存的課題[106]となり、延いては「政治的良心」の形成も課題ともなるのである。[107]

第五　良心の概念

良心の古典的定義に関しては、我々は既に本章第二節第二項において、聖トマスの『神学大全』に依拠して、良心は良知を具体的個別的事例（＝行為）に適用するはたらきであることを確認した。すなわち、そこでは、良心はメスナーのいう良心の判断として理解されていた。スコラ学は、良心をその最も狭い意味で用いて、他の広義の良心、たとえば、良心の洞察（＝良知）、良心の呵責などからこれを区別していた。トマス・アクィナスは、良心を狭義にて用いて、また論じたのであった。そして、その理由として二つ挙げていることをわれわれは確認した。しかしながら、メスナーは、（狭義における）良心を他と区別する意義を高く評価しつつも（何故なら、この区別を看過することから既に我々が見たように、幾多の混乱、誤謬が生じてくるのだから）、広義における良心を採用すべきことを提唱する。何故だろうか。

第一の理由。「語法」der Sprachgebrauch, the usage of a word について言うならば、言葉は決して固定的なるものではなく、変化し得るし、また実際、歴史的に変化してきた。言葉以上に安定していると考えられる文法が変遷する事実を思えば、このことの意味は自ずと了解できよう。それでも言葉の意味を固定しようとするのは、言葉の盲信 cult of language 以外の何ものでもないであろう。話を我々が今問題にしている「良心」に戻すならば、たとえば聖ヒエロニムスは synderesis を良心と見做し、またバシリウス Basilius は「良心の判断」を以て良心と為し、ダマスケヌス Damascenus は「良心の法則」を良心と呼んだ。[108] これらを踏まえて、メスナーは次のように表明する。

今日の語法と思想の根底には、良心は倫理的理性の能力 Vermögen であり、良心の洞察 Gewissenseinsicht、良心の判断 Gewissensurteil、良心の法則 Gewissensgesetz、良心の推進力 Gewissensantrieb、良心の呵責 Gewissensbiß として現出する、という理解が存在するように思われる。[109]

第二の理由。良心を説明するに際して、語（名辞）の成り立ち、つまり語源で説明するならば（たとえば、conscientia は scientia cum alio 他と繋がる知である、云々と説明するならば）、それは最も弱い証明力しかもち得ないことを想起すべきである。[110] 実際、聖トマスは、名辞的な良心の説明だけでなく、語法による説明も与えていたのであった。

第三の理由。もし「良心」という言葉が狭義の良心、すなわち良心の判断だけを意味するのであるとされるならば、他の（広義における）良心の活動様式がすべてこの良心の判断という活動様式に何らかの仕方で帰属されねばならないことになる。ところが、明らかに他の活動様式は、良心の判断とは論理的にも心理的にも異なるのである。[111]

以上の理由から、倫理意識の事実分析による経験に即した倫理学体系（それ故にまた自然法論）のための基礎として広義の良心概念を採用すべきことが正当化される。同時に、良心の洞察とその判断とを区別することの重要性は、これこそ正にスコラ学が綿密に説いて展開してきた学問的遺産であった。実際、この区別に対する明確な認識をもっていたが故に、スコラ学者たちは、普遍的な人間的資質（根源的習慣）としての倫理的理性認識と、個々人の事柄としての良心の決断とを共に説明し、また倫理上の基本的認識（自然法原理の認識）の普遍性・確実性と、良心の声の情況被制約性と誤謬可能性（可謬性）とを証明することができたのであった。

第六　良心の推進力

これまで我々は、良心の構造と機能について、ヨハネス・メスナーの所説に拠りながら、通常期待されるであろう以上に綿密な考察を加えることができたのではないかと思われる。良心について、実践理性の第一原理（自然法原理）の把握としての良知、その法則、さらに判断としての良心とが明らかにされた訳である。しかしながら、良心にかかわる諸事実は以上述べ来ったことに言い尽くされるものでない。それを我々はここで取り上げて論じよう。

良心は、既に見たように、或る行為の正邪善悪を人間一人一人に告げ知らしめるのであったが、それに止まらず、善を為し悪を避けるように各人を内奥から押し促しもする。「良心の声」が語られる場合には通常「判断する良心の声」に負けず劣らず、「催促し mahnend、警告し warnend、説得し überzeugend、命令し befehlend、禁止する verbietend」良心の声、いわば「下命し禁止する良心の声」が考えられる。[112]この意味において、良心はまことに「推進力」ないし「傾動力」(Antriebskraft) ということができる。それは、既に我々が見たように、[113]「より善き自己」たらんとする人間本性の根源的な傾動力である。なるほど、それに対立する「他の自己」が頭を擡げるとき、その衝動は恐ろしく強いものではあろう。しかしながら、そのようなときですら、「より善き自己」に向かう良心の推進力 der Antrieb des Gewissens は常に存在しているのである。[114]

この二つの自己、つまり「より善き自己」とそれに「対立する自己」との対立・矛盾或いは葛藤は、人間存在の原体験である。そこから次のことどもが知られる。第一に、人間本性を形成している全衝動（傾向性または傾動）は、良心の傾向性を除くならば、すべて多様に分裂している。[115]別言すれば、諸々の欲求は様々の目的ないし欲求対象に立ち向かうが、良心の欲求は、基本的には端的なる善、窮極的善へと規定されており、それは取りも直さず人間が窮極的存在へと向けて創造された被造物であることを意味するであろう。第二に、より善き自己にあっての欲求は、全一なる自己の欲求であって、より善き自己が他なる自己と全く次元を異にしていることを表している。良心の欲求は、「理性によって教導された統一を有する人間本性の傾向性[116]」である。第三には、良心がより善き自己へと押し促されるのは、重力法則に見られるような「強制的必然性」Zwangsnotwendigkeit によるのではなくして、自然本性的傾向性、メスナーの用語では「自然本性の重力法則」Gravitätsgesetz seiner Natur[117]による。良心の推進力の中には、一方では「義務の絶対的要求への理性（的）洞察」die Vernunfteinsicht in die unbedingte Forderung der Pflicht が、他方では「人間の理性的本性に即応した行為への押し促し、傾向としての理性的意志[118]」der Vernunftwille als Drängen, Neigung zu dem seiner Vernunftnatur gemäßen Verhalten が働いているのである。

我々が最も如実に良心の押し促しを経験するのは、恐らくそれが感情に影響を及ぼすときであろう。「良心の推進力は、なるほど感情によって着色されながら規定されるし、その感情の強弱や着色の度合は、教育や社会環境の影響に著しく依存している[119]」。それ故に、このような感情は、良心の促しを大いに支持もすれば補強もする[120]。しかしながら、「感情に由来する行為への影響といえども、それ自身良心の判断と良心の押し促しに依存している倫理的決断に服する[121]」ものである。従って、良心の判断が感情でないのと同じように、良心の押し促しもその本質から見る限り、やはり感情ではないのである。

第七　良心の呵責

良心の呵責 der Gewissensbiß は「罰責する良心の現われ[122]」である。良心の呵責は、或る特定の行為に関係している点で罪悪感一般とは区別される。ところで、良心の呵責は、「罰責する」良心の声であると、今言ったばかりであるが、罰責するためには、或る行為が具体的に既に為されたということが前提になっている筈である。つまり、良心の呵責は、行為の後に告知する良心の声である。しかし、行為後に人間に語りかける良心は、何も良心の呵責に限定されはしない。行為が遂行された後に現出する良心は二つの類に分たれる。一つは、いわゆる「疚しい良心」ein schlechtes Gewissen を伴う非難するばあいの良心であり、もう一つは「疚しくない良心」ein gutes Gewissen を伴う赦すばあいの良心である。両者はともに「後続的良心」conscientia subsequens と一括して呼ばれる。[123] これは行為が遂行される以前に現出する良心の他の働き（すなわち、励まし instigare、警告し suadere、拘束する ligare 等の良心の働き）、いわゆる「先行的良心」conscientia antecedens に対比される。

後続的良心の一形式としての良心の罰責機能は、極度に弱められ得る。それ故に、この点からしても、正しい良心の形成が必要であることが確認できる。

良心の資質的能力は展開されなければならない。また鍛錬して磨かれる必要がある。このような鍛錬が課されずじまいになると、あるいは意図的抑制が為されないでいると、その本来の力を失うことになってしまう。[124]

それにしても、良心の呵責は、個々人が最もリアルに内心において経験することであるし、その経験が実に全き意味において「原体験」であるので、愛と同じく、人間の精神史の最も早い時期においてすら既に記録に登場するのであった。[125]

なお、良心の呵責と厳密に区別されるべきものとして「遺憾の念」Bedauern, regret がある。なるほど遺憾に思う対象は、良心の呵責のばあいと同様に、或る具体的な事態ではあろう。たとえば、雨が降ることを遺憾に思うこともあるし、チャンスを逃したときにも遺憾の念は生じよう。[126] しかし、良心の呵責のばあいには、その対象は、より人格的な事柄にかかわっている。つまり、自己の行った行為が「より善き自己」から遠のいていくような、その意味で正に倫理的に善くない行為にかかわっている。我々は既に「悔悛」の入り口にまで歩を進めてきたのである。

第八　義務

義務（die Pflicht, devoir, duty）は、メスナーによれば、「良心の命令に基づいて行為することの必然性」を意味する。義務に固有のこの必然性の本質は、「良心の法則を通じて表明された当為の無条件性 die Unbedingtheit des Sollens」（傍点は引用者による強調）に在る。[127] それ故に、義務の義務たる所以を明らかにしてゆくためには「当為の無条件性」（あるいは「当為の絶対性」）の意味を明らかにすればよいであろう。ところで、ここで直ちに念頭に浮ぶであろうように、当為の「無条件性」あるいは「絶対性」というばあい、それは通常われわれが観念するところの無条件性や絶対性とは少なくとも同義ではあり得ない。つまり、義務に本質固有であると考えられる必然性とは、いわば無条件的であると同時に条件的でもあるような必然性と考えられるのである。これは一体無矛盾律に抵触するのではないのか。しかし、他方で、我々の経験は、この一見無矛盾律に反すると思われる事態を然りとわれわれに告げ知らしめ、それを支持しているのではないか。

無矛盾律は「存在するものは存在しないものではない」ということを表すが、これをもう少しパラフレーズして言い直すと、「甲は同時に非甲ではあり得ない」、または、「甲は、同時に同じ観点の下で乙であり、且つ乙でないことは不可能である」となる。最後の定式化が、我々が義務の必然性を考察する上で最も役に立つであろう。何となれば、この問題を考えて検討する上では「同じ観点の下で」という限定句が要となるからである。

(1)先ず「条件的である」bedingt という意味を検討しよう。我々人間の行為は、確かに、我々の自由な決断に依存している、と言えよう。石やその他の物体が必然的＝無条件的に落下したり、水が零度以下では性状変化するのとは違って、あるいは動物が本能に内在する不可避的促しに従って行動するのとは違って[128]、人間の行為は、彼の自己決定に依存しているのである。人間は、それ以外の行為に踏み切ることもできる（いわゆる他行為可能性）。義務に本質固有の必然性は、それ故に、「その作用様態において我々の決定によって条件づけられている必然性 *bedingte* Notwendigkeit」[129]なのである。

(2)次に「無条件的（絶対的）である」unbedingt という意味を検討しよう。義務または良心の命令を現実に履行するかしないかが、いま見たように我々の意志決定に依存しているとはいえ、それでもやはり、我々は良心によって一義的に行為の選択を確定され、要求されてもいると言わねばならない。すなわち、「義務が義務となるのは、その要求が我々の願望や利益とは無関係に存在し、それ故そこにおいて我々が無条件的な必然性 *unbedingte* Notwendigkeit に対峙していることによる」[130]（傍点は原著者によるゲシュペルト強調）。

物理法則の必然性は、事実としての必然性であって、この意味における必然性を義務の必然性が有しないことは、いまさら言うまでもない。しかしながら、義務は、価値としての、あるいは当為としての必然性を有する。このことも同様に言うまでもないことである。義務の必然性は、事実上は意志に条件づけられているが、当為上は意志に条件づけられるどころか、却ってこれを無条件的に拘束しているのである。これが義務に本質固有の必然性の二重の意味であった。メスナー自身の説明を聞いてみよう。

『当為』こそが、物理上の強制的必然性とは異なる［義務に本質固有の――引用者注］条件的で且つ無条件的な必然性のこの統一を表現する。[131]

以上我々は、本章「倫理的事実の析出」においてもっぱら「良心」に焦点を絞って、メスナーの『文化倫理学』

に依拠して、考察を展開してきた。倫理的意識事実としては、他にも色々とあるのは言うを待たない。しかし、この研究は、メスナー倫理学のすべてをカヴァーしようと意図するものでは固よりなく、[132]自然法倫理学、あるいは法哲学上の最も有力な立場としての伝統的自然法論が、如何に徹底して経験論的であるかという事実の一端を、ここでは特に「良心」をめぐって示そうと試みた訳である。いわゆる経験主義的立場にあると自称する人々が、いったい経験そのものに忠実な態度を保持し続けていると我々は断言できるであろうか。我々は、本章を終える前に、現代の経験科学において「良心」がどのように把握されているか、その実例を確認しておかなければならない。但し、そのばあいに現代のあらゆる経験科学の成果を取り上げて論じることは私にはとてもできない。ここでは、先ず、社会学者と法哲学者の見解を紹介して、しかる後に、我々の立場から若干の批判を施すことにしよう。

第三節　現代経験科学における良心

第一項　前節のまとめと本節の課題

我々は、先ず前の第二節第一項で倫理的意識事実としての良心の独自の性格に簡単に触れた。次に第二項において、良心の古典的理解を、特にトマス・アクィナスの良心論をめぐって振り返ってみることができた。更に第三項ではメスナーの良心論を、彼の記述に即してかなり詳細に、また忠実に理解することにこれ努めてきた。そして我々は、良心を論ずることが実は直ちに「自然法」を論ずることであることも確認することができた。何となれば、厳密な意味での良心 conscientia とは、理性の判断の働きに外ならず、それは具体的情況において実践理性の第一原理、すなわち自然法原理の根源的把握（良知 synderesis）を前提にして個別具体的にくだされる理性の判断であったからである。別な言い方をするならば、個別具体的な場面においてくだされる実践理性の判断についてその正当性ないし妥当性を何らかの意味で認め、また主張する者は、必然的に良知の存在を前提しており、従ってまたそれを暗黙のうちに肯定しているのである。すなわち、その場合に彼は既に、自然法の存在を暗黙のうちに（含蓄的に）肯定しており、またその認識をも同時に肯定している、と言わねばならない。

そこで、右に確認できたことを念頭におきながら、メスナーの良心論、自然法論の独自性を浮き彫りにするために、ここで現代の経験科学において良心がどのように理解されているかを、ささやかなりとも一瞥しておくことは有益である、と思われる。本節では、先ず社会学的文脈で良心がどのように位置づけられているかを見定めて、しかる後に、法分野で良心がどのように理解されているかを確認する。

第二項　社会科学における「良心」とその批判

社会学の文献で正面から良心を論じているものは少ないように見受けられる。何となれば、社会学においては、本来、個々人の内面にかかわると考えられる良心は、この学の特質からして、直接の対象になりにくいと考えられるからである。しかしながら、精神分析学を一応度外視すれば、心理学においても、また社会学におけると同様、もしも良心へ接近する道があるとすれば、それは、行動ないし行為（心理学においては、恐らく条件反応を基礎にすえた学習理論による、また社会学においては、社会的行為を基軸にした行為理論による探究）を通じての間接的な良心への接近方法であると思われる。ここでは、社会的行為として現われてくる行為の規制化に資する社会の行為規範が当面の問題として浮上する。しかし、その前に、予備的考察がなされなければならない。

先ず、行為ないし行動の前提である態度 Haltung, attitude についてオルポートの周知の定義によると、それは「経験によって組み立てられたもので、客体および状況に対する個人の反応に志向的・力動的な影響を及ぼしうる精神・神経的準備状態」である。これによって窺い知られることは、第一に、態度は特定の状況や客体に向けられており、第二に、経験を通じてもっぱら後天的に形成される点でも、パーソナリティと異なる、ということである。態度は、精神的準備状態であるという意味において、それは「潜在的行為」と呼ぶことができる。一応このように言うことができるとしても、それでも態度とパーソナリティとは不可分に浸透しあっている。パーソナリティを基盤として態度がそもそも成立するものだからである。

ところで、態度やその基体としてのパーソナリティはどのようにして形成されるのか。社会学者安田三郎教授は言う。

個人のある種の態度は、生活に基礎的なある種の行動文化とともに、幼児期および少年期に強化学習（しつけ・教育）と非強化学習（模倣）によって、彼の属する社会に共通の態度を取り入れて形成される。[133]

これには三つの留保が付されているが、我々のここでの論題にとって本質的ではないと考えられるので、今はこれを割愛して次に進む。安田教授は、続いてパーソナリティ、すなわち自我を規定して「欲求・自己概念・主体性・内面化された規範と役割、の統合体[134]」とされる。この内面化された規範、あるいは、社会的規範が自我に内面化されたものが、客我（ミードのいわゆるMe）であり、フロイトの超自我（ないし上位自我）であって、それは「社会的自我」とも呼び得るものである。そしてこの社会的自我とは、いわゆる社会化 socialization を通じて形成されるものである。この社会的自我は、第一に、強化学習（その際に、社会的是認と社会的否認とが重要な役割を演ずる。）により、第二に、同一視に基づくイントロジェクション introjection により、第三に、役割演技と役割取得およびその一般化によって、形成される。社会化は、一般的に言えば、それ故、「人間が社会的存在としての人間に成長する過程」と把握することができる。そして、広義における社会化には、一方では、当該社会に特有な行動文化を身につけるという意味で「文化化」enculturation（この語は、宗教社会学等で用いられる inculturation とは区別される。）とも呼ばれるに相応しい側面があり、他方では、いわゆる社会規範を内面化して自我を統合する「狭義の社会化」という側面もある。

　この厳密な意味での社会化が、実はわれわれの当面の問題であった「良心」に深く関係するであろうことは誰の眼にも明白であろう。つまり、完全に内面化し終わった社会規範の場合には、それに反する行動を我々が為そうとするや否や、良心がブレーキ、つまり抑制装置として作動し始め、行為後には良心の呵責という形で作用する。すなわち、社会学的文脈では、良心は、「内心的サンクション」として位置づけられている。これに対して、未だ完全には内面化しきっていない社会規範は、まさにそれが全面的内面化を遂げていないが故に、「外的サンクション」として個々人に受け取られるのである。このような基本的な理解に基づいて、そしてそれは社会学という学問的方法論に由来するものであるが、安田教授は確言される。

社会的・人為的に形成される法律と対比させて、道徳ないし良心の特徴を、それが自然発生的・生得的と考えることは誤りである。道徳は諸人種・諸国民の間で若干の差異も存在する行動文化の一種で、それが自我の中に内面化したものが良心である[135]**（傍点は引用者による強調）**。

　右に我々は、日本の代表的な社会学者の一人である安田三郎教授の「良心」にかんする見解を要約して紹介した。しかしながら、その良心論が現実そのものを捉え切れていない不十分なものであることは、既にメスナーの良心論を学んだ我々の眼にはもはや明らかであろう。

先ず、良心を語るうえで最も重要である諸事実、たとえば、良心の声の絶対性・超越性、その根源的な善への志向性・規定性、更にまた良心の判断（スコラ学にいわゆる良心、つまりconscientia）の理性的性格などについて、安田教授は何の顧慮も払っておられないようである。しかしながら、そうした見解は、ある一定の立場、いまの場合、社会学という特定の学問方法論に基づいての発言として規定されてくる当然の帰結、として首肯されるべきものなのであろうか。もしそうであるとするならば、我々は既に指摘しておいた「方法論が直接にもたらすところのその限界」についての警告を想起しなければならないであろう。あるいは、次にように言い換えてみよう。前学問的・本性適合的認識によって洞察されている人間的事象の理解の方が、先入観に囚われた、しかも無自覚的な特定学問の方法論だけによって獲得され主張されている認識よりも、はるかに真実在の把握に近く健全でもあり信頼に足るのだ、という事実を想起する必要があるだろう。

我々は、やや一般的な仕方でたった今批判を表明してきたので、今度はより具体的に述べることにしよう。安田教授曰く、「社会的・人為的に形成される法律と対比させて、道徳ないし良心の特徴を、それが自然発生的・生得的と考えることは誤りである。」と。ここで「自然発生的・生得的」とは厳密に言ってどのような意味で用いられているのであろうか。「人為的でない」という意味なのか、それとも「何ら努力を伴わずとも自ずから発生する」という意味なのか。「生得的」とは「生物学上の遺伝によって」という意味なのか、それとも「アプリオリ」ないし「経験を何ら介在させることなしに」というほどの意味なのであろうか。

社会学的な観点からは、そして一般的にも、内面化を完了した社会規範、すなわち「良心」は、それに反する行動に我々が踏み入ろうとするや否や、いわばブレーキとして作動するというように理解されているのであった。我々は、良心が具体的に、典型的に経験されるのは、この意味での形態、すなわち「抑制力」としてであることを充分に心得ている（第二節第一項参照）。しかしながら、警告とか抑制とかが成立すること自体が、そしてそれにそれ相応の社会的意味や人間的意味が認められること自体が、既に何らかの積極的なものを予想前提しているのだ、ということも確認し得た（同箇所参照）。そしてこのように言うことは、人間をそもそも徹頭徹尾歴史的存在であるというテーゼ（歴史主義）を否定することに他ならない。メスナー流に言い直すならば、良心（の判断内容）を含めて、文化的価値意識の一般的認識は、なるほど歴史的な制約の下にはあるのだが、しかし窮極的には歴史的経験ではなく、直接的経験に由来するものである（本章第一節第二項の「直接的経験と歴史的経験」参照）。

社会学に限らず経験科学の一分野である人類学も、既に述べたように、事実を収集することに立脚して普遍的に妥当する自然法原理や倫理法則なるものは無いかのように主張する場合が見られる。しかしながら、我々は、良心の洞察（＝良知）と良心の判断（＝狭義の良心）との区別を論じた際に、後者の多様性を理由にして前者の客観性を直ちに否定することはできないことを充分に論じた。しかも、人類学的立場からも次のように述べられていることを指摘することが可能であり、また有益でもある。すなわち、規範やそれが否定的要素として取り上げる違反行為（反倫理的・反社会的行為）の内容や制裁の方法が、場所的にもまた時代的にも変化するものであったとしても、規範内容に或る普遍的な要素がある、という。

集団の存続を脅かす行為は個人を脅かすものより厳しく罰せられる。無条件の嘘、無差別な殺人、傷害、暴行、盗みを仲間意識のある集団内で許している社会はない。これらの行為は、規範に反するものとされている。信頼の内容は社会によって異なるが、信頼の裏切を肯定する社会はない[136]（吉田禎吾）。

限定的ではあるにせよ、このような普遍的な事態がいやしくも見出される、ということの事実は何を示唆しているであろうか。経験事実に立脚しようと志す者は、ここまでその問いを進めてこなければならないだろう。しかるに、それに答えるに、何故なら人間は自己の属する社会に既に存在する社会規範を受容することによってその良心を形成するのであるから、と言ってみたところで何ら適切な答えになっていないことは明らかであろう。むしろ、人間本性自体に或る一定の傾向性・規定性ないし構造法則があるが故に、それに適合的な社会規範が成立し、社会制度が樹立され、長期的に見たばあい、およそ人間本性の根源的規定性＝自然法にそぐわない社会規範や社会制度は消滅せざるを得ないのである、と言うべきであろう。

「自然発生的・生得的」という問題については、説明の便宜上我々は、次項で法哲学者碧海純一教授の良心論を忠実に――と私は願うのであるが――紹介した後に、まとめて批判的な評価を下すであろう。

第三項　経験主義法哲学における「良心」とその批判

次に、現代合理経験主義[137]と自称される碧海純一教授のいかにも経験主義的なアプローチによる良心の規定ないし理解をみてみよう。教授の説明によると、先ず人間が社会生活を営みうるのは、昔は、人間本性を根拠にしていると考えられていた。人間本性を「善」とみるか、それとも「悪」とみるかの違いはあるにせよ、それはいわば先験的に人間の本性から社会秩序の存立可能性を説明する点では同じである。「歴代の思想家は、このように楽観論者も悲観論者もふくめて、人間の本性、つまりその生得の性質、によってその社会生活を説明しようとしてきた[138]」。しかし、現代の経験科学的研究によると、右の見方はかなりの修正を被らざるを得ない。それは、心理学における学習理論（パヴロフの条件反射の研究、ソーンダイクの試行錯誤の研究、等）であり、また人類学、社会学の諸成果に基づいて言われる。人間の本性たるや、実は社会的でも反社会的でもない。

こと本能に関するかぎり、およそ人間くらい情けないほど無為無能な動物はめずらしい。ところが、その人間が、こともあろうに万物の霊長と称して、あらゆる動物の中でも最も複雑・精緻な集団生活をいとなみ、驚嘆すべき高度な文明段階に達しえたのは、その卓越した学習能力の賜だと見るべきだろう。[139]

この学習能力の座は脳（特に大脳の皮質）である。そして、脳の発達したお蔭で、抽象能力が人間に与えられ、言語が開発された。言語は、意思または情報の伝達に役立つ（意思疎通手段）が、言語のもう一つの重要な機能は、社会統合（社会統制）に資する（社会統制手段）点にある。すなわち、たとえば、社会的昆虫が本能に基づいて行動秩序を維持しているのに対して、人間の社会秩序の維持に与って力があるのは、「社会化」であるが、この後天的学習の過程たる社会化には言語が深く関与している。[140]

碧海教授によれば、社会化とは「個人が、ある社会の中で、その文化の型に適合した行動様式を学習していく過程」[141]である。この意味での社会化は、むしろ前に見た「文化化」に近い概念である。社会化は、個人の側からこれを眺めると、「人格形成（personality formation）の過程」[142]に外ならない。これも「文化化」に近いであろう。そして、その結果、「社会において通用するいろいろな規範（norm）が個人心理の内面にいわば沈着する。[143]」ここで初めて、「狭義の社会化」という側面が前面に出て来ている。それ故に、碧海教授によれば、この個人の内面に沈着した社会規範が「良心」である、ということになる。従って、当然のことながら、碧海教授は、「良心もやはり社会的学習の所産として後天的なもの」[144]である、とされるのである。前項で紹介した社会学者安田三郎教授の見解とほぼ同じ良心把握をここに認めることができる。

しかしながら、碧海教授は、安田教授よりは事をより慎重に判断しているように我々には思われる。そのことは次の文章に窺われる。

われわれの立場からみても、良心は、ある意味では、たしかに先天的なものといえる。つまり、良心の具体的内容は社会的学習によって獲得されるが、学習能力そのものは、正常な人間が遺伝的に親から受けついだものであり、……しかし、学習される内容は後天的に外から与えられるわけであり、しかも、実際の行動に際して方向づけを与えるのは、まさにこのような内容なのである。(145)

前段を注目する限り、教授は良心における積極的要素を認めている、しかもおよそ「能力」と呼ばれるものは、何らかの意味で現実性へと秩序づけられたものであってみれば、それは既に或る一定の規定性を含んでいるのであるから、(146)碧海教授の前段の発言をわれわれは評価したいのである。しかしながら、後段で良心の「多元性」、否むしろ「無規定性」が教授によって持ち出され強調される。勿論もし我々が、徒に良心の絶対性・超越性を歴史的・地理的な具体的状況に規定された文化の内容までも含めた上で主張するとすれば、それは全くの誤謬であろう。しかし、良心の相対性・可変性あるいは無内容性を主張するのも同様に誤りであろう。実際、我々は、第一章の第三節で、近代啓蒙期の合理主義的自然法論がデカルト主義を相続して、細目的な条項までをも含みうる全く観念的な自然法体系ないし法典を提示しうると夢想したのとは反対に、伝統的自然法論が、自然法にいわば位階秩序をみて、実践理性の第一原理としての自然法——近接結論——拡張された帰結——実定法による細目的規定の決定、といった現実により忠実ないわば無理のない経験主義的な法理論を説いていたことを、観た。更に、本章においても、たとえばカニバリズムを例に採り上げて、直覚的な判断（＝自然法原理の良知による把握）が不変・普遍的でありえても、それの具体的状況への適用としての良心の演繹的判断（＝狭義の良心）は常に誤謬に晒されうることをも確認した。

ところで、碧海教授の立場からしても、例えば、ヴィクトル・クラフトのような「合理的な道徳の基礎づけ」の域にまで到達することは可能であろうし、実際、人間はただ単に社会規範を外圧によって内心に刻み込まれるばかりではなく、すなわち、単に受容するというだけに止まらず、理性によってその妥当性自体を判断する、すなわち、積極的にそれに同意してこれを取り入れるという側面があることを、我々は忘れてはならないであろう。

教授は、「あらゆる時代を通じ、すべての民族に通ずるような、普遍妥当的な行為の基準」(147)について語って、あるいは内容空虚な定式であるか、あるいは時代・文化に制約されて普遍性を欠いているか、何れかであったと主張される。(148)更にまた教授は、ポパー的態度を表明しておられる。

> **もちろん、私も、このような普遍妥当的な行動基準の探究が無意味だといっているわけでは決してない。それどころか、この方向への努力はつねにつづけられるべきであり、そして、将来、……それぞれのタイプの文化・良心を尊重しながらも、人類全体のためにいわば最大公約数ともいうべきものを求めることが可能となるであろう(149)（傍点は引用者による強調）。**

以上我々は、碧海純一教授の現代合理経験主義の立場からする良心論を要約・紹介してきた。と同時に、既にいくらかの批判的既述も織り込んで与えていた。ここでは、それに若干の補足的説明を加えることによって、次章で再び採り上げることになる「不完全問題」への布石としておきたい。

碧海教授は、良心のある意味での先天的性格を指摘していた。そして、この意味での先天的なるものとは、結局「学習能力そのもの」であることとされており、しかも他方において「学習される内容」は、後天的に外から与えられる、と述べられる。そうすることによって、「良心の多元性」が語られたのである。このことは、要するに、先天的学習能力そのものとしての良心は、外界から押し付けられてくるいわば「外在的・外圧的な」社会規範をただひたすら受容せざるを得ないことを言おうとしているのであろうか。だが私にはそのようには思われないのである。それは、教授が「それぞれのタイプの文化・良心を尊重しながらも、人類全体のためにいわば最大公約数ともいうべきもの」と言われることに暗黙的・無自覚的に含意されているのではなかろうか。実際、もし良心における或る一定の規定性、そしてこの規定性に支持されて万人が一致して類同的な認識をもつということ（本性適合的認識）がそもそも存在しないのであったならば、どうして「人類全体のためにいわば最大公約数ともいうべきもの」が求められ得るのであろうか。私自身は、前に引用した碧海教授の発言の後段に述べられている内容自体は充分有意味である、と考える。しかしながら、その発言を有意味ならしめるためには、右に私が指摘した点が顧慮される必要があるであろう。そして、このことの意味は、我々が価値判断についての碧海教授の見解を検討する際に、更に明らかにされるであろう。

（1）第二章第二項を参照。Vgl. auch Johannes Messner, *Kulturethik*, S. 7, 151, 226. ders., *Das Naturrecht, Handbuch der Gesellschaftsethik, Staatsethik und Wirtschaftsethik*, 7. Aufl., S. 25, 36, 66-67.〔八、二〇、五〇―五一頁〕

（2）J. Messner, *Kulturethik*, S. 8. 他の文献では、次のように説明されている。「意識事実は、人間の理性に対して、それ自身において確実なるもの in sich gewiß として迫ってくる認識（洞察）である。」(Johannes Messner, *Ethik : Kompendium der Gesamtethik*, 1955, S. 3.)

（3）Vgl. J. Messner, *Kulturethik*, S. 8.

（4）J. Messner, *Kulturethik*, S. 8. Anm. 2.

（5）Vgl. J. Messner, *Kulturethik*, S. 8. Anm. 1.

（6）J. Messner, *Kulturethik*, S. 8. 倫理的認識の確実性については、第四章第四節を参照されたい。

（7）J. Messner, *Kulturethik*, S. 8.
（8）佐藤俊夫『習俗—倫理の基底—』塙書房、一九六六年。
（9）J. Messner, *Kulturethik*, S. 8.
（10）J. Messner, *Kulturethik*, S. 9. なお、現代人における逃走一般の構造については、M・ピカート『神よりの逃走』参照。
（11）J. Messner, *Kulturethik*, S. 9.
（12）J. Messner, *Kulturethik*, S. 10.
（13）J. Messner, ebenda.
（14）Vgl. J. Messner, *Kulturethik*, S. 10.
（15）Vgl. *Kulturethik*, S. 387-400.
（16）Vgl. *Kulturethik*, S. 398.
（17）Vgl. J. Messner, *Kulturethik*, S. 487ff.「課題としての文化」には「道程」、「危険」、「悲運」、「希望」が含まれている。Vgl. auch Michael Landmann, *Philosophische Anthropologie*.
（18）J. Messner, *Kulturethik*, S. 343. Messner, *Ethik*, S. 152. 因みに、著名な文化人類学者クラックホーン（『人間のための鏡』サイマル出版会、二二頁）によると、文化とは「一民族の暮し方の総体、個々の成員がその集団から得る社会的遺産」であり、あるいは「環境のうちで人間の手によって造られた部分」である。文化は価値実現であるが、それは「単なる創造された価値物の存在として考えられるべきではなく、殊に社会成員が職業を通して価値実現の過程で眼前に生起する社会生活の発展に参与するなかで遂行される創造的人格の展開に他ならない。」（J. Messner, *Kulturethik*, S. 343.）Johannes Messner, *Das Gemeinwohl*, 2. Aufl., S. 37ff., 52f. 拙稿「自然法論的人間論——統合的人間論形成への途上にて——」（『南山法学』第二十巻第三・四合併号）をも参照されたい。
（19）J. Messner, *Kulturethik*, S. 345.
（20）J. Messner, *Das Gemeinwohl*, S. 37 によると、「人間（人々）の習慣の基礎には、表象様式、思惟様式（言語）、真理確信、価値確信、法確信が横たわっており、それらが全体として伝統を成す」との説明が見られる。
（21）J. Messner, *Kulturethik*, S. 346.
（22）E・デュルケーム『社会学的方法の規準』岩波文庫、五二—五五頁。
（23）Vgl. Alfred Verdross, *Statisches und dynamisches Naturrecht*, bes. Kap. 27.

（24） J. Messner, *Kulturethik*, S. 398.

（25） メスナーは、人間の歴史的地理的被制約的存在性格を格別に重視した現実即応の人間理解を押し進めようとした。その現われの一つが人間を「文化的存在」と捉える観方である。Vgl. J. Messner, *Das Gemeinwohl*, S. 36ff.

（26） Vgl. J. Messner, *Kulturethik*, S. 398f.

（27） J. Messner, *Kulturethik*, S. 399.

（28） J. Messner, *Kulturethik*, S. 399 Anm. 3.

（29） J. Messner, *Kulturethik*, S. 399. 良心が、或る人に禁じたことを他の人に命じ、あるいは或る民族に命じたことを他の民族に禁じている、と思われる事例が存在しない訳ではない。奴隷制などはその例としてよく持ち出される。しかしながら、フルキエ Paul Foulquié が適切に述べている。「良心は、根本的原理の限定においては、間違うことはない。即ち、善をなし、法を守り、自分の義務を果たさねばならないのである。」（『哲学講義』第四巻、七四頁〔ちくま学芸文庫、一一六頁〕）

（30） J. Messner, *Kulturethik*, S. 399.

（31） J. Messner, *Kulturethik*, S. 400. Vgl. auch J. Messner, *Das Naturrecht*, S. 239.〔二六二頁〕

（32） Vgl. J. Messner, *Kulturethik*, S. 10, J. Messner, *Das Naturrecht*, S. 36.〔二〇頁〕

（33） Vgl. J. Messner, *Kulturethik*, S. 11.

（34） Siehe J. Messner, *Kulturethik*, Kap. 47. 尚、第四章第四節「倫理的認識の確実性」をも参照。

（35） Vgl. J. Messner, *Kulturethik*, S. 11, 42ff., 54-57.

（36） J. Messner, *Kulturethik*, S. 11. Vgl. auch *Kulturethik*, S. 57f. und J. Messner, *Das Naturrecht*, S. 36f., 73-75.〔二〇—二一、六三—六四頁〕

（37） Vgl. J. Messner, *Kulturethik*, S. 11.

（38） J. Messner, *Kulturethik*, S. 11.

（39） Vgl. J. Messner, *Kulturethik*, S. 12-14.

（40） J. Messner, *Kulturethik*, S. 13. 尚、フランスの有名なトミスト哲学者ポール・フルキエは次のように語っている。「未開人が身内の者を食べてしまうのも、そうした方が、文明国の慣習に従って埋葬するよりも、身内の者にとっては名誉なことになると思うからである。」（『哲学講義』第四巻、七四頁〔文庫、一一六頁〕）

（41） J. Messner, *Kulturethik*, S. 13. 聖トマスの次の引用も参照。「理性の側からいえば、人間の理性にとっては、不完全な状態から完全な状態へ次第にたどりつくということが自然なことであると考えられる。」(St. Thomas, *Summa theologiae*, I－II, qu. 97, art. 1.)

(42) 或る論文では、次のように述べられている。「基本的法意識自体は進化に由来するのではなく、すべての成長してゆく人間にとって、自明な理性認識の構成要素である。」(Johannes Messner, Naturrecht in Evolution, S. 473.)

(43) J. Messner, *Kulturethik*, S. 14.

(44) J. Messner, *Kulturethik*, S. 15.

(45) ポール・フルキエ『哲学講義』第四巻、七四頁〔文庫、九三―九四頁〕を参照。

(46) ここでいう Trieb（性向、傾向性）は、最も一般的な意味において「人間本性の作用様態」あるいは「人間本性の傾向性」ということを示している。この問題については、次章で改めて論じることにする。

(47) J. Messner, *Kulturethik*, S. 16. こうした記述にも、メスナー一流の穏健な現実主義的態度が窺われる。

(48) St. Thomas, *Summa theologiae*, I, Qu. 79, art. 12.『神学大全』第六冊、一八六頁。

(49) St. Thomas, *Summa theologiae*, I, Qu. 79, art. 12.『神学大全』第六冊、一八六頁。

(50) St. Thomas, *Summa theologiae*, I, Qu. 79, art. 12.『神学大全』第六冊、一八九頁。

(51) メスナーは、語源的（名辞）説明は、決して充分な論拠にはなり得ず、むしろ最も証明力が弱いと言うべきである、と断じている。

(52) St. Thomas, *Summa theologiae*, I, Qu. 79, art. 12.『神学大全』第六冊、一八九頁。

(53) St. Thomas, *Summa theol.* I, Qu. 79, art. 12.『神学大全』同箇所。

(54) St. Thomas, *Summa theol.* I, Qu. 79, art. 12.『神学大全』同箇所。

(55) あとで取り上げて検討することになる、社会学者がこの謬説を主張していることは明々白々である。法哲学者の碧海純一教授も基本的にはこの立場である。

(56) J. Messner, *Kulturethik*, S. 16.

(57) J. Messner, *Kulturethik*, S. 17. 尚、他の箇所（J. Messner, *Das Naturrecht*, S. 36.〔二二頁〕）では、「正義」、「汝人間らしく振舞うべし」などが例示されている。

(58) J. Messner, *Das Naturrecht*, S. 100, 233f., 239, 245, 256.〔九七、二五五―二五六、二六二、二六九―二七〇、二八二―二八三頁〕
J. Messner, *Die Soziale Frage im Blickfeld der Irrwege von gestern, der Sozialkämpfe von heute, der Weltentscheidung von morgen,*

6. Aufl., 1956, S. 338. 後者では「倫理的・法的諸原理」と呼ばれている。

(59) J. Messner, *Kulturethik*, S. 17.

(60) J. Messner, *Kulturethik*, S. 17, ders., *Das Naturrecht*, S. 90-92.〔八〇—八一頁〕Vgl. auch Wilhelm Weber, *Der soziale Lehrauftrag der Kirche, Katholische Soziallehre in Text und Kommentar*, Köln 1975. S. 22-23.

(61) Vgl. J. Messner, *Kulturethik*, S. 21.

(62) Cf. George Edward Moore, *Principia ethica*, 1903.

(63) アウグスティヌス『告白』第十一巻十四章。「それでは、時間とはなんであるか。だれもわたしに問わなければ、わたしは知っている。しかし、だれか問うものに説明しようとすると、わたしは知らないのである。」(岩波文庫、下巻、一一四頁、服部英次郎訳) 同様のことは、他の様々の日常経験を表すことばについて当てはまる。たとえば、「愛」、「行為」、「責任」、「真」、「正義」、「不正」など。

(64) J. Messner, *Kulturethik*, S. 21-22.

(65) J. Messner, *Kulturethik*, S. 17. Vgl. auch J. Messner, *Das Naturrecht*, S. 314.〔三四八頁〕「実際には、最高原理なるものは、すべての認識領域におけると同様に、倫理的領域ないし法的領域においても、決して理性が生得的に有するものではない。」この点を見過ごすと、デカルト的観念論へと堕することになる。尚、„in sich gewiß und notwendig gültig“は、他の箇所では次のようにいろいろと言い換えられているが、意味するところは同じである。„in sich gewiß (evident)“ (*Das Naturrecht*, S. 100), „in sich gewiß (evident) und allgemein verpflichtend“, „in sich einsichtig und notwendig gültig“.

(66) Vgl. J. Messner, *Kulturethik*, S. 17. 従って、ガス室で多くの人々を殺害することが倫理的に悪に外ならないということは、単なる感情的判断でしかないというのでは決してなく、理性に基づく判断である、と言わねばならない。より厳密に言うならば、この判断は、黄金律に基づいてくだされる理線的判断である。

(67) Vgl. J. Messner, *Kulturethik*, S. 18. 尚、詳細は、第四章第三節第三項「倫理的認識の原理—『直接に明白な』真理の問題」を参照されたい。

(68) J. Messner, *Kulturethik*, S. 18.

(69) Zur “Vergesellschaftung” vgl. J. Messner, *Das Gemeinwohl*, S. 56f. sowie ders., *Das Naturrecht*, S. 529-546.〔五五九—五七五頁〕社会化と区別された社会力(ないし社会形成力)を興味深く説く門脇直司『子どもの社会力』(岩波新書)もメスナーの立論と補強し合う。

(70) J. Messner, *Kulturethik*, S. 19.
(71) St. Thomas, *Summa theol.* I, Qu. 89, art. 1.「魂は、身体と結合されている限りは、自らを表象に向けることによってでした何ものをも知性認識することができないのであり、これは経験によって明らかなところである。」
(72) Vgl. J. Messner, *Kulturethik*, S. 19.
(73) Vgl. J. Messner, *Kulturethik*, S. 19 sowie *Das Naturrecht*, S. 318.〔三五一—三五二頁〕この意味において、メスナーは、倫理の基本的真理を「先天的総合判断」synthetische Urteile a priori と呼ぶのである。尚、この点につき、第四章第三節および第四節、とくに第三節中の第三項、第四項を参照されたい。
(74) Vgl. J. Messner, *Kulturethik*, S. 20. 教育学者村井実氏の考えは、基本的にわれわれがここで論じている思想と一致している。村井実『教育学入門』（上・下）講談社学術文庫、特に上巻一八四頁以下、および下巻三七頁以下を参照されたい。本書は、現在『村井実著作集』第一巻（小学館）に収録されている。なお、拙稿「『善さ』を志向する人間本性——村井実博士の自然法論的教育思想——」『南山法学』第三十一巻第一・二合併号（南山大学法学会、二〇〇七年）、四九—八四頁。
(75) 子供は、存外早い時期から既に理性が目覚めている。何となれば、理由があって叱られた場合と、不当に理由なく叱られた場合との区別を弁えているからである。前者の場合、苦痛は堪えられるが、後者の場合の苦痛は暴力による苦痛に外ならない。従って、子供は、親の権威とは無関係に、つまり事柄そのものの本質に即して、不法は不法であり、また悪であることを知っている。このことから倫理的唯名論は既に反駁されている。Vgl. J. Messner, *Kulturethik*, S. 20f.
(76) Vgl. J. Messner, *Kulturethik*, S. 22f.
(77) David Hume, *A Treatise of Human Nature*, with an Analytical Index by L.A. Selby-Bigge, 2nd. Ed., Oxford University Press, p. 415.
(78) Vgl. J. Messner, *Kulturethik*, S. 26.
(79) J. Messner, *Kulturethik*, S. 28.
(80) フルキエ『哲学講義』第四巻、六三頁〔文庫、一〇〇頁〕。
(81) J. Messner, *Kulturethik*, S. 29.
(82) Vgl. J. Messner, *Kulturethik*, S. 34.
(83) Vgl. J. Messner, *Kulturethik*, S. 34.
(84) Vgl. J. Messner, *Kulturethik*, S. 35.

(85) J. Messner, *Das Naturrecht*, S. 95.〔九〇頁〕
(86) J. Messner, *Kulturethik*, S. 236. Zum natürlichen Rechtsgesetz im Vergleich zum natürlichen Sittengesetz vgl. Alfred Verdross, *Abendländische Rechtsphilosophie*, 2. Aufl., S. 273ff., 287.
(87) J. Messner, *Das Naturrecht*, S. 85, 89.〔七四、七八頁〕。J. Messner, *Kulturethik*, S. 170.
(88) ハンス・ケルゼン（長尾龍一訳）『神と国家――イデオロギー批判論集』（ケルゼン選集七）、木鐸社、一三八頁。
(89) たとえば、碧海純一『新版法哲学概論』（全訂第一版、一九七三年、弘文堂）、二二九頁以下。碧海『合理主義の復権――反時代的考察』（再増補版、一九八一年、木鐸社）四一頁以下。
(90) 碧海『合理主義の復権』四二頁。
(91) J. Messner, *Kulturethik*, S. 35.
(92) J. Messner, *Das Naturrecht*, S. 55.〔三九頁〕
(93) Vgl. J. Messner, *Kulturethik*, S. 42.
(94) Vgl. J. Messner, *Kulturethik*, S. 42.
(95) J. Messner, *Kulturethik*, S. 42-43.
(96) J. Messner, *Kulturethik*, S. 43.
(97) Vgl. J. Messner, *Kulturethik*, S. 43. 尚、訳語についての誤解を予め避けるために、若干の説明を施しておきたい。それは、Folgerungsurteil を何故に誤解を招きかねない「演繹的判断」と訳出して、予想される「推論的判断」としなかったのか、という問題に関係している。「演繹的」という語で、たとえばカントがいう「分析的」の同意語と理解することも許容できようが、これは一つの見解に過ぎず、「演繹的」をそのように狭く解さねばならない必然性はない。大前提、小前提から結論を導出する推論作用を「演繹的」と呼ぶことは当然許されてよい。メスナーは、この意味で〝folgern〟,〝Folgerung〟を使用しているのであって、それについては、第二章第二節第一項後半において既にわれわれは確認しておいた。因みに、分析哲学者の間でも「演繹的」deduktiv, deductive という語は、論者によって異なった意味で用いられている。ヘンペルはメスナーと同様に、他方トミストで分析哲学にも造詣深いボヘンスキーはカント的な意味で理解している。
(98) Vgl. J. Messner, *Kulturethik*, S. 43.
(99) J. Messner, *Kulturethik*, S. 43.
(100) J. Messner, *Kulturethik*, S. 43-44.

(101) J. Messner, *Kulturethik*, S. 44. この点で、「通常の意味における直覚主義者」(G.E. Moore, *Principia ethica*, preface x) と袂を分つムーアの見解とメスナーの見解は一致することになる。
(102) J. Messner, *Kulturethik*, S. 44.
(103) J. Messner, *Kulturethik*, S. 44.
(104) J. Messner, *Kulturethik*, S. 45. 良心の告げ知らしめる内容が一定不変でない、という事実を楯にとって良心の客観的存在を否定し去ろうとする者は、人間の現実に有する諸欲求から当為が導かれないことを楯にとって存在・当為の二元論を唱える者に比べられよう。何れの論者も、「良心」あるいは「存在」の十全な理解を欠いているのである。
(105) J. Messner, *Kulturethik*, S. 45.
(106) 正しい良心の形成、徳の涵養については、拙稿「ヨハネス・メスナーの自然法論」(『九大法学』第四四号、昭和五十七年)、九三頁。本書第四章第四節をも参照。
(107) Vgl. Bernhard Sutor, *Kleine politische Ethik*, S. 50ff.
(108) Vgl. J. Messner, *Kulturethik*, S. 46.
(109) J. Messner, *Kulturethik*, S. 46.
(110) Vgl. J. Messner, *Kulturethik*, S. 46–47. たとえば、アリストテレスは、ピュシス phusis をピューオー phuo (生む、育てる) に由来すると説くが、クセジュ文庫『アリストテレス』の訳者有田潤氏 (同書、七四頁の訳者註) によれば、「ピュシスをピューオー (成長する、phuō) に直接結びつけることが語源的にも用例分析からも誤りであることはもはや決定的である。」一般論として述べるならば、語源的な解明はなるほど重要ではあるとしても、やはり「従属的」ないし「副次的」地位にあることを忘れてはならないだろう。尤も、ピュシスに関して念のために附言しておくと、右に引いた訳者解説が語源学的にみて正しいのかどうか、私には疑問に思われる。
(111) Vgl. J. Messner, *Kulturethik*, S. 47.
(112) Vgl. J. Messner, *Kulturethik*, S. 50.
(113) 第三章第二節第一項「倫理的意識事実としての良心」後半、参照。
(114) Vgl. J. Messner, *Kulturethik*, S. 51.
(115) Vgl. J. Messner, *Kulturethik*, S. 51.
(116) J. Messner, ebenda.

(117) Vgl. J. Messner, *Kulturethik*, S. 52. 更に、カントとの相違について次の箇所を参照されたい。*Kulturethik*, S. 53–54.

(118) Vgl. J. Messner, dortselbst. およそ傾向・性向 Neigungen というものは、「愛の形式」であり、この「愛が人間本性の根本傾動 Grundtrieb を形成する。というのは、愛こそが理性的本性を、それが善と認識するものへと突き動かす当のものであるからである。」(*Kulturethik*, S. 200.)

(119) J. Messner, *Kulturethik*, S. 52.

(120) 第三章第二節第三項第二「情緒倫理学と良心」参照。

(121) J. Messner, *Kulturethik*, S. 52.

(122) J. Messner, *Kulturethik*, S. 54.

(123) フルキエ『哲学講義』の訳者は、「回顧的良心」という語を遣っている。但し、これはフランス語原文が恐らく（というのは、私の手元に原本がなく確認できていないので）《la conscience rétrospective》となっているものと思われる。

(124) J. Messner, dortselbst. こうした認識をしっかりと保持していることからも、自然法論が経験を常に充分に汲み取ろうと努めていることが理解されるであろう。

(125) Vgl. J. Messner, *Kulturethik*, S. 55. たとえば、ソポクレスの『アンティゴネー』などを想起されたい。Stoker は、この罪責する良心、このいわば否定的良心を良心の原型と理解しており、これに追随する論者も多い。しかし、この見解の一面性は既に論じたところである。小林靖昌「シュトーカーの良心論とその問題点」（金子武蔵編『良心』以文社）を参照。

(126) フルキエ『哲学講義』第四巻、六二頁。「遺憾の念（ラテン語では desiderium）とは、満足させられなかった欲望、《達成されなかった願望》souhait à l'envers でしかない。」

(127) J. Messner, *Kulturethik*, S. 57.

(128) Vgl. J. Messner, *Das Naturrecht*, S. 39. 〔一二三頁〕「人間に特有な行為は、盲目的諸力によって決定されるのでもなく、動物本能に内在する不可避性によって決定されるのでもない。」

(129) J. Messner, *Kulturethik*, S. 57. 傍点は原著者によるゲシュペルト強調。

(130) J. Messner, *Kulturethik*, S. 57–58.

(131) J. Messner, *Kulturethik*, S. 58. 実際、もしも義務の必然性が人間の自由な決断を前提にしていずに、事実上の物理的必然性であったならば、もはやそれは人間を倫理的に拘束する義務ではなくなってしまうのである。尚、フルキエ『哲学講義』第四巻、一一五頁以下〔文庫、一八三頁以下〕を参照。

(132)　ギリシャ期の哲学から現代に到るまでのオントロギーの大潮流の中でメスナー倫理学を論じようとする試みが、水波朗博士によって着手されたが未完に終った。しかし、プラトン、アリストテレス、アウグスティヌス、トマスを論じており、極めて示唆に富む。水波朗「オントロギーとメスナー倫理学」(一)(二)(三)『社会と倫理』第一三号、第一四号、第一五号、所収。〔現在では、水城朗『自然法と洞見知』第二章に収録されている。〕

(133)　安田三郎編著『基礎社会学　第一巻：社会的行為』(一九八〇年、東洋経済新報社) 三七頁〔安田執筆〕。

(134)　安田編著『社会的行為』三九頁。

(135)　安田編著『社会的行為』六六頁。

(136)　吉田禎吾・寺田和夫『人類学入門』(東京大学出版会) 一三三頁。

(137)　碧海純一『新版法哲学概論』(全訂第一般) 全訂新版への序、参照。尚、教授の基本的立場を知るうえでは、『合理主義の復権―反時代的考察』の「科学と現代社会―序にかえて」および同著再増補版に所収の「第三版へのエピローグ」が明快である。

(138)　碧海純一『法と言語』(一九六五年、日本評論社) 二三頁。

(139)　碧海『法と言語』二五頁。

(140)　碧海『法と言語』二一頁。

(141)　碧海純一『法と社会』(一九六七年、中央公論社) 四四頁。

(142)　碧海『法と言語』三〇頁。

(143)　碧海『法と社会』四五頁。

(144)　碧海『法と言語』三三頁。

(145)　碧海『法と社会』四六頁。

(146)　能力とは、形而上学的にみるかぎり、現実態との関連においてのみ語られ得るものであって、たとえば、「かれは家を建てることができる」という場合に、現に今かれが家を建てている必要はないのであるが、それでも「建てようと思えば」建てることができる、ということを含意している。もっともこの場合における能力は、「習慣」と呼ばれる主体的性状であり、本文でいう「能力」とは、こうした習慣がそれに基づいて成立し得るところの、より基底的なものなのではあるのだが。習慣については、稲垣良典『習慣の哲学』創文社、を参照されたい。

(147)　碧海『法と社会』四九頁。

(148)　碧海『法と社会』四九頁。

(149) 碧海『法と社会』四九頁。

第四章　倫理的真理と倫理学の認識論

第一節　倫理的真理

倫理的真理は、ひじょうに包括的な、論理学の用語を用いるならば内包が小さく外延の大きい概念である。従って、当然論者の拠って立つ見地によって、その問いの扱われ方もそうとう変わって来ようし、同時に、この問いの下で何が問われるのか、ということについても容易には意見の一致をみないかも知れない。そこで、我々としては、倫理的真理の下で、次の三つの問題が問われるというメスナーの説に従うことにしたい。即ち、その三問題とは、倫理の存在根拠への問い、倫理の本質への問い、倫理の基準への問い、である。これら三つの問題は、メスナーによれば、「あらゆる偉大な倫理学体系が取り組んできた三つの根本課題[1]」である。これらのうち初めの二つの問題は、およそ「学たる限り」あらゆる倫理学が答えねばならない問いであって、更に、「実践学」としての倫理学に第三の課題＝倫理の基準への問いが課せられる。第三課題は、個人的及び社会的生活の秩序原理に関する問いであって、倫理学はそれに答えるべく「それによって何が人間や社会にとって倫理的に善であるか否かを判別する」規準を提示しなければならない。それ故に、倫理の規準は「倫理原理」若しくは「自然法原理」と言い換えることもできる。

以下、順次論じていこう。

第一項　倫理の存在根拠——善と倫理（的善）の相互関係

我々は、日常なにげなく或ること（それは物でも事でも人間の行為でもよい）が「善い」とか「悪い」とか言うのであるが、それは如何なる根拠によるのであろうか。但し、本章では、哲学という学問において右の問いが問われるような仕方でこの問いに答えようとするものでないことは、当然のこととしよう。ここでは、日常我々がこの語、つまり「善い」「悪い」をどのように用いているかを振り返ってみることにより、この問題接近への糸口としたい。この方法は、周知のように現代では特に日常言語学派とかオックスフォード学派などと呼ばれている一群の人々が採っている方法でもあるが、遠くギリシャ時代の三哲人を始め聖アウグスティヌスも聖トマスも実践した方法であった。

聖トマスは、『神学大全』において（S.T., I-II qu. 1, art. 1）、「人間の行為」actio hominis と「人間的行為」actio humana とを区別して、倫理学の固有の対象は前者ではなく後者、即ち「人間的行為」であると言う。ところで、この人間的行為とは「人間である限りの人間に固有な行為」illae［= actiones］solae quae sunt proprie hominis inquantum est homo である。つまり、人間が行為の主体[2]となるような行為である。しかし、トマスは、「人間的行為」だけを切り離してそれだけを抽象的に論じはしない。同じことがメスナーについても言える。彼は倫理ないし倫理的善をただそれだけで論じるのではなく、より広い観点から論ずる。即ち、存在論的な意味での善との連関の下で「倫理的」善を捉えようとする。

語法から事柄へと接近しようと試みる場合に（これは「良心」を分析する際に既に名辞の語源的説明と対比して採られた方法であった）直ちに明らかになることは、我々は倫理的領域の（倫理的）事柄に関しても「善悪」を語るし、倫理的領域以外の事柄に関しても「善悪」を語っているという事実である。この事実から、我々は次の問いを発しないではおれない。「倫理的な意味における善は、我々が倫理以外の領域で善について語る場合の一般的意味での善の或る特別な様態なのではなかろうか、そして、このことによって倫理的領域における善の何たるかという問いに対する解決への通路が開かれてくるのではなかろうか(3)」。

メスナーは言う、「我々が或る事物を善いとか悪いとか言うのは、その事物が自己の本性を規定している諸機能を実現する適正を有しているか否かに従って、そのように言うのである。善とは、それ故に、一般的に言って、事物相応の完全性の謂いである(4)」。そうであればこそ、我々は、例えば、馬について考察してみると、それが馬の本性に合致した器官の働きを為すか否かによって、或いは「善い」馬と呼び、或いは「悪い」馬と呼び得るのである。同様にして、人間についても「善い」と陳述することが出来るのではあるが、馬において語られる場合とは若干事情を異にして、「人間に固有な『卓越性』Vortrefflichkeit」又は「人間本性によって要求される存在様態と作用様態(5)」を指して言われる。

いま述べたことをマリタンの説明によって再確認してみよう。ピアノは、それがどのような型のものであろうと、製作地がどこであろうと、又それが何処に置かれようと、更にまた誰によって弾かれようと、「等しく或る調子の整った音を出すことを目的(6)」としている。

もしこれらのピアノがそのような音を出さないならば、ピアノは調律されるか、それほどの価値のないものとして廃棄されなければならない(7)。

人間の創造した事物が、例えば、ピアノ、計算機、自動車、等が、それぞれに固有の目的とその作用の仕方を有していることは改めて言うまでもなかろうが、同様に、「自然界に存在するものは何であれ、植物でも犬でも馬でも、その固有の自然法、即ち、その機能の正常性――即ち、その物の特殊な構造や特殊な目的からして、それが当然その仕方で自己の成長なり行動を完成しなければならないような、固有の仕方――を有している」[8]。この意味において、即ち、存在論的・理念的秩序の意味において、人間についても又、人間存在に固有の機能の正常性＝自然法が見られるし、語られるのである。

しかしながら、当然のことながら人間の場合には、事物や動物や植物が「善い」とか「悪い」とか言われるのと同じ意味で「善い」とか「悪い」とか語られるものでないことは誰の目にも明らかである。それは、人間が事物や動植物の存在段階を超え出る地平において生きているからである、と言えるであろう。「人間本性の独自性は理性によって規定されるのであるから、人間の理性的本性によって、彼自らの存在様態と存在の完全性とを形成するところのものが規定される訳である」[9]。

善とは、従って、第一につまり存在論的意味において、存在の様態であり、「或る事物の本性によって要求されている存在の完全性、或いは完全な現実性」[10]である。しかしながら、人間においては、人間の善は、理性と意志に基づいて、つまり各人の主体的責任において実現されてゆくべきものである。人間以外のものは、自然法に無自覚的に、或いは盲目的に服している。それとは対照的に、人間の場合は自然法に自覚的に参与する。（このことについては、我々は既に、第一章の自然法論の二類型を論じた際に確認している。）即ち、人間は、自己の善（それは自然法に合致して生きることに外ならない。）を主体的に実現していかねばならないのである。これまで述べてきたことから、我々は課題としての善が倫理的善である、と一先ず言うことができよう。

ここで、倫理の成立根拠が問われることになる。前述したように、「善とは事物相応の完全性」のことであったが、人間にとっても善は、「人間の本性に相応した卓越性或いは存在の完全性[11]」である。それでは、何故に人間の善は単なる善でなく、倫理的な善なのか。これに対する答えは、既に簡単に触れておいたように、人間が、他のもの、即ち物質的事物や動植物とは異なって、自己の意志によって自己の存在を獲得していく点に求められた。この点をもう少し詳しく見ておこう。

「**我々が事物の本性を認識するときは、常に我々が経験によって確認出来る、その事物の作用様態からそうしている。**[12]」

人間本性を認識する場合にも事情は基本的に変わらないのではあるが、それにしてもこの場合には次の二つの事実が明らかに見られる。即ち、「一方では人間本性の作用様態と高度に組織化された動物界の作用様態には共通性が見出されるが、他方では、人間は、その行為様態が自己の理性と意志とに依存している点で動物とは相異なる。」（傍点は引用者による強調）動物は、自己の意志に従って行為することは出来ない。本能によって不可避的に規定されるのである。その最も顕著な例は「自殺」が出来ないという事実に見出されるであろう。「動物は本能の強制に従わねばならず、……従って常に、そして必然的に、それが本性上そうあらざるを得ないものでしかない[13]」。人間の場合はそうではない。人間の行動は、「盲目的諸力によって決定されているのではなく、……人間としての完全な現実存在の要求に合致するにしろ背反するにしろ、理性の作用に、自己決定に依存している。それ故、この人間本性に固有の自己決定能力こそが、人間的行為の有責性の根拠であり、そして人間における倫理現象の成立根拠なのである[14]」。

かくして、自由こそが倫理の成立根拠である。

第二項　倫理の本質

それでは、人間にとっての善、つまり、人間本性によって要求されている存在の完全性とか卓越性とかは一体何であるか。この問題を考える場合には、人間存在について「現実」Wirklichkeit と「全現実」Vollwirklichkeit を区別することが有益である。この区別を手掛かりに若干の考察を施してみよう。

人間の行為について我々は、それが「人間以下」の行為であるとか「人間に相応しからぬ」行為である、などと語る。或いは、「男らしい」振る舞いとか、「女らしくない」振る舞いなどとも言う。「男であること」は「男らしくあること」とは違う。「女であること」はときとして「女らしくないこと」と両立するではないか。要するに、ここで私が言いたいことは、「人間であること」と「人間らしくあること、言い換えれば、人間の全現実に合致していること」とは同一でないという、それだけのことである。人間らしくない行いをした者は、それだけで人間でなくなる訳ではない。たといどんな悪を為した者であっても、その者は「現実的」である。何となれば、彼は、第一に現存在を有するのであるから存在者として現実的である。第二に、彼は人間本性の本質的資質を具備した人間という相存在を有するのであるから人間として現実的である、からである。しかしながら、我々は、彼が人間として正にそのように在るべく定められているようにはあらぬ、ということを明らかであると考える。植物は、不利な状況下では、その形状にしろその色合いにしろ、種々の点からみて「委縮した存在」しか獲得できないであろう。我々は、かくして、次の区別が存在し、しかもそれが意味を持つことを認めねばならない。即ち、「事実上の存在」と「真の存在」との区別、「現実」と「全現実」との区別、そして「事実上の自己」と「真の自己」との区別がそれである。しかも、我々一人一人は、こうした区別を本性適合的に知っているのであり、「存在の完全性と全現実を生物が獲得するのは、その本性を規定している資質、力、そして傾向性が完全に展開され、この本性の故にそれらに内在する諸目的が完全に働く限りにおいてである」[15]。

ところで、我々は既に第一節において、人間の善が何故に「倫理的」善となるのか、という問いに答えておいた。即ち、人間が如何に存在するかという点について、言い換えれば、人間が全現実として、真の自己として、形相化してあるか、それともただ現実として、事実上の自己として、質料化してあるかという点について、これを我々人間は理性と自由意志に基づかせているのであった。だが、そのためには、人間は自己の本性、本性に内在する諸傾向性（諸傾動）及び傾動目的を知っていなければならない。これが前提条件である。では、如何にして人間は自己の本性を知るのであるか。

人間本性を我々が知りうるのは、理性による。理性は、人間本性の諸傾動に内在する諸目的を認識し得るからである。こうした目的を知る上で人間に役立つ二つの様式がみられる。一つは外的経験であり、他は内的経験である。しかも、人間は外的経験と内的経験とを理性によって反省し、これを判断する。かくして、人間は、精神を賦与せられた存在に特有な、自己の本性を「理解する」ことが可能となる。人間は、動物に固有の傾動資質と傾動目的と、人間本性のそれらとの間にある平行関係を認識する。この傾動資質と傾動目的を知るためには、きわめて単純な経験と思慮だけで十分である[16]。実際、我々の日常の経験を振り返ってみることにより、右に述べたことは容易に理解されるであろう。例えば、自分の家で飼っている犬や小鳥（猫でも鶏でもよい）に何がどれくらい必要であるか、こうしたごく基本的な事柄について我々は心得ている。このような基本的な認識を得るために、それら動物における栄養摂取に関連する器官であるとか必要栄養素であるとか、そうした関連事項の正確な科学的知見を必要とすることはない。同様に、人間は自己の精神的資質を理解し得る。例えば、真理認識や現実認識を目的とする認識への欲求を理解し得る。外的世界において認識を役立てることができる。又、良心法則の認識と結びついた生存目的を理解

し得るのである。(17)

人間に固有な行為は、それが理性と意志に基づく行為である点に求められた。更に、人間にとっての善は、人間の全現実によって要求された行為であった。それは、メスナーの用語を使うならば、「本性の精神的かつ身体的傾動に予め刻印された諸目的」に合致した行為である。それ故に、我々は、今や第二の問題に答えることが出来る。

倫理の本質は、人間の行為が、人間本性や身体的・精神的傾動に予め刻印された諸目的と合致することに、簡潔に言うならば『傾動の正しさ』にある。従って、我々はアリストテレスの有名な表現を用いて、善とは『正しい傾動』にある、とも言えるであろう。或いは又、伝統的自然法論が表現したように、善とは『正しい理性』(『理性の正しさ』)にある、とも言えよう。何となれば、理性こそが、特に人間的な傾動をそれに予め刻印された目的へと、従ってまた人間の行為を人間本性の真の現実在との合致へと方向づけるからである。(18)

附説

我々はここで二点についてメスナー自身による注意書きを引いて確認しておこう。

1. 「傾動」と右に訳出した原語は Trieb, Triebe であるが、メスナー自身は、聖トマスの「自然本性的傾向性」と通常邦訳されている "inclinationes naturales" "inclinatio naturalis" (S.T., I-II, qu. 94, art. 2) のドイツ語訳として „Neigung" (傾斜、傾向性、性向) を斥けて、右の語を採用している。一方で、Trieb (e) は、「本能 (衝動) 的なもの」とか、理性を排除したりはしないし、反理性的なものとしての「本能 (衝動)」の謂いではなく、より広い意味で用いられている。更に、良心自体にも、我々が既にみたように、善へと向かう根源的存在力＝推進力 Antrieb があった。

それ故に、単なる本能でもなく、また単なる傾向性でもなく、本性的欲求という程の意味であると考えられるので、通常は使用されていない「傾動」を以てメスナーのいうTrieb（e）の訳語としたい。

2．次に留意すべき点は、「肉体的・精神的諸傾動に予め刻印された諸目的」と「肉体的・精神的諸傾動」との区別である。と言うのは、じっさいこの区別を閑却することによって、例えば（彼自身、正統なトミストであるが）シュメルツはメスナーを論難しているからである。メスナーは、『自然法』初版に対するシュメルツの批判を黙殺していた。注意深い読者ならば、その批判が的外れであることは一目瞭然であると彼が考えたからである。しかし、第三版の書評でもシュメルツは同趣旨の批判を繰り返した。そこでメスナーは誤解を一掃する必要を感じ、新しくかなり詳しい脚注を付け加えた。それを要約しよう。シュメルツは、主著『本性法則とその力動的力』E.M. Schmölz OP, Das Naturgesetz und seine dynamische Kraft で、メスナーのいうTriebeは「物理学的・生物学的意味に解されている」（S. 113）という。実際は、肉体的且つ精神的傾動であった。更にシュメルツは、倫理の本質をメスナーが「予め刻印された本能との一致」に見ていると言う。しかし、メスナーの定義では「……諸傾動に予め刻印された諸目的との一致」であった。諸傾動それ自身からは、倫理の秩序は明らかにならない。何となれば、倫理的（善の）観点から或る傾動を働かさずにおくこともあり得るからである。そして、その場合には、傾動との不一致にこそ倫理の本質が認められる訳である。メスナーは次のように記している。「諸傾動に刻印された諸目的」から見て、或る場合には特定の傾動に待ったをかけるのが倫理に適合していると言える。なるほど自然的倫理法則は、トマスにおいては「理性的なもの」aliquid rationis とされている。しかしながら、「それと同じく確実なことは、学問的倫理学は、何処に正しい理性があるかという、決定根拠・規準を問わねばならない。上述（シュメルツ）の異論は、その学問的倫理学の根本的な探求課題である倫理の本質と規準の機能とを完全に見誤っている。この規準、即ち『真に善い意志』の、或いは『正しい理性』の決定根拠は、倫理の存在的基礎を振り返ることによってしか獲得され得ない」のである、と。

第三項　倫理の規準と実存的目的

我々は、前項において倫理の本質を検討した。それに引き続いて本項では、倫理学に課せられた三つの主要課題のうちの第三の問題、即ち倫理の規準の問題、或いは倫理原理の問題と取り組まねばならない。実際、我々は、或る事柄ないし行為が、当該状況において、何故に、そしてどの範囲で倫理的に善く、或いは悪いのかを問わない訳にいかない。こうした問いに答えることのできるような規準、即ち倫理原理を提示することが、倫理学に課せられる所以である。

ところで、少し反省してみれば明らかであるが、倫理の規準の問題は、実は倫理の本質の問題と密接に関係している。何となれば、倫理の規準は、上述の課題に答えることが出来るためには、当該行為の倫理的性質を説明できなければならないはずであるからである。ところで、倫理の本質は、人間本性の全現実によって要求された秩序にあった。そして、この人間本性の全現実ないし真の自己は、「人間本性を規定する諸傾動が、傾動自体に予め刻印されている傾動目的と一致して活動することに左右されている。それ故に、倫理の決定根拠ないし規準は傾動の正しさ Triebrichtigkeit である。詳しく言えば、それは行動と諸傾動に予め刻印された諸目的との一致である。[19]」

行為のもつ倫理的善（＝傾動の正しさ）にとって重要なのは、本性に予め刻印されている傾動目的であった。そしてここに言う「予め刻印されている」vorgezeichnet という語は、二重の意味を有する。即ち、第一には、人間本性の傾動資質の現実の認識にとって予め刻印されているということ。第二に、人間の自己決定に対して予め刻印されているということを意味している。それに故に、傾動目的は、「存在」として、かつ「当為」として人間本性に予め刻印され与えられている。

以上述べ来ったことから、「人間本性と身体的・精神的傾動に予め刻印された諸目的」を次に明確化すべきことが理解されるであろう。こうした諸目的は、それらを実現することなしには人は人間的実存を獲得し得ず、従って又、自己疎外（自己の存在喪失）へと陥らざるを得ないような、人間的実存の条件であるので、メスナーはそれらを「（人間の）実存的目的」die existentiellen Zwecke（des Menschen）と名付ける。その具体例の記述をメスナーに訊いてみよう。

身体的に無傷であること、社会的尊敬（人格的名誉）を含めての自己維持。生活条件を改善するための能力の陶冶、必要な財産や収入の確保による自己の経済的福祉への配慮を含むところの、人間の身体的・精神的自己完成（人格性の展開）。経験、知識及び美的価値の感受力の拡大。婚姻を通じての繁殖、及びそれに由来する子女の養育。平等な価値をもった人間存在として人間仲間の精神的・物質的福祉に好意的に参加すること。平和と秩序を確立することのうちに、また社会の全成員が社会的福祉の相応な分配に与ることによって完全な人間存在を獲得することができるようにすることのうちにその本質がある、一般的福祉を促進するための社会結合。神の認識と崇拝。神との合一による人間の使命の究極的充足。[20]

このように確定された「倫理原理」ないし「倫理の規準」としての実存的目的は、具体的に更に次の三つの課題に答えることができなければならない。

(1)　先ず、倫理原理は、それ自身において、つまり本質的に常に悪い行為とは如何なるものであるか、という問いに答えることができなければならない。

(2)　倫理原理は、本質的に悪いとはいえない行為について、それが具体的状況下で命じられているのか、許されているのか、それとも禁じられているのかを決定することができなければならない。

(3)　倫理原理は、いわゆる義務の衝突の場面においても、正しい行為を決定するための指針となり得るものでなければならない。

上記の三課題に対処し得るためには、倫理原理は、客観的であると同時に、具体的でもなければならない。倫理原理は、個々人の主観的感情や価値評価に左右されるものであってはならず（客観性の要請）[21]、更に又、抽象的・形式的な一般性にとどまるだけでは不十分である（具体性の要請）、と言わねばならない[22]。

ところで、このように本性及びその諸傾動に予め刻印された諸目的相互間には、それらがまさに一体的・有機的構造に存在論的に基づくものであるが故に一定の秩序がみられる。それ故に、外的・物質的な事物は、自己目的ではなく、例えば、身体的生命の保持や健康の促進といった、それとは異なる存在層の目的のための手段である。この目的は、これまた他の目的との相互連関からみて、より高次の目的に対する手段と看做すことができる。例えば、父親の生命は、家族の扶養という実存的目的を実現するための手段であると言える。更に、この家族やその共同生活は、各人の善き生活を可能にする共同善との関係では、それに対する手段の地位にある。かように、すべての目的について、それが窮極的目的へと秩序づけられた位階秩序のいずれかの場を占める、と一応言えるであろう。

目的の序列は、外的・物質的な善から生物的な善へ、更に社会的精神的な善へと上昇しゆき、ついに最も包括的な倫理的及び宗教的領域に到達する。[23]

ここで我々は、存在秩序ないし目的秩序における位階秩序が含みもつ倫理的な意味を検討しておかねばならない。

それには二側面がある。第一に、右の位階秩序に着目することによって、人間存在の独自性が明らかになる。第二に、この位階秩序は、完全な人間存在を獲得するための指針を与える。だが、一応そう言えるとしても、それが純粋に存在論的なレヴェルで語られる限りにおいては、未だ固有の意味での倫理的問題ではないということが忘れられてはならない。そうした事態が倫理的な質を獲得するのは、「諸目的が、実存的目的として人間や社会の行動に要求を提示する」に到って初めてのことである。それ故に、我々は、次に「倫理的観点」と「存在論的観点」について若干述べておく必要がある。存在論的観点と倫理的観点が区別されるべきことは、目的秩序の存在構造と目的秩序の現実化との間にある相違に基づいている。それ故に、存在論的に上位にある目的が常に無条件に義務づける訳ではないし、あらゆる目的を実現すべき義務を我々が負うているのでもない。メスナーによれば、目的の実現にとって決定的に重要であるのは、目的のその都度の「実存的な」[24]性格である。ここで、倫理的にみて非常に重要な人間的実存の根本事実に我々は到達した。

完全な人間存在は、一回限りの行為によって実現されるのではなく、……全生涯に及ぶプロセスにおいて実現されるものである。つまり、その実現は、状況に制約されている。[25]

右に述べたことから、精神的発達の最小限のものがそれ自身最高位の実存的目的であることが解る。実際、それは、個々人が実存的諸目的に基づく責任を果たすことによってその人間存在の完全な現実性を達成するための条件である。と同時に、精神的発達の最小限の可能性がすべての人に開かれていることは、社会における人間的結合の実存的目的であるのだから、社会制度にとって義務的である。[26]個々人は、右に挙げた二重の義務づけを別にすれば、必ずしもそれ以上の知的領域における目的を追求する必要はない。尤も、そうしたより高い知的目的を追求するための条件・環境は実現されていなければならない。同様に、個々の実存的目的は、或る特殊な条件下では、人間存在の完全な現実化にとって無意味となり得る。すべての人間が必ず結婚しなければならない、という訳ではないが、多くの者に対して結婚を不可能にしたり、或いは晩婚のみを可能にするような社会制度は、目的の秩序に調和し得ない。(27)

今や我々は、前に提出しておいた倫理原理に課せられた三つの問いに、それぞれ答えることになる。第一の問題は、「何故に、嘘つきLügenはそれ自体において、従ってまた常に悪なのか？」であった。その理由は、「それ［虚言］が人間の社会的本性に予め刻印された実存的諸目的と相容れないからであって、そもそも実存的目的の実現は、相互の理解と信用に依存している」(28)点に求められる。自殺について言うならば、「人間は、それ自身において決して完結されることのない過程において倫理的存在を実現すべきものである。それ故に、この過程を勝手に終わらせてはならない」のだが、正にこれに反して、身体的存在を終結させる行為が「自殺」なのであるから、自殺は本質的に悪である、と言わねばならない。

第二の問題は、「具体的状況下で、どのような行為が命じられ、許され、或いは禁じられているか？」であった。単なる飲酒のための飲酒、それによる酩酊は実存的目的に反する。だが、例えば、何らかの健康上の理由から飲酒するのは、手術のために麻酔が使用されるのと同様に正当化され得る。他方、それ自体としては自然法原理たる「合法的な権威に従うべし」という原理といえども、若しも国家が、両親に子女の教育義務に反するような行為を、それ故に実存的目的の実現を妨げるような行為を命令するならば、この命令への服従は反倫理的なものとなる。(29) いま一つの例。人格についての充分に発達した法意識をもった社会において、権利が根拠づけ得るのは、㈠役務への要求権だけであって、㈡しかもそれは役務が実存的目的に矛盾しない限りでのことである。それ故に、人格に対して反倫理的行為を要求するといった権利は存在し得ない。例えば、あらゆる労働契約は、労働者の人格や実存的目的に基づいた責任が尊重されねばならないという契約条件を暗黙的に含んでいると見るべきである。従って、いかなる経済体制であれ、労働者に自分の家族に対する義務の実現を不可能にしてしまうような条件を強課すること（例えば、過重労働を課すこと、低賃金の支払い）は許されない。(30)

第三の問題は「義務の衝突」であった。この問題を解決するための指針として、メスナーは、次の三つの原理を挙げている。(31)

㈠「時間的優先」Zeitvorrang の原理、㈡「価値的優先」Wertvorrang の原理、㈢「存在的優先」Seinsvorrang の原理がそれである。時間的優先の原理とは、個別的な実存的目的に基づく義務が統一ある目的秩序の実現過程において、若し後回しにされたならばもはや履行できなくなってしまうであろう場合に、この義務が優先的に履行されるべきことを要求する原理である。価値的優先の原理とは、上述の過程において両立させられるべき義務が対立する場合には、より上位の実存的目的に基づいた義務が他方の義務に優先すべきことを要求する原理である。存在的優先の原理とは、自己の意志決定（例えば、母親が働きにでる決心をした場合）に由来する義務と実存的目的（例えば、自分の子供を教育すべき母親の責任）に基づく義務とが両立しない場合には、実存的目的に直結した後者の義務が優先すべきことを述べる原理である。メスナーは、三つの例を挙げて説明しているが、我々はそのうちの一つを見ておこう。時間的優先の原理から、「或る特定の状況下で義務づけをする［存在論的には］はるかに下位の実存的目的が、より高位の諸目的に優先し得る」ことが理解される。この意味で、トランプ遊びや賭け事すらも、気晴らしが必要であり、かつそれらが目的に適った手段である場合には、仕事以上に倫理的な善であり得る。(32)

ところで、何故に「義務の衝突」という現象がみられるのであろうか。我々はこの問いを発せずにはいられない。

厳密な意味においてそもそもそれは存在するのか。それは避けることのできる問題なのか。このような問題を考察する場合、我々は、倫理的義務とその義務について我々自身が具体的に下す判断とを区別しなければならない。だとすれば、この義務についての判断が誤り得ることを看て取ることは困難ではない（本書第三章第二節、参照。）。メスナーは、義務の衝突が生じる起源について、こう語っている。

倫理的義務（づけ）について相反する判断へと［我々を］導くのは、倫理的な義務（づけ）が状況に依存しているからである。（状況とは、行動様式の前提であり且つ影響である。）要するに、状況の本性と意味に対する認識が不充分であることから、あたかも相対立する倫理原理の要求が存在するかのような外観が生ずるのである。[33]

真の義務と言うべきものは、それ故、我々の立場からは、各々の状況においてただ一つ存在するのみである。「客観的には、即ち完全に現実が理解されたならば、義務（及び権利）の矛盾・対立は存在しない。尤も、そうした矛盾が存在するという主観的な意識が個々人の良心に重く圧し掛かってくる場合はあるのだが。」社会秩序における義務の衝突の問題についても、基本的には右に述べたことが妥当する。法的権利や義務が問題とされる場合には常に、共同善と（義務や権利に関する）倫理的良心が問題となっている。それ故に、こうした場面では、「客観性、つまり［状況を］客観的に分析しようとする努力が、そうした衝突を解決する上での最上位の倫理的義務になる。」[34]

権利や義務の間で対立が生じる原因として、メスナーは次の三点を挙げている。[35] 第一は、人間本性への不充分な洞察であり、第二は、状況の客観的な分析・把握が遂行されていないことである。第三は、法秩序そのものが不整合性、即ち矛盾を含むことである。第一点、第二点は、或る意味で一つの問題と看做し得るから、我々は、権利や義務の間で対立が生じる原因を、人間本性や状況を含めての存在認識における人間の有限性と、妥協や矛盾を抱えてしか存在し得ない歴史的法秩序の不完全性、と要約して言うこともできるよう。更に簡潔に言うならば、こうした問題の窮極の原因は、人間本性の毀損という現実にあるであろう。[36]

第二節　倫理学の認識論への接近

伝統的自然法論は、その名称から推知されるように、非常に長い歴史を有し、現代においても最も有力な学説であって（我が国においては何故かそうした事実が無視されている。或いは事実をみようとの努力が欠落していると言った方がよいかも知れない。）、自然法の存在とその認識可能性を説き続けている。法学の世界を一瞥してみても、自由法運動の推進者としての面でしか我が国では知られていない趣のF・ジェニー、ややもすれば制度理論の側面のみが取り沙汰されるM・オーリュー、更にG・ルナールなどは何れもフランス語圏の錚々たる学者であり、かつトミストである。[37]ドイツ語圏においても、本著で取り上げるメスナーは固より、同じヴィーン大学の法哲学・国際法学者として著名なA・フェアドロス、二十世紀後半を代表するA・カウフマン、[38]刑事法学者で『法哲学入門』を著したH・ヘンケル[39]等もトミストである。新カント学派のG・ラートブルフ、純粋法学のH・ケルゼン、社会工学唱道者のR・パウンドなど重要な例外はあるとはいえ、上述した碩学が現にトミストであった。それは言葉の真の意味において、トミスムが全霊を注入して実在、現実に聴き従って来たからではなかろうか。観念的に構築された見取り図で世界を構成しつつ認識するというのではなく、人間が正に人間として置かれている境位に立ってことを論ずる、換言すれば、非概念化的・本性適合的に人間存在の構造法則としての自然法を先ずは了解し、しかる後に様々な概念化的・反省的な認識が、要するに学問的な認識努力が営まれるのだ、とトミスムが考え且つまたそのように実践して来ている証ではないだろうか。

本節では、本性適合的認識の意味、及び、それが包蔵する豊かな内容の一端を、恩師水波朗が主にジャン・ダバンに即して論じられた偉業の顰に倣い、ヨハネス・メスナーの見解を辿ることによって、いくらかでも明らかにしたい。

第一項　倫理的真理と倫理的認識——存在と当為の問題㈠——

存在の領域における真理の認識と、倫理の領域における真理の認識とは不可分である。……若しも真理認識のこの両形式が切り離されてしまったならば、倫理学はその確実な基盤を失うことになる。[40]

メスナーによると、倫理的世界そのものの存在が危惧されるほどまで、多くの方面から我々の立場、即ち倫理的世界の客観的存在と認識可能性とを説く立場に対して攻撃の矢が放たれてくる。いま箇条書き風に記してみると、第一は自然諸科学および文化諸科学からする攻撃である。第二は自然科学的世界観の樹立を志向する立場であり、これは自然科学的方法に立脚して十全な倫理学が可能であると思い込む「科学主義」である。第三は、人類学や宗教学、或いは比較法学等が提供する事実、即ち既に第三章で検討された倫理的確信ないし良心が民族や部族ごとに異なるという事実の認識を以てする攻撃である。第四は、経験主義或いは実証主義の主張である。それは、倫理的領域における理性認識の可能性を疑問に付す。[41]このような事情を鑑みるならば、倫理学が従前にも増して徹底的に認識論に取り組む必要があることは言うまでもないであろう。

かくして倫理の認識論に課せられた主要問題は、結局、認識論が一般的にそしてまた学問の個別領域において携わる主要問題に外ならない。つまり、真理認識の可能性と確実性、そのような認識の前提、源泉ならびに方法、といった問題である。(42)

このうちの方法については、詳細は今は述べ得ないが、第二章において倫理学の課題と方法を自然法論の観点から論じた際に言及しておいた。我々は、次に倫理的認識の真理性の問題を論じ、しかる後にその確実性の問題に取り組んでみよう。

ここでは、存在認識と価値認識ないし倫理的認識を峻別する見解が我々に提起する問題、即ち「存在」と「善」の問題について少し反省してみたい。何故なら、分析哲学的思想系列に属する論者や存在と当為を厳格に峻別する論者によれば、「存在から当為を導出することは論理的に許されない」からである。そしてこの主張は、我々の存在論的な自然法倫理学と両立し得ないように思われるからである。この問題に関して、たとえば碧海純一教授は、G・E・ムーアによって導入された「自然主義的誤謬」naturalistic fallacyやM・ヴェーバーの「自然主義的一元論」の批判に依拠している。言うまでもなく、教授の基本的な立場は、いわゆる方法二元論の立場である。教授の言葉をかりると、方法二元論の主張は、「事実から規範を（または存在から当為を）導き出すことはできないということであり、或いは、「事実を内容とする命題のみから価値判断を内容とする命題を当然にひき出すことはできない」(43)という点にある。そしてこの方法二元論（存在—当為の峻別論）の理論的根拠のひとつとして、教授は次の論拠を挙げられる。「一般的に言うならば、……およそ推論において前提のいかなる部分にもふくまれていない要素は、結論にもふくまれえない、という論理上の準則がある。方法二元論は、この一般準則のひとつのコロラリーにほかならないのである」[44]。私は、右に述べられた命題の論理的価値を否定しようなどと考えるものではない。確かに、事実（存在）のみから価値（当為）が文字通りに導き出せると考えるならば、これはほとんど倫理的領域にかかわるあらゆるものの崩壊しか意味しないであろう。それは、倫理を、従ってまた人間を事実性のレヴェルにまで貶めることを意味する。人間の倫理ないし価値は、この意味で、快楽主義者や功利主義者などの自然主義的立場を斥ける。しかしながら、他方では、倫理的な善、或いは一般的に善の客観的な存在基盤を確保せんとする要請があるのではないのか。自然主義のファラシーに陥らずに、しかも事実と価値（存在と善または当為）とを高次において統一することは、やはり不可能なのであろうか。

この点について、いくぶん形而上学的な色彩が強くなるであろうが、我々はここで稲垣良典教授の論考「習慣と価値」[45]に拠りながら、右の問題に光を当ててみることにしたい。但し、我々は本問題と直接かかわる限度においてこの論考を取り上げる。その目的は、存在と価値ないし善（事実と価値、存在認識と当為認識）とを分離してしまっては、我々は実のところは結局それを前提にして生きており、また議論も行い、自己の見解の（理性に訴えての）正当性を主張するところの暗黙の原理との関係において自家撞着に陥ってしまうことを示すことにある。稲垣教授によると、「われわれが行為をめぐって争う根強い習慣を有する事実……は、行為の領域にたいする理性の適用を予想するものである」[46]。そして、通常みられる右の如き事実から、いわゆる経験主義者は、行為の正当化や価値判断が意志や感情に基づくことを早計に結論づけているのではなかろうか[47]。しかしながら、「ある行為に関する意思決定は、そのことを正当化する、もしくは善しとする理性の考量 deliberatio と判断――この考量は行為の度毎に意識的になされるとはかぎらず、習慣がその代りをつとめることが多いのであるが[48]――なしには下されえないこともたしかである。……じっさい、行為の領域に理性が適用されること、その意味での行為の原理としての理性を否定すると、行為をめぐる争いはもはや人間と人間との間の争いという様相を失ってしまうのである」。[49]

行為の善悪ないし正邪を理性が判断する場合には、行為を成り立たしめている諸々の要素に目を向けることによってそのように判断している。即ち、行為を成立させるについて不可欠な諸事実が当然もつべきものをもっているかどうか、という観点から、右の判断は下されるであろう。言い換えるならば、「存在の充溢 plenitudo essendi あるいは欠如」[50]という観点から、行為を成立させている諸要素の善悪が判断されることになるであろう。これは、行為（または行為の価値）bonum が存在するもの ens という側面・観点において理解されることを意味する。そしてこのことは、実は「存在の充溢と善との同一視」を意味している。ということは、逆から見ると、「存在の充溢と善との同一視」を我々が暗々裡に前提していないのであるならば、我々はそもそも行為を巡る論争をしなかったであろう、ということでもある。

以上いくぶん形而上学的な観点から述べたところから、存在と善とは無関係で全く異なるカテゴリーに属するものであるという方法二元論の主張が、我々の経験に反することが示されたのではなかろうか。しかし、これについてもなおも再反論がなされるかも知れない。我々が語ってきた「存在」とは「理性的なもの」或いは「善いと我々によって予め認められたもの」ではなかったか、と。[51] この異論に対しては、先ず、そもそも方法二元論が「存在」というばあい、それは存在のもつ本来の豊かさを最初から不当に独断的に矮小化しているのではあるまいか、と私は問い返したい。ちょうど我々の経験を対象化し、軽量化し、操作可能な経験に制限する見解がひとつのドグマの上に成り立つように。[52] 例えば、碧海教授が「存在」というばあい、それは「事実存在」或いは「事実性」といった程の意味に過ぎないのではなかろうか。このような存在把握に拠る限り、存在と善ないし当為との架橋は、最初から定義上閉ざされている、と言わねばならないだろう。従って、この意味での存在または事実から当為や価値が導き出され得ないことは、各論者の拠って立つ哲学的立場の如何を問わず、明らかであると言わねばならない。ところで、存在には、単なる事実性という意味での「事実存在」もあれば、更に「本質存在」もある。本質存在は、事実存在にとって「追求すべきもの」という意味で善い、と言うことができよう。[53]

次に、「存在の充溢と善との同一視」と我々が前に述べたことの意味をもう少し詳しく見ておこう。この標語は、一般的には、「存在（するもの）と善は置き換えられる」（Ens et bonum convertuntur.）という命題で知られている。「存在するもの」ens に対するのは、「存在しないもの」または「非存在」non-ens である。ところで、可能的存在あるいは可能態にとどまる存在は、なるほど存在することも可能ではあるが、存在するものではなく、むしろ（現実態において存在するものとの関連でみるならば）存在しないものである。換言すれば、勝義における「存在するもの」とは、現実態において存在するものの外ならない。ところで、現実態は可能態がそれへと向かう目標ないし終局 finis に外ならない。この意味において、現実態は、可能態（それは或る意味で「未—現実態」と言えるであろう。）にとって、その完成態（それは或る意味で「既—現実態」と言えるであろう。）として「希求すべきもの」ないし「善いもの」と言うことができる。ここにおいて、「現実態」と「善」の関係が明らかとなる。要するに、この現実態という媒介概念（存在の一様態）を手掛かりとして、「存在と善の置換可能性、同一性」の意味を我々は明らかにすることができた。[54] 即ち、「存在」と「当為」（または「事実」と「価値」）とは、全く無関係な二つのカテゴリーに属するものではなく、やはり確乎とした内的連関を有するものであることが、以上の検討を通じて確認できた訳である。

第二項　倫理的認識の源泉

あらゆる人間的認識がそうであるように、倫理的認識もまた、経験と思惟の協同に基づいている。(55)

倫理的認識の基礎となる経験については、既に他の箇所でみたように(56)、内的経験と外的経験とがあった。内的経験事実は、我々をして倫理的なものの探求と理解の試みへと駆り立てるものであった。これに対して、倫理的なものの外的経験事実は、「様々な民族の、倫理的・法的ならびに社会的秩序の多様な形式(57)」の中に発現している。それは人倫と言い換えることもできようし、また社会秩序と呼ぶこともできよう。内的・直接的経験事実と外的・歴史的経験事実から出発して、倫理学は、自己の領域に属する諸事実の根拠、本質、相互連関を突き止め、その認識が真であり、確実であることを保持せんと試みる。そして、倫理学は、その課題を遂行するために、「学問的思惟の方法」die Methoden des wissenschaftlichen Denkens(58)を用いる。即ち、すべての学問がそうするように、倫理学もまた、帰納的考察方法と演繹的考察方法とを併用する。

次に、理性認識の価値の問題について小考を加えておこう。当然のことながら、自然法倫理学を含めて、すべての倫理学は、学たる限りにおいて、理性的認識が営まれる領域に属するものである。このこと自体に異論はないであろうが、次のような理由から理性認識の価値に嫌疑がかけられている。「個人的生活と社会的生活の倫理的基礎は、倫理的行為の側面から見ても、啓示され宗教的に根拠づけられた真理の中に遙かに明瞭で信頼に足る仕方で見出されるのであって、その真理に理性によって附加される本質的なものは何もない(59)」。

メスナーは、これに対して、キリスト教徒の倫理生活についてこれが容認されるとしても、次の六つの理由により、これを斥ける。要約するとこうである。①キリスト教徒であるなしに拘らず、正しく生きることを心がけている人々が現実に大勢いるが、その人々は、理性にしたがって生きる者であること、疑うべくもない。②キリスト教が精神世界の支柱であった中世においてすら、神学者たちは、倫理法則をただ単に神学的に説こうとしただけでなく、哲学的に、即ち「自然的理性の光の下で」sub ratione naturale 論及しようとしたのである。③地上の事柄は、自然的倫理法則を前提とする理性認識の問題であり、啓示による真理は、人間が自然本性的に有する理性に固有の能力を使用することを禁ずるものではない。④現代人は、「科学的」理性に絶大なる信を寄せている。こうした精神情況にあっては、理性に立脚した倫理学を樹立することが望まれる。⑤ミッション活動においても、単に宗教的な論拠だけでは若者に影響を及ぼすことは困難となっている。⑥西洋の危機の時代にあっては、理性（認識）に立脚した倫理学でなければ有効であるとは言えない。[60]

単に宗教的＝世界観的領域を越え出て、この脅かされた世界にとって共通な諸価値を見出そうとしている人々を統一することのできる、そのような精神的基盤を、理性を用いて明確化することが倫理学の重要な課題である。[61]

かくして、倫理学において理性の果たす役割の重さが再び確認された。

第三節　倫理的認識の真理性

第一項　新カント派と価値情緒説の見解

第一　G・ラートブルッフの価値相対主義[62]

根源的意識（広義における良心、或いは直知 intellectus と良心 synderesis）[63]は、恣意的殺人は倫理的に悪であるとする判断の真理性と、すべての人間は死すべきものであるという判断の真理性とに一点の疑念をも差し挟まないし、また両真理の間に違いを見出さない。伝統的哲学的思惟にあっては、倫理領域における真理認識も、人間的真理認識の他の領域におけるそれと相違するものではなかった。(64)ところが、新たな哲学的思惟の営為によると、「倫理の領域は、根本において理性認識の接近し得るものではなく、また倫理的判断は、根本において理性に基づいた真理認識という意味での真理とは無関係である。(65)」とされる。

価値相対主義者として令名高いG・ラートブルフはこう言った。

当為命題は他の当為命題によってのみ理由づけられ立証されることができる。まさにそれゆえに窮極の当為命題は立証不可能であり公理のようなもので認識することはできずただ確信することができるにすぎない。したがって、窮極の当為命題に関する相対立する主義すなわち相対立する価値観および世界観が互いに争いあいつつ対立するところでは、もはやそれらを科学的一義性をもって解決することは不可能である。科学的価値考察は――そう人はいったが――何を人は為すことができるか、何を人は為そうと欲するかを教えることができるが、しかし何を人は為すべきかを教えることはできない。(66)

即ち、ラートブルフによると、当為命題＝倫理命題は他の倫理命題、より厳密に言うならば、上位の倫理（当為）命題によってしかその妥当性を獲得することができない。これは、当為（界）を存在（界）から分断する方法二元論の当然の帰結と言わねばならない。

第二　碧海教授の価値情緒説

同様の思惟傾向を有するケルゼンを始め、現代英米の価値情緒主義に依拠する碧海教授は、メタ倫理学説を認識説（客観説）と非認識説（価値情緒説または主観説）とに区分する。教授の説明を借りると、認識説は、「倫理的価値言明は、何か客観的に存立する事態をあらわすものであり、その事態が『本当に』存立するときには『真』であり、そうでなければ『偽』となるような言明であると解するのであるが、それに対し、後者は、倫理的価値命題を単純に話者の情緒的な態度の表現と解し、したがって、この種の言明が『真理値をもつ』ことを原理的に否定するものである」[67]。そして、碧海教授は、倫理的言明の性質を明らかにするために、それを事実命題と比べることを勧められる。事実言明は、「それが事実に『合っている』かどうかにしたがって、あるいは真になり、あるいは偽となる。しかも、その真偽は、話者を含めて一般にひとびとの態度には依存せず、その意味で『客観的』であるといってよい」[68]。更に、価値言明が事実言明によってその真偽を決定されるとする事実―価値一元論と、両言明の還元不可能性を主張する事実―価値二元論とが区分される。事実―価値一元論は、当然倫理的言明は判定され得る。別な言い方をすれば、倫理的言明は客観的な存在する事態を表わす、と考える認識説（自然主義）であり、事実―価値二元論は更に二派に分かたれる。一つは、倫理的言明の真偽は事実によってではなく、「直観または直覚」Anschauung, intuition によって確証されうるとする直観主義（直覚主義）であり、他は、倫理的言明は、事実（言明）によっても直観ないし直覚によっても正当化できないとする価値情緒説である。碧海教授は、我々が前に見たように、存在から当為は導き出せないという方法二元論に立つのであるから、当然のことながら、自然主義（的認識説）を斥けるが、経験主義者にして合理主義者たる教授は、「直観」とか「心眼」[69]をもって倫理的言明の真理性が把握されることを厳しく拒否する。従って、右に紹介した図式のうちで残る選択肢である価値情緒説を当然に支持される訳であるが、それでは、価値の世界については消極態度に終始されるのであろうか。否。M・ヴェーバーの「価値自由」Wertfreiheit[70]と「知的廉直」intellektuelle Rechtschaffenheit, intellectual integrity[71]、或いは、ラッセルの「科学的な物の見方」scientific outlookの要請に基づいて、いわゆる経験諸科学の知見が、価値の諸問題について積極的な機能を発揮し得ることの[72]指摘をも、教授は忘れない。要点を記すと、経験諸科学は、設定された目的に何が最も有効な手段であるかを、我々に教えてくれる。しかしながら、目的そのものの選択は、科学（＝合理的思惟）の能く為すところではなく、実践の領域に属する。[73]即ち、それは「信仰帰依」Bekenntnis の問題とされるのである。[74]

第三　碧海教授の「不完全問題」――「仮象問題」の克服の試み――

右に述べた碧海教授の所説の特徴を更に明瞭ならしめるため、今度はやや別の角度からその理論を捉え直すことによって、それが孕む問題点に説き及んでみよう。それは、教授が基本的には論理実証主義のいわゆる検証理論 theory of verification あるいは仮象問題 pseudo-problem, Scheinproblem bzw. -frage から受け継いでいる考え方である。

先ず、仮象問題とは、教授自身の説明によれば、「文法上一応疑問文としての体裁をそなえてはいるが、それに対して答えることが原理上不可能であるような文である。[75]」とか、「文法的構造上一見真正な問題であるようにみえるが、厳密に分析してみると、原理上それに対する解答がみいだされないようなことばのくみあわせである[76]」。その例として、「世界の窮極の原理の問題」、「感覚を超越する世界の実在性の問題」などが挙げられており、それらの仮象問題は、偉大な思想家、哲学者たちが弛まぬ努力、探求の末に、結局終局的な解答を見出せなかったのであるが、教授によればそれも当然の事理であって、「そもそも真に問われるべきものははじめからなかったのである。この意味で、この種の『根本問題』はまさに文字どおり『永遠の』問題であった。[77]」という。そして、実際、初期の論理実証主義においては、何でも一見困難な問題となれば、仮象問題として片付けられたりした。安易にこれを用いるのは危険である。

在来の哲学上の問題は、たしかに不明断であって、そのままでは答えられない。哲学を母体として各経験科学がつぎつぎと独立してきた過程において、はじめは哲学の問題としてやや粗雑な形で提起されたいろいろな疑問がのちに科学の問題としていっそう明断に定式化されていったことは注目に値する。(78)

これは、哲学を科学の前衛と把握するB・ラッセルの見解でもある。(79) 哲学の有するなにがしかの意味を認めることを通じて、碧海教授は、「仮象問題」のテーゼを改鋳して「不完全問題」(相対的意味における仮象問題)を提唱するに及んだ。教授は、仮象問題と称されるもののうち、厳密な分析を施して明確に再定式化を行い、そのことによって少なくとも部分的に(或る程度までは)原理上解決できるものを「不完全問題」と命名する。(80) 不完全問題には、それ故に、当然のことであるが、原理上解決できる部分と、原理上解決され得ない部分とが含まれることとなる。原理上解決できる部分は、或いは言語分析を施すことによって明確にされることもあり得るだろうし、また経験科学によって検証されることもあろう。(批判的合理主義に共鳴される碧海教授の意図を尊重すれば、今までのところ反証 falsification, refutation, Falsifizierung, Widerlegung の試みが失敗に終わっている、ということになろう)。

教授によって命名されたこの不完全問題は、このように、原理上解決できない仮象問題と原理上解決可能な真正問題との複合問題であった。これが、価値命題(或いは価値判断、当為文)に対して含意するものは何であろうか。それは、思うに、価値命題とみては単なる主観の表明と速断する(これは初期の論理実証主義者に特にみられた)ことを止め、慎重にそれを先ずは分析する(これは日常言語学派が励行していることである)という態度を我々に要求するであろう。しかしながら、これは別に分析哲学とか批判的合理主義に属すると公言する論者だけの独占物でもあるまい。およそ理性的に物事を考える者は（実際に純粋な形で実践し得ているか否かは別にしても）それを目指している、と言わねばならない。

第四　不完全問題と良心論との対話

我々が既に検討した問題[81]をこの不完全問題に引き寄せて考えてみることにしよう。良心が判断を下すさいには、良知による倫理的原理の把握（大前提）と事実の認識＝状況把握（小前提）とに基づいて、結論を下している（結論）のであった、ところで、これを不完全問題と対応させてみると、この状況把握は真正問題に、良知による倫理原理の把握は仮象問題にほぼ対応することが理解されるであろう。つまり、良知の下す判断（狭義の良心、具体的な価値判断もこれに外ならない。）は、碧海教授の見解にしたがえば、不完全問題として理解されることになるであろう。倫理原理の妥当性を理論上疑問視する者であっても、実際上はそのように振舞って生活し得ないことは、常識が我々に知らしめるところである。人間が人間である限り、その本性は一定の傾向性を有するのであり、この人間本性に内在する傾向性に支担されての主体的認識が、我々の善悪を、漠然とではあるが（一義的ではないにしても）確実に教え知らしめる。若しこのような主体的本性適合的認識がなかったならば、我々の社会の存立はそもそも不可能であったであろう。倫理をめぐる議論（反省的認識または討議）が成り立つのは、もともと倫理そのものの客観的存在とその把握とを予想するのである。さればこそ、倫理上の問題を問題として取り上げ、それについていろいろと検討を加えることができるのである。若しも倫理原理の把握（これは不完全問題のうちの仮象問題に相当する）が根拠なきもの（＝理不尽なもの）に過ぎないのであれば、価値判断はすべて恣意に委ねられてしまい、その結果、我々は懐疑論へと陥って行く外はあるまい。

ところで、私の見るところでは、碧海教授は、教授の最も警戒しておられる筈の方法論的混同に陥っている。前に、我々はヴェーバー的知的廉直、価値自由の原理に触れたのであるが、そこで問題とされていたのは、個々人であった。そして、社会科学的認識の客観性を考察する上で、或いはむしろその客観性を高める上で重要なことは、個々人の態度（心掛け）としての「知的廉直」の実践だけではない。否、それはむしろ稀なる事例である。碧海教授は、アーネスト・ネーゲルの言葉を引用して、科学のもつ「社会的」性格が認識の客観性の確保に極めて重要である、と説かれる。

……無意識の偏見や黙示の評価態度に起因するところの科学研究上の障害が、偏見を除去しようという殊勝な決心によって克服されることは稀である。この種の障碍は、通常、社会的ないとなみとしての科学の有する自己匡正機構によって、それもおおくのばあい少しずつ克服されてゆくのである。何となれば、現代科学は思想の発明、相互交換および自由でしかも責任ある批判を奨励し、独立の研究者……相互のあいだでの知識獲得競争を歓迎し、そして提案された研究上の結論の中でも、際限なく大きな研究者共同体……による批判的吟味に耐えたものだけを残しておくというやりかたによって、偏見の［有害な］効果を漸進的に軽減して行くからである。[82]

私自身は、右に引用したネーゲルの主張は、それ自体としてみれば、何ら間違っているとは思わない。しかしながら、翻って碧海教授の方法論的前提に立つ限り、「科学の自己匡正機構によって」当然に社会科学的認識の客観性が果たして確保され得るだろうか、或いは根拠づけられるであろうか。私見によれば、右の制限句は、碧海流に言うならば、更にリステイトされるべきであろう。その真理性が如何にして確保され得るのかが、更にエクスプリシットに表現されるべきであろう。教授の立場に立つ限り、単に複数の討論者の議論によって価値判断の客観性が確保されることはそもそもあり得ない筈ではなかろうか。価値命題は、たとい仮象問題ではないにしても、少なくとも真正な仮象問題をその一部として含む不完全問題であるのだから。

しかしながら、私は、あれほど明敏な碧海教授が、方法論的な限界を踏み越えてまで（と私には思われる）価値判断の客観性が「批判的吟味」を施してゆくことによって漸次獲得されてゆく、と説かれるに至ったことを心から評価したい。それは、暗黙のうちに価値の基本的な原理、自然法原理を肯定していることに外ならないからである。つまり、ここでは、哲学的意味における常識（共通感覚）、トマス主義に言うところの「本性適合的認識」が作用している、と我々は考え得るのである。

第二項　倫理的判断の真理性――存在と当為の問題(二)――

真理の古典的な定義は、「思考と存在の合致」Übereinstimmung von Denken und Sein, adaequitio intellectus et rei である。[83] いわゆる経験科学がその対象として取り上げる実在（存在）の認識の真理性について右の古典的定義が当てはまるのはよいとして（尤も論理実証主義も弁証法的唯物論もこの真理の定義を受容するものの、実存または存在を恣意的に狭めて感覚的経験世界とするのではあるが）、倫理的認識（または判断）の真理性についても右の定義は有効であろうか。メスナーは「然り」と答える。倫理（的なもの）或いは善（なるもの）とは、人間本性の本質的現実在に相応するものである。別言すれば、倫理は、「人間行為と、人間本性や身体的かる精神的傾向性（傾動）に予め刻印された諸目的との合致、約言すれば、傾動の『適宜性』[84]」にその本質がある。

例えば、空を飛ぶことは、鳥にとって本性に合致したこと（適合したこと）である。或いは、河川や海洋を泳ぐことは魚にとって本性に適ったことである。同様に、「本性に合致したもの（こと）das Naturentsprechende に関する判断としての倫理的判断は、先ず第一に、そして根本において、存在判断である。[85]」（傍点強調は引用者による）。この意味において、倫理的判断（命題）の真理性の概念は、存在判断や事実判断の真理性の概念と選ぶことを知らない、と言えよう。こういう訳で、伝統的自然法論ないし伝統的倫理学は、倫理（的なもの）を「本性的なもの」（プラトン）とか、「本性に適合したもの」（アウグスティヌス）、「誠実」（トマス）、「正直」（スアレス）と定義してきたのである。(86)

「ゾレン」という繋辞は、倫理的判断の特色をなすものであって、このゾレンの根底には「イスト」という繋辞がある。我々が誰かに向かって、お前は自分でした約束を守る「べきである」“sollst”というばあい、その根底には、一度交わした約束を守ることは彼の真の自己に相応（適合）すること「である」“ist”という判断がある。「ゾレン（当為）」は、倫理的に善い人間的行為が本性の本質的現実在によって要求されたもの「である」ということを意味する。人間が本性の本質的現実在という意味での真の「存在」であるのは、唯に彼の意志に因るのであるから、この本質的現実在に適合することが、人間の全現実在にとって要求されたこと、即ち「当為」となるのである。(87)

存在と当為の問題をめぐっては、我々は既に第二節第一項において幾らかは明らかにすることができた。問題の重要さを考慮して、ここで再度論ずることにしたい。今度は、メスナー自身の言葉によって論証してゆこう。存在と当為は符合しない。これは「実践理性の認識と理論理性の認識とが区別されるのに等しい。……実践的判断と理論的判断とは、それ故、符合しない。しかしながら、実践的判断は、……全き人間存在の要求を表示しているのであるから、汝は誠実で『あるべきである』という当為判断は、誠実は人間本性（人間の尊厳）に相応した行為『である』という一般的な存在判断としても表現される。『当為』と『存在』とのこうした関係を無視したり否定したりする総ての倫理学派にとって最終的に可能な道は、倫理的真理を『信仰』に基礎づけること以外にはない」。(88)じっさい、価値相対主義者たちは、価値観、価値体系の選択は、客観的論証を許さない信仰帰依の問題であるとしたのであった。他方の側に、何らかの形で事実によって価値、倫理の正当化を企てる立場、具体的には、マルクス主義、功利主義、実用主義などがあることは、今更言うまでもなかろう。[89]

存在と当為の区別をしたのは、周知の如く、D・ヒュームであった。曰く、

どの道徳体系においても私はいつも気がついていたのだが、その著者は、しばらくは通常のしかたで論及を進め、……ところが、このときに突然、である、ではないという普通の連辞で命題を結ぶのではなく、出会うどの命題も、べきである、べきでないで結ばれていないものはないことに気づいて私は驚くのである。この変化は目につきにくいが、きわめて重要である。なぜなら、このべきである、べきでないというのは、ある新しい関係、判断を表わすのだから[90]……。

これに対して、メスナーは答える。当為命題は存在命題に変換できると。「倫理的なものは、本性的に正しいこと（das Naturrichtige）であり、本性的に適合していること（das Naturentsprechende）であり、本性によって要求されていること（das Naturgeforderte）である」[91]。論理実証主義者やその他の者から予想される反論に対しても、メスナーは、周到な解答を準備している。その予想される反論とは、右に言うところの「正しいこと」das Richtige、「適合していること」das Entsprechende、「要求されていること」das Geforderte は、実は当為命題（または判断）を含意しているのではないか。

これに対して、既にみたように、空を飛ぶことは鳥にとって「本性的に正しいこと」das Naturrichtige であり、「本性に適合していること」das Naturentsprechende であった。ところで、「本性的に正しいこと」とか「本性によって要求されていること」というのは、何も我々によって恣意的に人間本性の中に投入されたのではなく、従って、その意味で当為命題の一形式なのではなく、「家族という基礎状況の中での人間本性の作用様態の観察に帰着するのである。倫理的なものは、それによって人間本性が真の人間存在の全現実に到達するような行為である。再度（こ

こで）『全現実』Vollwirklichkeit、『真の人間存在』das wahrhafte Menschsein という概念を論理実証主義は当為命題とすることは出来ないのである。何となれば、両概念とも、家族社会の成員としての人間が幸福を追求することから、同じことの言い換えであるが、彼に固有の利益から、完全な人間的実存への希求を充足することができる場としての、人間的実存の秩序という検証可能な事実世界から獲得される概念であるからである(92)」。

このようにして、存在と価値とを分離峻別する立場に対して、メスナーは反証を試みた。即ち、それは、ヒュームに対しても、彼の後継者たる情緒主義に対しても、また新カント派の二元論に対しても、有効な論証であると私は考える。更に、人間の全現実に目を向けることによって、メスナーの見解は、単なる事実から価値を導出するという自然主義的誤謬に陥っているのでもない。

ところで、存在と当為とが内的連関を有しているという主張が直ちに存在と当為が符合するとか同一であるなどという主張を意味するものでないことは、前に見たとおりである。

人間にとって本性的に正しいことが『当為』を意味する事態は、彼にとって本性的に正しいことに反して行為することをも容認する、選択の自由と決断の自由とに基づいている。しかしながら、このことは、倫理的なことが、存在論的に見た場合、人間にとって本性的に正しいこと『であって』、本性に適合したこと『である』ことを妨げるものではない(93)。

以上のことから、倫理的真理を問うことは、思考と存在ないし実在との一致を問うことであることが明らかにされた。即ち、倫理的真理においても、一般に真理の定義とされている Veritas est adaequatio rei et intellectus というテーゼが妥当していることが確認されたのである。

第三項　倫理的認識の原理――「直接に明白な」真理の問題――

我々は、とくに「良心の判断」をめぐる議論において、良心の洞察（良知）によって把握される「倫理的意識（または判断）の第一原理」について再三言及した。[94] ところで、この原理に内在固有の性質、特性については、倫理学によっては「明証性」Evidenz, evidentia を以て説明する以上には論じられない。メスナーは、正にこの問題を更に追求し、解明することを以て現代における一倫理学者としての自己の課題としたのであった。[95]

根源的な倫理意識に立ち現われてくる「直接的に明白な」unmittelbar einsichtig 真理は、確実であると考えられ、それまでは真理の内有する特性として認められてきた「明証性」Einsichtigkeit, Evidenz に新たに疑問が投ぜられた。これについての論理的釈明も説明も為されてこなかった。ところが、文化人類学を始めとする経験諸科学によって、つまり、それぞれの文化に属する人々が「自明で、確実である」とする倫理的真理（実は意識）は、「自明的（明証的）」でもなければ、「確実」でもないことが解明されてきた。[96]（これに関連する我々の見解は別の箇所で詳述した）。[97] 他方では、論理実証主義によって倫理的意識一般の真理性が否定される。それ故に、倫理学は、倫理的認識の一般原理が真理であることを批判的に検討し、しかる後にそれを論理的に正当化しなければならないし、また出来なければならない。この課題を我々は引き受けて解かねばならない。何となれば、我々が信を置くことができる倫理学、即ち自然法倫理学は、「爾余のあらゆる倫理的判断にしても、また学問的倫理学自身にしても、その窮極的根拠を外ならぬ直接的に明白な倫理的真理に仰ぐものである」[98] ことを主張するのであるから。

前項で我々は、倫理的認識の真理性についても、真理の古典的定義、即ち「真理とは思考と存在との一致である」という定義が妥当することを見定めた。それでは、倫理的判断における真理が、思考と存在（または実在）との一致であると言われる場合、この「存在（または実在）」とは厳密には如何なるものであるのか。我々は、ここでも先ず、理論理性の原理（真理）を検討することによって、実践理性の原理（＝倫理的認識の真理）を明確化してゆくことにしよう。

そもそも我々の認識はすべて、それが外的世界に関する認識であろうと、倫理的世界に関する認識であろうと、直接的に明白であるような最も一般的な原理を基礎にもっていると言わねばならない。これらの原理は、周知の如く、「理論理性の原理」Prinzipien der theoretischen Vernunft、及び、「実践理性の原理」Prinzipien der praktischen Vernunft と呼ばれてきた。

理論理性の原理と実践理性の原理は証明出来ないが、また証明する必要もない認識である。何となれば、理性がその原理をそれ自身によって確実である durch sich selbst gewiß と洞察するからである。[99]

これ理性の原理が別名「公理」と呼ばれる所以である。我々が日常生活において何かを認識するときには、意識していようがいまいが、理論理性の諸原理の援けを得た上でそのように認識しているのである。言い換えるならば、我々が何かを認識し、或いは判断することは、実は認識の第一原理を我々がその都度肯定していることを含意している。このことを理解することは頗る重要であると私は思う。何となれば、右に述べたことと同様に、我々が自己の行為や他人の行為の善悪、ないし正邪を問い、尋ね、判断するときには、当然のことながら、実践理性の第一原理を既に前提していると言わねばならないからである。そのような倫理原理には、既にみたように、[100]善を為し悪を避けるべし、約束の実行、黄金律、などがあった。理論理性の原理としては、（無）矛盾律、根拠律、因果律などがある。

ところで、直接的に明白であるような理論理性の原理と実践理性の原理は、ア・プリオリな分析判断であるか、それともア・プリオリな総合判断であるかの何れかでなければならない。つまり、それらは、「直接的に明白である（ア・プリオリである）が、異なった仕方で」[101]そうなのである。この二種類のア・プリオリな判断を説明するために、メスナーは矛盾律と因果律を例に取り上げる。

(1)先ず「(無)矛盾律」das Prinzip der（Non-）Kontradiktion ないし「矛盾律」das Prinzip des Widerspruchs について。矛盾律は、「判断命題の意味とそこで用いられている表現の意味が理解されるや否や直ちに、直接的に明白になる。その次に知らされるのは、言表された関係についての判断の真理は、表現自身に内在する意味にその根拠を有し、その意味から必然的に notwendig 導き出される、ということである。それ故に、このような判断は分析判断と呼ばれる。これが同語反復以上の意味を有することは、概念それ自体には未だ含まれていない或る関係（矛盾）が認識され、言表されているということから理解される」[102]。

(2)次に「因果律」das Kausalprinzip について。「経験による認識 Erfahrungserkenntnis から獲得される『生起』Entstehen、『原因』Ursache の意味を、理性の考量（理性によって熟慮、反省すること）Vernunftüberlegung によって、何物も原因なしに生起することはない nichts entsteht ohne Ursache というそれ自身において確実な、従ってまた必然的かつ一般的に妥当する認識[103]」、即ち因果律の認識が生まれる。経験によって条件づけられ、熟慮によって条件づけられているのであるから、この認識ないし判断は、ア・プリオリな（先天的な）総合判断である、と言うことができる。

倫理の最も一般的な原理は、「善は為すべく、悪は避けるべし」（Bonum est faciendum et prosequendum, malum vitandum, Das Gute ist zu tun, das Böse zu meiden.）であった。同じことを、「汝は人間としての真の自己であれ」とか「すべての行動において人間の尊厳を尊重せざるべからず」などと別様に表現することもできる[104]。それでは、このような倫理原理について、どのようにして「志向と存在の一致」としての真理が語られ得るのであろうか。メスナーは、「この場合の真理は、善の思考された存在と善の事実的実在との一致である」[105]という。事実的実在は、自ら直接的に、つまり直観的に（直覚的に）anschauend 認識される。

ところで、実在または現実 Wirklichkeiten は、二様の仕方で把握される。即ち「直観的（直覚的ないし直視的）判断」と「演繹的（ないし推論による）判断」とによってである。[106] 我々の関心は、直観的判断におかれているのであるが、ここで注意しておくべきことがある。

直観的認識は、それが対象を『そのようのものとして』意識して把握したばあいには、既に現存在または相存在 ein Dasein oder Sosein を実在 Wirklichkeit として把握しているのであって、真理認識はそれ故に、そこにおいて或る実在が理性によって疑う余地のないものとして、存在または相存在という形で把握されている直観的判断において成立する。[107]

直観的判断について、更に考察を加えてみよう。これとてもやはり判断である以上、およそ判断に妥当することは、この直観的判断にも妥当しなければならない。即ち、「事態を把握することへと向けられている。この向けられていること、つまり志向性は判断の本質に属する」[108]。このようであってみれば、固有の意味での判断は、何も「言明」eine Aussage, a statement を通じて初めて下されるようなものではない。それは、直観的に把握された事態を志向するなかに既に存するからである。[109]「赤色」を知覚する場合を例にとって考えてみよう。我々が「赤色」を知覚して、「赤色」を赤色として認識したばあいには、これは「直観的判断」である。「この直観的判断の真理は、『赤』なる相存在を把握している思考と事実上の『赤』との合致にある」[110]。日常生活において我々は何遍も何回もこのような仕方で、つまり、ことさら判断命題としてそれを表現ないし言表しないで、直観的判断を下している。我々の眼目とする実践理性の第一原理についても事情は同じである。

実践理性における真理は、やはり「思考と実在の合致」であり、より厳密に表現するならば、思考された相存在（または、相存在を把握している思考）と事実上の相存在との合致であり、「理性認識に迫ってくる直観的判断と、それ自身直接的で精神的な直観において把握される実在との合致である」(111)。

第四項　先天的総合判断——黄金律を素材として——

第一　自然法原理としての黄金律

第三項で我々は、実践理性の第一原理の真理性について極めて一般的に論じた。ここではより具体的な内容をもった倫理的原理の真理性について考えてみることにしよう。我々がここで実際に取り上げて検討しようとするのは、「黄金律」cie goldene Regel, the golden rule である。黄金律はいう。「汝の欲せざるところ、他人に施すこと勿れ。」Tue andern nicht, was du nicht willst, daß sie dir tun. Do not do to others what you do not wish them to do unto you. 黄金律に含まれている諸概念を拾い上げてみると、「汝……すべからず」du sollst nicht、「自己意識をもち、不法と侵害から保護されんとの意識をもつ独自の自己」das eigen Ich mit seinem Bewußtsein von sich selbst und seinem Verlangen nach Bewahrung vor Unrecht und Schädigung、それから「他人」andere Menschen という概念である。(112)この原理が、必然的でなおかつ普遍的な妥当性をもつことを認識理解するためには、次の二点が決定的に重要である。第一は、他人も自分と同じ理性的本性を有しているということの理解であり、第二は、自分が他人から尊重されることを要求し望んでいるのと全く同様に、他人もまたその周りの者から尊重され、或いはまた認められることを要求もし、実際望んでいるのだということの理解である。(113)

第二　黄金律の認識過程とその性質

それでは、一体この黄金律の認識は如何にして成立するのか、またそれは如何なる性質のものであるのか。

我々が倫理原理（自然法原理）、ここでは黄金律の認識に到達するのは、義務直覚主義者たちが正しく説いているように、経験からの一般化によるのではない。他人に不法をはたらいたら仕返しを受けた、というような経験から倫理原理が洞察されるのではない。そうではなく、むしろ「人間は、なるほどそのような経験を機縁にしてではあるが、たといそのことで何ら不利な結果を招かないということが確実であったとしても、他人に対する不法は悪であり避けられるべきであるということを、直接的認識によって知るからである」[114]。倫理上の根本的確信、倫理原理の認識は、それ故に、経験を通して獲得されることは争い得ない。そして、黄金律（延いては倫理の原理）が認識されるようになるのは、「或る者が不法をはたらいた場合に、それ（＝不法）が倫理的に悪であるという理由で、その者は処罰されるのだという認識が、人間のきわめて早期の、そしてまたきわめて根源的な経験に属する」からである。[115]或る者が不法を被った場合、その不法は、例えば不当な罰はまさに「不法不正な」罰として当人によって経験されるし、それが不法として経験されるのは、そのことによる不利益とか害悪とかとは全く別の事柄としてなのである。人間は、理性的な考量を少しでも払うことによって、「他人も人間であるが故に自分と同じように理性的本性をもち、同じように不法を感じ取り、また同じように不法と悪とを知っている」ことを洞察する。[116]

これに対しては、人間社会には歴史的に現に奴隷社会とか階級差とがあったではないか、と反論が出されるかも知れない。しかしながら、メスナーは、「子供が人間の行為にかんして初めて経験するのは、平等な者同士の階層としてのより小さな社会、それも特に家族の中においてである。そして、そこで子供たちは、今我々が問題にしている直接的な認識に到達するのである」[117]と応答している。メスナーの自然法論ないし自然法倫理学においては、家族という社会が非常に重要な位置を占めている。[118] それは右にみたように、人間が黄金律を始め他の倫理原理や法原理を「原社会」Urgemeinschaft としての家族のなかで習得していくからに外ならない。人間は、先ず以て「家族的存在」ein Familienwesen である。実に「人間本性こそが家族（共同体）内での共同生活秩序へと人間を駆り立てるのであってこの秩序によってのみ、すべての人間はその存在を獲得することができる。これは、人間本性に対する理論的認識によるのではなく、最も重要な身体的かつ精神的な要求を満たすのに何が必要であるか、という人間の経験によるものである。……倫理的、法的な基本原理は、人間がその本性自身に促されて社会秩序の形成に踏み入るや否や、具体的な内容を以て体験され習得される。この第一段階は、（存在論的にも歴史的にも）原社会すなわち家族集団と種族集団において行われる」[119]。要するに、人間は、倫理原理（自然法原理）をその具体的態様において体得（＝体験し習得）するのである。

ところで、ひとたび倫理原理が、例えば黄金律が経験によって意識される段になると、「人間本性自身によって、それ故あらゆる人間によって要求されており、かつ人間本性自体に対して、それ故あらゆる人間に対して負うべきところの、行為への直接的洞察とともに必然的かつ普遍的に義務づける黄金律の妥当性への直接的洞察とが、人間の直視する認識に生じて来る」[120]。従って、我々は次の重要な帰結を得ることになる。自然法原理（黄金律などを含む倫理の諸原理）は、人間が原社会たる家族のなかで人間にふさわしく生きていくための生存秩序の基本原理として、各人によって体得されるのであり、しかも常に具体的内容と結びついて体得されるが故に、E・トーピッチュ等が論難するような内容空虚な定式 inhaltsleere Formeln, Leerformeln では決してなく、この意味において、それは経験に制約された「総合判断」であるが、「熟慮する理性にとっては直接的に明白になり、必然的にかつ普遍的に妥当する点で明白であるので、先天的性格を有する」[121]。それ故に、自然法原理（実践理性の第一原理、倫理原理）は、先天的総合判断 synthetische Urteile a priori である。それは、「経験と簡単な理性考量に基づいた、直接的に明白な（明証的な）真理」unmittelbar einsichtige Wahrheiten auf Grund von Erfahrungen und einfacher Vernunftüberlegung[122]なのである。

第三　自然法原理の認識における錯覚の問題

上述したように、実際もっとも一般的な倫理原理の真理性が思考と事実上の実在との一致にあり、しかも事実上の実在が把握されるのは精神的な直観ないし直覚による外ないのであるならば、感覚的直観が錯覚に陥るのと同様に、精神的直観も錯覚に陥る虞がありはしないか。

この問題についても、メスナーは、事実認識における直覚・直観と比較することによって、自然法原理の認識におけるそれが含む特徴を明確にしてゆこうとする。例えば、色の知覚について考えてみると、我々は偶然的な仕方で一時的に「或る特定の色」を「他の色」であると思い誤る。これは錯覚である。他方、「色盲」においては、或る特定の色を識別することは常に不可能である。これと対照的に、「完全に発達した理性においては倫理的全盲 völlige sittliche Blindheit は排除されている」[123]。善悪の知は、（無）矛盾律の知と同様に、決して誤ることのない洞察であるる。錯覚の問題が生じるのは、個別具体的な場面、状況で、何が「直接的に明白な倫理原理」によって要求されているのか、という判断過程においてである。これは、原理を適用・応用するときに生ずる誤りであり、原理適用上の可謬性に外ならない。

それでは、この可謬性に対処していく方法はないのであろうか。例えば、或る者が「赤」でないものを誤って「赤」であると思った場合、彼の直観的判断が誤っていることは、他の者全員からそれは赤ではない、と指摘されることによって訂正され得るであろう。色盲のばあい、これとは若干事情が異なるにせよ、基本的な相違は見出せない。これに対して、倫理原理における錯覚については、次に述べるように、著しい特徴が見出される。

> **倫理上の基本的な真理を洞察するために必要な熟慮といえども、外的影響を受けて誤ることもある。しかしながら、理性を十分にはたらかし得る人間は、いったん真理へ教導されるや、この洞察を基礎づけている現実を把握し、かくして、この点については、以後自分自身で完全に確信をもてるようになるのである。**[124]

メスナーの挙げている例であるが、嘘をつくことによって罰を免れようとする子供が、虚言の倫理的に悪なることを教示されると、理性を十分に使えるようなった段階から以降は、たとい嘘をついて罰を免れることができる場合であっても、やはり嘘をつくことは悪いことなのだ、と彼自ら認識し得る。メスナーは言う、「色盲の人が、問題となっている現実について自らの力でそれを見ることが出来るようになる、といったことはない。しかし、倫理的基本原理についての錯覚に陥っている人間に関しては、事情はまったく変わってくる。即ち、倫理的理性は、心眼を以てする洞察によって、当該現実に同意を与え、その認識について確信をもつに到るのである」[125]と。

以上論じてきたところから、倫理的真理の認識にとって重要な五つの帰結が得られるとメスナーは言う。

①「直接に明白な倫理的基本原理」、例えば、前に論じた黄金律などは、純粋なアポステリオリでもなければ、純粋なアプリオリでもなく、「感覚的経験 Sinneserfahrung に制約されているとはいえ、（いったん経験されるや）それ自身によって確実な認識である[126]」。

②「根源的意識」ursprüngliches Bewußtsein は、人間が根源的理性認識にかんしては自分だけに頼る存在＝個人的存在であることを意味するのではない。むしろ、「人間は、彼が精神的に十分発達してゆく上で、本質的に社会的

結合（特に家族）に依存している」[127]。

③「根源的な」ursprünglich 倫理意識と「普遍人間（人類）的な」allgemeinmenschlich 倫理意識とは区別されなければならない。両形容詞は、同義にて使用されなくもないが、「普遍人間的」の方は単なる現象事実についても用いられる。「根源的」倫理意識の把握する諸原理は、「諸民族の思考の一致（という事実）に由来するのではなく、理性に固有であり、従ってまた、すべての人間に共通であって、その故に、人類の統一的倫理意識という形をとって作用し得るところの、実在認識に基づくものである」[128]。

④「実践理性の原理を認識するためには、理論理性の原理を認識するとき以上に理性の考量 Vernunftüberlegung を必要とする」[129]。これ、実践理性にかかわる認識の方が、理論理性にかかわる認識よりも誤りやすい理由の一つである。

⑤倫理的真理の認識において、経験と理性の考量が占める位置を見定めることによって、次の疑問が理解されることであろう。そもそも人間の認識というものは発展するものであるが[130]、倫理的意識もその例にもれないのは何故なのか。しかも、あらゆる民族の倫理的意識の発展は、人類全体によって義務的であると承認されるような倫理的確信に向かっているように思われるが、それは何故なのか。その理由は、倫理的真理は、その直接的な明証性の故に、完全に把握された現実性を伴って理性という心に迫ってくる、という点にあると言わねばならない[131]。

第四節　倫理的認識の確実性

第一項　確実性についての一般的認識

倫理的世界における認識の確実性は、外的自然領域において可能であるような認識の確実性とは異なるであろうか、それとも、それが確実性である限り、やはり何らかの類似性ないし共通性が見出されるのであろうか。

たしかに自然科学的認識や数学上の真理は、有無をいわさない、いわば強制的確実性 Nötigungsgewißheit を基礎づけるかのように思われる。この意味での確実性を倫理的認識がもつものではないことは、極く当然のこととして受け入れられるであろう。それ故に、倫理的真理について、その確実性や普遍的妥当性を否定する者がいたとしても、それは初めからある程度予想されることであって、別に驚くに値しない。これに対して、自然科学的認識や数学的認識の確実性を否定する者には、何と我々は言うであろうか。我々のここでの課題は、㈠倫理的認識の確実性は、自然科学的認識の確実性とどのように相違するのか、㈡またその確実性は、どのような性格のものであるか、を探求することである。

ところで、次のことは、今日認識論一般にとって確実なことと看做されている。「真理の認識は、もはやそれ自身を認識論的に基礎づけることができないような原理なしには、そもそも如何なる認識領域においてもやってゆけない」[132]ということ。このことは、外的認識や自然科学的認識の強制的確実性についても当てはまる。何となれば、「すべての外的観察事実は、我々に先ずは意識内容 Bewußtseinsinhalt としてしか与えられていない」[133]からである。我々の認識論的問い――何が事物の現存在と相存在における我々の意識内容に一致するのか――に答えるためには、またしてもそうした「意識内容」に立ち返らざるを得ない。

以上のことから、一応我々は、疑いようのない確実性、確信を以て、観察事実において示される外的世界を知っているのだと言い得るであろうが、この確実性は、科学的な理性的証明によっては、積極的論証も反駁もできないのである。むしろこの確実性は、「我々の全生活、したがって自然科学自身も哲学もそれに基づいている根源的意識事実」[134]なのである。それ故に、強制的確実性に基づく真理認識といえども、確信 Überzeugung（これは一種の公理）によって制約されている。この公理的確信は、認識論によっては基礎づけられず、従ってまた「信仰」という要素と結びついているように思われる。

> **これは、分析を事とする科学的理性にとっては信仰という要素であるが、普遍人類的意識にとっては認識の確実性なのである。**[135]

認識の確実性が信仰とともに営まれるという意味で、その確実性は、意志決定 Willensentscheidung に依存すると言える。メスナーは、この確実性を「決定の確実性」Entscheidungsgewißheit と呼んでいる。それ故に、「決定の確実性でないような人間の確実性は存在しない」[136]と彼は言う。

第二項　前項からの帰結

以上のことから、次の二点が明らかになったと言い得る。

㈠それは先ず、「外的事実の世界における認識の確実性と倫理的領域における確実性との間に基本的な区別、分離されるような区別がある訳ではない」[137]ということである。その確実性とは、主観的には「判断の真理性に十分な根拠があるという理由で、その判断に同意すること Zustimmung」[138]である。また、それは、客観的には「その根拠づけによって必然的なものとして明らかになる判断の真理」[139]である。

㈡第二点は、更に次の二つの事実を示す。①哲学的に、或いはイデオロギー的に、要するに反省的、対象化的思惟の営みの次元で、それ自身によって確実な倫理的真理の実在を争う者であっても、人間としてそうした倫理原理の無条件的妥当性を承認するに吝かでないであろう。[140] ②人間精神の発達に伴って、基本的な倫理意識の無条件的確実性を確信することを誤りである、と証明する努力がこれまで常に繰り返し為されてきたが、そのような努力が常に新たに必要だと考えられてきたという外ならぬこの事実が、その努力が目指したものが一度たりとも現実には達成され得なかったことを証明している。

要するに、そうした努力のすべてが倫理的世界を根底から覆すこと、つまり善悪についての人間知の確実性に打撃を与えることなど出来はしないことを証言しているのである。[141]

第三項　倫理的認識の確実性における態度と意志の重要性、および本節の小括

我々は、これまであらゆる認識領域における認識の確実性が決定の確実性であることを見た。しかも、倫理領域においてはその度合いは一段と高まる、と言わねばならない。何となれば、「人間は、真に人間的存在として完結したものではなく、自己決定により、より善き自己へと自己完成しなければならない」[142]からである。彼自らの決定、決断（それは文字通り、分岐点から離れて、一方を選び取ること Ent-Scheidung である。）こそが、自己の責任に如何に応答 Ver-Antwortung するか、を左右する鍵となる。

かくして、倫理的真理を肯定することは、彼自身の態度 Haltung, attitude によって規定されている。意志の態度は、既に倫理的認識にかかわる時点で決定的なものであるのだから、なおさら人間的実存の根本現実（根源的状況）の認識の出発点に「意志の自由」が存在していると言わねばならない。一人一人の人間が、本性とその倫理的本質存在を見るか見ないか、そしてどこまで見る準備があるのか、という問題は、その人間の意志の態度に依存しているという正にその理由から、我々は、倫理的領域における確実性は、必然的に、そして同時にまた著しい度合いにおいて、「決定の確実性」であるということが出来るのである。[143]

我々は、かくして、通常思い抱かれているであろう予想とは或いは違った見解へ辿り着いた、と言えるかも知れない。確実性が、何かそれ自身で固定したものであって、我々はとにかくそうしたものを攫み取りさえすればよいのだ、と人若し考えるならば、この見方が現実の一面にしか光を当てていないことは、もはや明らかであると言うべきであろう。我々は、意志のとるその時々の、否、不断の態度、選び取り、によってこそ、即ち、正しい habitus 習慣、徳の形成によって、より善い現実的で人間的な確実性へと近づいてゆくことが出来るであろう。

最後に私は、メスナーの次の簡潔な二文で本項を結び、本章の結論としたい。

Gerade weil es aber von der Willenshaltung des Menschen abhängt, ob und wieweit er seine Natur und ihr sittliches Wesen zu sehen bereit ist, ist seine Gewißheit im sittlichen Bereich notwendigerweise und in erhötem Maße Entscheidungsgewißheit. In allen Grundfragen seiner Existenz ist daher sein Wissen gar nicht trennbar von seinem Gewissen.[144]

（1）Johannes Messner, *Das Naturrecht-Handbuch der Gesellschaftsethik, Staatsethik und Wirtschaftsethik*, Tyrolia, Innsbruck-Wien-München, 1950, 951S；5. Aufl., 1966, 7. unveränderte Aufl. Berlin Duncker u. Humblot 1984, S. 37.〔二一頁〕

（2）より厳密に表現するならば、行為の主体 subjectum は、存在論的にみて偶有性 acciens に対する基体 substrarum の意味に、或いは、術語に対する主語の意味にも用いられるが、ここでは奴隷 servus に対する主人 dominus の意味であり、従って、「行為の主」の意味である。

（3）Johannes Messner, *Kulturethik mit Grundlegung durch Prinzipienethik und Persönlichkeitsethik*, Tyrolia Verlag, Innsbruck-Wien-München 1954, S. 42.

（4）Johannes Messner, *Das Naturrecht*, S. 38.〔二二頁〕傍点強調は筆者による。

（5）Johannes Messner, *Kulturethik*, S. 144.

（6）Jacques Maritain, *Man and the State*, The University of Chicago Press, p. 86. 久保正幡・稲垣良典訳『人間と国家』創文社、一一〇頁。

（7）J. Maritain, *Man and the State*, p. 86.『人間と国家』一一〇頁。

（8）J. Maritain, *Man and the State*, p. 87.『人間と国家』一一一頁。

（9）Johannes Messner, *Kulturethik*, S. 144.；Johannes Messner, *Ethik*, S. 42.

（10）J. Messner, *Kulturethik*, S. 145. プラトン（久保勉訳）『ソクラテスの弁明・クリトン』（岩波文庫）九四頁註（二八）参照。

（11）J. Messner, *Kulturethik*, S. 150.

（12）J. Messner, *Kulturethik*, S. 151.

（13）J. Messner, *Kulturethik*, S. 151.

（14）J. Messner, *Das Naturrecht*, S. 39,〔二三頁〕vgl. J. Messner, *Kulturethik*, S. 151. 傍点は引用者による強調。

（15）J. Messner, *Kulturethik*, S. 152.

（16）Vgl. J. Messner, *Das Naturrecht*, S. 39ff.,〔二三―二五頁〕J. Messner, *Kulturethik*, S. 153.

（17）人間（本性）の認識についてのメスナーの詳細な論述は、J. Messner, *Kulturethik*, S. 118-134 に見られる。

（18）J. Messner, *Das Naturrecht*, S. 41.,〔二五頁〕vgl. auch J. Messner, *Kulturethik*, S. 153-154. „Das Gute oder Sittliche ist für den Menschen die von seiner Natur geforderte Seinsvollkommenheit in der Entfaltung und Betätigung der ihr eigenen Triebe gemäß dern ihnen innewohnenden Zwecken, wie sie der Mensch durch seine Vernunft zu erkennen und durch seine Selbstbestimmung in dem seiner Natur eigenen zweckbestimmten Handeln zu verfolgen vermag. Demnach besteht der Seinsgrund der Sittlichkeit in der Vernunftnatur des Menschen mit den seiner Selbstbestimmung in ihren Trieben vorgezeichneten Zwecken. Und das Wesen der Sittlichkeit besteht in der ihm auf diese Weise in seiner Natur selbst vorgezeichneten Ordnung seines Verhaltens.“

（19）J. Messner, *Kulturethik*, S. 156. 傍点は原著者によるゲシュペルト強調。

（20）J. Messner, *Das Naturrecht*, S. 42.〔一二六頁〕vgl. J. Messner, *Kulturethik*, S. 157.

（21）M・シェーラーは、彼の実質的価値倫理学の提唱によって、目的論的倫理学の成立可能性を完全に批判し得たと思った。N・ハルトマンも亦然り。しかし、伝統的自然法論は、そう考えない。例えば、メスナーの提唱する実存的目的は、「意欲の主観的な目的ではなく、本性の客観的目的」である。

（22）倫理原理の客観性、具体性の要請に連関して、メスナーは次のように語っている。「我々の規準は客観的である。何となれば、存在に規定されており、人間本性それ自身に本質固有の諸傾動をもった本性に連関しているのだから。その規準は具体的である。何となれば、事実に規定されており、要するにこうした諸傾動に刻印された個別的諸目的に連関しているのだから。」（*Das Naturrecht*, S. 49.〔一三三頁〕）

（23）J. Messner, *Das Naturrecht*, S. 50.〔一三三頁〕傍点は原著者による強調。

（24）J. Messner, Naturrecht ist Existenzordnung. bes. 208f. in *Archiv für Rechts- und Sozialphilosophie* Bd. XL Ⅲ（1957）.

（25）J. Messner, *Das Naturrecht*, S. 50.〔一三四頁〕

（26）J. Messner, *Das Naturrecht*, S. 51.〔一三四―一三五頁〕

（27）Vgl. J. Messner, *Das Naturrecht*, S. 51.〔一三五頁〕

（28）J. Messner, *Das Naturrecht*, S. 52.〔一三六頁〕

（29）Vgl. J. Messner, *Das Naturrecht*, S. 53.〔一三六頁〕

（30）Vgl. J. Messner, *Das Naturrecht*, S. 228f., 626ff., 1038ff.〔二五〇、六六二―六七七、一〇八六―一一〇七頁〕

（31）J. Messner, *Das Naturrecht*, S. 53ff.〔一三六―一三八頁〕

（32）Vgl. J. Messner, *Das Naturrecht*, S. 53.〔一三七頁〕

（33）J. Messner, *Das Naturrecht*, S. 54.〔一三七―一三八頁〕

（34）J. Messner, *Das Naturrecht*, S. 54.〔一三八頁〕

（35）尚、メスナーは、このレヴェルでの義務・権利相互間の対立を規制解決すべき法原理として以下の四原則を提示している。

①完全な人間存在を獲得するための、より包括的な実存的目的に立脚した諸権利は、それほど包括的でもなく、間接的な実存的目的に基づく諸権利に優越する。②但し、第一の原則も、時間的制約の故に制限されることがある。③不可譲の権利は、契約などによって譲渡し得る権利に優先する。④もともと自然法上の権利であったものが実定法によって実定的権利とされた場合には、この権利は、他の自然法上の諸権利に優先する。何となれば、若しそうでないならば、国家の課題――ここでは、自然法上の権利を劃定し、決定するという国家の課題――が無意味となるからである。Vgl. J. Messner, *Das Naturrecht*, S. 283f.

(36) Vgl. J. Messner, *Kulturethik*, S. 587ff., 591f. u.J. Messner, *Das Naturrecht*, Kap. 11, S. 487f., 501.

(37) ジェニーについては、水波朗『トマス主義の法哲学』（九州大学出版会、一九八七年）所収の「第一章　F・ジェニー――トマス主義法哲学の創始――」、ルナールについては、同書「第三章G・ルナール――制度理論の完成――」、オーリューについては、水波朗『トマス主義の憲法学』（九州大学出版会、一九八七年）所収の「第一章M・オーリュウ」を参照されたい。その外、Michel Villey、Simone Goyard-Fabre、Jean-Marc Trigeaud などが続いている。

(38) 竹下賢監訳『正義と平和』（ミネルヴァ書房、一九九〇年）、上田・竹下・永尾・西野編訳『法・人格・正義』（昭和堂、一九九六年）、甲斐克則訳『責任原理――形法的・法哲学的研究――』（九州大学出版会、二〇〇〇年）、Arthur Kaufmann, *Rechtsphilosophie*, 2. Aufl., München 1997.（上田健二訳『法哲学〔第二版〕』ミネルヴァ書房、二〇〇六年）など。

(39) ヘンケルについては、水波『トマス主義の法哲学』「第五章H・ヘンケル――トマス主義への転向――」を参照。

(40) J. Messner, *Kulturethik*, S. 42.

(41) Vgl. J. Messner, *Kulturethik*, S. 225f. derselbe, *Das Naturrecht*, S. 35.〔一九頁〕

(42) J. Messner, *Kulturethik*, S. 226.

(43) 碧海純一『合理主義の復権――反時代的考察』（再増補版）、木鐸社、一九八一年、二二六頁。傍点は原著者による強調。

(44) 碧海『合理主義の復権』、同箇所。碧海純一『新版法哲学概論』（全訂第一版）、弘文堂、昭和四八年、二九〇頁。

(45) 稲垣良典「習慣と価値」（『習慣の哲学』創文社、昭和五六年）二四三頁以下。

(46) 稲垣「習慣と価値」二四五頁。

(47) 価値判断が何らかの自然的な事実に基づいて下される判断であることを認めた上で、その真理性＝客観的妥当性を肯定するのがいわゆる自然主義（的倫理学）の立場であって、これを否定するのが非認識説ないし分析哲学と呼ばれる。なお、自然法論の立場からの批判を別とすれば、この両説に対する鋭利で本質的な批判を展開しているものとして、岩崎武雄『現代英米の倫理学』（勁草書房、一九六三年）全篇、及び岩崎武雄「価値と哲学」（『岩崎武雄著作集第九巻――哲学論文集I』新地書房、一九八二年）が挙げられるべきであろう。

（48）我々は既に「良心の判断」を論ずるさいに、直接的に明白な自然法原理を適用する過程において通常殊更に熟慮する必要のないことを確認した。

（49）稲垣「習慣と価値」二四六頁。

（50）稲垣「習慣と価値」二四七頁。その他、稲垣良典『トマス・アクィナス哲学の研究』創文社、特に二九六頁以下を参照。

（51）このように主張する著名な法哲学者としては、H・ヴェルツェルやH・ケルゼンがいる。Vgl. H. Welzel, *Naturrecht unnd Materiale Gerechtigkeit*, 4. Neubearbeitete u. erweiterte Aufl., bes. S. 30f. u. 237ff., derselbe, *Wahrheit und Grenze des Naturrechts*, 1963, S. 11. Hans Kelsen, *Reine Rechtslehre*, 2. Aufl., S. 409ff. なお、岩崎武雄『倫理学』（有斐閣、昭和四六年）、第二章、第三章を参照。

（52）拙稿「ヨハネス・メスナーの良心論」中の「経験的事実としての倫理的意識」〔本書第三章第一節〕参照。

（53）社会秩序、法秩序の価値を論ずる上で、人間本性、言い換えると、人間本性に内在する目的志向性 Zielstrebigkeit を強調するのは、今は亡きヴィーンのトマス主義法哲学者フェアドロス Alfred Verdross である。

（54）稲垣良典『習慣の哲学』、二四九頁。

（55）J. Messner, *Kulturethik*, S. 226.

（56）拙稿「ヨハネス・メスナーの良心論」中の「経験的事実としての倫理的意識」〔本書第三章第一節〕参照。

（57）J. Messner, *Kulturethik*, S. 226.

（58）J. Messner, *Kulturethik*, S. 226f.

（59）J. Messner, *Kulturethik*, S. 227. これは、特にプロテスタント系の思想家にしばしばみられる見解である。

（60）Vgl. J. Messner, *Kulturethik*, S. 227f.

（61）J. Messner, *Kulturethik*, S. 228.

（62）ラートブルフの価値相対主義については、すぐれた邦語文献がいくつもあるので、ここでは詳論しない。尾高朝雄「ラートブルフの法哲学」（『ラートブルフ著作集別巻』、東京大学出版会）、原秀男『価値相対主義の研究』（勁草書房、一九六八年）などを参照されたい。

（63）稲垣良典『トマス・アクィナス』思想学説全書（勁草書房）一四二頁以下、及び、一九五頁以下を参照されたい。

（64）Vgl. J. Messner, *Kulturethik*, S. 237.

(65) J. Messner, *Kulturethik*, S. 237.
(66) Gustav Radbruch, *Rechtsphilosophie*, Stuttgart 8. Aufl., 1973, S. 96. 訳文は、『法哲学』(ラートブルフ著作集第一巻、東京大学出版会) 田中耕太郎訳による。
(67) 碧海『合理主義の復権』三一六—三一七頁。その他、碧海『新版法哲学概論』二七六頁以下などを参照。
(68) 碧海『合理主義の復権』三一七頁。
(69) 碧海『新版法哲学概論』二八五頁以下参照。
(70) 碧海教授を始め、長尾龍一教授、浜井修教授(倫理学)は、Wertfreiheit を「没価値性」と訳され、矢崎光圀教授その他は、「価値自由」と訳出される。
(71) 碧海『合理主義の復権』二三六頁以下。その他、『新版法哲学概論』一六頁以下、碧海『法と言語』一〇二頁、一八二頁など。
(72) 碧海『合理主義の復権』三頁。
(73) 行為の三段論法の新しい問題提起として、今道友信『同一性の自己塑性』(東京大学出版会、一九七一年) 特に一〇九頁以下がある。
(74) 碧海『新版法哲学概論』二三六頁参照。
(75) 碧海『新版法哲学概論』三〇頁。
(76) 碧海『法と言語』一七〇頁。なお、形而上学概念の歴史的観点からの論理実証主義に対する批判的研究として、安藤孝行『形而上学——その概念の批判的概観〔増補版〕』(勁草書房、一九六五年) を参照されたい。
(77) 碧海『法と言語』一七〇頁。
(78) 碧海『新版法哲学概論』三一頁。
(79) 碧海『新版法哲学概論』二三—三四頁。
(80) 碧海『法と言語』一七二頁。碧海『新版法哲学概論』三一頁。
(81) 本書第三章参照。
(82) Ernest Nagel, *The Structure of Science*, 1961, pp. 489-490. 引用は、『合理主義の復権』二六七頁による。
(83) J. Messner, *Kulturethik*, S. 237 u. auch Anm. 1.
(84) J. Messner, *Kulturethik*, S. 41.
(85) J. Messner, *Kulturethik*, S. 237-238. „Das Sittliche, das Gute, ist das der wesenhaften Wirklichkeit der menschlichen Natur

Entsprechende. Als Urteil über das Naturentsprechende ist das sittliche Urteil in erster Linie und im Grunde ein Seinsurteil wie das Urteil, daß Fliegen das Naturentsprechende für den Vogel ist.“

(86) Vgl. J. Messner, *Kulturethik*, S. 238.

(87) J. Messner, *Kulturethik*, S. 238. „der Kopula „Sollen“, die das ethische Urteil kennzeichnet, liegt die des „ist“ zugrunde. Wenn wir jederman sagen, du „sollst“ dein gegebenes Wort halten, so liegt das Urteil zugrunde, daß das Halten des gegebenen Wortes das seinem wahren Selbst Entwprechende „ist“. Das „Sollen“ bedeutet, daß das sittlich gute Handeln des Menschen von der wesenhaften Wirklichkeit seiner Natur gefordert „ist“. Weil der Mensch nur kraft senes Willens sein wahres „Sein“ in der wesenhaften Wirklichkeit seiner Natur ist, wird das dieser wesenhaften Wirklichkeit Entsprechende ein für die Vollwirklichkeit des Menschen Gefordertes, ein „Sollen“.“

(88) J. Messner, *Das Naturrecht*, S. 63. これは、価値相対主義の不可避の結論である。なお、存在と当為についての独自の見解を展開された哲学者として、岩崎武雄教授がいる。教授によれば、当為が存在から導かれ得ないことは自明である（二元論）。他方、行為の原理＝倫理原理に従って実際に行為することによって、その原理が有効であるか否かが判明する（例えば、『倫理学』二二六頁）。いわば不可知であるが、客観的な存在構造（教授によれば「人間本性」）に行為の原理を「投げ入れ」てみることによって、主体的実践の過程において原理の真正さを吟味していくとされるのである。この立場は、私見によれば、碧海教授の立場を越え出ており、我々の自然法論へ更に近づいている、と考え得る。

(89) これら各学派への批判は、フルキエ『哲学講義』第二巻、三三〇頁以下〔ちくま学芸文庫、五二三頁以下〕参照。

(90) David Hume, *A Treatise of Human Nature*, 2nd ed., 1978, L.A. Selby-Bigge / P.H. Niditch, Oxford University Press, p. 469. 訳文は、「人性論」（『世界の名著第二巻ロック、ヒューム』）五二〇―五二一頁、土岐邦夫氏訳による。

(91) J. Messner, *Das Naturrecht*, S. 82. “Das Sittliche *ist* das Naturrichtige, Naturentsprechende, das Naturgeforderte.”〔七一頁〕Vgl. auch Messner, *Kulturethik*, S. 238.

(92) J. Messner, *Das Naturrecht*, S. 82, Vgl. auch *Das Naturrecht*, S. 57, 83. „Das Naturrichtige und das Naturgeforderte wird von uns in die Menschennatur nicht von Sollsätzen aus hieingelegt, sondern geht auf die Beobachtung der Wirkweise der Menschennatur in ihrer Grundsituation der Familie zurück. Das Sittliche ist das Verhalten, kraft dessen die Menschennatur zur Vollwirklichkeit wahrhaften Menschseins gelangt. Wieder：den Begriffen „Vollwirklichkeit“, „wahrhaftes Menschsein“ können vom logischen Positivismus nicht Sollsätze unterschoben werden, weil beide Begriffe aus der verifizierbaren Tatsachenwelt der

menschlichen Existenzordnung gewonnen sind, in welcher der Mensch als Glied der Familiengemeinschaft auf Grund seines Glückstriebes, oder, was das Gleiche ist, seines Eigeninteresses zur Befriedigung seines Verlangens nach vollmenschlicher Existenz kommt.“〔七一頁〕

(93) J. Messner, *Das Naturrecht*, S. 82. „Daß für den Menschen das Naturrichtige ein „Soll“ darstellt, beruht auf seiner Wahl- und Entschlußfreiheit, die ihm ermöglicht, in seinem Verhalten sich zu dem für ihn Naturrichtigen in Widerspruch zu setzen. Das hinndert nicht, daß das Sittliche, ontologisch gesehen, für den Menschen das Naturrichtige und das Naturentsprechende „ist“.“〔七一頁〕

(94) 本書第三章参照。

(95) メスナーの『文化倫理学』にしても、時代的精神情況のなかで久遠の哲学は時代から何を期待されているのか、という問題意識に基づいて執筆されたのである。『人間的実存における諸矛盾』も同様である。この著作については、巻末附録を参照。

(96) J. Messner, *Kulturethik*, S. 12-14, 239. J. Messner, *Das Naturrecht*, S. 107f.〔一〇五―一〇六頁〕

(97) 拙稿「ヨハネス・メスナーの良心論」一六三―一六七頁〔本書第三章〕を参照。

(98) J. Messner, *Kulturethik*, S. 239.

(99) J. Messner, *Kulturethik*, S. 240, auch S. 252ff. J. Messner, Naturrecht in Evolution in：Völkerrecht und Rechtsphilosophie, 1980, Duncker & Humblot, S. 474. トマス・アクィナス『神学大全』第十三冊、二三頁、及び、水波朗『ホッブズにおける法と国家』（成文堂、一九八七年）「付論ホッブズとスコラ学」、殊に一三七頁以下参照。

(100) 本書第三章第二節第一参照。

(101) J. Messner, *Kulturethik*, S. 240.

(102) J. Messner, *Kulturethik*, S. 240f.

(103) J. Messner, *Kulturethik*, S. 241.

(104) J. Messner, *Kulturethik*, S. 241 u. J. Messner, *Das Naturrecht*, S. 99 u.s.w.〔九六頁、その他随所〕

(105) J. Messner, *Kulturethik*, S. 241.

(106) Vgl. J. Messner, *Kulturethik*, S. 241f.

(107) J. Messner, *Kulturethik*, S. 242.

(108) J. Messner, *Kulturethik*, S. 242. 傍点は引用者による強調。

(109) このことから次の認識が明らかになる。即ち、理論理性や実践理性の原理――それらは直接的に明白なのであるが――は、ヒュームやカントが考えたのとは違って、人間本性の構造の一部なのではない。そうした認識をすることのできる人間の精神的素質或いは能力だけが人間本性に属するのである（J. Messner, *Kulturethik*, S. 242 Anm. 6.)。

(110) J. Messner, *Kulturethik*, S. 242. 傍点は引用者による強調。

(111) J. Messner, *Kulturethik*, S. 243.

(112) Vgl. J. Messner, *Kulturethik*, S. 243.

(113) Vgl. J. Messner, *Kulturethik*, S. 243.

(114) J. Messner, *Kulturethik*, S. 243f.

(115) J. Messner, *Kulturethik*, S. 244.

(116) J. Messner, *Kulturethik*, S. 244.

(117) Vgl. J. Messner, *Kulturethik*, S. 243 Anm. 7.

(118) Vgl. J. Messner, *Das Naturrecht*, S. 57, 314f.〔四〇―四一、三四八―三五〇頁〕; derselbe, *Moderne Soziologie und Scholastisches Naturrecht*, 1961, S. 12, 37f. Rudolf Weiler, *Im Weinberg des Herrn 60* Jahre Priester, Wien-Graz 2011, S. 33-37. R. Weiler / H. Schambeck, *Naturrecht in Anwendung. Vorlesungen im Gedenken an Johannes Messner, Gründer der „Wiener Schule der Naturrechtsethik"*, Wien 2009, S. 117-128, bes. S. 121（Die Familienhaftigkeit).

(119) J. Messner, *Das Naturrecht*, S. 315. „Die sittlichen und rechtlichen Elementarprinzipien werden *inhaltsbestimmt erlebt* und erlernt bei den ersten Schritten des dem Menschen eben von seiner Natur selbst aufgedrängten gesellschaftlichen Ordnungswillens : Diese ersten Schritte vollziehen sich in der Urgesellschaft（ontologisch sowohl wie historisch verstanden), nämlich im Familien- und Stammsverband."〔三四九頁〕。本書終章、特に第四九番。

(120) J. Messner, *Kulturethik*, S. 244.

(121) J. Messner, *Das Naturrecht*, S. 318,〔三五二頁〕vgl. J. Messner, *Kulturethik*, S. 244. トーピッチュの「空虚な定式について」（『批判的合理主義』、ダイヤモンド社、長尾龍一訳）がある。

(122) J. Messner, *Kulturethik*, S. 244. J. Messner, *Das Naturrecht*, S. 313-318.〔三四六―三五二頁〕

(123) J. Messner, *Kulturethik*, S. 245.

(124) J. Messner, *Kulturethik*, S. 245.

（125） J. Messner, *Kulturethik*, S. 245f.

（126） J. Messner, *Kulturethik*, S. 246. 基本的倫理原理が純粋なア・ポステリオリであると説くのは、言うまでもなく経験主義であって、この主張によれば、倫理原理は「経験の単なる経済化による形式」であるとか「結果によって実証された思考習慣」に過ぎない。他方、倫理原理を純粋にア・プリオリなものと捉えるのは観念論であって、この立場によれば、「倫理的原理は、それによって初めて経験が成立し得る単なる精神の思惟形式」に過ぎない（J. Messner, *Kulturethik*, S. 246.）。

（127） J. Messner, *Kulturethik*, S. 246., vgl. J. Messner, *Das Naturrecht*, S. 345ff. bes. 347, 351.〔三七八頁以下、特に三八一、三八五頁〕

（128） J. Messner, *Kulturethik*, S. 246f.

（129） J. Messner, *Kulturethik*, S. 247.

（130） Hideshi Yamada, Mensch und Naturrecht in Entwicklung aus Sicht eines japanischen Naturrechtlers, in : Rudolf Weiler (Hrsg.) *Mensch und Naturrecht in Evolution*, Wien 2008.

（131） J. Messner, *Kulturethik*, S. 248. J. Messner, *Das Naturrecht*, S. 314, 318.〔三四七―三四八、三五一―三五二頁〕

（132） J. Messner, *Kulturethik*, S. 252.

（133） J. Messner, ebendort.

（134） J. Messner, ebendort.

（135） J. Messner, *Kulturethik*, S. 252f. 従って、信仰を全く伴わない認識はない、ということになる。（*Kulturethik*, S. 253 Anm. 5.）なお、稲垣良典『信仰と理性』（レグルス文庫）参照。

（136） J. Messner, *Kulturethik*, S. 253.

（137） J. Messner, *Kulturethik*, S. 254.

（138） J. Messner, ebendort.

（139） J. Messner, ebendort.

（140） もちろん具体的状況で何が正しく何が不正であるかという問は、不可避的に生じて来ようが、これは原理認識とは位相を異にすると言わねばならない。

（141） J. Messner, *Kulturethik*, S. 254f.

（142） Vgl. J. Messner, *Kulturethik*, S. 252. 稲垣良典『習慣の哲学』「第十二章習慣と確実性」参照。

（143） J. Messner, *Kulturethik*, S. 256.

(144) J. Messner, *Kulturethik*, S. 256. この同じパッセージは、メスナー自然法論の本質を簡潔に表現した箇所として、我が恩師水波朗先生がメスナー献呈論文集に寄稿されたなかで引用されている。Akira Mizunami, Le droit et la décision éthique in : *Menschen im Entscheidungsprozeß* hrsg. von Alfred Klose und Rudolf Weiler, Wien-Freiburg-Basel 1971, S. 72.

終章　伝統的自然法論の精華
——ヨハネス・メスナー晩年の著作を中心に——

第一節　はじめに

一　ヨハネス・メスナーが[1]歿しておよそ三十年経つ。その間ヴィーンにヨハネス・メスナー協会が設立され、隔年ごとに国際記念シンポジウムが開催されている。[2]カトリック教会に特徴的な列福運動も開始された。二十一世紀に入ってからは著作集の刊行も開始された。[3]現在まで六巻刊行されている。それらを以下に先ず掲載する。

Johannes Messner Ausgewählte Werke hrsg. von Anton Rauscher und Rudolf Weiler in Verbindung mit Alfred Klose und Wolfgang Schmitz, Verlag für Geschichte und Politik Wien u. Verlag Oldenbourg München.

Band 1 : *Kulturethik mit Grundlegung durch Prinzipienethik und Persönlichkeitsethik*, eingeleitet von Alfred Klose und Rudolf Weiler, Wien–München 2001. XIX, 681S.

Band 2 : *Frühe Schriften* : *W. Hohoffs Marxismus. Studien zur Erkenntnislehre der nationalökonomischen Theorie. Sozialökonomik und Sozialethik*, eingeleitet von Anton Rauscher, Wien–München 2002. XXX, 149S.

Band 3 : *Spirituelle Schriften* : *Das Wagnis des Christen* (*In der Kelter Gottes*). *Das Unbefleckte Herz—Litanei und Betrachtungen nach Kardinal J.H. Newman und M.J. Scheeben*, eingeleitet von Senta Reichenpfader, Wien–München 2002. XXIV, 156S.

Band 4 : *Widersprüche in der menschlichen Existenz* : *Tatsachen, Verhängnisse, Hoffnungen*, eingeleitet von Anton Rauscher, Wien–München 2002. XVI, 424S.

Band 5 : *Vom Sinn der menschlichen Gesellschaft* : *Das Gemeinwohl. Du und der andere*, eingeleitet von Wolfgang Schmitz, Wien–München 2003. XXVI, 324S.

Band 6 : *Menschenwürde und Menschenrecht* : *Ausgewählte Artikel*, eingeleitet von Anton Rauscher und Rudolf Weiler, Wien–München 2004. X, 340S.

著作集の第一巻『文化倫理学』は一九五四年に刊行されたメスナーの主著の一冊であり、もう一冊の主著である『自然法』（一九五〇年に初版及び第二版、一九五八年に第三版及び第四版、一九六六年に第五及び第六版が、何れもティロリア出版社から公刊されている。[4]）は、メスナー歿後間もなくベルリンにてドゥンカー・フンブロート社から復刻された。

Johannes Messner, *Das Naturrecht. Handbuch der Gesellschaftsethik, Staatsethik und Wirtschaftsethik*, unveränderte 7. Aufl., Berlin 1984, 1372S.

二　本章で主に取り上げようと考えているのは、二〇〇四年に刊行された著作集第六巻に収録された後半の幾つかの論文である。本巻には、一九五二年の「経済理論かそれとも福祉理論か？」に始まり一九八一年の「自然法倫理学に寄せて」までの一九篇の論文が収録されている。しかも、これまで容易に入手できなかったものも含めて、纏まった形で公刊されたのであるから、メスナー研究者は固より、伝統的自然法論に関心を有する者にとっては有り難い。これら諸論文は、メスナーの年齢で言えば、六十歳から九十歳位までに執筆されたものである。それらの内でも最晩年、言い換えれば、八十歳を越えた時分からメスナーが関心を寄せていた問題が、人権、人間の尊厳、法と正義、自然法の進化発展及びその認識、そうした法哲学でも最も困難な問題群を扱っているのが際立った特徴である。又、賃金の正義を扱った論文が含まれるのも関心を呼び起こすであろう。本論において、こうした法哲学固有の問題に照準を絞って紹介していくこととする。

第二節　ヨハネス・メスナー著作集第六巻の構成

三

メスナーの論文集としては、ヴィーン大学退官後の凡そ十年間、即ち、一九六五年から一九七四年までに公刊された諸論文から二六篇を選んでまとめられた論文集が出版されていた。『倫理（学）と社会』（*Ethik und Gesellschaft-Aufsätze 1965–1974*, Köln 1975, 425S.）

この度、それとは別にこの時期を含む一九五二年から一九八一年の三十年間に公刊された論文一九篇が一冊に纏められた訳である（但し、Abh. 5、Abh. 7、Abh. 8 及び Abh. 11 の四篇は上掲論文集に既に収録されている）。ここで改めて、第六巻の全体の構成を紹介しておくことが便宜であろう。各論文の原語は省略して、訳出して紹介する。又、本論文集から引用する際の出所明示方法は、（Abh. 2, S. 18）の如く本文中に括弧書きにて略記する。

「経済理論かそれとも福祉理論か?」一九五二年（Abh. 1 と略記）
「現代社会学とスコラ的自然法」一九六一年（Abh. 2 と略記）
「自然法原理は内容空虚な定式であるか?」一九六五年（Abh. 3 と略記）

「自然法と社会神学」一九六六年（Abh. 4と略記）
「レッセ・フェール多元主義における共同善」一九六八年（Abh. 5と略記）
「私有財産の制度と機能」一九七〇年（Abh. 6と略記）
「社会倫理規範の必要性と能力」一九七〇年（Abh. 7と略記）
「論争の最中にある自然法」一九七一年（Abh. 8と略記）
「国際法学と歴史哲学」一九七一年（Abh. 9と略記）
「能力主義社会—問題、予測、目論見」一九七三年（Abh. 10と略記）
「多元主義社会の法治国家における人間の尊厳理念」一九七四年（Abh. 11と略記）
「人権の基礎づけ」一九七六年（Abh. 12と略記）
「人間の尊厳とは何か？」一九七七年（Abh. 13と略記）
「人間の尊厳と人権」一九七七年（Abh. 14と略記）
「法と正義」一九七八年（Abh. 15と略記）
「倫理的・法的意識の発展における世界史的なるものと救済史的なるもの」一九八〇年（Abh. 16と略記）
「発展する自然法」一九八〇年（Abh. 17と略記）
「現代の賃金正義」一九八一年（Abh. 18と略記）
「自然法倫理学に寄せて」一九八一年（Abh. 19と略記）

四 以上の論題を眺めてみて直ちに気づく点は、それら殆ど総てが真正面から法哲学上の重要問題を取り上げてこれを論じていることである。言い換えるならば、社会倫理学ないし伝統的自然法倫理学(5)のなかでも法哲学上の重要論題が大きな比重を占めているということが先ず確認される。本章で私は、無論これら総てにわたって報告解説を施そうというものではない。言及されない論文もあろうかと思う。言及するとしても、立ち入った考察に到らないことも十分予想される。何れにせよ、私としては、ヨハネス・メスナーがその法哲学者並びに社会倫理学者として重視して終生問い続けたと思われる問題に焦点を当てて、その意味を問うてみたいと考えている。そのためには、本書所収論文のうち比較的古い時代（といってもメスナー七十歳前後の著作であるが、その頃）に書かれたものを一部参照しなくてはならないであろう。その場合、後半を語る上で必要となるであろう限りにおける紹介に限定しなくてはならないが、それでも必要最小限は語らなければならないであろう。

第三節　自然法の存在と認識

第一項　法の存立状態としての自然法

五　自然法理論、それもメスナーの用語では「伝統的自然法論」と好んで呼ばれた立場[6]は、場合によっては「スコラ的自然法」とか「カトリック自然法論」とか呼ばれる思想である。ここではそれらの語義の詮索は行わない。[7]伝統的自然法論が解する自然法とは何であるか。先ずこれを記しておこう。それは、第一に「法の存立状態」であり、第二に「学問」である[8]（Abh. 2, S. 18）。それぞれが二側面を有する。第一の法の存立状態に就いてみれば、法規範の総体という側面と法権限ないし権利の総体という側面が見られる。即ち、客観法と主観法の夫々の総体が法の存立状態を形成するということになる。第二の学問に就いてみれば、法哲学及び法倫理学という法と正義を論ずる基礎学問的側面と人間社会の諸領域に基礎学によって解明提供された諸原理を適用し具体的な社会形成に寄与するという側面が見られる。詰り、メスナーにおいては「自然法」という一語で少なくとも自然法の存在とその認識及び応用実践とがともに理解されているという訳である。そこで人は誤解してはならない。存在と認識、或いは対象とその認識を混同しているのではない。メスナーは、区別した上で尚且つ、それらの緊密性を考慮に入れて、意図的に同一用語にそれら二重の意味を担わせたのであった。その点では、同じヴィーン大学の国際法学者アルフレート・フェアドロスがこれを表現上も意識的に区別しようとしたのとは対照的である[9]（と言っても、誤解を避けるために附言しておくと、両者は基本的に同じ立場である。敢えて推測するならば、一度はケルゼニストであったフェアドロスにとっては、概念の区別に神経を尖らすことがあったのかも知れない。詰り、彼は転向トミストである。それに対して、メスナーは一貫してトミストであった。尚、言うまでもないことだが、自己申告しているからと言って、或いは又、字面だけから思想及び学問的な位置づけが出来よう筈がない）。

六　法規範の総体について附言しておくならば、それは人間の倫理的・法的意識の根本原理の総体であって、それらは我々人間が自らの法良心によって確知している基本的法命題である。その最高原理は「各人に彼のものを帰すべし」（das suum cuique, suum cuique tribuere）である。ここで「彼のもの」das suum と言われているものは財産上の要求権に限定されず、人間のあらゆる権利に連関する。とりわけ不可侵のものとして自然法により擁護される「彼のもの」に属するいわゆる人権を想起されたい[10]（Abh. 16, S. 287）。更に「契約は遵守さるべし」、「適法な権威には従うべし」といった法規範が確認される[11]（Abh. 2, S. 19）。

七　法実証主義は自然法の法的存在性格を否認しようとする。主要な論拠は「強制力」の欠落に求められる。要するに、この立場は物理的強制力に裏打ちされた国家法のみを法として承認するというのである。しかしメスナーも指摘しているが[12]（Abh. 2, S. 19）、全体主義国家に対して為された抵抗は法良心によって自然法ないし自然権が確かに存在することを示している。[13] ヘルベルト・シャンベックは、東欧革命に連関して同じことを語った。否、実証主義の代表と看做されるマキアヴェッリでさえ、法と古来の慣習法を無視するときに諸侯は国家を失い始めているとの見解を採っていた、とメスナーは警告している（Abh. 2, S. 19, Abh. 3, S. 70）。

八　自然法の内容を告げる良心（die Rechtsnormen des natürlichen Rechtsgewissens の意訳。直訳すれば「自然的法良心の法規範」）は内容空虚でしかないと主張する向きがある（例えば、E・トーピッチュ、J・ザウター等）。しかし、本当にそうなのか。人間の根本現実を踏まえる姿勢のある者の目には、言い換えるならば、観念世界で概念的遊戯にかかずらうことのない愚夫愚婦の目には、そうは映らないであろう。人間はその「経験」によって自然法的法規範の認識に到る。「およそ認識で経験的制約を免れているものはない」（スコラ学では一般に次のように表現する。Omnis cognitio incipit a sensibus. 或いは、Omnis cognitio a sensu.）とメスナーは言う。これは重要である。「正義原理を我々が認識するに到るのは、人間の原共同体、即ち、家族における生活を通じてである」（Abh. 2, S. 20）。更に重要な一文が続く（Abh. 2, S. 20. 尚、後出第三八番をも併せ参照されたい。）。

> **認識問題にとって決定的に重要なのは、最初から理性洞察と事態洞察とは緊密に結合されており、相互に制約し合っているということである。例えば、子供は自分のものでないものを取ってはならないことを学び、後になって所有物について誠実や正直が磐石でなければ家族共同体の秩序と平和が可能でないことを知る。**

ここでは未だ学問的な反省的で概念化的な認識が語られている訳ではない。それにしても、人間の認識について基礎的で重要な指摘が行われていると見なければならない。[14] 現象学者メルロ＝ポンティが、それら認識は、科学（学問）のすべての象徴がそれなしでは意味内容を失ってしまうであろう「世界経験」expérience du monde に由来すると言い、科学（学問）的認識の意味と射程を厳密に測量するためには例の世界経験に返らざるを得ない、詰り、学問がその世界経験の二次的表現でしかなく、世界経験に就いては学問のどのような思惟であっても抽象的でしかなく、学問上のあらゆる認識の前提となっている経験こそが凡そ何らかの正当な学問的「説明」explications の出発点となっていると語るとき、[15] 伝統的自然法論と符合している（Abh. 7, S. 131f.）。

九　諸権利ないし諸権限の総体としての自然法について略述しよう。この諸権利の総体は「自己責任を伴う人間本性に基礎づけられた個々人並びに社会の固有権限の秩序」であるので、[16] 個人権のみならず、共同体の権利、家族の権利、少数民族の権利、国家の権利等が含まれることに注意しなくてはならないであろう。殊に国家と呼ばれる人間集団組織体には特別の目的が人間の社会的本性に定礎されて客観的に与え置かれている[17]（Abh. 2, S. 22）。我々は人間の存在論的構造に由来する制度の倫理的目的性格を想起しなければならない。

一〇　ここで存在と認識の境界領域に我々は立たされているように見える。即ち、存在の現実に融合しつつ洞見している「前学問的な知」から「学問的な知」に移行する境域である。まことに自然理性による法洞察が語られるとき、それは「前学問的な認識」が、しかも、「一般的な法真理並びに日常の単純な状況下でその適用についての人間理性に固有の認識」が問題となっている。[18] それは内的経験と外的経験とを提供する。そこから、学問の一般的な根本課題が発生する。即ち、内的・外的な経験事実の多面的多層的な徹底的な探求という課題がそれである。自然法論との連関でこれを考えるならば、とくに内的経験ないし意識事実、それも殊に倫理的・法的意識の事実が重要となってくる。[19] それは即ち、良心洞察と良心法則という現実である[20]（Abh. 2, S. 24–25）。

第二項　学問としての自然法

一一　ところで、学問としての自然法に就いては、既に述べたように、これにも二側面があるのであって、それは簡潔に、基礎探求と応用学問とメスナー自身によって言い換えられている（Abh. 2, S. 28 u. 33.）。基礎探求を目指す自然法（論）は、「法及び自然権の本質、存在根拠、決定根拠の解明」を主要課題とする。この問題に関してメスナーがトマスやトミストに連関して下している評価は微妙である。彼等は人間の理性的本性という事実を余りにも無造作に受容してしまった。その結果、人間本性の心理学的な素質が重視されることになる。(21) しかし、法や権利の決定根拠ないし規準を探求するためには存在根拠の解明が前提となる（換言すると、法や権利或いは倫理の存在根拠の解明がなされて後初めてその決定根拠ないし基準を探求することができるし、又そうしなければならない。これに連関する問題に就いては、カトリック倫理神学者フランツ・ベックレの見解を、第五〇番以下において批判的に考察する）。そこで先ず、人間本性の作用様態、詰り自然法を存在論的に瞥見してみると、家族という共同体の中で、父として母として子として、人間は自らの本性固有の相互的な愛と配慮の傾動に押し促されて共同体秩序へと到るのである(22)（Abh. 2, S. 29f, 44f.：Abh. 3, S. 58–64：Abh. 7, S. 126–128, 136–139：Abh. 8, S. 148–150：Abh. 12, S. 239f.：Abh. 13, S. 253 u.a.m.）。そこにおいて、共同体秩序に固有な諸原理、即ち、誠実、信義、正直、感謝、服従など（Ehrlichkeit, Treue, Wahrhaftigkeit, Dankbarkeit, Gehorsam usw.）、そうした諸原理が体験されつつ学ばれる。その根底には所謂「黄金律」が横たわっている。そしてこの黄金律には既に万人の同じ人間の尊厳が含まれている（Abh. 2, S. 29–30, Abh. 13, S. 251）。更に、自然法を形而上学的に眺めてみると、ベルグソンのいう「人間精神の自然的形而上学」la métaphysique naturelle de l'esprit humain として経験される形而上学的前経験が知られるのであって、その内容として、例えば、人間が動物以上のものであること、良心の知、良心の絶対的命令の知、無条件的義務の知、死後の存続（霊魂不滅）の知、良心法則の制定者の前で為さねばならない釈明、それ故、究極的には創造者の知が挙げられる。尤も、これらは、いわば「前学問的な」知（Abh. 2, S. 24）であるから、哲学的形而上学的な考察・吟味に曝されなくてはならない（Abh. 2, S. 30）。それにしても、この前学問的な形而上学的知なくしては、そもそも形而上学自体が存在し得なくなる。[23] このことは充分自覚しておく必要がある。

一二　メスナー自然法思想の特徴の一つは、自然法論を含めて人間の活動は、どれほど努力を払ってみたところで、しかも善意であったとしても、誤り得るということを率直に認めるところにあると私は思う（Vgl. z.B. Abh. 15, S. 278, 282）。それでも悲観論に陥ることなく（その根底には、人間本性と根本悪についての中庸論が据え置かれている。第四節参照。）、例えば、人間本性に直接由来する基本諸原理に就いては普遍的な妥当性が認められるのであって、それらと一応区別される適用の具体的歴史的事例とをきっぱりと区別して考えなければならない。スコラ自然法論では、第一次自然法と第二次自然法とか原理自然法と応用自然法として区別して考察されてきているものである。[24] 詰り、歴史上の実定法における誤謬や大いに異なる法典が現に存在してきたとは言え、それでも万人の根本的な法洞見は、普遍的であり一致しているとメスナーは主張する。その証拠に、「総ての国民が例外なく、人権の基礎となっている根本的な法諸原理を人間の自然的法理性及び人間の尊厳に一致するものと看做すに至らしめられうることを誰も本気で争わない」というのである（Abh. 2, S. 31）。

一三　学問としての自然法、即ち自然法論の第二課題とは、「それぞれの時代の国家生活、経済生活、社会生活、国際生活において自然法原理に相応しい正義の秩序を練り上げていく」ことを目標としている（Abh. 2, S. 33）。要するに、実践に資すべき応用自然法論の提供である。[25] それは、伝統的自然法論の観点から展開された応用倫理学であるとも言い得る。こうした認識の努力については、後に歴史性、誤謬、発展の問題として再説することになるであろう。本節を閉じるに当って、メスナーによる自然法の定義を念のため次に掲げておく。

自然法は、自己責任を負う人間本性に基づいて存する個々人及び社会の固有の諸権限の秩序である。[26]

第四節　伝統的自然法論の学問的性格

第一項　自然的倫理学と神学的倫理学

一四　ここでその問題性格上決して看過できない、しかし我が国ではそれに見合っただけの正当な注目を受けることが少ないと思われる事項に関説しておかなければならない。伝統的自然法論は、その学問的性格から見るならば、自然理性の光の下で営まれる人間的認識活動である。[27] 従って、これをカトリック社会倫理学との関連で語るならば、神学的社会倫理学と区別される哲学的社会倫理学にほぼ重なる学派である、と考えて差し支えない。ここで「ほぼ」と言ったのは、厳密には同一視はできないにせよ、実質的にはカトリック社会倫理学内で自然法論的な立場に立つ者によって、伝統的自然法論は担われて来たからである。[28] これだけを先ず一般的に語った後で、少し立ち入って考察してみよう。

一五　先ず、戦後の一時期から始まった自然（的）倫理学（die natürliche Ethik）を貶下する動きがカトリック倫理神学内部で生じたことに関するメスナーの立場を確認しておこう。勿論カトリック倫理神学の頂点を成すのがトマスの学説であってみれば、伝統を完全無視して排他的に神学的な倫理学（純正神学的倫理学 eine ausschließlich theologische Ethik）を一挙に主張することは困難であろう。何となれば、「自然法倫理学は、トマス・アクィナスが理解したように、その全本質において社会倫理学であり、逆に又、社会倫理学は自然法倫理学である」[29] からである。そこで、これらの理由からなるべく自然的倫理学、即ち自然法倫理学が基礎に据える「自然法則」ないし「自然法」を避けようとの動きが見られたのであった。その代表者の一人がシュナッケンブルクであった。[30] なるほどカトリック倫理神学の長い歴史の中でいわゆる「自然的倫理学」が幅を利かせて、その結果、存在論的な本質考察の弱点が、即ち、存在論的考察が本質考察に集中し収斂するために帰結せざるを得ない弱点が露呈してきた、或いは、静態的で歴史的変動にいわば無頓着な傾向が認められると言うのであれば、それは認められよう。しかし、それだけでは自然的倫理学の蔑視ないし貶黜《へんちゅつ》を帰結するには不十分である。メスナーの見解は大凡そうしたものである（Abh. 4. S. 71）。この問題連関でベルンハルト・シェップフがメスナー古稀祝賀論文集に寄せた論文において適切な考察を行っているので、次にそれを紹介しておきたい。[31]

一六　自然的倫理学よりも神学的倫理学を宣揚したいと考える者［それはプロテスタント神学者にはしばしば見られることであり、カトリック神学者でも見られなくはない］に対して、二つの議論を用意してシェップフは論ずる。先ず、楽園において存在していた根源的な創造秩序は根本的に変化を被り、堕罪世界においては根源的創造理念を読み取ることなど最早できず、従って、自然法を解明し自然法的考察でことに当たることなど不可能である、という議論（例えば、プロテスタントのH・ティーリケ等の議論）は成り立つのであろうか。否、成り立たない。何となれば、アダムの罪科は事件の前後におけるアダムの自己同一性を前提にしているからである。罪は偶有的な存在喪失を惹起したとはいえ、本質的な存在・存立は依然として保持されていると考えなくてはならないのである。「自然法的な諸考察すべてについての前提を成すものは、楽園での現存在と堕罪後の現存在との相違ではなく、すべての状況に共通するものである」。[32] 同様の考察は、既に我が国でも、夙に松本正夫博士によって為されていた。[33]

一七　もう一つの論証はどうであろうか。それは、要するに、邪な考えや窃盗、殺人、不倫、嫉妬等々が悪いのは、キリストがそれらを非難するからなのか、それとも、キリストがそれらを非難するのは、それらが非難されるべきであるからなのか、と約言され得る。そして、当然ながら、シェップフはこれに就き後者を是とし、「それ故、あらゆる実定的な立法に先立って、従って又、新約の啓示以前にもそしてそれとは関係なく、存在自身に繋留された倫理的秩序が、それ故又、自然法が存在するのである」(34)と結論付けている。

第二項　自然的倫理学と社会神学

一八　上記のカトリック倫理神学の一部としての聖書神学的考察に限定されない新たな動き、即ち、社会神学は別途考察されなければならない。社会神学は「信仰論全般から社会の本性と秩序の諸問題について新しい認識を得ようとする」(Abh. 4. S. 74)。尤も、「社会神学」という用語は、広く使用され認知されてはいるものの、その内容は千差万別であると言われる。(35)ヨーゼフ・ヘフナーによっても「社会神学の問題領域はじっさい緒についたばかりである」(36)と確認されている。社会神学に対して同情的で擁護的な姿勢をみせるヘフナー自身によっても、哲学的学としてのキリスト教社会理論の学問的正当性と課題の重要性が公言されていることにメスナーは注意を促している(Abh. 4. S. 75)。ここでは、慈愛が最高の徳であり、トマスによると真実の神愛の徳の試金石であることに思いを致すとともに、これを社会において具体化することが社会神学にとって著しく困難であることの指摘にとどめておきたい(Abh. 4. S. 77)。

一九　前段で指摘したように、社会神学の存在資格並びに発展可能性は、これらを尊重するとの趣旨で留保を行うにしても、(37)我々は、メスナーが実践したように、キリスト教社会理論にとって哲学的な学問として自己を主張する立場の正当性を確信している。これに就いては、嘗てニコラウス・モンツェルとの間で論争があった。(38)詳細は、別稿をご参照願うとして、[39] 理論的に特に注目すべき内容を要約すると、ほぼ以下のように言えるであろう。「自然的認識に接近できないようなもので、社会的実存における人間の解釈にとって本質的なものは『超自然的』啓示からは何ら生れてこない」というメスナーの一文[40]に関わる問題をめぐる論争があったが、その時当然予想されるように、モンツェルに代表される傾向を有するカトリック社会理論家（社会神学支持者）はこれに承服できなかった。メスナーとモンツェルの中間に位置すると思われるヴィルヘルム・ヴェーバーは、原罪の人間本性に対する結果をかなり重く見て、「人間の認識能力と意志能力は、原罪によってなるほど破壊はされなかったが、決定的に弱められた[41]」という。メスナーはどう応えるか。「啓示と信仰は、探求する人間精神に人間本性について何ら新しい認識を与えない。ただ、より明らかに見ることを可能にするだけである[42]」という（尚、メスナーは他の箇所ではニューマン枢機卿を引き合いに出して、同様の趣旨を説いている。Abh. 15. S. 277）。更に、メスナーは、モンツェル自身が依拠すると称するヴィルヘルム・シュヴェーアの次の適切な発言を引用している。[43]

信仰、恩寵、そして恩寵によって照らし出された良心から社会生活の根本原則に対する新しい認識は決して生れない。本性の中に定礎された秩序に内在する諸目的を完全に実現するために必要な新しい力だけが生れるのである。

二〇　ここでメスナーが挙げているより具体的な例を紹介しておいた方がいいかも知れない。例えば、キリスト以前の世界における高等文化が現実に存在したという事実、そしてそれが現在でもそれなりに社会で機能し得ているという事実は、明らかにそうした決定的な洞察能力を理性が、即ち、自然理性が有することを示しているのではないか。中世時代にカトリックの教えが支配的となっており、カトリック神学がキリスト教史上最高潮に達していた時にも社会秩序はその他の時代と同様に、問題や欠陥（反ユダヤ主義、異端者迫害など）を抱えていなかったのであろうか（Abh. 4, S. 79 : Abh. 16, S. 290f.）。

二一　勿論こうしたメスナーの論調は、社会神学の全否定などを少しも意味しない。しかし、哲学的・自然法論的な社会理論の必要性と重要性を主張し擁護する立場であることは疑うことができない。ヨーゼフ・ラッツィンガー［二〇〇五年四月に教皇に選出され、ベネディクト十六世を名乗る］は、キリスト教社会理論、カトリック社会理論が直接的に神学的基礎の上に展開されるそれとしてではなく、他のすべての「社会」理論と同様の事実を使用することができること、その限りにおいて、他の社会諸理論と同じ質料的対象を有することを言う（Abh. 4. S. 81）。世界観的多元主義の現代社会にあって自然倫理学及び自然法論は、なるほどカトリック神学や人間学によってその「本質的」社会原理をより明瞭に認識することがあったとしても、一旦認識された当該諸原理は、その認識の機縁によらずその認識の妥当、即ち、単なる理性にとって「明証的である」という理由によって、万民・万人に受容可能であることを重視する。[44]そして、これはヨハネス二十三世教皇が『パーチェム・イン・テリス』で社会秩序の問題についての自然的倫理的良心並びに自然法的考察様式をその教説の基礎に据える実質的理由でもあったのである（Abh. 4. S. 82）。ここで、ローマ人への手紙第二章から我々の立場を考えるうえで参考になる有名な一節を引用しておこう。[45]

律法を有たぬ異邦人も、もし本性のまま律法の載せたる所をおこなふ時は、律法を有たずともおのづから己が律法たるなり。即ち律法の命ずる所のその心に録されたるを顯し、おのが良心もこれが證をなして、その念、たがひに或は訴へ或は辯明す。……なんぢ律法を守らば割禮は益ある、律法を破らば汝の割禮は無割禮となるなり。割禮なき者も律法の義を守らば、その無割禮は割禮とせらるるにあらずや。本性のまま割禮なくして律法を全うする者は、儀文と割禮ありてなほ律法をやぶる汝を審かん。それ表面のユダヤ人はユダヤ人たるにあらず、肉に在る表面の割禮は割禮たるにあらず。隠かなるユダヤ人はユダヤ人なり、儀文によらず、霊による心の割禮は割禮なり、その譽は人よりにあらず、神

より来るのである。

二二　以上が、自然と超自然、言い換えるならば、「自然法」の位置付けをめぐるメスナーの基本的立場を明瞭に示すものである。そして、これは社会問題に面して採るべき伝統的自然法論の基本的態度を決定する。即ち、キリスト教思想は、社会問題を原罪の結果と認識するものであるが、そうであるならば、否寧ろそうであればこそ、第一に、社会問題は何時の時代においても存在しないということはあり得ないこと、第二に、それと同時に、人間本性の本質的素質が破壊されることなく傷つけられるに止まる以上は「社会改革」への確かな手掛かりも常に存在することを教示しているのである。これによって、自然法論は、経済利益追求という自由な活動によって自動的に社会的調和がもたらされるという自由主義的決定論とも、完全な未来の秩序は弁証法的過程という必然性を伴って成立するというマルクス主義的決定論とも袂を分かつ。かくして、「キリスト教的良心にとって、社会問題というものは全体として革命という仕方によってではなく、改革という仕方で対処されるべきである」(46)という結論が得られるのである。これがキリスト教的社会改革の基本認識であり、出発点となる。もちろんその人間理解は、後に見る神の似像としての人間を基礎に据えているのであるから、改革の手掛かりを与える社会諸原理(47)を活用する際にも「人間の個人的本性と社会的本性、自由権と社会権、個人と共同体、これら二極が分ち難く緊密に結合し相互に組み込まれている」(48)ことが忘れられてはならない。

第五節　人権の基礎づけ

第一項　近代人権論への展開

二三　人権が理念として登場するためには、国家の存在が前提とされる。近代啓蒙思想やそれ以降の国家理論で最も重要な影響を後世に与えた思想家にルソーとヘーゲルがいる。ルソーは「一般意思」を語り、ヘーゲルは「客観精神」を語った。両者によって国家を超える人権の占める位置は排除された。それだけではなく、メスナーによると、中世以来発展してきていた人権論も忘れ去られていった。

人権が本当に存在し得るのは、国家によって創設されるものでなく、尚且つ、国家が従わなければならない「法」が存在する時だけである、と考えなくてはならない。例えば、イングランドでは古くから国家権力の行使は慣習法に表現されている人々の意思に拘束されるという原則が存在し、このため議会の立法は慣習法で認められた法ないし権利を確認し宣言することと考えられていたようである。もちろんそれらは今日の人権と同じとは言えないであろう。それにしても、国王乃至君主を凌ぐ法の存在することが認められていたのである（Abh. 12, S. 229）。しかし、ルソーやヘーゲル流の思考がこれにとって代わると、国家を超える法の存立の余地が排除され、結局法実証主義に見られるように、国家によって制定された法のみが「法として」承認されることになる。その行き着く処は、詰り、人権理念の喪失であり、全体主義的なファシズム国家並びに国家社会主義国家の到来と擡頭であった[49]（Abh. 12, S. 228）。

二四　十六世紀のスコラ学者フェルナンド・バスケス・デ・メンチャカは、道徳神学（倫理神学）から自然法学を独立させて、はじめて法律を人々の利益（いわゆる人権）に資するという点に見出した、とメスナーは言う（Abh. 12, S. 229）。フェアドロスによると、古代キリスト教の自然法論が義務中心に構成されていたのに対して、バスケスにおいては権利中心に自然法論が構築されており、従って又、そこには人民主権論や法治国家思想が見られる。[50] 尤も、既に十三世紀のトマス・アクィナスにおいて法の目的思想がそうとう明瞭に語られているということは特筆されてよいであろう。実際プロテスタントの卓越した法学者イェーリングは「驚いて私は自問するのである。かかる真理が一度表明された後で、我々プロテスタント学界において全く忘れ去られてしまうことが如何して可能であったのか、と。……私自身についてみても、若し私がそれ［＝トマスの法学説］を知っていたならば、私の書物を一切書かなかったであろう。何となれば、私にとって重要であった根本思想がかの偉大な思想家によって完全な明断性と的確な表現で語りつくされているからである。[51]」とまで言っているのである（Abh. 2, S. 29）。メスナーによると、「人権」という表現はもちろんトマスのテキストには見当たらないが、人権の根拠づけを彼なりに行っている。それでも「しかし、人間の尊厳に人権を基礎づけるという思想は聖トマスの時代には今尚熟してはいなかった。ウッツの語るところでは、産業化や個人主義がもたらした社会革命がそのためには必要であった。そうとは言え、トマスは『それに必要な思考要素はすべて』見て取っていた」（Abh. 12, S. 231）。この後、ビトリアやスアレスといったサラマンカ学派の人々によって自然法論の構成や重心の取り方とかに少しずつ変化がみられる。

二五　さて、啓蒙時代は、個人主義を出発点におく以上、もはや人権の基礎づけの問題は問題でなくなり、「理性は如何にして社会秩序を獲得することができるのか」という社会契約の問題に取り組んだ（Abh. 12, S. 234）。ホッブズとかロックとか余りに有名である。十七世紀のプーフェンドルフは、行き過ぎた個人主義の修復をはかり、再度義務を強調した学説を提示した。そして、ルソーやカント、ヘーゲルが登場する。ここで注目されるのは、カントである。何となれば、カント倫理学に対して伝統的自然法論者として異を唱えるメスナーではあるが（z.B. Abh. 19, S. 323ff.）、次のように、カントの功績を高く評価しているからである（Abh. 12, S. 236）。

彼の功績は、何れにせよ次の点に、――即ち、計算する功利性倫理学と人間にとって無制約の自由を簒奪する理性の進歩思想に対して倫理学の中に理性の中心的な地位を割り当てたこと、自由に他の自由との一致可能性という基準を一般的法則として与えたこと、これに基づく「人間性の尊厳」という理念に人権を合理的に基礎づけるための道を示したことに――ある。

第二項　基本価値、人権の認識への通路

二六　さて、十八、十九世紀のスコラ学で人権はどのように捉えられていたであろうか。それは概して否定的であった。レオ十三世教皇の回勅『レールム・ノヴァールム』（*Rerum novarum*, 1891）で人間の尊厳が語られていたとしてもそうである。何故そうなのか。それは人権理念が合理主義的・個人主義的なイデオロギーの影響を強く受けていたからだ、と言うより他ないのであろう。そうした趣旨でメスナーは一九三四年版の『ヘルダー大事典』*Der große Herder* 所収の「人権」という見出し語の解説を紹介している（Abh. 12, S. 237）。

人権としてより詳細に形成され［この人権という］名称を獲得したのは、十八世紀末、特に北アメリカにおける社会哲学に遡る。それは人権を、地上の人々各人が有する国家を超越する不可譲の権利であるとした。かくして合理主義的自然法の誤った軌道が、フランス革命並びに市民的民主主義的自由主義の意味において歩まれたのである。

二七　アメリカ合衆国の一七七六年の独立宣言には創造者（造物主）による不可侵の権利が謳われている。

われわれは、自明の真理として、すべての人は平等に造られ、造物主によって、一定の奪いがたい天賦の権利を付与され、そのなかに生命、自由および幸福の追求の含まれることを信ずる。[52]

では一体それは何処に由来するのか。旧約聖書であることは言うまでもあるまい。創世記には、神の似像として人間が創られたと記されている。これほど明瞭に人間自身について解き明かすことは後々の科学の発展を待ってもなかなか困難なものと思われる。それを人々はその良心を通じて知る訳であるから、これはある意味で非常に不思議なことでもあり、別の意味ではこれほど確かなこともないのかも知れない。これは人間の存在構造に規定されてそれと融合して為される本性的認識の一種であると考えられる。しかし、民俗学や社会学、比較道徳学、比較法学などを参考にして、そうした基本的価値についての認識を否定ないし軽視する立場（例えば、F・X・カウフマン等。第五〇番参照）も出現してくる。これをどう考えればよいのであろうか。[53]

二八　この場合は最も単純な人間論的な事実に立ち返ること以外にないであろう。それは取りも直さず人間が家族的存在である、という厳然たる事実である（Abh. 12, S. 239–240）。人間は他のあらゆる動物同様、自己実現、即ち自己の存在充足を求める。それは最も重要な身体的・精神的要求を満たすとともに、自己の素質を現実化することであり、人間はこうした根本諸要求を充足し完全な実存を獲得するために、しかも他の動物に比してはるかに長期に亙って家族共同体に依存している。このような訳で、人間は家族の中でその全成員が自己実現を目指して生活する中で、自己の態度や精神や人格を具体的に形成しつつ、同時に、家族全員が拘束されている行為範型が形成されて存在して働いていることを洞見すると言わねばならない。詰り、家族共同体という場には、完全な人間的実存の獲得ないし喪失を左右する行為範型を基礎づける存在論的な鍵が客観的に置かれている、という訳である。

二九　こうした人間の根源的な事実の上に人権が、そして人間の尊厳が理解されるための通路が準備されているのではなかろうか。勿論、保証はしないかも知れない。しかし、これなくしては、我々は一歩も先に進むことができないであろう。人間の自己実現が平等な身体的・精神的根本要求の充足に懸かっているのだというこの現実は、人間が平等な人権を有することについてそれ自体では何も語らないかも知れない。却ってその否定的見解を裏付けるような史実をいわゆる実証科学は挙げることさえできるであろう。しかし、それにも拘らず、戦後の人類の一般的倫理的・法的意識が強力に歩を進めて、「自由と平等が根拠でもあり同時に規準と目標ともなるのだという理念」にまで到達したことも決してそれに劣らない事実であろう（Abh. 12, S. 241）。その明瞭な証しは、一九四八年十二月十日の世界人権宣言の採択であり、一九六六年十二月の国際人権規約の可決に見られる。(54)

第六節　人間の尊厳

第一項　キリスト教の伝統

三〇　人間の尊厳とは何であるのか。この問いを人権の根底に据えて論陣を張ったのは周知の如く、カントであった。そのカントは十八世紀末の人である。しかし、既に『旧約聖書』の「創世記」にこれに対する解答が与えられていた。神は自らに似せて人間を創造した。神の似像性は人間に二重の意味を与えている。これにより、先ず人間は、自分が動物界からは区別されるものであることを知る。第二に、人間としての独自の特徴が理性賦与、自由意思そして地上のものに対する支配権にあることを知る。かくして、人間は人格である（Abh. 13, S. 246）。この地上のものに対する支配権（「地を支配せよ」）に関しては、例えば、トインビー等は産業社会の過大評価や環境破壊の元凶を見ようとする。しかし、メスナーに言わせればそれは誤解であって、「真の文化の担い手としての使命授与」（真の文化負託）に外ならない。(55) その脈絡で、開発援助等が位置づけられている（Abh. 13, S. 246–247）。

三一　神の似像性について、アウグスティヌスは社会的関連ではなく個人的側面において、しかも原罪によってそれが被る意味に就いては相矛盾する曖昧さを残した発言をしている。彼は罪人でさえ、たとい歪曲されていようと、神の似像性を蔵している限りで善の意志を有すると言う(56)（Abh. 13, S. 247 : Abh. 17, S. 296）。アウグスティヌスの神学的救済論的な観点は、後のトマスによって更に高められ総合される（Abh. 13, S. 248）。

三二　トマスは、或る箇所（S.T., 2. II., qu. 64, art. 2）で人間の尊厳について、これを「本性からして自由であり自己自身のために実存している」(57) ことと概念規定している。つまり、ここに到ってトマスは、人間の尊厳［引用原文中では“dignitas humana”の奪格形］を「神の似像」性という神学的・宗教的な背景からではなく、哲学的な光の下において、即ち、「人間の自由と自己目的」という観点から説いていることにメスナーは注目するのである（Abh. 13, S. 249 : Abh. 17, S. 296）。勿論このように「自由と自己目的」„Freiheit und Selbstzweck“といっても、それは決して無制約の自由ではあり得ない。(58) しかし、ともかくも、宗教的・神学的な背景を共有していなくとも議論を交わすことが可能になる次元ないし地平がここに確保された訳である。

三三　では、世界観的多元主義社会の現代にあって人間の尊厳及びその承認について、トマスに見られたように理性の関わる問題として問うとするならば、何に基づいて我々はこれを探求していけばいいのだろうか。ここで、メスナーは、人間の尊厳の考えに想到せしめる「人間の直接的経験」に聞くことを勧める。すると、三つの経験事実が見られる、という（Abh. 13, S. 249–250）。先ず、①人間の自己実現は不可避の本能の作用によるのではないということ、それは自らの責任にかかわる事柄であり、従って自由の問題であるということが知られる。次に、②責任意識は行為の決定にとって基準となる諸前提並びに期待される諸結果の認識を要求する。従って、自己の義務を果たすべき具体的状況の知識を獲得すべく人は努めなければならない。更に、③人間の責任意識と共に直接的経験として「形而上学的不安」„die metaphysische Unruhe“が知られる。形而上学的不安とは、「現存在の起源、意味、目的についての人間の問いと結びついた内面的な不安」であって、他のいかなる動物にも見られない人間だけに特有のものである。(59)

第二項　メスナーによる考察

三四　形而上学的不安、換言すれば、存在喪失を克服する道は如何なるものであろうか。これに就いてメスナーは次の如く語っている（Abh. 13, S. 251）。

人間がその最善の存在をいくらかでも経験しようと欲するとするならば、それは常に、他者に対して同胞の愛を以て尽くすことにおいて経験される。それは他者に対する尊敬を彼自身に知らしめ、同時に自分自身に対する尊敬をも知らしめる。それ故、隣人愛の律法に人間尊厳の理念の概要が同時に与えられているのである。この律法は自然的法則でもありキリスト教的法則でもある。キリストは同じことを黄金律という形でも語られた。「さらば凡ての人に爲られんと思ふことは、人にも亦その如くせよ。これは律法なり、預言者なり。」（マタイ7、12）と。

隣人愛と黄金律という二つの法則が大本になって、人間一人一人に彼が為すべき事柄の具体的認識を可能にするのである。この大本となる尺度は、人間の自己知並びに秩序づけられた自己愛にかかわる。そして、自己愛が秩序づけられるのは、「自己愛がすべての同胞の精神的身体的根本要求の平等と万人の根本義務の平等とを自分の行動の義務的指針と看做し承認する」ときである（Abh. 13, S. 251）。

三五　では、更に問うてみよう。何故我々人間は、他者が自分にどんなかかわりを有し、自分が他者を平等に尊重しなければならないのかを知るべきであるのだろうか。それは各人が理性と良心を賦与され、それ故に失われることなく放棄することもできない義務と権利とを賦与されているからである。「各人が万人に対して義務を負い、逆に又、万人が彼に対して義務を負っているというこのことが万人の人間の尊厳を成している」（Abh. 13, S. 251）。

三六　前にカントの功績に触れたが（第二五番参照）、人間の尊厳についての近代の思惟に決定的な影響を与えたのもカントであった。人間の尊厳概念を、人間は「単に手段として扱われてはならず、目的それ自身として扱われなければならない」という点にカントは見ている。[60] この人間尊厳の見方とほぼ同じ見解を、我々は既にトマスに確認した（第三二番参照）。トマスの見解の核心は、人間の「自由」と「自己目的」に置かれていた。

人間が自由であるのは、理性によってその行為と不作為との選択と決定が可能となるからである。人間が自己目的であるのは、人間存在全体におけるその自己実現が他のいかなる目的にも劣後させられてはならないからである（Abh. 13, S. 252）。

三七　人間の尊厳は、こうして、「理性賦与によって、即ち、倫理的義務を遂行するために課せられている責任と万人の平等な基本的自由の枠内における自己目的としてのその地位によって人間が特別の地位に置かれているということ」に外ならない。こうして、人間の尊厳に関してこれまで為されてきた様々な考察は、或いは神学的な考察、或いは形而上学的考察、或いは又倫理的考察であった。しかし、更に存在論的考察が残されている。それは人間の直接的経験に与えられている人間本性の作用様態から考察する方法であるが、これには二つの方法がある。

三八　存在論的な根拠付けは、二つのアプローチを有する。何れも人間の基本価値とは何であり、如何にしてそれらを人間は知るのか、という二つの問いを問題としている。

第一の道については、前に若干言及したが（第一〇番、及び、第二八番参照）、その重要性に鑑みここでも多少説明を施しておきたい（Abh. 13. S. 253）。この第一の道は、人間の家族が出現して以来、即ち、人間の先史時代から今日まで辿られてきている道である。人間は、動物と違って、はるかに長期間、保護と配慮を与えてくれる家族という世界に依存している。人間の子供は、動物の場合と違って、その天賦の理性と身体的能力が十分発達するまでは、自立し何とか自活することさえ出来ない。家族生活を送ることを通じて、人間は誰しも家族成員間の相互好意や相互尊重、各人の自由領域を顧慮する必要性とか共同体全体の福祉とその第一の要請として平和樹立の配慮が必要なこと、こうした様々な事柄を、具体的に経験して学んでいく。しかし、この間人間が学ぶのはこれに限られない。「全員にとって拘束力のある行為範型が、これを遵守する場合にのみ各人の自己実現が可能になるが故に、家族共同体において妥当する」ということをも学ぶのである。ここにおいて、共同体秩序に固有な諸原理、即ち、誠実、信義、正義、約束遵守、服従など、そうした諸原理が相互に関連したものとして体験されつつ学ばれる。

各人が自己実現に必要とするものが何であるかは、身体的・精神的必要がこれを告知する。……それに適合した行為様態は、自己実現のために各人が払う努力において人間の存在素質の作用様態からもたらされる。その基準となる諸価値は、従って、先入観的な人間本性概念にも哲学的反省にも基づくものでなく、家族共同体において与えられた人間本性の作用様態に基づくのであって、各人の直接的経験の対象となる。経験と人間の存在素質に基礎付けられるのであるから、この根拠付けは帰納的・存在論的なものである（Abh. 13, S. 253）。

三九　基本諸価値とその認識に答えるための第二の道は、これも経験とこれに基礎をおく洞察から出発する。二度の世界大戦を経験した人類は、これを回避するための解答として、世界人権宣言に辿り着いた。その第一条は次のようにある。

すべての人間は、生まれながらにして自由であり、かつ、尊厳と権利とについて平等である。人間は、理性と良心とを授けられており、互いに同胞の精神をもって行動しなければならない。(61)

この世界人権宣言とこれに続く一九六六年の人権規約は、国際連合諸国家の共通の倫理的・法的意識の表現として評価されなければならない。人間の尊厳の問題に関しても当然重要な意味を有するのである。(62) メスナーは、ここで五つほどの含意を述べているが、本章では五番目に述べられていることだけを紹介する。人権宣言は、人間の尊厳の根拠付けを含んでおり、それは世界観的多元主義の社会において一般的に受容可能（allgemein annehmbar）である。それは勿論「すべての人間が理性と良心とを授けられている」ということである。「良心についての意見は相違するかもしれない。それでもやはり、公衆の大多数は基本的良心の存在を争わないであろう」（Abh. 13, S. 255）。

四〇　この国際法意識の記念碑的宣言と規約の中間期にカトリック社会倫理学上も極めて重要な文書が出ている。それは一九六三年のヨハネス二十三世による『平和回勅』*Pacem in terris* である。その二年前に既にルガンブワ枢機卿とタンザニア司教団が共同で出した司牧書において、法と正義に関する良心について語っていた。枢機卿は、様々な種族、部族、宗教、イデオロギー、政党からなる社会、即ち、多元社会を前提にして話を進める。この社会では総ての人の理性と法良心に固有のものに訴えることによってしか共通のもの、正義の秩序への道を示すことができない。アフリカ新興諸国では、法良心の基本諸原理を尊重することが国家権力の根本義務である、と（Abh. 15, S.

276)。ヨハネス二十三世教皇も、その回勅の中で、法と正義の基本諸原理への理性及び良心の洞察を強調した（Abh. 15, S. 277)。

我々は、メスナー自然法論の特徴の一つを成す動態性を次に見ておこう。

第七節　自然法の発展並びに力動性

第一項　動態的自然法論の提唱へ

四一　いやしくも学問たらんと欲するなら、停滞してはなるまい。自然法論とて例外ではあり得ない。しかも、「ホモ・サピエンスの存在と思惟における進化発展は争い得ない」とメスナーは主張している（Abh. 17, S. 294)。第一七論文にちょっとした挿話が掲載してあるのでここで紹介しておきたい。当時の学界の雰囲気を伝えるからである。第二次大戦後間もない頃、ドイツ語圏のある雑誌の有名な編集者から当時話題になっていた自然法の可変性論争に対する所見を寄稿してもらえないかとの打診がヨハネス・メスナーにあった。彼は、絶対的自然法と相対的自然法とを区別して論じた原稿を送付したところ、突き返されたそうである。何故であろうか。返信に次のようなコメントがあった。自然法が絶対的で時間を超越していないとしたならば、我々は何処へ行くのだろうか、と。

四二　メスナーは一九三八年に英国に亡命しているが、それは、言うまでもなく、ナチス政権下での亡命であった。そこで自然法理念の研究に取り組み始める。彼は初め大陸風の形而上学的・演繹的な手法でその研究を開始したのであったが、やがて英国経験論的な思潮に含まれる重要性を自覚するに到る。「直接的経験」（unmittelbare Erfahrungen）に自然法論を定礎させることによって、新しい自然法論への接近可能性を模索し提供しようという構想が生まれ、じっさいそれを主著『自然法』の執筆という形で実行した。[63] 但し、このようなアプローチは当時ドイツ語圏の神学界からは相当の攻撃が十分予想されたので、メスナーは意識的にトマスとの関連を引き合いに出したのだという。この問題については、メスナーと親しいヴィーン大学の批判的トマス主義者アルベルト・ミッテラー Mitterer が見抜いていた。トマスからの離反は危険視されていた時代であった。ところが、第二バチカン公会議（一九六二―一九六五年）以降になると事情が逆転してしまう。トマスを軽視するか離反対立するのがまるで学問的である証であるかのような状況ないし風潮が生まれたという。しかし、メスナーの目には、トマスはよほど深い思想家であり軽視などできないことは言うまでもないが、それと同時に、その思想が最終完成態ではあり得ないことも余りにも明らかであった。トマスに寄り添いつつトマスを現代に活かしていく、これがメスナーの自然法論の基本姿勢であろう、と私は思う。トマスに萌芽的にみられるものを現代においてそれに相応しく発展させていくという態度、それこそ正しく伝統的自然法論の態度そのものである。それに連関する若干事項に言及しておこう。

四三　先ず、トマス自然法論ないし社会倫理学の要を、メスナーにしろウッツにしろ、共同善 bonum commune という目的因に本質的に関連付けて理解している。そしてこの二人の巨匠は、同様の問題意識に基づきつつ、その壮大な社会倫理学体系の著書を執筆公刊した。但し、メスナーに言わせるならば、トマスは時代的な背景から無理もないことであるけれども、共同善の存在論的な基礎付けを十分行っていない。そこで、この問題には独立の論文を彼自身が用意した。[64]

四四　トマスは、近現代的な意味での人権とか人間の尊厳を知っていないと、しばしば言われる（Abh. 2, S. 35 ; Abh. 17, S. 298）。確かに現代の概念をそのまま七〇〇年以上も前に無造作に投入して外在的・批判的に見るならば、そのようにも言いえよう。奴隷制などはもとより女性や子女の地位についても、これをトマスは認めているではないか、けしからぬことだ、と現代の進歩的な学者は言うかも知れない。しかし、メスナーが注意深く述べているように、人は時代状況の中で思惟せざるを得ないことであるし、それにしても、トマスは、殆どカントと同じ見解に到達しているのだ、と注目すべき認識をも表明しているのである（Abh. 13, S. 251-252)。

四五　トマスの思想には、深い人間理解が、それ故に又、社会や国家についての理解があるように思われる。人間の社会秩序、国家秩序を考えていく場合に法の問題を回避することは出来ない。その法は、人定法でもあり得るし、自然法でもあり得る。そして本節の初めに指摘したように（第四一番）、自然法論は発展を遂げなければならない。それも、二重の意味でそう言わなくてはならないであろう。

四六　法領域における発展ないし展開は、少なくとも二つのそれとして理解される。法意識の発展と法秩序の発展である。[65]これに連関するトマスの著作の重要箇所に「人間の本性は可変的である」（Natura hominis est mutabilis.）との文言がある。[66]これを基礎にして、更に前者、詰り、法意識の発展に直結する次の文言を参照することができよう。人間の理性は可変的で不完全である。それ故、法意識も又徐々に、不完全からより完全へと進歩することが「自然のこと」naturale であるように思われる（Ex parte quidem rationis, quia humanae rationi naturale esse videtur ut gradatim ab imperfecto ad perfectum perveniat.）、と。[67]この連関で、メスナーは人間本性に究極的には基づく社会倫理規範について、次のような興味深い発言を行っている。

社会倫理規範は、しかしながら、決して空虚な概念の器ではなく、社会秩序の発芽力及び成長力を宿しており、その秩序内で人間は進歩し、より人間的な自己の存在可能性を見出すことができるのである。その第一の理由として、倫理的・法的意識の発展と共に一旦獲得された真に人間的な社会秩序の根本価値と根本規範についての知識は決して抹消され得ない（nicht wieder ausgelöscht werden kann）ことが挙げられる（Abh. 7, S. 142)。

トミストとか伝統的自然法論者と呼ばれる人々は、大なり小なりこうした自然法原理の獲得における不可変更性、不可逆性を語っている。それは故なきことではない。そして、この根本諸原理をメスナーは、例えば „Bestand von Rechtsnormen" と呼ぶのであるから、殊更言うまでもないことに属するが、これを訳出する場合に肝腎なことはその趣旨を踏まえて翻訳することである。(68)

四七　何れにせよ、法意識及び法秩序の両側面における発展にとって基準を提供するものは、トマスにとっては「共同善」(utilitas communis, bonum commune) であった。共同善の基本は国家的に統合された社会の統一と平和の確保にこそ置かれるのであって、それは正義の秩序によって実現される（言い換えると、正義秩序に反する統一と平和とは語義矛盾となる)。この正義は、古来、法律的正義、配分的正義、交換的正義 (die gesetzliche, die austeilende und die Verkehrsgerechtigkeit) と分類され呼ばれて来た (Vgl. auch Abh. 15, S. 279f.)。しかし、その後いわゆる「社会的正義」(die soziale Gerechtigkeit, iustitia socialis) が新たに追加される。(69) 更に、開発援助 (Entwicklungshilfe) の問題も大きく浮上してきた。(70) これらは言うまでもなくトマスの与り知らぬことである。そしてここにも自然法の歴史性が見られる、とメスナーは語る (Abh. 17, S. 300)。

第二項　法領域における発展と根底でこれを支える基本洞察

四八　ここで人間の倫理的・法的根本知識に言及しておきたい。それは、掻い摘んで言うなら、トマス自身、そしてトマスを信奉するほとんど総てのトマス主義者ないしスコラ学者と見解を異にするメスナー独特の学説に関わる倫理的・法的原理認識理論である(71) (Abh. 3, S. 61 Anm. 13, Abh. 17, S. 303-304)。トマスによると論理的並びに倫理的原理自体は根拠づけられないものであり、存在の現実に関わりなく思惟され得るものであった。それに自然法は永久法の分有であるという考えが結合されると、その結果、これらの諸原理は「分析的な」判断である、詰り、概念の内容から生じてくる明証的な判断である、とされる訳である。それは概念必然的に（論理的に）「アプリオーリな分析判断」ということになる。しかし、メスナーはそのようには考えない。論理に関わる基礎的な原理、倫理並びに法に関わる基礎的な原理は「アプリオーリな総合判断」（synthetische Urteile a priori）である、即ち、経験と簡単な理性の考量に基づいて成り立つ直接的に自明な真理であるとの新学説を立てたのであった（Abh. 3, S. 59-63. 詳細は、『文化倫理学』、本書第四章第三節第四項参照）。

こうした人間の存在構造に定礎された基底的原理認識が存在し機能するからこそ、人間社会における倫理的法的領域における普遍的進展が見られるのであり、このことはいくら強調してもし過ぎることはないものと思われる（第三八番、及び第四六番）。そこで、次にこのことを簡単にでも説明しておきたい。

四九　メスナーは、人間の生存にとって「家族」が特別の意味を有することをアウグスティヌスやキケローに依拠しつつ随処で論じている。我々人間は、黄金律を始めとして他の倫理原理や法原理を「原社会」Urgemeinschaft としての「家族」の中で習得していく存在である。詰り、人間は何よりも先ず「家族的存在」ein Familienwesen である。

実に人間こそが家族共同体の中での共同生活へと人間を駆り立てるのであって、この秩序によってのみ、すべての人間はその存在を獲得することができる。これは人間本性に関する理論的認識によるのではなく、最も重要な身体的かつ精神的要求を満たすのに何が必要であるかという人間の経験によるものである。……倫理的・法的な基本原理は、人間がその本性自身に促されて社会秩序の形成に踏み入るや否や、具体的内容を以て体験され習得される。この第一段階は、（存在論的にも歴史的にも）原社会、即ち家族集団と種族集団において行われる。(72)

要するに、人間は、倫理原理（自然法原理）をその具体的態様において体得すると言わねばならない。ところで、一旦倫理原理が、例えば黄金律が経験によって意識される段になると、「人間本性自身によって、それ故あらゆる人間によって要求されており、かつ人間本性自身に対して、それ故あらゆる人間に対して負うべきところの、行為への直接的洞察とともに必然的かつ普遍的に義務づける黄金律の妥当性への直接的洞察とが人間の直視する認識に生じてくる」[73]。従って、自然法原理は、人間が原社会の中で人間に相応しく生きていくための生存秩序の基本原理として、各人によって体得されるのであり、しかも常に具体的内容を伴って体得されるが故に、エルンスト・トーピッチュが主張するような「内容空虚な定式」inhaltsleere Formeln などでは決してなく、この意味において、それは経験に制約された「総合判断」であるが、「熟慮する理性にとっては直接的に明白になり必然的にかつ普遍的に妥当する点で明白であるが故に、先天的性格を有する」[74]。それ故に、自然法原理は「先天的総合判断」であると、メスナーは説くに到ったのである。

五〇　さて、これと関連して、先に（第一一番参照）予告しておいたフランツ・ベックレの見解を検討しておきたい。ベックレ[75]（元ボン大学教授）は、ブルーノ・シュラー[76]（ミュンスター大学名誉教授）と並ぶ戦後ドイツを代表する倫理神学者（道徳神学者）の一人であった。その編著『論争の最中にある自然法』（一九六六年刊行）は、伝統的自然法論に異議を唱えるカトリック道徳神学の側から出された書物である[77]。寄稿者は、フランツ・X・カウフマン、A・G・M・ファン・メルゼン、J・Th・アルンツ、そして編集者のベックレである。カウフマンの平板な社会学主義的な主張［異なる文化圏では文化規範は大いに異なる内容を有するとする相対主義の主張］に対しては、フリッツ・ケルンの研究［内密的にして強力な団体、即ち、家族から近くの小さな者のすべてに対して自然的共同感情の温もりが放射される、即ち、家族共同体において共同善の規制規範が意識されていると主張する］を反証として挙げれば十分であろう（Abh. 8, S.

148–151)。ドミニコ会の哲学大学教授アルンツは、なるほど他の寄稿者とは多少立場は違う。しかし、せっかくトマス説を詳細に論じて後期スコラ学における軌道逸脱の発生及びその帰結まで語っており、更にヴィクトル・カトライン Cathrein やフェルメールシュ Vermeersch の「倫理的硬直主義」にも言及してはいるものの、肝腎な現代への関連付けが欠けている。否、それればかりか、実は、十九世紀にそれとは異なる重要な動きが、例えばルイージ・タパレッリにおいて大々的に始まっていたのである。(78) しかし、こうした当然言及すべき動向への論述は見られない。それより最大の問題はベックレである。

第三項　反自然法論の吟味

五一　ベックレは、一方では倫理神学に自然法は必要でなくはないと言いながらも、他方では、超時間的に普遍的に妥当する法の観念に対抗して「人間の歴史性」を持ち出し、「法及び自然法の歴史性」を主張する。(79) しかし、問題は法が歴史的であるとしても、それがどの程度なのかを知ることが重要ではないのか。実定法に関して価値判断を下す場合に不変的一般的法命題がどこまで基準を提供できるのかが大切なのではないか。ベックレを始め多くのスコラ学者には、そして勿論実証主義系の学者にも、一般的法命題は観念的な抽象物としてしか考えられないのであろう。「しかし、自然法の現実においてはこうした抽象物は存在しないのである」(Abh. 8, S. 156)。多少長くなるが、明解と思われる箇所を以下に訳出してみよう (Abh. 8, S. 156–157)。

自然法と法の歴史性という問題についてこの存在論的概念は極めて重要な意味を有する。一・人間と法の歴史性は、人間が既に存在する場合に初めて存在することができる。ところで、ホモ・サピエンスが存在するならば、行為様態の

具体的な秩序が既に与えられている。それは家族共同体の中で人間本性自体（生き生きした関係と自己利益）によって要求される。説明のために前に言及した旧石器時代の家族共同体における自然法の現実の指摘が有益であろう。二．存在論的に、即ち、人間本性の作用様態によって規定されているので、こうした自然法現実は歴史を通して人間に伴うものである。自然法の現実在が繰り返し自己を貫徹するということが、全体主義体制の権力者の不安となる。三．理性は、充足した実存が万人に可能となるには、具体的な行為規範が万人にとって拘束的であらねばならぬことを洞察する。その一般的で必然的な妥当性は完全に発達した理性にとって直接的に明証的となる。四．更に超越的当為の経験が加わる。その具体的な内容が人間の意味解釈によって突き止められ得る「超越的当為」の経験が先ず存在するのではなく、むしろ超越的な当為は具体的な行為規範と結びつくことによって意識されるのである。

五二　ベックレはこの他にも、例えば、自然的倫理法則（das natürliche Sittengesetz．自然道徳律とも訳す）を「責任を負う自己実現への当為要求」[80]と定義するが、これだけでは「自己実現」が何を意味し、「責任を負う」が何を意味するか、不明である。ベックレは本質への問いと規準への問いの相違を知らないかのようである。詰り、彼は「人間は人間であるところのものにならねばならない」[81]と一応は言えるとしても、本当の問題はここから始まる。人間とは何者であり、どのような客観的な規準に基づいて彼は存在し、彼自身であるところのものになり得るのか、と（Abh. 8.S.157）。ベックレの立論からは、例えば、性倫理、婚姻倫理などの客観的な倫理基準は何ら語られ得ないことになるであろう。メスナーの判定によると、ベックレの自然法論批判の目標は、発達、歴史性、所与の現実との格闘を通しての具体的現存在企投に基づく自己実現という諸カテゴリーを用いて、彼の考える新しい婚姻道徳を主張することにあった。しかし、それは全体として失敗であった（Abh. 8. S. 158）。

五三　ベックレは彼の編集した書物の最後で、聖書神学に依拠して彼の解する新しい婚姻道徳を基礎づけようとする。ここでは完全に自然法から離れる。さながら状況倫理［正しくは situation ethics（Situationsethik）ではなく、situationalist ethics（situationalistische Ethik）、即ち、状況主義倫理学と言うべきであると私は思うが］の主唱者として知られるプロテスタントのジョーゼフ・フレッチャー(82)を思わせる立論である。「愛」の教えだけが公認され、婚姻制度は他のすべての制度同様、或いはユダヤの或いは後世の取極めた制度でしかない。しかし、それでは「愛」だけで倫理的行為の「批判的規準」となり得るのであろうか。アダム・シャフは共産主義について「その出発点についてみても、その到達点についてみても、社会主義は隣人愛の学説である。」と言ってのけた（Abh. 8, S. 160）。しかし、確かにメスナーが明言するように、「共産主義という強制体制下で愛の命令が正しく理解されているのか否かに就いての判断は、しっかりとした客観的規準を必要とする」（Abh. 8, S. 160）のではなかろうか。

結　論――要約とメスナー自身の晩年の発言――

五四　以上、急ぎ足で、最近出版された著作集第六巻所収の諸論文に依拠しつつヨハネス・メスナー晩年の思想の一端の紹介を試みてきた。それは、一端ではあっても、周辺的な事柄ではなく、重要な問題であることに変わりはない（それ故、それぞれの問題が詳細な論述に値することは言うまでもない）。そして、以上本章の考察は、要するに、彼が若かりし時から抱き続けて思索を重ねていった諸問題を巡って晩年に彼自身によって再度纏められた、法哲学上の重要問題［より厳密に表現するならば、法哲学を中心としてその隣接諸学にまで広がっていく重要問題］と重なっているということの確認となるものであった(83)。

五五　かくして、我々は、ヨハネス・メスナー自然法思想の基本特徴を項目的に次の如く纏めることができる。

一　メスナー自然法論がそれに属する伝統的自然法論は、実証主義思想からも、近代的自然法論からも区別される。
一　カトリック社会倫理学には神学的社会倫理学と哲学的社会倫理学とがあり、メスナー自然法論は、「哲学的」カトリック社会倫理学に該当する。[84]
一　メスナー自然法論に拠ると、自然法は、「法の存立状態」及び「学問」としての自然法である。
一　学問としての自然法は、基礎理論と応用部門とに大別される。特に応用部門においては経験科学への深い理解が要求される。[85]
一　人権の根底には「人間の尊厳」が厳存する。これを明瞭に語ったのは「創世記」における啓示であった。トマスにおいてこれを哲学的次元へ転轍することが実行された。カントの功績が見られる遙か以前のことである。
一　人間の尊厳についての基礎づけ問題が様々な角度から論究された。
一　学問的・反省的認識の根底には、常に「ただの人」の直接的な経験知が横たわっていることを想起すべきである。これ無くしては実は我々の日常生活は送り得なかったであろう。
一　自然法原理は「ア・プリオリな総合判断」であるというメスナーの認識論的一大貢献が紹介された。そして、こうした基礎経験があればこそ人類はこれまで連綿と繁栄し得たと考えられるのである。その基礎的社会細胞としての家族共同体の大きな位置と役割について我々は再認識すべきであろう。

五六　ここで、メスナー自然法思想の要諦を彼自身が後継者ヴァイラー教授との対談の中で語っているので、それを一部紹介しておきたい。[86]先ず、九十歳の誕生日を目前にした一九八一年のある日の対話で、メスナーは次の如く語っている。

私の法現実主義は、解放の神学が展開してきたような教会内でのユートピアを語る諸傾向に対抗しています。これら構成された未来の理想というものは、それ自体として本質において誤っており、今日の経済における私たちの課題から目を逸らすものでしかありません！私たちの今日の課題は現在に置かれています。従って、教会においては法現実主義が求められるのです。……自然法はなるべく経験に即して、詰り、現実在の分析を通して経験から出発することによって解明されなければならないのです。(87)

この基本的な学問姿勢は、特に英国亡命期の英語文化圏での経験に由るところが大きい。(88) そうとは言え、メスナー自身「私は、例えば『職業身分秩序』に関する私のそれ以前の見解を撤回しなければならないようなことはなかった」(89)と語っている。『社会経済学と社会倫理学―体系的経済倫理学の基礎づけのための研究』に就いて、著者メスナーは社会生活の一領域の倫理問題、つまり、経済倫理の諸問題を説くに当たって「分析的に経験および経験諸科学から説き起こし、原理から説き始めはしなかった」とヴァイラーが指摘しているように、(90) 英国に渡る以前から、メスナーは人間社会の現実に並々ならぬ関心を有してその学問的活動を開始していたのである。

五七　次に、一九七九年九月十四日の対話から経験に定位した自然法論に関連するものを紹介しよう。

経験は、他のあらゆる生活において重要であるのと丁度同じように、倫理学においても重要なのです。……人間は何よりも先ず家族的な存在です。家族の中で人間はその最初の認識を形成します。そしてそれを後に使用し、国民としても使用するのです。

直接的に明白な原理こそが真理であって、それは先ず獲得される必要があります。詰り、経験から学び取られる必要があるのです。そうでなければならないのは、人間が充足した現存在を見出そうとするからに外なりません。自己実現への関心こそ、人間を規定します。だから、人間の知るところとなるのです。自己実現はあらゆる生物に当てはまることです。(91)

よく知られるように、倫理的真理に就いては、生得説と後天的獲得説とが見られる。トマスは、勿論生得説を採る。詰り、真理は理性自身の中に置かれている。ヒュームは、これを否定した。ここでは、トマスにもヒュームにも立ち入らない。メスナーの見解は、一種独特のものであった。徹底的に経験に注目するという道であった。

私の新しい道、それは、もはや人間本性 die Menschennatur ではなく、人間本性の作用様態 die Wirkweise der menschlichen Natur でした。……すべての生物にとって決定的に重要なことは、自己実現を求めて払われる努力です。これは人間にも当てはまります。

そのために規範を先ず発見するというのでは行けません。人間は家族共同体の中でこの規範を習得するのです。倫理的意識の成長に伴って、人間はこれが義務的であることを洞察するに至りますが、それはそうしてのみ自己実現が可能となり得るからです。自然法にとって決定的なのは、人間の本性ではなく、この作用様態です。何となれば、生物としての人間は、自らの素質の完全な展開と実現とを求め、人間の尊厳に適う現存在を求めるからなのです。(92)

以上の如く、メスナーの新しい自然法論では、古来の演繹的な永久法の分有から論を展開する形式ではなく、経験現実に最大限の注目を払う姿勢が採られた。人間本性という抽象的な出発点ではなく、その本性の作用様態に着目した訳である。当然予想されることであったが、これに就いてはカトリック倫理神学の陣営から批判と反撥とが繰り出された。尤もその多くは、浅薄な誤解に由来するものではあったけれども。

五八　一九七八年七月七日の対話から、倫理的真理乃至自然法原理の認識論的問題に就いてメスナー自身がどのように説いているか引用しよう（第二一、二八、三八番をも参照）。スコラ学は Synderese（synderesis）の概念を使用しながらも、人間本性の作用様態の実態を正確には認識しなかった。トマス自身は、しかし、「すべての認識は経験から出発する」（onmis cognitio ex sensu）と語っているではないか。メスナーはそのトマスの道を歩んだというのである。

子供でさえ有し得る相違するものについての経験があるではないですか。全体は諸部分よりも大きいとか、満杯の瓶と空瓶との区別を行うのです。……そうして子供は「真理」を習得していくのです。同様に、人間は倫理規範によって自分の自由に制約が課せられていることを知らねばなりません。人間はそれに馴染んでいかなくてはなりません。直接的な倫理認識は家族の中にある子供に認識されるのです。誰だって完全な人間として扱われようと欲しないではいられません。決して犬のように取り扱われてはならないのです。模範像から原理が形成されるのです。(93)

かくして獲得洞察される諸原理は、「ア・プリオリな総合判断」とメスナーによってその主著『文化倫理学』において論証されていくことになった。(94) ここでは「ア・プリオリな」判断であることに連関する次の箇所を注目しておきたい。

ア・プリオリな判断は、あくまでも経験に条件づけられて獲得されるのです。後になってから始めてそれら判断が拘束的であることが洞察されるのですが、それは、さもなければ完全な人間存在が可能とならないからなのです。ですから、簡単な考察があるだけです。……このことは大きな社会についても言えることです。誰だって、真に人間的な存在を獲得できなければなりません。ですから、大きな社会にも又、拘束的なものが存在するのです。(95)

五九　我々は、先に第五七番で、メスナーが自然法論を展開するに際して、人間本性からではなく人間本性の作用様態から考察を開始していたことに触れた。それは、別の言葉で言うならば、人間の「実存的目的」から考察を開始することであった。(96)

一九七八年七月七日の対話からもう一つ紹介しておきたい。それは、メスナー九十歳の誕生日前に行われた対話においても彼自身がほぼ同様のことを重ねて語っていることでもあるので、割愛する訳にいかないと考えられるからである。

人間についての学問は、あらゆる社会科学の統合的構成要素です。ですから、例えば社会学は人間の「実存的なるもの」に帰らねばなりません。……現実在するものは総て、創造的存在としての人間の価値追求に含まれ、その自然法を意味します。この自然法は、価値追求と義務付けを伴う根本価値の認識とを結びつけます。自然に適合していることが人間にとって同時に自然法の創造的なものでもあります。

その限りで倫理規範は、先ず以て、存在の本性です。倫理規範はそうして始めて私たちが存在の諸形式において、或いは必然的な本質と原理において認識する法則なのです。……倫理学を更に詳しく眺めて見ると、例えば経済倫理学として眺めて見ると、その実践課題を無視することは許されません。その場合にはいつでも、すべての文化段階において常に変化していく人間生活の形態に適用することが問題となっているのです。例えば、歴史上では利息の問題がありました。すべての社会現象の場合にもそうなのですが、経済学においても常に相対的な固有法則性に注目することが肝要ですし、そうして初めてロゴスとエトスとを結合することが可能になるのです。(97)

六〇　メスナー学派の人々は、メスナーによって樹立された「新しい自然法」体系を具体的に仕上げていく仕事を、学問的にも実践的にも継続して今日に到っている。例えば、後継者のルードルフ・ヴァイラーは特に国際倫理学（internationale Ethik）という新しい学問領域の開拓に大きな貢献をしている。ヴォルフガング・シュミッツは大蔵大臣、国立銀行総裁として実経済の舵取りを政治家としての立場から執った学者である。ヘルベルト・シャンベックはリンツ大学で教鞭を執りつつ長期にわたって参議院副議長を務めた。教皇庁社会科学アカデミー会員でもある。ヴァレンティン・ツィフコヴィッツは社会問題に果敢に発言する社会倫理学者である。アルフレート・クローゼも多方面で活躍している。ルードルフ・メスナーは教育学領域で自然法思想を展開している。孫弟子に当たる世代にも幾人も継承者が、例えば、メスナー自然法論で学位を取得したヴェルナー・フライシュテッター補佐司教を始め、その他、レーオポルト・ノイホルト、ヘルベルト・プリービル、ミヒャエル・シュナラー等の若手研究者が現われている。今後もこうしたメスナー学派による作業は継続されていくことであろう。(98) 私自身も微力ながらその一翼を担いたいと考えて自然法論者の末席を汚している。

六一　以上で、メスナー自身によるメスナー自然法思想の核心部分の紹介を終えることにしよう。そこにはその思想の基盤に人間本性への、そしてその作用様態への認識があった。私自身は、それを踏まえて、人間の定義として「国家を志向する家族的存在」Mensch als staatsbezogenes Familienwesen を嘗て提唱したことがある。(99) 尚最後に、メスナー自然法思想において極めて重要な位置を占めている家族の意義に関連する一文と自然法倫理学の動態に関わる一文を引用して、本章をそして本文を閉じることにしよう。

社会の細胞である家族に即してみて、倫理的自然法則［いわゆる自然的倫理法則、道徳律］は諸民族、諸文化の最も確実な生命法則であるということが不動であると判明する。(100)

誤謬を常に少しでも克服しようとすること、即ち、事物の本性に益々接近することこそが、自然法の発展を、延いてはそれぞれの相違する状況を考慮しての倫理的法的意識の常に新しい定式化の発展を促し形成してきた。(101)

（1）　ヨハネス・メスナーは、一八九一年二月十六日にインスブルックに近いシュヴァーツに生れ、一九八四年二月十二日にヴィーンに歿した。その生涯については、拙稿「ヨハネス・メスナーの生涯と著作」、『社会と倫理』第十八号（南山大学社会倫理研究所、二〇〇五年）七五―一二三頁、［本書序章］を参照されたい。

（2）　上掲拙稿、九六頁以下［本書序章］参照。第八回ヨハネス・メスナー記念国際シンポジウムは、二〇〇七年九月下旬にヴィーン郊外のメードリングに在るサンクト・ガーブリエル神言会修道院を会場に、「発展する人間と自然法」の統一論題の下、開催された。これについては、序章第七節末尾、及び、註(100)を参照されたい。尚、カトリック社会理論の分野で貢献著しかったオスワルト・フォン・ネル＝ブロイニングとヨーゼフ・ヘフナーに就いても、それぞれの名前を冠した研究所ないし協会が設立されている。Oswald von Nell-Breuning Institut für Wirtschaftsethik in Frankfurt am Main, Joseph Höffner Gesellschaft in Bonn.

(3) ヨハネス・メスナーの主要著作(十一冊)の概要については、上掲拙稿、一〇四—一一〇頁〔本書末尾の「附録　主要著作案内」〕を参照されたい。

(4) 主著『自然法』の初版では、社会倫理学の基礎論(原論)として「道徳哲学」"Moralphilosophie" を第一巻第一部として含んでいたが、主力は応用倫理部門の社会倫理学、即ち、第二巻狭義の社会倫理学、第三巻国家倫理学、第四巻経済倫理学に傾注されていた。第三版においてこの第一巻第一部は著しい拡充詳述を施され、題目も「基礎倫理学」"Fundamentalethik" と変更されている。各論の方もでも様々な補充が見られる。特に第一巻第三部法哲学は相当の加筆が施された。尤も、そのうちの一部は、一九六六年改訂時に削除されている。それでも、最終版は原書で一四〇〇頁に迫る大著である。

(5) 伝統的自然法倫理学ないし伝統的自然法論とは、「プラトン及びアリストテレスに遡り、アウグスティヌス、トマス・アクィナスにより更に発展せしめられ、十六、十七世紀のスペイン人学者、とりわけフランシスコ・ビトリア及びスアレスによって第二盛期を迎え、その後も絶えることなく伝統として継承されている思惟傾向」(J. Messner, *Das Naturrecht*, S. 35,〔一九頁〕vgl. auch ders., *Kulturethik*, 223-224.)を指す。又、同じ自然法論とはいっても、伝統的自然法論は、観念論的自然法論とも唯物論的自然法論とも異なり、㈠人間が倫理的・法的、それ自身で確実な真理を義務拘束的な妥当要求とともに知っており、㈡人間が自己の本性が完全な人間的存在に到るための社会秩序への要求を有することを知っている、という二つの基礎を人間本性自身の中に見出すものである(J. Messner, *Das Naturrecht*, S. 455f.〔五〇四—五〇五頁〕)。要するに、「良心の意義と事物の本性の要求」(die Bedeutung des Gewissens u. die Forderung der Natur der Sache) が伝統的自然法論にとって決定的なのである。我が国で自然法論といえば、決まって啓蒙期の自然法論が直ちに連想されてしまう。尚、次の書物は、メスナーとは異なる「自然法の伝統」(tradition of the natural law) を説いている。Jean Porter, *Nature As Reason: A Thomistic Theory of the Natural Law*, Wm. B. Eerdmans Publishing, 2005, esp. pp. 1-52, 61 etc. ポーターの「近代自然法理論」(modern theories of natural law) はメスナーの啓蒙期自然法論に相当するが、メスナーの伝統的自然法論にぴったり相当するものは見られず、「中世のスコラ学(者たち)」(the medieval scholastics) という用語でそれに近い概念が語られている。本書「第一章第三節　伝統的自然法論と近代的自然法論——自然法論の二類型——」をも参照されたい。

(6) J. Messner, *Das Naturrecht*, S. 35, 455f., 471f.〔一九、五〇四、五一九—五二〇頁〕

（7）拙稿「カトリック社会理論の現代的意義」、高橋広次編『現代社会とキリスト教社会論』（南山大学社会倫理研究所、一九九八年）特に一九二頁以下。

（8）Vgl. auch J. Messner, *Das Naturrecht*, S. 304-312, bes. 312〔三三六―三四五、特に三四四頁〕; 3. Aufl., 1958, S. 265-271.

（9）Vgl. Alfred Verdross, *Statisches und dynamisches Naturrecht*, Verlag Rombach Freiburg 1971, S. 14-15 sowie ders., *Abendländische Rechtsphilosophie. Ihre Grundlagen und Hauptprobleme in geschichtlicher Schau*, 2. erweiterte u. neubearbeitete Aufl., Springer Verlag, Wien 1963. フェアドロスは、更にNaturgesetz と Naturrecht の二語に就き周到な考察を施している。Siehe dazu A. Verdross, *Abendländische Rechtsphilosophie*, S. 286ff. Vgl. Gallus M. Manser OP, *Das Naturrecht in thomistischer Beleuchtung*, Freiburg 1944 und ders., *Angewandtes Naturrecht*, Freiburg 1947. 自然法と自然法則ないし倫理法則（ius naturale et lex naturalis, Naturrecht und Naturgesetz）の相互関係を巡る伝統的自然法論の見解については、拙稿「伝統的自然法論における自然法と自然法則」、『法思想における伝統と現在』（九州大学出版会、一九九八年）（一八四―一九五頁）を参照されたい。尚、我が国では、ホセ・ヨンパルト、三島淑臣両教授が比較的早期に、自然法と自然法「論」との相違を自覚することが重要であることを説いている。更に、本書第一章第四節をも参照。

（10）人権は、言うまでもなく「人間の権利」であり、それは要するに、権利と同一であると水波朗博士は、斬新な、しかしよくよく考えてみれば極めて当然な学説を提唱し、更に、ジャン・ダバンの権利論を踏まえて包括的な権利の存在論、認識論、体系論［博士の用語では分類論］を、憲法学の人権論との連関で説いている。水波朗『自然法と洞見知』（創文社、二〇〇五年）五九五―六四二頁。尚、正義原理に対するハンス・ケルゼンの批判（Hans Kelsen, *Reine Rechtslehre*, 2. Aufl., Wien 1960, bes. S. 366f.）に対するメスナーによる反批判は、次を参看されたい。J. Messner, *Das Naturrecht*, S. 422ff.〔四六九―四七三頁〕

（11）他の箇所（J. Messner, *Das Naturrecht*, S. 359.〔四〇一頁〕）では、人間仲間の生命・身体の不可侵、名誉の尊重、契約遵守、共同体権威の尊重、良心の自由等が挙げられている。

（12）„Dieser Widerstand hat bewiesen, daß die im Rechtsgewissen begründete Rechtsgewalt sich gegenüber dem Gewaltrecht zur Geltung zu bringen wußte."

（13）Vgl. auch Eberhard Schockenhoff, *Das Gewissen. Quelle sittlicher Urteilskraft und personaler Verantwortung*: Kirche und Gesellschaft Nr. 269, Köln 2000, S. 4-5.

（14）自然法論者ではないが、例えば、黒田亘教授（『経験と言語』東京大学出版会、一九七五年、『知識と行為』東京大学出版会、一九八三年）は「基礎行為」という概念を導入してこうした問題を考察している。

(15) Maurice Merleau-Ponty, *Phénoménologie de la perception*, Editions Gallimard Paris 1945, p. II et III, p. 494 et suiv. M・メルロ＝ポンティ『知覚の現象学』第一巻（竹内芳郎・小木貞孝訳、みすず書房、一九六七年）三―四頁、『知覚の現象学』（竹内芳郎・木田元・宮本忠雄訳）第二巻（みすず書房、一九七四年）三三九―三〇四頁参照。

(16) „In diesem Sinne ist das Naturrecht ein Rechtsbestand als Inbegriff von Rechten. Als solcher *Bestand von Rechten* ist das Naturrecht die Ordnung der in der menschlichen Natur mit ihren Eigenverantwortlichkeiten begründeten einzelmenschlichen und gesellschaftlichen Eigenzuständigkeiten.“ (Abh. 2, S. 22).

(17) 国家の存在、目的、作用については、拙稿「共同善、社会、国家――トミスムの観点から――」『法政研究』第五十九巻第三・四合併号（一九九三年）、拙稿「ロールズの正義論と伝統的自然法論」『社会と倫理』第十九号（南山大学社会倫理研究所、二〇〇六年）第四章、及び、拙稿「共同善と補完性原理――伝統的自然法論の立場から――」『社会と倫理』第二十号（南山大学社会倫理研究所、二〇〇六年）第二章Ⅲを参照されたい。

(18) この事態を見誤る所に観念論的空論が展開される根が潜んでいる。なまじ理論体系を展開し自負心の虜になっているが故に、これには対応が難しい。「書物の文義を理解できない」とする陳九川に対して、王陽明は、「心明白なれば、書も自然と融會す。若し心上に通ぜずして、只だ書上の文義に通ぜんことを要めば、卻（かえ）って自から意見を生ぜん。」（『傳習録』巻下、十七）と言っている。即ち、陽明は、書物を「知解するよりも心解せよ」と述べている。佐藤一斎のこの箇所の註釈に「[陸]象山かつて説く、意見に溺るるの人は拯（すく）ふべからず」と見える（『王陽明全集一巻　語録』明徳出版社、修訂版、平成三年、二九二頁欄外註）。「此道與溺於利欲之人言、猶易。與溺於意見之人言、却難。」（『象山先生全集巻三十四』傅子雲編録）。至言である。因みに、同一ではないにせよ類似の言葉をセネカが残しているので、ここで紹介しておく。“Si ad naturam vives, numquam eris pauper : si ad opiniones, numquam eris dives. Exiguum natura desiderat, opinio immensum.” (Lucius Annaeus Seneca, *Epistolae Morales*, 16)（汝自然に沿うて生きなば絶えて貧しからざらむ。意見に沿はば絶えて富むことあらざらむ。自然は僅少を欲し、意見は莫大を欲せばなり。）

(19) Arthur Utz OP, *Approches d'une philosophie morale*, Fribourg Suisse 1972, pp. 13-16.

(20) J. Messner, *Kulturethik*, Kap. 4 u. 5. 尚、拙稿「ヨハネス・メスナーの良心論――良心の構造と機能をめぐって――」、『自然法――反省と展望』（創文社、一九八七年）[本書第三章]、及び、拙稿「孟子の倫理思想とメスナーの良心論――自然法と実践知に就いての一比較試論――」『自然法と実践知』（創文社、一九九四年）においてかなり詳しく論じておいた。

(21) 人間は、生命一般の法則に合致して、その潜在能力を能う限り広範に顕現することを通じて自己完成ないし存在充足を遂げようとする。しかし、霊肉一体的な本性故に、人間は自足的ではあり得ず、他者との交流と協同（Kommunikation u. Kooperation）への規定の下、自然本性的に社会（但し国家を含んだ広義のそれ）を志向している。伝統的自然法論は、その中でも特にメスナーはそれに注意を促すのであるが、人間は静態的・抽象的に「理性的動物」animal rationale と把握されて足りるものではない。経験現実に学び続けたメスナーにとっては、人間は、なるほどその実在的本質定義からすれば「理性的動物」であるに違いないが、現実的動態的には、「歴史性を帯びた文化的存在」であった。従って、メスナーの立場からは、文化と自然とにつき、両者を対立概念とみる通念とは根本的に異なり、むしろこれを一種のイデオロギーの歴史的思惟産物と見る。文化こそ人間の「自然」状態である。Vgl. J. Messner, *Kulturethik*, S. 336-344. これに対して、人間を「理性的」動物と見て、更に、この理性を身体の機能に還元するところから昨今の利益倫理学や「パーソン論」が登場してくる。この問題に就いては、私の知る限り、最良の文献の一つとして、ギュンター・ペルトナーの次の論文がある。Günther Pöltner, Achtung der Würde und Schutz von Interessen, in : *Der Mensch als Mitte und Maßstab der Medizin*, herausgegeben von Johannes Bonelli, Wien 1992, S. 3-32. 尚、本論文については拙訳「尊厳の尊重と利益の保護」が『社会と倫理』第十九号（社会倫理研究所、二〇〇六年）に掲載されている。

(22) J. Messner, *Das Naturrecht*, S. 56f., 314-318〔四〇一—四一一、三四八—三五二頁〕; u. ders., *Das Gemeinwohl. Idee, Wirklichkeit, Aufgaben*, 2. Auflage Osnabrück 1968, S. 45-49, 70. かつて私は、アリストテレスの有名な「ポリス的動物」zoon politikon とメスナーの見解を加味して、人間とは「国家を志向する家族的存在」"ein staatsbezogenes Familienwesen" である、という新しい定義を提案したことがある。Hideshi Yamada, Philosophische Überlegungen über die Menschenrechte, in : Rudolf Weiler (Hrsg.) *Völkerrechtsordnung und Völkerrechtsethik*. Duncker & Humblot, Berlin 2000, S. 125-127.

(23) 水波朗博士は、カントの形而上学に就いて、メスナーと同じ認識に立って興味深い分析を加えている（水波朗『自然法と洞見知』、四四五頁以下）。自然法論の国際法領域への適用は、フェアドロスやヴァイラーによって試みられている。Alfred Verdross, *Universelles Völkerrecht : Theorie u. Praxis*（in Verbindung mit Bruno Simma）, Berlin 1976 sowie Rudolf Weiler, *Internationale Ethik*, 2 Bde., Berlin 1986, 1989.

(24) A. Verdross, *Abendländische Rechtsphilosophie*, S. 68f., 74-82, 87, bes. 273-278. sowie ders., *Statisches und dynamisches Naturrecht*, S. 92ff., bes. S. 101-117. Gallus M. Manser OP, *Das Naturrecht in thomistischer Beleuchtung*, Fribourg 1948, u. ders., *Angewandtes Naturrecht*, Fribourg 1955.

(25) J. Messner, *Das Naturrecht*, S. 312.〔三四四頁〕

(26) J. Messner, *Das Naturrecht*, S. 312.〔三四四頁〕

(27) メスナー同様、アルトゥル・ウッツも自然法に定位した哲学的カトリック社会倫理学を一貫して論じていた。Vgl. hierzu Bernd Kettern, *Sozialethik und Gemeinwohl. Die Begründung einer realistischen Sozialethik bei Arthur Utz*, Berlin 1992, S. 106–109. 我が国でこれを常に自覚的に実践したのが水波朗博士である。水波朗『自然法と洞見知』全篇を参照されたい。この問題意識は、メスナー『自然法』の共訳者である、水波朗博士、野尻武敏博士の門下生達を除く外、一般的には我が国では余り強く自覚されていないように思われる。否、問題の存在すら知らない研究者が少なからず見られるように思う。

尚、生命倫理学上の重要論点の一つである「人間の胚」の哲学的・倫理学的地位・身分に就いて、哲学的観点と神学的観点から論じた二つの論文（宮川俊行「ヒト初期胚の道徳的身分を巡って――トマス主義倫理学的考察――」、浜口吉隆「『人間の胚』の倫理的地位――カトリック倫理神学の立場から――」）が『社会と倫理』第十七号（南山大学社会倫理研究所、二〇〇四年）に掲載されているので、参照されたい。

(28) 拙稿「カトリック社会理論の現代的意義」一八九―一九五頁、及び、拙稿「共同善と補完性原理――伝統的自然法論の立場から――」第五六、五七節を参照されたい。尚、欧語文献としては次の好著がある。Franz Klüber, *Der Umbruch des Denkens in der katholischen Soziallehre*, Köln 1982.

(29) J. Messner, *Das Naturrecht*, S. 372. Anm. 18.〔四三八頁註（18）〕

(30) R. Schnackenburg, Die neutestamentliche Sittenlehre in ihrer Eigenart im Vergleich zu einer natürlichen Ethik, in : *Moraltheologie und Bibel*, hrsg. v.J. Stelzenberger, 1964, S. 66f., ders., *Die Sittliche Botschaft des Neuen Testaments*, 1954, S. 206f.

(31) Bernhard Schöpf, Das Naturrecht in der katholischen Moraltheologie, in : Höffner–Verdroß–Vito（Hrsg.）, *Naturordnung in Gesellschaft, Staat und Wirtschaft*, Wien 1961, S. 99ff.

(32) B. Schöpf, Das Naturrecht in der katholischen Moraltheologie, S. 102.

(33) 松本正夫『神学と哲学の時代』中央出版社、一九六八年。

(34) B. Schöpf, *a.a.O.*, S. 104.

(35) L.H. Adoph Geck, Die Sozialtheologie im Dienste der Bewältigung der Sozialordnng, in : Höffner–Verdroß–Vito（Hrsg.）, *Naturordnung in Gesellschaft, Staat und Wirtschaft*, Wien 1961, S. 176.

(36) Joseph Höffner, Johannes Messner und die Renaissance des Naturrechts, in : Höffner–Verdroß–Vito（Hrsg.）, *Naturordnung in Gesellschaft, Staat und Wirtschaft*, Wien 1961, S. 23.

(37) Vgl. Wilhelm Weber, Artikel „Sozialtheologie" in : Alfred Klose, Wolfgang Mantl, Valentin Zsifkovits（Hrsg.）, *Katholisches*

Soziallexikon, Wien 1980.

(38) Vgl. J. Messner, *Das Naturrecht*, S. 129. Nikolaus Monzel, Was ist Christliche Soziallehre? (1956), jetzt wiederabgedruckt in : ders., *Solidarität und Selbstverantwortung, Beiträge zur christlichen Soziallehre*, München 1959.

(39) 拙稿「メスナー自然法論の思想的境位」『南山法学』第十六巻第三・四合併号（一九九三年）、一一四―一一七頁［本書第一章第二節第二項］。尚、現代ドイツの代表的政治倫理学者であるベルンハルト・ズートルは、キリスト教信仰と政治倫理学の相互関係を確定する作業の一環で、モンツェル＝メスナー論争の検討には踏み込まずに、両者の基本的な姿勢を紹介している。Bernhard Sutor, *Politische Ethik : Gesamtdarstellung auf der Basis der Christlichen Gesellschaftslehre*, Paderborn 2. Aufl., 1992, S. 123-124. 尤も、キリスト教徒の学者としてズートルは、「我々は啓示によって、人間について、造物主による被造物であることについて、そして究極的な召命について知っていることを忘れてはならない。これを無視するならば、その信仰は死んだものとなる。彼等は分裂した意識のもとに生きることになる。……実際上はキリスト教的人間学、詰り哲学的・神学的全体において見られたキリスト教的人間像が常にキリスト教的社会理論及び倫理学の基礎を成している。」と論じている（B. Sutor, *Politische Ethik*, S. 125）。

(40) メスナーは代表作の一つ『社会問題』においても同様の見解を表明している。Vgl. J. Messner, *Die soziale Frage im Blickfeld der Irrwege von gestern, der Sozialkämpfe von heute, der Weltentscheidung von morgen*, 6. Aufl. 1956, S. 332 sowie 7. Aufl. 1964, S. 334. „Außerdem war Geistern von so entscheidender Bedeutung für die christliche Gesellschaftslehre wie *Augustin* und *Thomas von Aquin* auch klar, daß die christliche Offenbarung nichts über die wesenhafte Natur des Menschen sagt, was nicht auch seiner Vernunfterkenntnis zugänglich wäre. Die Offenbarung gibt dem Menschen Klarheit und Gewißheit über das, was ihn auch das Licht der Vernunft erkennen läßt."

(41) Wilhelm Weber, *Der soziale Lehrauftrag der Kirche*, Köln 1975, S. 19. „Die Erkenntnis und Willenskraft des Menschen ist durch die Erbsünde zwar nicht zerstört, aber entscheidend geschwächt. Daher bedarf der Mensch nach dem Sündenfall der göttlichen Offenbarung und der Gnade, damit er auch seine ihm von Gott ins Herz geschriebenen Rechte und Pflichten besser erkennen kann."

(42) Zitat aus Nikolaus Monzel, Was ist Christliche Soziallehre?, S. 17.

(43) J. Messner, *Das Naturrecht*, S. 129 Anm. 1 u. S. 141f. „Aus dem Glauben, der Gnade und dem von ihr erleuchteten Gewissen stammen keinerlei neue Einsichten in die Grundgesetze des gesellschaftlichen Lebens, sondern nur neue Kräfte, um die in seinen

naturverwurzelten Ordnungen gesteckten Ziele vollkommen zu erreichen.“〔一四五頁註（1）〕

（44）　批判的合理主義者カール・ポパーも認識の起源とその価値に就いて、同じ見解を採っている。Karl Raimund Popper, *Conjectures and refutations*, Harper & Row, Publishers 1968, Introduction : On the Sources of Knowledge and of Ignorance, p. 24. 人間の尊厳の思想史の文脈で、ヨンパルト博士も同趣旨の発言をしている。「新しいものが発見されたとき、またはあるっものが初めて意識されたとき、重要なのはそのもの自体であって、その発見者とそれを意識するようになった契機は重要ではない。」（ホセ・ヨンパルト、秋葉悦子『人間の尊厳と生命倫理・生命法』成文堂、二〇〇六年、一〇―一一頁）

（45）　尚、良心ないし良知（conscientia, syneidesis vel synderesis）と自然法（lex naturalis）、心の割礼、肉の割礼と自然法の関係については、浜口吉隆『伝統と刷新――キリスト教倫理の根底を探る』（南窓社、一九九六年）第三章、特に一〇二―一一二頁を参照されたい。

（46）　J. Messner, *Die soziale Frage*, 6. Aufl., 1956, S. 295 ; 7.Aufl., 1964, S. 291-292.

（47）　社会諸原理（Sozialprinzipien）に就いては、論者によって必ずしも完全一致を見る訳ではない。メスナーは、自由原理、共同善原理、補完性原理を挙げて論じている（*Die soziale Frage*, 6. Aufl., S. 342-376 ; 7. Aufl., S. 344-381）。諸原理相互間の理解に就いても、論者によってニュアンスの相違が認められる。この問題に関しては拙稿「共同善と補完性原理―伝統的自然法論の立場から―」を参照されたい。尚、「実体的存在」である人間に対して、実体的存在ではないものの客観的存在性格を有する「偶有的存在」である社会とに対する洞見知に定礎されて、補完性の原理という存在論的事態、並びにこれへの洞見があり、人間のための社会、人間のための国家という認識がある。

（48）　J. Messner, *Die soziale Frage*, 6. Aufl., S. 293f ; 7. Aufl., S. 289-290. Vgl. auch Bernhard Sutor, *Kleine politische Ethik*, Opladen 1997, S. 28-29.

（49）　人権とは異なるものの、名誉について『孟子』では「天爵」と「人爵」の対比で興味深い説明を与えている。そもそも爵位は「人為的なもの」と考えられるが、孟子はこれを「非人為的な」爵位としての「天爵」との対比において、相対化し得たのであった（『孟子』告子章句上第十六章）。更に、「趙孟の貴くする所は、趙孟能く之を賤しくす」（同第十七章）という句を挙げることもできるであろう。「法律」で以て「法」に代替する近代法思想の問題性については、本書第一章第四節を参照されたい。

（50）　A. Verdross, *Abendländische Rechtsphilosophie*, S. 109. Ders., *Statisches und dynamisches Naturrecht*, S. 24-25.

（51）　Rudolf von Ihering, *Der Zweck im Recht*, 8. Aufl. 1923, Bd. II. S. 126（2. Aufl. 1886, S. 161）. Zitat aus J. Messner, *Das Naturrecht*, S. 237 Anm. 2. „Staunend frage ich mich, wie es möglich war, daß solche Wahrheiten, nachdem sie einmal ausgesprochen waren, bei unserer protestantischen Wissenschaft so gänzlich in Vergessenheit geraten können. Welche Irrwege hätte sie sich ersparen können, wenn sie dieselben beherzigt hätte! Ich meinerseits hätte vielleicht mein ganzes Buch nicht geschrieben, wenn ich sie gekannt hätte, denn die Grundgedanken, um die es mir zu tun war, finden sich schon bei jenem gewaltigen Denker in vollendeter Klarheit und prägnantester Fassung ausgesprochen."〔二六六頁註（2）〕

（52）"We hold these Truths to be self-evident, that all Men are created equal, that they are endowed by their Creator with certain unalienable Rights, that among these are Life, Liberty, and the Pursuit of Happiness." 訳文は、斉藤真訳、『人権宣言集』（岩波文庫）一一四頁に依る。

（53）J. Messner, *Kulturethik*, S. 12-14.

（54）J. Messner, *Das Gemeinwohl*, S. 50-52.

（55）トマスの所有思想の立体的構造の解明を試みた拙稿「『百周年回勅』の今日的意義—法哲学的観点から—(二)」『社会倫理研究』第二号（一九九三年）をも参照されたい。

（56）王陽明は、良知が万人に備わっていることを、二人の門人（夏于中、雛謙之）に向って次のように説いている。「先生曰く、人は胸中に各々箇の聖人有り。……良知の人に在るは、隨（たと）ひ你（なんぢ）如何にするも、泯滅（びんめつ）する能はず、盗賊と雖も亦自ら當に盗を爲すべからざるを知る。他（かれ）を喚（よ）んで賊と做せば、他（かれ）還つて忸怩たり。」と。『傳習録』巻下第七章。

（57）"AD TERTIUM dicendum quod homo peccando ab ordine rationis recedit : et ideo decidit a dignitate humana, prout scilicet *homo est naturaliter liber et propter seipsum existens*, et incidit quodammodo in servitutem bestiarum, ut scilicet de ipso ordinetur secundum quod est utile aliis."

（58）尚附言しておくと、自由（Freiheit）の真の意味は、拘束を免れている「からの自由」（Freiheit "von"）ではなく、却って人間本性充足へと拘束されている「への自由」（Freiheit "zu"）でしかあり得ない。これに就き、J. Messenr, *Das Gemeinwohl*, S. 135f. 及び、水波朗『基本的人権と公共の福祉』（九州大学出版会、一九九〇年）八八—九三頁、拙稿「共同善と補完性原理」第四八節（一一三—一一四頁）を参照されたい。学識豊富を誇示する者ではなく、「ただの人」（der einfache Mann）がこれを現実に生き、確証していることをメスナーは力説する。Vgl. J. Messner, *Das Gemeinwohl*, S. 33.

（59）Vgl. J. Messner, *Kulturethik*, S. 279-280.

（60）Immanuel Kant, *Grundlegung zur Metaphysik der Sitten*, Felix Meiner Verlag, S. 54-55 : „Der praktische Imperativ wird also folgender sein：*Handle so, daß du die Menschheit, sowohl in deiner Person als in der Person eines jeden anderen, jederzeit zugleich als Zweck, niemals bloß als Mittel brauchest.*“

（61）„Alle Menschen sind frei und gleich an Würde und Rechten geboren. Sie sind mit Vernunft und Gewissen begabt und sollen einander im Geiste der Brüderlichkeit begegnen.“

（62）人間の尊厳を根幹に据えて生命倫理の諸問題を考察する論著として、秋葉悦子訳著『ヴァチカン・アカデミーの生命倫理――ヒト胚の尊厳をめぐって――』（知泉書館、二〇〇五年）を参看されたい。現代の多元社会において「寛容」の概念を精査するに際しても「人間の尊厳」が決定的であることに就いて、Abh. 16, S. 291f. を参照されたい。

（63）J. Messner, *Das Naturrecht*, Vorwort, S. 25, usw.〔序文、八頁〕同じ姿勢で重点をより基礎的な理論に置いた仕事は、『文化倫理学』*Kulturethik*（Wien 1954）の執筆によって果たされた。Siehe auch Rudolf Weiler（Hrsg.）, *Die Wiederkehr des Naturrechts und die Neuevangelisierung Europas*, Wien 2005, S. 36ff., bes. S. 36 Anm. 56.

（64）Johannes Messner, Zur Ontologie des Gemeinwohls, in：*Salzburger Jahrbuch für Philosophie, Band* V / VI 1962. Johannes Messner, *Das Gemeinwohl*, 2. Auflage Osnabrück 1968, S. 257f.

（65）J. Messner, *Das Naturrecht*, Kap. 40, bes. S. 256-258.〔第四十章、二八二―二八四頁〕「諸文化の発展、自然法意識の発展、法秩序と社会秩序の発展とは、こうして連動しつつ相互に制約し合う。」（Abh. 2, S. 46）

（66）Thomas d'Aquino, *Summa Theologiae*, 2-II., qu. 57 art. 2.

（67）Thomas d'Aquino, *Summa Theol.*, 1-II., qu. 97 art. 1 et 2.

（68）実質的にトマス主義者といっていい、ハインリッヒ・ヘンケルに登場する „Kernbestand an Einsichten“（Heinrich Henkel, *Einführung in die Rechtsphilosophie*, 2. Auflage, München 1977, S. 376）はその趣旨を正確に理解しえたならば、「洞見の核心要件」又は「認識の核心要件」と辞書に登載されていない訳語を当てる方が（水波朗『トマス主義の法哲学』二七七頁）、辞書に掲載されている訳語、即ち、「在庫」とか「現在高」と訳すよりも遥かに原意に近いのである。

（69）J. Messner, *Das Naturrecht*, S. 432 Anm. 8.〔四八一頁（8）〕メスナーによると、社会的正義を正義の特別な種類のものとして初めて詳細に基礎付けたのは、メスナー彼自身であった。Vgl. auch Alfred Klose, Soziale Gerechtigkeit als eigene Unterteilung der Gerechtigkeit, in：Rudolf Weiler u. Akira Mizunami（Hrsg.）, *Gerechtigkeit in der sozialen Ordnung*, Berlin 1999.

（70）Johannes Messner, *Entwicklungshilfe und Neue Weltwirtschaftsordnung*, Köln 1978.

（71）拙稿「自然法論的認識論――メスナー自然法論の一貢献――」、『法と国家の基礎にあるもの』創文社、一九八九年〔本書第四章]。

(72) J. Messner, *Das Naturrecht*, S. 315.〔三四九頁〕、本書第四章第三節第四項をも参照されたい。

(73) J. Messner, *Kulturethik*, S. 244.

(74) J. Messner, *Das Naturrecht*, S. 318.〔三五二頁〕

(75) 主著として Franz Böckle, *Fundamentalmoral*, 6. Aufl., Düsseldorf 1991 がある。彼の後任で後継者はゲアハルト・ヘーファーで、その主著としては、Gerhard Höver, *Religion und Menschenrechte*, 2001 がある。

(76) 主著として Bruno Schüller, *Die Begründung sittlicher Urteile*, Düsseldorf 1980 がある。

(77) Franz Böckle（Hrsg.）, *Das Naturrecht im Disput*, Patmos-Verlag, Düsseldorf 1966.

(78) メスナーは、タパレッリについて相当研究を積んでいた。その影響度については（多少留保を伴う趣旨においてではあるが）ウッツが随所で指摘している程である。Siehe z.B. Arthur Fridolin Utz, *Ethik des Gemeinwohls*, Paderborn 1998, S. 189, 212-217. メスナー自身によるタパレッリ論は次の論文を参照されたい。J. Messner, Die Erfahrung in der Naturrechtslehre von Taparelli, in : *Miscelanea Taparelli, Analecta Gregoriana, V 133*, Rom 1964. 尚、現代フランス法哲学会における有力なトミストであるトリジョー教授による十九世紀ミラノの司教ロスミーニの再発掘とその評価も注目に値する。Rosmini, *Introduction à la philosophie*, Introd., trad. et notes de Jean-Marc Trigeaud, concours Centro Internaz. S.R. de Stresa, 1992.

(79) F. Böckle, *Das Naturrecht im Disput*, S. 130.

(80) F. Böckle, *Das Naturrecht im Disput*, S. 125.

(81) F. Böckle, *Das Naturrecht im Disput*, S. 126.

(82) Joseph Fletcher, *Situation Ethics. The New Morality*, Philadelphia 1966. 義務直覚主義及び価値直覚主義に対する簡潔な批判として、J. Messner, *Ethik. Kompendium der Gesamtethik*, Innsbruck-Wien-München 1955, S. 22-23 を、より詳細は J. Messner, *Kulturethik*, S. 48-50, 166, 204f., 223, 234 usw. を参照されたい。

(83) 尚、メスナー自然法思想の中心構想として、人格を基礎に据えた社会構成のための諸原理に就いての周到な伝統的考察が含まれているのは言うまでもないが、本論文集には纏まった記述は少ない。これに就いては、次著を参照されたい。J. Messner, *Die soziale Frage*, 6. u. 7. Aufl., Kap. 113 bis 119 sowie J. Messner, *Das Naturrecht*, Kap. 22 bis 31 u. 43, 44, 45 usw. 尚、自然法論が特に重視する社会構成原理の一つである「補完性原理」については次の二著を参照されたい。Arthur-Fridolin Utz, *Formen und Grenzen des Subsidiaritätsprinzips*, Heidelberg 1956. Josef Isensee, *Subsidiaritätsprinzip und Verfassungsrecht, Eine Studie über das*

Regulativ des Verhältnisses von Staat und Gesellschaft, 2. Aufl. mit Nachtrag：Die Zeitperspektive 2001 Subsidiarität―das Prinzip und seine Prämissen, Duncker u. Humblot Berlin 2001. 邦語文献としては、澤田昭夫「補完性原理 The Principle of Subsidiarity：分権主義的原理か集合主義的原理か？」『EC 統合の深化と拡大』（日本EC学会年報　第十二号、有斐閣、一九九二年）、宮川俊行「『補完性原理』のトマス主義社会倫理学的考察」『法の理論17』（成文堂、一九九七年）、拙稿「共同善と補完性原理――伝統的自然法論の立場から――」等がある。

(84) 水波朗『自然法と洞見知』三一三頁、拙稿「共同善と補完性原理」第五〇節以下を参照されたい。

(85) Vgl. Rudolf Weiler, Ethik und Sozialwissenschaften. Überlegungen zur Soziallehre an katholisch-theologischen Fakultäten, in：*Die neue Ordnung*, Nr. 5 / 1995 und ders., *Die Wiederkehr des Naturrechts und die Neuevangelisierung Europas*, S. 53f.

(86) Rudolf Weiler, *Die Wiederkehr des Naturrechts und die Neuevangelisierung Europas*, Anhang：Wie Johannes Messner das „Naturrecht“ neu verstand, S. 92ff.

(87) R. Weiler, *Die Wiederkehr des Naturrechts*, S. 92. 解放の神学に就いてのメスナーの評価は頗る厳しい。J. Messner, *Menschenwürde und Menschenrecht*, S. 283, u. ders., *Marxismus, Neomarxismus und der Christ*, Kirche und Gesellschaft Nr. 22, Köln 1975, S. 13-15.

(88) 拙稿「ヨハネス・メスナーの良心論――良心の構造と機能をめぐって――」『自然法――反省と展望』（創文社、一九八七年）一五九―一六〇頁〔本書第三章〕を参照されたい。

(89) R. Weiler, *Die Wiederkehr des Naturrechts*, S. 93.

(90) Rudolf Weiler, Die Menschheit in vielen Ethosformen und Kulturen vor der Frage nach der sittlichen Ordnung, in：*Die Einheit der Kulturethik in vielen Ethosformen* hrsg. von W. Freistetter u. R. Weiler, Duncker u. Humblot, 1993, 39.

(91) R. Weiler, *Die Wiederkehr des Naturrechts*, S. 94.

(92) R. Weiler, *Die Wiederkehr des Naturrechts*, S. 95.

(93) R. Weiler, *Die Wiederkehr des Naturrechts*, S. 96.

(94) J. Messner, *Kultuethik*, S. 237ff.

(95) R. Weiler, *Die Wiederkehr des Naturrechts*, S. 96.

(96) J. Messner, *Das Naturrecht*, S. 42-48.〔二五―三一頁〕Vgl. Rudolf Weiler, Die „existentiellen Zwecke“ im Verständnis von Johannes Messner, in：V. Zsifkovits u. R. Weiler（Hg.）, *Erfahrungsbezogene Ethik*, Berlin 1981. 本書第四章第一節第三項。

(97) R. Weiler, *Die Wiederkehr des Naturrechts*, S. 97 u. 94.

(98) 独語圏を中心に眺められた自然法論の盛衰については、R. Weiler, *Die Wiederkehr des Naturrechts* を参照されたい。

(99) 本章、註（22）参照。

(100) J. Messner, *Die soziale Frage*, 6. Aufl., S. 680. 本論文第二八番をも参看されたい。「社会の細胞」としての家族の有する生物学的、道徳的、文化的含意に就いては、次を参照されたい。J. Messner, *Ethik*, S. 312-313. 尚、『社会と倫理』第十一・十二合併号（南山大学社会倫理研究所、二〇〇一年）所収の「特集　家族と世代間倫理」の掲載諸論文をも参照されたい。ロールズの「公共理性」論批判の文脈においてではあるが、M・ローンハイマーも、メスナー同様、自然法原理・正義原理を論ずる上で、家族（共同体）に大きな意義を承認している（M. Rhonheimer, The Common Good of Constitutional Democracy, Chap. 8）。勿論、メスナーとローンハイマーとではその主張のニュアンスに相違が見られる。“One of the most important critiques of Aristotle regarding the Platonic conception of the State was that Plato confused political government with domestic government. While domestic government is government over the nonequal and unfree, Aristotle teaches that politival government is over free und equal citizens whose most significant feature is the interchangeability of those who govern and the governed. Similarly, we today should not reduce political justice simply to domestic justice, even if no conception of political justice could be developed without having first learned the virtue of justice and other virtues connected with it –most importantly solidarity and generosity and, of course, charity– in the family context.（p. 290）” メスナーは、倫理原理・法原理が家族共同体内での実存的秩序保障に役立つ具体的行為様態の実践を通じて、その妥当性と明証性を以て習得されていくことを随所で説いている（*Das Naturrecht*, S. 60, 346.〔四四、三八〇頁〕）。そしてローンハイマーの場合よりもその比重は遙かに大きい。

(101) J. Messner, *Menschenwürde und Menschenrecht*, S. 328.

参考文献

1．メスナー原著，原論文

Johannes Messner, *Die soziale Frage der Gegenwart, Eine Einführung*, Tyrolia, Innsbruck-Wien-München, 1934.

Johannes Messner, *Dollfuß*, Tyrolia Verlag, Innsbruck-Wien 1935.

Fr. Johannes Messner, *Dollfuss, an Austrian Patriot*, HIS Press 2004.

Johannes Messner, *Das Naturrecht. Handbuch der Gesellschaftsethik, Staatsethik und Wirtschaftsethik*, 1. u. 2. Aufl., Tyrolia, Innsbruck-Wien-München 1950 ; 3. u. 4. Aufl., 1958 ; 5. u. 6. Aufl., 1966 ; 7. unveränderte Aufl., Berlin 1984.

Johannes Messner, *Kulturethik mit Grundlegung durch Prinzipienethik und Persönlichkeitsethik*, Tyrolia Verlag, Innsbruck-Wien-München, 1954, 681S.

Johannes Messner, *Das englische Experiment des Sozialismus—Auf Grund ökonomischer Tatsachen und sozialistischer Selbstzeugnisse dargestellt—*, Innsbruck-Wien-München, 1954.

Johannes Messner, *Ethik. Kompendium der Gesamtethik*, Innsbruck-Wien-München 1955.

Johannes Messner, *Die soziale Frage im Blickfeld der Irrwege von gestern, der Sozialkämpfe von heute, der Weltentscheidung von morgen*, neubearbeitete 6. Auflage, Tyrolia, Innsbruck-Wien-München 1956 ; 7. Aufl., 1964.

J. Messner, Naturrecht ist Existenzordnung. bes. 208f. in *Archiv für Rechts- und Sozialphilosophie* Bd. XL Ⅲ (1957).

Johannes Messner, *Moderne Soziologie und Scholastisches Naturrecht*, Wien 1961.

Johannes Messner, *Der Funktionär. Seine Schlüsselstellung in der heutigen Gesellschaft*, Tyrolia-Verlag, Innsbruck-Wien-München 1961.

Johannes Messner, Zur Ontologie des Gemeinwohls, in : *Salzburger Jahrbuch für Philosophie, Band* V / Ⅵ 1962.

J. Messner, Die Erfahrung in der Naturrechtslehre von Taparelli, in : *Miscelanea Taparelli, Analecta Gregoriana, V 133*, Rom 1964.

Johannes Messner, *Das Gemeinwohl-Idee, Wirklichkeit, Aufgaben*, 1. Aufl., Osnabrück 1962 ; 2. wesentlich erweiterte Aufl., Osnabrück 1968.

Johannes Messner, *Marxismus, Neomarxismus und der Christ*, Kirche und Gesellschaft Nr. 22, Köln 1975.

Johannes Messner, *Ethik und Gesellschaft-Aufsätze 1965-1974*, Köln 1975.

Johannes Messner, *Entwicklungshilfe und Neue Weltwirtschaftsordnung*, Köln 1978.

Johannes Messner, Naturrecht in Evolution, in : Internationale Festschrift für Stephan Verosta zum 70. Geburtstag, Berlin 1980.

Johannes Messner, *Die Magna Charta der Sozialordnung, 90* Jahre

Rerum novarum, Kirche und Gesellschaft Nr. 76, Köln 1981.

Johannes Messner Ausgewählte Werke hrsg. von Anton Rauscher und Rudolf Weiler in Verbindung mit Alfred Klose und Wolfgang Schmitz, Verlag für Geschichte und Politik Wien u. Verlag Oldenbourg München.

Band 1 : *Kulturethik mit Grundlegung durch Prinzipienethik und Persönlichkeitsethik*, eingeleitet von Alfred Klose und Rudolf Weiler, Wien-München 2001.

Band 2 : *Frühe Schriften : W. Hohoffs Marxismus. Studien zur Erkenntnislehre der nationalökonomischen Theorie : Sozialökonomik und Sozialethik*, eingeleitet von Anton Rauscher, Wien-München 2002.

Band 3 : *Spirituelle Schriften : Das Wagnis des Christen (In der Kelter Gottes). Das Unbefleckte Herz-Litanei und Betrachtungen nach Kardinal J.H. Newman und M.J. Scheeben*, eingeleitet von Senta Reichenpfader, Wien-München 2002.

Band 4 : *Widersprüche in der menschlichen Existenz : Tatsachen, Verhängnisse, Hoffnungen*, eingeleitet von Anton Rauscher, Wien-München 2002.

Band 5 : *Vom Sinn der menschlichen Gesellschaft : Das Gemeinwohl. Du und der andere*, eingeleitet von Wolfgang Schmitz, Wien-München 2003.

Band 6 : *Menschenwürde und Menschenrecht : Ausgewählte Artikel*, eingeleitet von Anton Rauscher und Rudolf Weiler, Wien-München 2004.

2．欧語文献

Arno Anzenbacher, *Was ist Ethik? Eine fundamentalethische Skizze*, Düsseldorf, 1987.

Sancti Thomae de Aquino *Summa Theologiae*, Editiones Paulinae, Milano 1988.

Michel Bastit, *Naissance de la loi moderne. La pensée de la loi de saint Thomas à Suarez*, Paris 1990.

Franz Böckle (Hrsg.), *Das Naturrecht im Disput*, Patmos-Verlag, Düsseldorf 1966.

Franz Böckle, *Fundamentalmoral*, 5. Aufl., München 1991.

Mark J. Cherry (Ed.), *Natural Law und the Possibility of a Global Ethics*, Dordrecht 2004.

Emerich Coreth, *Metaphysik*, 2. Aufl., Innsbruck-Wien 1980.

Jean Dabin, *Théorie générale du droit*, nouvelle édition, Dalloz Paris 1969.

Joseph Fletcher, *Situation Ethics. The New Morality*, Philadelphia 1966.

Werner Freistetter, *Internationale Ordnung und Menschenbild*, Innsbruck-Wien 1994.

Erich Fromm, *Haben oder Sein*, Stuttgart 1979.

Franz Furger, *Christ und Gesellschaft, Elemente zu einer christlichen Sozialethik*, Freiburg Schweiz 1978.

L.H. Adoph Geck, Die Sozialtheologie im Dienste der Bewältigung der Sozialordnng, in : Höffner-Verdroß-Vito (Hrsg.), *Naturordnung in Gesellschaft, Staat und Wirtschaft*, Wien 1961.

Heinrich Henkel, *Einführung in die Rechtsphilosophie*, 2. Auflage, München 1977.

Joseph Höffner, *Christentum und Menschenwürde, Das Anliegen der spanischen Kolonialethik im Goldenen Zeitalter*, Trier 1947

Joseph Höffner, Johannes Messner und die Renaissance des Naturrechts, in : Höffner-Verdroß-Vito (Hrsg.), *Naturordnung in Gesellschaft, Staat und Wirtschaft*, Wien 1961.

Joseph Kardinal Höffner, *Christliche Gesellschaftslehre*, Neuausgabe, herausgegeben, bearbeitet und ergänzt von Lothar Roos, Kevelaer 1997.

Gerhard Höver, *Religion und Menschenrechte*, 2001.

David Hume, *A Treatise of Human Nature*, with an Analytical Index by L.A. Selby-Bigge, 2nd. Ed., Oxford University Press.

Josef Isensee, *Subsidiaritätsprinzip und Verfassungsrecht, Eine Studie über das Regulativ des Verhältnisses von Staat und Gesellschaft*, 2. Aufl. mit Nachtrag : Die Zeitperspektive 2001 Subsidiarität—das Prinzip und seine Prämissen, Duncker u. Humblot Berlin 2001.

KAB (Hrsg.), *Text zur katholischen Soziallehre. Die sozialen Rundschreiben der Päpste und andere kirchliche Dokumente*, mit Einführung von Oswald von Nell-Breuning SJ u. Johannes Schasching SJ, 8. erweiterte Auflage, Kevelaer 1992. (KAB : Abk. von "Katholische Arbeiterbewegung Deutschlands")

Internationale Stiftung Humanum, Augustinus-Bea-Preis 1980 : *"Der Sozialethiker und Rechtsphilosoph Johannes Messner Leben und Werk*, Scientia Humana Institut, Bonn 1980

Immanuel Kant, *Grundlegung zur Metaphysik der Sitten*, Felix Meiner Verlag, Arthur Kaufmann, *Naturrecht und Geschichtlichkeit*, Verlag J.C.B. Mohr (Paul Siebeck) Tübingen 1957.

Arthur Kaufmann, *Gesetz und Recht*, Tübingen 1962, jetzt in : ders., *Rechtsphilosophie im Wandel : Stationen eines Weges*, 2. Überarb. Aufl., Carl Hezmanns Verlag, 1984.

Arthur Kaufmann, *Rechtsphilosophie*, 2. Aufl., München 1997.

Bernd Kettern, *Sozialethik und Gemeinwohl. Die Begründung einer realistischen Sozialethik bei Arthur Utz*, Berlin 1992.

Rudolf Kirchschläger, *Der Friede beginnt im eigenen Haus*, München 1980.

Rudolf Kirchschläger, *Verantwortung in unserer Zeit*, 1990.

Rudolf Kirchschläger, *Immer den Menschen zugewandt*, 2000.

Alfred Klose, Johannes Messner- eine biographische Notiz, in : J. Höffner, A. Verdross, F. Vito (Hrsg.), *Naturordnung in Gesellschaft, Staat, Wirtschaft*, Innsbruck-Wien-München, 1961.

Alfred Klose, *Die Katholische Soziallehre*. Ihr Anspruch-Ihre Aktualität, Graz 1979.

Alfred Klose, Wolfgang Mantl u. Valentin Zsifkovits (Hrsg.), *Katholisches Soziallexikon.*, 2. Aufl. Innsbruck-Wien-München 1980.

Alfred Klose, Herbert Schambeck, Rudolf Weiler (Hrsg.), *Das NeueNaturrecht. Die Erneuerung der Naturrechtslehre durch Johannes Messner*, Berlin 1985

Alfred Klose, *Unternehmerethik, heute gefragt?*, Linz 1988.

Alfred Klose, *Politischer Grundkurs, Hintergründe, Organisationsformen und Funktionen der Demokratie*, Linz 1991.

Alfred Klose (Hrsg.), *Johannes Messner 1891–1984*, Schöningh, Paderborn, 1991

Alfred Klose, Soziale Gerechtigkeit als eigene Unterteilung der Gerechtigkeit, in : *Gerechtigkeit in der sozialen Ordnung*, hrsg. von R. Weiler u. A. Mizunami, Berlin 1999.

Alfred Klose, *Für eine Welt von morgen*, Limburg–Kevelaer 2001.

Alfred Klose und Rudolf Messner, "Johannes Messner : Ein Lebensbild", in : *Professor Johannes Messner, Ein Leben im Dienst sozialer Gerechtigkeit, Gedenkschrift*, Verlag KIRCHE Innsbruck 2003.

Franz Klüber, *Katholischen Gesellschaftslehre, 1. Bd.,* : *Geschichte und System*, Osnabrück 1968.

Franz Klüber, *Grundlagen der katholischen Gesellschaftslehre*, Osnabrück 1960

Franz Klüber, *Katholische Soziallehre und demokratischer Sozialismus*, Bonn–Bad Godesberg 1974.

Franz Klüber, *Der Umbruch des Denkens in der katholischen Soziallehre*, Köln 1982.

Michael Landmann, *Philosophische Anthropologie*, Berlin 1976.

Gallus M. Manser, *Das Naturrecht in thomistischer Beleuchtung*, Freiburg Schweiz 1944.

Gallus M. Manser, *Angewandtes Naturrecht*, Freiburg Schweiz 1947.

Gabriel Marcel, *Être et avoir*, Paris 1935.

Jacques Maritain, *Éléments de philosophie, tom. I, Introduction générale à la philosophie.*

Jacques Maritain, *Man and the State*, The University of Chicago Press, Maurice Merleau–Ponty, *Phénoménologie de la perception*, Editions Gallimard Paris 1945.

Akira Mizunami, Le droit et la décision éthique in : *Menschen im Entscheidungsprozeß* hrsg. von Alfred Klose und Rudolf Weiler, Wien–Freiburg–Basel 1971.

Nikolaus Monzel, Was ist Christliche Soziallehre? (1956), jetzt wiederabgedruckt in : ders., *Solidarität und Selbstverantwortung, Beiträge zur christlichen Soziallehre*, München 1959.

George Edward Moore, *Principia ethica*, 1903.

Ernest Nagel, *The Structure of Science*, 1961

Oswald von Nell–Breuning, *Gerechtigkeit und Freiheit. Grundzüge katholischer Soziallehre*, Wien 1980.

Oswald von Nell–Breuning, *Soziallehre der Kirche. Erläuterungen der lehramtlichen Dokumente*, 3. erw. Auflage, Wien 1983.

Ursula Nothelle–Wildfeuer, Vom Naturrecht zum Evangelium? Ein Beitrag zur neueren Diskussion um die Erkenntnistheorie der katholischen Soziallehre im Ausgang von Johannes Paul II. in : Franz Furger (hrsg.), *Jahrbuch für Christliche Sozialwissenschaften* 32. Band, 1991 Münster.

Annemarie Pieper, *Einführung in die Ethik*, 4. Aufl., Tübingen–

Basel, 2000.

Günther Pöltner, Achtung der Würde und Schutz von Interessen, in : *Der Mensch als Mitte und Maßstab der Medizin*, herausgegeben von Johannes Bonelli, Wien 1992.

Günther Pöltner, *Grundkurs Medizin-Ethik*, 2. Aufl., Wien 2006.

Karl Raimund Popper, *Conjectures and refutations*, Harper & Row, Publishers 1968.

Jean Porter, *Nature As Reason : A Thomistic Theory of the Natural Law*, Wm. B. Eerdmans Publishing, 2005.

Adolf Portmann, *Biologische Fragmente zu einer Lehre vom Menschen*, 1944.

Gustav Radbruch, *Rechtsphilosophie*, Stuttgart 8. Aufl., 1973.

Anton Rauscher, *Subsidiaritätsprinzip und berufsständische Ordnung in „Quadragesimo anno"*, 1958.

Anton Rauscher, *Die soziale Rechtsidee und die Überwindung des wirtschaftsliberalen Denkens. Hermann Roesler und sein Beitrag zum Verständnis von Wirtschaft und Gesellschaft*, 1968.

Anton Rauscher, *Personalität, Solidarität, Subsidiarität. Katholische Soziallehre in Text und Kommentar*, Köln 1975 ; wieder abgedruckt in : ders., *Kirche ind der Welt, Bd. 1*, Würzburg 1988, S. 253-295.

Anton Rauscher, *Die Eigenart des kirchlichen Dienstes. Zur Entscheidung der katholischen Kirche für den „dritten Weg"*, 1983.

Anton Rauscher, *Kirche in der Welt. Beiträge zur christlichen Gesellschaftsverantwortung*, Bd. 1 und Bd. 2 : 1988, Bd. 3 : 1998.

Anton Rauscher SJ u. Rudolf Weiler (Hgg.), *Professor Johannes Messner, Ein Leben im Dienst sozialer Gerechtigkeit, Gedenkschrift*, Verlag KIRCHE Innsbruck 2003.

Anton Rauscher, Johannes Messner als Katholischer Sozialwissenschaftler, in : *Professor Johannes Messner, Ein Leben im Dienst sozialer Gerechtigkeit, Gedenkschrift*, Verlag KIRCHE Innsbruck 2003.

Senta Reichenpfader, Johannes Messner als Seelsorger, in : *Das Neue Naturrecht. Die Erneuerung der Naturrechtslehre durch Johannes Messner. Gedächtnisschrift für Johannes Messner.* (Hg) v.H. Schambeck, R. Weiler, Berlin 1985.

Senta Reichenpfader, Johannes Messner, in : *Faszinierende Gestalten der Kirche Österreichs.* (Hg.) v. Jan Mikrut, Wien 2000

Martin Rhonheimer, *The Common Good of Constitutional Pemocracy, Essays in Political Philosophy and on Catholic Social Teaching*, Washington, D. C., 2013.

Heinrich A. Rommen, *The State in Catholic Thought*, 1945.

Herbert Schambeck, *Der Begriff der „Natur der Sache", Ein Beitrag zur rechtsphilosophischen Grundlagenforschung*, Wien 1964.

Herbert Schambeck, *Ethik und Staat*, Berlin 1986.

Herbert Schambeck, *Kirche, Staat und Demokratie. Ein Grundthema der katholischen Soziallehre*, Berlin 1992.

Herbert Schambeck, Johannes Messner und die Bedeutung seiner

Lehre von Recht und Staat, in : Rudolf Weiler und Herbert Schambeck, *Naturrecht in Anwendung, „Johannes-Messner-Vorlesungen“ 1996* bis 2001, Graz 2001, S. 138-139.

Johannes Schasching, *Katholische Soziallehre und modernes Apostolat*, Innsbruck 1956.

Johannes Schasching, *Kirche und industrielle Gesellschaft*, Wien 1960.

Johannes Schasching, Die soziale Frage, in : Alfred Klose, Herbert Schambeck, Rudolf Weiler (Hrsg.), *Das Neue Naturrecht. Die Erneuerung der Naturrechtslehre durch Johannes Messner*, Berlin 1985

Johannes Schasching, *In Sorge um Entwicklung und Frieden, Kommentar zur Enzyklika“Sollicitudo rei socialis”*, Wien 1988.

Johannes Schasching., *Unterwegs mit den Menschen, Kommentar zur Enzyklika“Centesimus annus”von Johannes Paul* II., Wien-Zürich 1991.

Wolfgang Schmitz, *Die Gesetzesflut—Folge und Ausdruck der Überforderung des Staates*, Verhandlungen 7. Österreichischen Juristentages, Wien 1979.

Franciscus M. Schmölz O.P., *Das Naturgesetz und seine dynamische Kraft*, Freiburg in der Schweiz 1959.

Lothar Schneider, *Subsidiäre Gesellschaft-Erfolgreiche Gesellschaft*, 3. ergänzte Aufl., Paderborn 1983.

Eberhard Schockenhoff, *Das Gewissen : Quelle sittlicher Urteilskraft und personaler Verantwortung* : Kirche und Gesellschaft Nr. 269, Köln 2000.

Bernhard Schöpf, Das Naturrecht in der katholischen Moraltheologie, in : Höffner-Verdroß-Vito (Hrsg.), *Naturordnung in Gesellschaft, Staat und Wirtschaft*, Wien 1961.

Bruno Schüller, *Die Begründung sittlicher Urteile*, Düsseldorf 1980.

Bernhard Sutor, *Politische Ethik. Gesamtdarstellung auf der Basis der Christlichen Gesellschaftslehre*, 2. Aufl., Schöningh-Verlag Paderborn-München-Wien-Zürich 1992.

Bernhard Sutor, *Kleine politische Ethik.*, Opladen 1997.

Arthur-Fridolin Utz, *Formen und Grenzen des Subsidiaritätsprinzips*, Heidelberg 1956.

Arthur Utz, *Approches d'une philosophie morale*, Fribourg Suisse 1972.

Arthur-Fridolin Utz, *Formen und Grenzen des Subsidiaritätsprinzips*, Heidelberg 1956.

Arthur-Fridolin Utz, *Sozialethik, 1. Teil, Die Prinzipien der Gesellschaftslehre*, Heidelberg 1958.

Arthur-Fridolin Utz, *Sozialethik, 2. Teil, Rechtsphilosophie*, Heidelberg 1963.

Arthur-Fridolin Utz, *Sozialethik, 3. Teil, Die soziale Ordnung*, Bonn 1986.

Arthur-Fridolin Utz, *Sozialethik, 4. Teil, Wirtschaftsethik*, Bonn 1994.

Arthur-Fridolin Utz, *Sozialethik, 5. Teil, Die politische Ethik,*

Bonn 2002.
Arthur-Fridolin Utz, *Ethik und Politik. Aktuelle Grundfragen der Gesellschafts-, Wirtschafts- und Rechtsphilosophie*, Stuttgart-Degerloch 1970.
Arthur-Fridolin Utz, *Was ist katholische Soziallehre?*, Kirche und Gesellschaft Nr. 46, Köln 1978.
Arthur F. Utz, Begrüßungsansprache des Präsidenten der Internationalen Stiftung Humanum, in : *Der Sozialethiker und Rechtsphilosoph Johannes Messner*, 1980.
Arthur Utz, *Recht und Gerechtigkeit. Thomas von Aquin : Theologische Summe* II-II, *Fragen 57-79*. Nachfolgefassung von Bd. 18 der Deutschen Thomasausgabe. Neue Übersetzung von J.F. Groner. Anmerkungen, sowie vollständig überarbeitet-er und ergänzter Kommentar von A.F. Utz, Bonn 1987.
Arthur-Fridolin Utz, *Ethik des Gemeinwohls. Gesammelte Aufsätze 1983-1997*, Schöningh-Verlag Paderborn-München-Wien-Zürich 1998.
Alfred Verdross, *Abendländische Rechtsphilosophie. Ihre Grundlagen und Hauptprobleme in geschichtlicher Schau*, 2. erweiterte u. neubearbeitete Aufl., Springer Verlag, Wien 1963.
Alfred Verdross, *Statisches und dynamisches Naturrecht*, Verlag Rombach, Freiburg 1971.
Alfred Verdross, *Universelles Völkerrecht : Theorie u. Praxis* (in Verbindung mit Bruno Simma), Berlin 1976
Michel Villey, *La formation de la pensée juridique moderne. Cours d'histoire de la philosophie du droit*, nouvelle édition corrigée, Paris 1975.
Wilhelm Weber, *Der soziale Lehrauftrag der Kirche, Katholische Soziallehre in Text und Kommentar*, Köln 1975.
Wilhelm Weber, *Person in Gesellschaft*, Schöningh-Verlag Paderborn 1978.
Rudolf Weiler, *Wirtschaftswachstum und Frauenarbeit*, Wien 1962.
Rudolf Weiler, Die „existentiellen Zwecke" im Verständnis von Johannes Messner, in : V. Zsifkovits u. R. Weiler (Hg.), *Erfahrungsbezogene Ethik*, Berlin 1981.
Rudolf Weiler, *Die internationale Ethik. Eine Einführung*, 2 Bde., Berlin 1986 u. 1989.
Rudolf Weiler, *Einführung in die katholische Soziallehre. Ein systematischer Abriß*, Graz Wien Köln 1991.
Rudolf Weiler, *Einführung in die politische Ethik*, Graz 1992.
Rudolf Weiler, *Wirtschaftsthik*, Graz 1993.
Rudolf Weiler, *Die soziale Botschaft der Kirche. Einführung in die katholische Soziallehre*, Wien 1993.
Rudolf Weiler, Die Menschheit in vielen Ethosformen und Kulturen vor der Frage nach der sittlichen Ordnung, in : *Die Einheit der Kulturethik in vielen Ethosformen* hrsg. von W. Freistetter u. R. Weiler, Duncker u. Humblot, 1993
Rudolf Weiler, Ethik und Sozialwissenschaften. Überlegungen zur Soziallehre an katholisch-theologischen Fakultäten, in : *Die neue Ordnung*, Nr. 5 / 1995

Rudolf Weiler, *Herausforderung Naturrecht*, Graz 1996.
Rudolf Weiler, Sozialhumanismus : Grundwerte und Prinzipien im Gesellschaftlichen Wandel, in : ders., *Naturrecht in Anwendung*, Graz 2000.
R. Weiler / H. Schambeck, *Naturrecht in Anwendung. Vorlesungen im Gedenken an Johannes Messner, Gründer der „Wiener Schule der Naturrechtsethik"*, Wien 2009.
Rudolf Weiler (Hrsg.), *Die Wiederkehr des Naturrechts und die Neuevangelisierung Europas*, Wien 2005.
Rudolf Weiler, *Im Weinberg des Herrn 60* Jahre Priester, Wien-Graz 2011.
Hideshi Yamada, Philosophische Überlegungen über die Menschenrechte, in : Rudolf Weiler (Hrsg.), *Völkerrechtsordnung und Völkerrechtsethik*, Berlin 2000.
Hideshi Yamada, Für eine Kulturethik im 21. Jahrhundert, in : Rudolf Weiler (Hrsg.) *Wirtschaften-ein sittliches Gebot im Verständnis von Johannes Messner*. Duncker & Humblot, Berlin 2003.
Hideshi Yamada, Rechtsethik von Krieg und Frieden im Blick auf Pacem in Terris, in : *ETHCA 2004. Jahrbuch des Instituts für Religion und Frieden*, Institut für Religion und Frieden beim Militärbischofsamt, Wien 2004.
Hideshi Yamada, Mensch und Naturrecht in Entwicklung aus Sicht eines japanischen Naturrechtlers, in : Rudolf Weiler (Hrsg.) *Mensch und Naturrecht in Evolution*, Wien 2008,
Hideshi Yamada, Philosophische Überlegungen über die Menschenrechte und Menschenwürde, in *Zeit-Fragen*, 20. Dezember 2011, 19. Jahrgang, Nr. 51.
Zöllner-Schüssel, *Das Werden Österreichs*, ÖBV, Wien, 1990.
Valentin Zsifkovits, Sozialenzyklika, in : A. Klose, W. Mantl, V. Zsifkovits (Hrsg.), *Katholisches Soziallexikon*, 2. Aufl., Innsbruck-Wien-München 1986.
Valentin Zsifkovits, *Ethik des Friedens*, Linz 1987.
Valentin Zsifkovits, *Politik ohne Moral?*, Linz 1989.
Valentin Zsifkovits, *Asylpolitik mit Herz und Vernunft*, Regensburg 1993.
Valentin Zsifkovits, *Wirtschaft ohne Moral?*, Innsbruck-Wien 1994.

3. 邦訳書

トマス・アクィナス（高田三郎、山田晶、稲垣良典ほか）『神学大全』第一冊～、創文社、昭和三五年～。とくに
（稲垣良典訳）『第11冊　第Ⅱ-1部　第49問題―第70問題』昭和五二年。

（稲垣良典訳）『第13冊　第Ⅱ-1部　第90問題―第105問題』昭和五五年。

（稲垣良典訳）『第18冊　第Ⅱ-2部　第57問題―第79問題』昭和六〇年。

アリストテレス（高田三郎訳）『ニコマコス倫理学』、岩波文庫、上下巻。

ルードルフ・ヴァイラー（山田秀訳）「社会的ヒューマニズム――社会転換期における基本価値と原理」（『社会と倫理』第十三号、二〇〇二年）。

アルトゥール・ウッツ（野尻武敏訳）『第三の道の哲学』新評論、一九七八年。

アルトゥール・ウッツ（島本美智男訳）『経済社会の倫理』晃洋書房、二〇〇二年。

アルトゥール・ウッツ（山田秀訳）「カトリック社会理論とは何か」（『社会と倫理』第十六号、二〇〇四年）。

王陽明『傳習録』（『王陽明全集第一巻　語録』明徳出版社、一九八三年）。

アルトゥール・カウフマン（竹下賢監訳）『正義と平和』ミネルヴァ書房、一九九〇年。

アルトゥール・カウフマン（上田・竹下・永尾・西野編訳）『法・人格・正義』昭和堂、一九九六年。

アルトゥール・カウフマン（甲斐克則訳）『責任原理――形法的・法哲学的研究――』九州大学出版会、二〇〇〇年。

アルトゥール・カウフマン（上田健二訳）『法哲学［第2版］』ミネルヴァ書房、二〇〇六年。

教皇庁正義と平和評議会（マイケル・シーゲル訳）『教会の社会教説綱要』カトリック中央協議会、二〇〇九年。

ハンス・ケルゼン（長尾龍一訳）『神と国家――イデオロギー批判論集』（ケルゼン選集七）、木鐸社
ジルソン＝ベーナー（服部＝藤本訳）『アウグスティヌスとトマス・アクィナス』みすず書房、一九八一年。

F・ファン・ステンベルゲン（稲垣＝山内訳）『トマス哲学入門』、白水社、一九九〇年。

ジャン・ダバン（水波朗訳）『国家とは何か』創文社、一九七五年。

ジャン・ダバン（水波朗訳）『法の一般理論―新版―』創文社、一九七六年。

E・デュルケーム（宮島喬訳）『社会学的方法の規準』岩波文庫。

E・トーピッチュ（長尾龍一訳）「空虚な定式について」（『批判的合理主義』ダイヤモンド社、昭和四九年）。

マックス・ピカート（坂田徳雄・佐野利勝・森口美都男訳）『神よりの逃走』みすず書房、一九六三年。

A・フェルドロース（原秀男、栗田睦雄訳）『自然法』成文堂、一九七四年。

ポール・フルキエ（足立和浩・竹田篤司訳）『哲学講義』第二巻、筑摩書房（ちくま学芸文庫、一九九七年）。

ポール・フルキエ（支倉崇晴・広田昌義訳）『哲学講義』第四巻、筑摩書房（ちくま学芸文庫、一九九七年）。

ギュンター・ペルトナー（山田秀訳）「生命の不可侵性――自己決定の限界――」（社会倫理研究所『社会と倫理』第十七号、二〇〇四年）。

ギュンター・ペルトナー（山田秀訳）「尊厳の尊重と利益の保護」（社会倫理研究所『社会と倫理』第十九号、二〇〇六年）。

ジャック・マリタン（久保正幡・稲垣良典訳）『人間と国家』創文社、一九六二年。

ジャック・マリタン（吉満義彦訳）『形而上学序論（改訂版）』エンデルレ書店、昭和二三年。

ヨハネス・メスナー（水波朗、栗城壽夫、野尻武敏訳）『自然法』創文社、一九九五年。

ヨハネス・メスナー（山田秀訳「社会秩序の大憲章――『レールム・ノヴァールム』九十周年――」『社会と倫理』第十号、二〇〇一年）。

M・メルロ＝ポンティ（竹内芳郎・小木貞孝訳）『知覚の現象学』第一巻、みすず書房、一九六七年）。

M・メルロ＝ポンティ（竹内芳郎・木田元・宮本忠雄訳）『知覚の現象学』第二巻みすず書房、一九七四年。

ラートブルフ（田中耕太郎訳）『法哲学』（ラートブルフ著作集第一巻）東京大学出版会、一九六一年。

アントン・ラウシャー著（山田秀訳）「人格性、連帯、補完性」（『社会と倫理』第九号、二〇〇〇年）。

4．邦語文献

碧海純一『法と言語』日本評論社、一九六五年。

碧海純一『法と社会』中央公論社、一九六七年。

碧海純一『新版法哲学概論（全訂第一版）』弘文堂、一九七三年。

碧海純一『合理主義の復権――反時代的考察』（再増補版）木鐸社、一九八一年。

秋葉悦子「出生前の人の尊厳と生きる権利――母体保護法改正に向けての提言――」『人間の尊厳と現代法理論』（ホセ・ヨンパルト教授古稀祝賀）、（成文堂、二〇〇〇年）。

秋葉悦子訳著『ヴァチカン・アカデミーの生命倫理――ヒト胚の尊厳をめぐって――』知泉書館、二〇〇五年。

安藤孝行『形而上学――その概念の批判的概観――〔増補版〕』勁草書房、一九六五年。

稲垣良典『トマス・アクィナス哲学の研究』創文社、一九七〇年。

稲垣良典『トマス・アクィナス』（思想学説全書）勁草書房、一九七九年。

稲垣良典『信仰と理性』（レグルス文庫）、一九七九年。

稲垣良典『習慣の哲学』創文社、昭和五六年。

井上茂『自然法の機能』勁草書房、一九六一年。

今道友信『愛について』講談社現代新書二七二、昭和四七年。

岩崎武雄『現代英米の倫理学』勁草書房、一九六三年。

岩崎武雄『倫理学』有斐閣、昭和四六年。

岩崎武雄『岩崎武雄著作集第三巻』新地書房、一九八一年。

岩崎武雄『岩崎武雄著作集第九巻――哲学論文集Ⅰ』新地書房、一九八二年。

梅崎進哉・宗岡嗣郎『刑法学原論』成文堂、一九九八年。

岡田武彦『静坐と坐禅』大学教育社、昭和五十二年。

岡田武彦『中国思想における理想と現実』木耳社、昭和五十八年。

岡田武彦『儒教精神と現代』明徳出版社、平成六年。

岡田武彦『陽明学つれづれ草』明徳出版社、平成十三年。

尾高朝雄「ラートブルフの法哲学」（『ラートブルフ著作集別巻』、東京大学出版会）。

K・グドルフ『キリスト教社会哲学概論』ミネルヴァ書房、一九七二年。

小林靖昌「シュトーカーの良心論とその問題点――「良心論概説」にかえて――」（金子武蔵編『良心　道徳意識の研究』以文社、

一九七七年）。

小山昇『民事訴訟法［新版］』青林書院、二〇〇一年。

佐藤俊夫『習俗――倫理の基底――』塙書房、一九六六年。

澤田昭夫「補完性原理 The Principle of Subsidiarity：分権主義的原理か集合主義的原理か?」『EC統合の深化と拡大』（日本EC学会年報　第十二号、有斐閣、一九九二年）。

祖父江孝男『文化人類学入門』中公新書五六〇、昭和五四年。

祖父江孝男『文化とパーソナリティー』弘文堂、一九七六年。

田中朋弘『文脈としての規範倫理学』ナカニシヤ出版、二〇一二年。

田中美知太郎『ソクラテス』（岩波新書）、一九五七年。

田中美知太郎『哲学入門』講談社学術文庫、昭和五一年。

野尻武敏『長寿社会を生きる――美しく老いるために――』晃洋書房、一九九一年。

野尻武敏『第三の道――経済社会体制の方位――』晃洋書房、一九九七年。

野尻武敏『転換期の政治経済倫理序説――経済社会と自然法――』ミネルヴァ書房、二〇〇六年。

浜口吉隆『伝統と刷新――キリスト教倫理の根底を探る』南窓社、一九九六年。

原秀男『価値相対主義の研究』勁草書房、一九六八年。

ヂノ・K・ピオヴェザーナ『スコラ存在論』中央出版社、昭和三五年。

フランシスコ・ペレス『人間の真の姿を求めて』ヨルダン社、一九七三年。

星野英一「『法』と『法律』の用語法について」（同『民法論集第七巻』、有斐閣、一九八九年）。

星野英一『民法のすすめ』岩波新書、一九九八年。

星野英一『人間・社会・法』創文社、二〇〇九年。

星野英一『法学入門』有斐閣、二〇一〇年。

松田純『遺伝子技術の進展と人間の未来――ドイツ生命環境倫理学に学ぶ――』知泉書館、二〇〇五年。

松本正夫『神学と哲学の時代』中央出版社、昭和四三年。

三島淑臣「法の近代的観念と古典的観念」（『月刊法学教室』No. 5、有斐閣、一九八一年）

三島淑臣「第二章　自然法論」（井上茂、矢崎光圀、田中成明編『講義法哲学』青林書院新社、一九八二年）

三島淑臣「〈自然法論〉と法実証主義の彼方」（大橋智之輔外編『現代の法思想』、有斐閣、一九八四年）。

三島淑臣『法思想史［新版］』青林書店、一九九三年（初版一九八〇年）。

水波朗『法の観念――ジャン・ダバンとその周辺――』成文堂、昭和四十六年。

水波朗『トマス主義の法哲学』九州大学出版会、一九八七年。

水波朗『トマス主義の憲法学』九州大学出版会、一九八七年。

水波朗『基本的人権と公共の福祉』九州大学出版会、一九九〇年。

水波朗『自然法と洞見知――トマス主義法哲学・国法学遺稿集――』創文社、二〇〇五年。

宮川俊行「『補完性原理』のトマス主義社会倫理学的考察」『法の理論17』（成文堂、一九九七年）。

宗岡嗣郎『リーガルマインドの本質と機能』成文堂、二〇〇二年。

村井実『教育学入門』（上・下）講談社学術文庫、昭和五一年
村井実『人間と教育の根源を問う』小学館、一九九四年。

村井実『「善さ」の復興』東洋館出版社、一九九八年。

安田三郎編著『基礎社会学　第一巻：社会的行為』東洋経済新報社、一九八〇年。

山内清海『哲学』サンスルピス大神学院、昭和五三年。

山田晶「トマス・アクィナスにおける個物の問題」『中世思想研究』XXⅧ（一九八六年）。

山田秀「ヨハネス・メスナーの自然法論」（『九大法学』第四四号、昭和五十七年）。

山田秀「倫理的真理について――伝統的自然法論の立場から――」、『法哲学と社会哲学』（法哲学年報、有斐閣、一九八六年）。

山田秀「ヨハネス・メスナーの良心論――良心の構造と機能をめぐって――」、『自然法―反省と展望』創文社、一九八七年。

山田秀「自然法論的人間論――統合的人間論形成への途上にて――」（『南山法学』第二十巻第三・四合併号、一九九七年）。

山田秀「自然法論的認識論――メスナー自然法論の一貢献――」（『法と国家の基礎にあるもの』、創文社、一九八九年）。

山田秀「『百周年回勅』の今日的意義――法哲学的観点から――㈠」（『社会倫理研究』第一号、一九九二年）。

山田秀「『百周年回勅』の今日的意義――法哲学的観点から――㈡」（『社会倫理研究』第二号、一九九三年）。

山田秀「共同善、社会、国家――トミスムの観点から――」（『法政研究』第五十九巻第三・四合併号、一九九三年）。

山田秀「メスナー自然法論の思想的境位」（南山大学法学会『南山法学』第十六巻第三・四合併号、一九九三年）。

山田秀「孟子の倫理思想とメスナーの良心論――自然法と実践知に就いての一比較試論――」阿南誠一、稲垣良典、水波朗（共編）『自然法と実践知』（創文社、一九九四年）。

山田秀「カトリック社会理論における自然法の意義――カトリック社会理論入門――」（『社会倫理研究』第四号、一九九六年）。

山田秀「自然法と共同善――メスナー自然法論の一側面――」『多文化時代と法秩序』（法哲学年報、有斐閣、一九九七年）。

山田秀「カトリック社会理論の現代的意義――出会いとその発展相及び射程について――」（『現代社会とキリスト教社会論』南山社会倫理研究叢書第三巻、一九九八年）。

山田秀「伝統的自然法論における自然法と自然法則」『法思想における伝統と現在』（九州大学出版会、一九九八年）。

山田秀「共同善――伝統的自然法論ないし社会倫理学におけるその概念と機能をめぐって――」、経済社会学会編『経済社会学会年報』XXⅥ（現代書館、二〇〇四年）。

山田秀「ヨハネス・メスナーの生涯と著作」『社会と倫理』第十八号（南山大学社会倫理研究所、二〇〇五年）。

山田秀「妊娠中絶についての自然法論的考察――秋葉・伊佐（松尾）論争に寄せて――」（『法の理論24』成文堂、二〇〇五年）。

山田秀「共同善と補完性原理――伝統的自然法論の立場から――」『社会と倫理』第二十号（南山大学社会倫理研究所、二〇〇六年）。

山田秀「ロールズ正義論と伝統的自然法論」『社会と倫理』第十九

号（南山大学社会倫理研究所、二〇〇六年）。

山田秀「『善さ』を志向する人間本性――村井実博士の自然法論的教育思想――」『南山法学』第三十一巻　第一・二合併号（南山大学法学会、二〇〇七年）。

山田秀「伝統的自然法論の精華――ヨハネス・メスナー晩年の著作を中心に――」『社会と倫理』第二十一号（南山大学社会倫理研究所、二〇〇七年）。

吉田禎吾・寺田和夫『人類学入門』東京大学出版会、一九七四年。

ホセ・ヨンパルト『実定法に内在する自然法――その歴史性と不変性――』有斐閣、一九七九年。

附録　主要著作案内

以下に、主要著作として十一冊を選定して、それぞれに簡単な解説を附した。これがきっかけとなって、メスナーの著作の原典に自ら取り組んでくださる研究者が出てくることを願う。

***Sozialökonomik und Sozialethik, Studie zur Grundlegung einer systematischen Wirtschaftsethik*, 1927, 77S.**

共同善の意義を見抜き、制度倫理学としての「経済倫理学」を説いた古典。

国民経済学的倫理学ないし倫理学的国民経済学――要するに「経済倫理学」――の先駆的な業績である。経済倫理学を社会倫理学のそれとして論ずる本書で、メスナーは当時の通説に対抗して、社会倫理学の成立基盤となるべき「共同善」(das Gemeinwohl) の独自の意義を主張する。ヴォルフガング・シュミッツによれば[1]、本書においてメスナーは „ein Pionier der Institutionen- und Systemethik“、要するに「制度倫理学」ないし「システム倫理学」の草分け的存在であることを証した[2]。

***Die soziale Frage der Gegenwart, Eine Einführung*, Tyrolia, Innsbruck-Wien-München, 1934, 672S ; *Die soziale Frage*, völlig neu bearbeitete 6. Auflage mit dem Untertitel : Im Blickfeld der Irrwege von gestern, der Sozialkämpfe von heute, der Weltentscheidung von morgen, 1956, 742S ; 7. neubearbeitete und erweiterte Auflage, 1964, 796S.**

資本主義並びに社会主義に対してキリスト教的社会改革を決然と明快に説く、実践をも視野に組み入れた体系的思索。

本書は、若きメスナーが混乱へ陥りつつあった当時の社会状況の中で、キリスト教的精神に満たされた社会改革の道を提示する。即ち、第一部では資本主義につき、第二部では社会主義につき、その歴史的展開を述べ、その哲学的世界観的基礎を解明し、その経済的、国家的、文化的諸側面からその誤り、一面性を述べている。第一部と第二部は、従って、社会批評を実質的に構成している訳である。第三部で、著者は、経済、社会、国家、文化のそれぞれの領域で課せられた諸課題をキリスト教的社会改革の観点から詳論する。そのための社会諸原理として、自由原理、共同善原理、補完性原理、連帯性原理が紹介される。更に、経済社会秩序の章では、市場秩序、所有秩序、信用秩序、労働の社会秩序などが、社会の章では、婚姻と家族、民族と国民、職業身分秩序と社会協調秩序などが、国家の章では、法秩序や福祉秩序並びに民主主義と国際共同体の平和秩序の改革目標が論じられる。そして最後の文化の章では、キリスト教理念が論じられた上で、ニヒリズムの克服、大衆精神の萎縮などが論じられ、その克服が志向される。

この論述スタイルはまことにバランスのとれたもので、しかも説得力がある。私の見るところでは、後に、同じカトリック社会倫理学のアルトゥル・ウッツやアントン・ラウシャーなどの有力な学者もこのスタイルを参考にしているようである。(3)

***Dollfuß*, Tyrolia, Innsbruck–Wien–München, 1935, 135S.**

敬虔なカトリック信仰に支えられて国家再生に生涯を捧げ、ナチスの犠牲となった、誇り高き農民宰相を、深い共感を抱きつつ客観的な資料によって描いた追悼の記録。

農民宰相の生誕から成長、その過程での様々な労苦を潜り抜けての人間的な成長、政界への呼び出しとそれに対する偉大な貢献、そうした足跡が、客観的な資料によって裏付けられながら纏められている。とりわけて困難なご時世にあって選択肢がいよいよ狭められていく中でのオーストリア国民、祖先、神に対する愛着と崇敬の念が描かれているのが印象的で尚且つ感動的である。キリスト教国家（第八章）にかんする一節を、カトリック国家哲学に基づいて制定公布された一九三四年五月憲法との連関で紹介してみたい。「近代の憲法はすべて、国家権威が神の権威の下に服すことを拒絶する。そしてフランス革命以来、すべての権力は人民に由来するとの宣言を伴うことがしばしば見られる。オーストリアの新国家は、明瞭この上なく権利も権力も根源としての神に由来することを承認する。従って、オーストリアはカトリック国民の理解すべきと同様、キリスト教的自然法の基礎に立つのであって、不文の根本法則としての倫理的世界秩序を支持することを再度公言するものである。」

憲法前文には「すべての法（権利）が由来する神の御名において、本憲法はオーストリア国民、キリスト教的、ゲルマン的、連邦国家のために、協同の基礎に立脚して公布される」とある。ここに見られる「協同の基礎」とは回勅 *Quadragesimo anno* の打ち出した社会形成のための範型であった。

新憲法公布後二ヶ月もしないうちにドルフースはナチスの犠牲となった。その追悼のしるしとして本書が起草された訳であるから、これによってメスナーの立場が危うくなるのは不可避のことであった。

原本の入手は困難であるが、今なら幸い次の改定英語版を容易に入手することが可能である。

Fr. Johannes Messner, *Dollfuss, an Austrian Patriot*, HIS Press 2004.

***Das Naturrecht—Handbuch der Gesellschaftsethik, Staatsethik und Wirtschaftsethik*, Tyrolia, Innsbruck-Wien-München, 1950, 951S ; 5. Aufl., 1966, 1372S.**

„Summa Ethicae Socialis“「社会倫理学大全」と称すべき、二十世紀において類書をみない、伝統的自然法論からする社会倫理学の逸品。邦訳あり。

本書は、個人倫理学と区別された「社会倫理学」の体系書である。しかも、存在論哲学の伝統に立脚しつつ、社会諸科学の最新知見もできる限り積極的に取り入れて成立したもので、尚且つ単独執筆というものである点で、傑出している。

構成は、第一巻「基礎」が四部（人間の本性＝基礎倫理学、社会の本性＝社会哲学、社会の秩序＝法哲学、社会秩序の不全＝社会問題と社会改革）からなり、この総論部を前提にして各論が三部に分たれて詳論される。即ち、婚姻・家族に始まり近隣共同体や職業共同体、階級、政党、組合、更には民族並びにそれと国家の関わり、国際共同体を扱う第二部の「社会倫理学」、国家の本性、主権性、作用、動態を緊密な相互連関において論ずる第三部の「国家倫理学」、最後に、それ自体は社会倫理学に属すべきものではあるが、現代社会でそれが占める重要性に鑑みて独立の部を宛がわれた「経済倫理学」(4)が展開されている。

どこを開いて読んでも手応えが十分伝わってくる著者渾身の作品であり、それがせっかく『自然法―社会・国家・経済の倫理』として公刊されており邦訳で読めるのであるから、是非とも自ら進んで本書と取り組んで頂きたい。きっとその労は払った分だけ報われることであろう。例えば、基礎篇をひもとくと、倫理学の主要な学説が紹介され、尚且つ、それが人間の経験現実によって吟味されていく。それは結果的には伝統的自然法論を支えることに役立つ訳であるが、通念に従った分類方法に固執したままでは、自然法論をどこに位置づけてよいのか一瞬わからなくなるであろう。つまり、ここでもイデオロギー定位ではなく、人間の経験現実定位の存在論的倫理学が語られているのである。或いは、社会哲学の部でも、個人主義倫理学の閉塞状況をフランス社会学などとは異なる視座から乗り越えていく方途が示されている。国家倫理学ないし政治問題を考えるばあいでも、よくよく問題を追求していったならば、じつは「共同善」という現実をめぐってしか人々の協同の業がそもそも意味をもち得ないこと、しかもそれを前提にして各人の政治行動が見られることなどが了解されるのではなかろうか。

Widersprüche in der menschlichen Existenz-Tatsachen, Verhängnisse, Hoffnungen, **Tyrolia-Verlag, Innsbruck-Wien-München, 1952, 423S.**

現代の若者に向けて書かれたメスナーによる人間の自己誤認に関する書。

「我々現代人が病んでいる運命をもたらした自己に対する誤認」を本書においてメスナーは探求した。それは、単に学問的な配慮からではなく、寄る辺なき時代思潮に曝されている若者、とりわけ「人間の現存在、不運、希望を待望しながらも同時に、イデオロギー的な言説に懐疑的で、寧ろ現実在そのものへの洞見に信を置くことができると考えている」若者に一助たらんとの、謂わば老婆心的、司牧者的な願いから成立したものである。人間的実存の諸矛盾を、「性衝動」、「幸福傾動」、「自由傾動」、「社会傾動」、「認識傾動」の各次元から論ずる。それらを説くに当って、メスナーは、近現代の唯物論的自然主義的な思考様式とは異なる思考様式で、言い換えると、人間を諸衝動の織り成すところに従って突き動かされる動物の如く見立てるのではなく、霊肉一体的な存在として把握する見解に立つ。

Kulturethik mit Grundlegung durch Prinzipienethik und Persönlichkeitsethik, **Tyrolia Verlag, Innsbruck-Wien-München, 1954, 681S.**

二十世紀を代表する、埋もれた倫理学の大著。メスナー著作集第一巻として復刻されたるも、惜しいかな、ドイツ語版のみ。

本書は、言うまでもなく、姉妹篇『自然法』とともに、ヨハネス・メスナーの主著の一つであって、二十世紀を代表する自然法倫理学の大著である。

文化Kulturとは、メスナーにとって「展開された人間存在」あるいは「価値実現」である。そして、人間の創造的に生み出したものすべてが、文化の多様な表現形式である。つまり、人間そのものの表現である。であるならば、文化は秩序を、ひいては倫理的基礎づけを必要とするであろう。

ドイツ語でしか接し得ないのが誠に惜しいことであるが「最近グローバリゼーションとかが流行って、英語だけで万事を処理しようとの傾向が目にあまる。ドイツ語に限らず、それぞれの言語及びそれによって書かれた作品にはそれぞれの善さ、味わいがあることを肝に銘じるべきだろう。」、本書は、ナチスドイツによって強いられた英国での亡命生活の中で、著者メスナーがそれまでの大陸風の論述スタイルから（経験事実を格別に重視する）英国経験論風の善さを積極的にとりいれて、十年以上の歳月をかけて構想を練り、先ずは姉妹篇の『自然法』を準備して完成し、それに続いて世に問うた「文化倫理学」の大著である。

第一巻で倫理の基礎を集中的に論じ（およそ二六〇頁）、そこでは「良心」を始めとする価値意識が詳述されている。(5) 第二巻は「個人倫理学」を六〇頁ほど論じる。「真理への意志」を倫理的根本態度として論じた後、「根本義務」と「根本善徳」とを詳述する。今日とくに必須と考えられるからである。

第三巻の「文化倫理学」では、以上を前提に、文化の歴史性・風土性などにも目配りを忘れずになおかつ人間本性の指し示す「実存目的」を考慮に入れた倫理的考察を、「生活形式」、「秩序」そして「課題」という三つの側面から展開している（およそ三一〇頁）。

驚くべきことは、我が国で分析哲学的な議論が流行をみせるはるか以前に、著者は、英米の主要文献を渉猟消化して（ムーアの問題提起を真正面から受け止め、スティーブンソンなどの新しい動きもしっかり押えた上で）、それを超える（と私には思われる）学説を五〇年前後には既に構想していたことである。初版及び第二版は一九五四年に出版された。このたびメスナー選集の第一巻として復刻された。

流行に微動だにしない、しかし人間の多様な現実に真摯に向き合った著者の自然法論的倫理学は、その最も根底にある著者の「構え」に共振することができたならば、次から次へと示唆を与えてやむことがないように思われる。苦労してでも、じっさい読む価値のある良書である。(6)

***Das englische Experiment des Sozialismus—Auf Grund ökonomischer Tatsachen und sozialistischer Selbstzeugnisse dargestellt—*, Innsbruck-Wien-München, 1954, 106S.**

英国における社会主義による社会政策の実験を「社会化の問題」に関連させて資料自身に語らせた、定評のある文献。

本書は一九四五年から五一年にかけての英国における社会主義による社会政策の実験を批判的にメスナー自身が経験したことから成立した。それは控え目な領域ではあるが、社会化 socialisation に関する定評を得た文献である。既にメスナーは、*Die soziale Frage* において社会主義の思想的基盤とそれがカトリック社会理論と調和し得ないことを論述していたが、本書において、社会主義が人間の現実を謙虚に受容しないところから失敗をせざるを得なかったのと同様に、教会も若し経済の実情や人間の現実から目を逸らすようであるならば、同じように失敗するであろうことを警告している。

***Ethik-Kompendium der Gesamtethik*, Tyrolia Verlag, Innsbruck-Wien-München, 1955, 546S.**

メスナー自身の手による、全倫理学体系の要約版。

本書は、副題から窺われるように、メスナー自然法倫理学体系の全貌が凝縮された「全倫理学の教科書」として、彼自らが纏め上げたものである。従って、簡約版としては、本書が最も信頼できる。七巻から構成されている本書の内容は、「原理倫理学」、「個人倫理学」、「文化倫理学」、「法倫理学」、「社会倫理学」、「国家倫理学」、「経済倫理学」となっており、本文およそ五〇〇頁余りの中に、メスナー自然法倫理学体系のエッセンスが凝縮表現されている。

***Moderne Soziologie und Scholastisches Naturrecht*, Wien, 1961, 47S.**

小著だが、好著。伝統的スコラ自然法思想の重要論題を簡明に説く。

この小さいが、内容が豊かな好著は、同じヴィーン大学の社会学者アウグスト・マリア・クノル August Maria Knoll[7]の拠って立つカトリック左派からの伝統的スコラ的自然法論に対する批判に直接応えるために、それもクノルの聴講生らの要望に応じる形で、メスナーが執筆公刊したものである。メスナーはこの小著で、淡々と、つまり、クノルを名指しすることなく自然法の重要問題に関する自説、即ち、メスナー自然法思想の要約を簡単明瞭に述べている。

しかし、その後もクノルは次の著（*Katholische Kirche und scholastisches Naturrecht*, Wien 1962）を公刊した。そこで今度は、メスナーは、名指しで周到な反論を集中して展開して、これに対応している（Das Naturrecht, S. 342-344）。

因みに、重要問題を少し具体的に列挙しておくと、自然法の概念、存在、認識、歴史性といった諸問題である。大著『自然法』で言えば、第一巻第三部の「法哲学」に相当するものである。

***Der Funktionär, Seine Schlüsselstellung in der heutigen Gesellschaft*, Innsbruck-Wien-München, 1961, 312S.**

現代社会の各種社会構造、社会集団の要所要所の段階で重要な役割を果たすべき「幹部役員」についての包括的研究の先駆。

本書において „Funktionär“ という用語が取り上げられ、しかも極めて広義に於けるそれとして「語法」の検討を通して、「利益に仕える目的で組織化された集団によって職責を与えられ、この利益の最善の促進を課題とする者」

と一応定義される。現代社会においてそれが果たす役割の重要性に鑑みて、予め硬直した定義を下すことをメスナーは意図的に避けている。さて、この„Funktionär"によって指示される役職者は、一企業集団とか一政党とかに限らず、そうした集団全体との関連で当該集団の上層部に相当する者である故、ここでは「幹部役員」と訳語を与えておく。集団に於いて「職務を管理する者」でもあるが、又、集団成員の利益を確保増進すべき「業務の計画者」であり「遂行者」でもある。複雑の度合いを増して機能している経済社会に於いて「利益調整」を果たす幹部役員は、業務遂行者であると同時に、相対立する諸利益の妥協点を見出すための「自由裁量の余地」を有するが故に「責任を負うべき者」でもある。そして、ここから経済領域に止まらず「全体社会」にとっても重要になってくる「民主主義的統制と妥協機構」という問題圏が開かれてもくる。

メスナーは、幹部役員を、社会学的文脈、国家変遷に於ける文脈、民主主義との関連、福祉経済との関連、責任倫理学との関連、そして将来の世界史との関連に於いて周到に論じており、興味は尽きない。

***Das Gemeinwohl-Idee, Wirklichkeit, Aufgaben*, 1. Aufl, Osnabrück, 1962, 132S. ; 2. wesentlich erweiterte Aufl., Osnabrück, 1968, 267S.**

共同善を、理念、現実在、諸課題という諸側面から多次元的多層的に説いた著作。

本書は、カトリック社会倫理学の形成発展に与って力あったミュンスターのフランツ・ヒッツェ[8]歿後四十年記念にフランツ・ヒッツェ・ハウスに招かれて行った講演に由来するもので、初版のほぼ二倍の分量で第二版がその後公刊されている。新たに「最近の理念史と共同善文献」を論ずる第四章が附加された。しかし何と言っても、それに先行する本体部分、即ち、第一章「最大多数の最大幸福」、第二章「価値存立態としての共同善」、第三章「諸次元においてみられた共同善」のそれぞれが著しく拡充されている。

本書は、ある意味で、メスナーの主著の何冊かを一つの主題ないし概念、即ち、共同善という中心関心から纏め直したもの、と見ることができる。それ故、重要なメスナー自然法倫理学の主題が位置を代え、登場している。人間は「文化的存在」である。人間は人格であって、それ故、社会を含めての様々な制度の「中心かつ基準」である。霊肉一体的歴史的存在が織り成す社会における共同善は、これも「歴史的存在」でしかあり得ない。とは言え、人格の社会である以上、その基本における、いわば「超越的善」志向性は既に与えられている。そうした事態を、様々な次元に即して、即ち、組織論的、存在論的、形而上学的、精神的、倫理的、法的、政治的、経済的、財政政策的、社会政策的、社会福祉的、そして国際法倫理学的諸次元に即して論じていく。自然法論者であるメスナーは、最後の最後になって始めて「自然法」という用語を使用しているのであるが、これも実は名目上の問題に過ぎぬことで、実際は経験現実を徹底的に掘り起こす作業それ自体が「事物の自然」ないし「事物の本性」、要するに、それに自然法論が定礎されねばならない当のものの顕在化努力、言い換えれば、自然法論的努力であった訳である。

尚、本書において、カトリック社会理論ないし社会倫理学が学問上の自己認知を要求し成立していく上で果たした「共同善の独自の存在とその価値及び意義」も見逃されてはならないであろう。学問成立史の観点からも本書は注目に値するであろう。(9)

(1)　Wolfgang Schmitz, Johannes Messner–ein Pionier der Institutionen- und Systemethik, in : Wolfgang Schmitz (Hrsg.), *Beiträge zum Symposium der Johannes-Messner-Gesellschaft zur Neuherausgabe seiner Habilitationsschrift : Sozialökonomik und Sozialethik, Studie zur Grundlegung einer systematischen Wirtschaftsethik*, 1927, Berlin 1999. Vgl. auch ders., Erfolgreich Wirtschaften–ein sittliches Postulat, in : Rudolf Weiler (Hrsg.), *Wirtschaften–ein sittliches Gebot im Verständnis von Johannes Messner*, Berlin 2003.

（2）Eine ähnliche Position nimmt Walter Kerber, *Sozialethik*, Köln 1998, 14-16 u. 28-45, ein.

（3）Arthur-Fridolin Utz, *Zwischen Neoliberalismus und Neomarxismus. Die Philosophie des Dritten Weges*, Köln-Bonn 1975.（野尻武敏訳『第三の道の哲学』新評論一九七八年）。尚、序章の註（101）をも参照。Anton Rauscher, *Liberalismus und Sozialismus in christlicher Sicht. Katholische Soziallehre in Text und Kommentar* Nr. 8, Köln 1977.

（4）メスナーの経済倫理学については、野尻武敏「経済倫理学とメスナー自然法論」（『創文一九九五、一二』創文社、一九九五年）を参照されたい。

（5）拙稿「ヨハネス・メスナーの良心論――良心の構造と機能をめぐって――」（『自然法―反省と展望』、創文社、一九八七年）、及び、拙稿「自然法論的認識論――メスナー自然法論の一貢献――」（『法と国家の基礎にあるもの』、創文社、一九八九年）［本書第三章及び第四章］を参照されたい。

（6）拙稿「メスナー『文化倫理学』案内」（『創文一九九五、一二』、創文社、一九九五年）をも参照されたい。尚、本書『文化倫理学』中の「第二巻個人倫理学」に関連しては、簡単ではあるが、拙稿「孟子の倫理思想とメスナーの良心論」『自然法と実践知』（創文社、一九九四年）で紹介しておいた。我が国の法学界では、刑法学者であり同時に法哲学者でもある宗岡嗣郎久留米大学教授が、メスナー流の伝統的存在論の観点から、根本的な問題提起を行い、論証を展開しているのが注目される。特に、宗岡嗣郎『リーガルマインドの本質と機能』（成文堂、二〇〇二年）を参照されたい。

（7）尚、クノルは、本文に既に紹介したフランツ・シントラー以来生き続けているキリスト教社会改革の理念を、カール・クマー Dr. Karl Kummer と協力して「社会政策及び社会改革研究所」„Institut für Sozialpolitik und Sozialreform" (seit 1967 mit „Dr. Karl-Kummer-Institut für Sozialpolitik und Sozialreform" bezeichnet) を設立することを通して受け継いでいる。メスナー自身もこの研究所に深く関わっていた。

（8）フランツ・ヒッツェについては、序章の註（74）を参照されたい。

（9）拙稿「共同善――伝統的自然法論ないし社会倫理学におけるその概念と機能をめぐって――」、『経済社会学会年報』XXVI（二〇〇四年）を参照されたい。

あとがき——謝辞に代えて

ここで、二十数年前に九州大学において学位論文の指導と審査をして下さった先生方にお礼を述べておきたい。水波朗先生、三島淑臣両先生には、言葉で表現し尽くせないほどのご指導を忝くしてきた。特に水波先生からは、学部、大学院時代に凡そ八〇単位超過分に相当するほどのご指導を受けてきた（一部を挙げると、マリタン、ヴィレイ、ビュルドー、エスマン等の仏語原典、ミュラーシュミット、ボヘンスキー、ライプホルツ等のドイツ語文献、ホッブズ、メートランドの英語文献ほかの講読、学部時代の講義はダバンを中心としてメスナーを加味して講じられた「法哲学（権利論）」、「国法学」、四年生ゼミほか）。心から感謝の意を表したい。尤も、それほど多大なご指導を仰ぎながらも、私が到達しえたところは本書から窺われるであろうようにまだまだ不十分であり、不肖の弟子であり、その意味では、先生に対して申し訳ない限りである。又、稲垣良典先生（九州大学名誉教授）には多くの学恩を負うている。

大学院時代には、同じ法哲学専攻の先輩・後輩に囲まれて、多くの学問的・人間的な刺戟を受けることができた。永尾孝雄氏（現在熊本県立大学教授）、酒匂一郎氏（現在九州大学教授）、若くして亡くなった福井徹也氏（遺著『近代ヒューマニズムの外へ——法と正義をめぐる反・西洋思想史——』創言社、二〇〇四年）、神原宏和氏（現在久留米大学教授）らとは、多くの時間をゼミや日常において共有する幸運に恵まれた。又、先輩の坂口浩氏（北九州工業高等専門学校名誉教授）とは、氏の内地留学時代に水波研究室で *Euangelium secundum Iohannem* を一緒に読む機会を与えられた。甲斐克則氏と笹田栄司氏（ともに現在早稲田大学教授）とは水波ゼミで一緒に学んだ。

修士論文を仕上げる時には、特に宗岡嗣郎氏（現在久留米大学教授）、中間論文を仕上げる時は、松生建氏（現在広島大学教授）の両先輩に励まされること大であった。両先輩とも水波ゼミを共に経験した研究仲間である。

学位論文受理後、ただちに南山大学に社会倫理研究所第一種研究所員として着任したが、そこで私は、学位論文をまとめる余裕を精神的にも時間的にもなかなかもち得なかった。しかし、同研究所で開始されたプロジェクト研究の著作権に関連するアンケート調査項目の作成から回収・分析・評価に始まる不慣れな新しい仕事に従事するという、厳しくはあるが自らの視野を広げるための好機にも恵まれ、多くの素晴らしい研究者と交友を結び深めることができた。研究所関係では、森茂也研究所長事務取扱、阿南成一研究所長、松山昌司研究所長、澤木勝茂研究所長、高橋広次研究所長、小林傳司研究所長、丸山雅夫研究所長、また、研究所員としては家本博一所員、奥田太郎所員、マイケル・シーゲル所員を始め、多くの関係者の協力や刺激を受けつつ、研究生活を送ることができた。桜井健吾氏（南山大学名誉教授）からは、その手堅い歴史家としての研究スタイルの他、カトリック社会倫理学について有益な示唆と教示を受けた。浜口吉隆神父（南山大学教授）からは、キリスト教概説の受講のほか倫理神学を中心に多くの学恩に浴することを得た。研究所長を務められた高橋氏は、水波門下の先輩でもあり、しばしば真剣な法哲学談義に花を咲かせることがあり、多くのご教示を受けることができた。奥田、シーゲル両所員とは毎日昼食時とコーヒータイムで様々な話題について忌憚ない意見の遣り取りを行い、楽しくかつ有益な時を過ごすことができた。土田友章所員（現在早稲田大学教授）からは実践倫理学 practicing ethics の精神を教授された。橋本昭一氏（関西大学名誉教授）からは教皇回勅を始めヴァチカン公文書を素材とした研究会を通じて教えていただいた。また、南山大学時代には愛知法理研究会に所属して、研究会及び懇親会で会員の方々にお世話になった。

昨年天に召された蒔苗暢夫氏（元京都ノートルダム女子大学副学長）からは、南山大学時代大変お世話になったが、何よりもその生きる日々の姿それ自体が第一の掟・第二の掟を生き抜くという姿勢で貫かれており（マタイ伝福音書第二

十二、三七―三九）、問題に向かい対応する方法が多角的総合的である点で、トマスの『神学大全』の著述の仕方を教えて下さった。ここに感謝の念を捧げ、ご冥福を祈る。

メスナー自然法論とは同じではないとしても極めて近い系譜の人格主義生命法倫理学を説く秋葉悦子氏（富山大学教授）と岩本潤一氏（カトリック中央協議会司教協議会秘書室研究企画主任研究員）からも多くの示唆と激励を受けている。メスナーの盟友であったアルトゥル・ウッツの社会倫理学については同門の島本美智男氏（追手門学院大学教授）から多大の恩恵を蒙っている。広い意味でメスナーと同系統に属しながらも或る意味でこれに対抗する有力な理論家マルティン・ローンハイマーの研究者平手賢治氏（志學館大学准教授）、伝統的自然法論から法実務の根源的省察を試みる米倉正実氏（弁護士）からも貴重な学問的刺戟を受けている。

又、立場を異にすることになったとはいえ、碧海純一先生からは著書を通じて実に多くを学ぶことを得た。その先生も幽明境を異にされた。学恩を感謝しご冥福を祈る。

海外では、とくにメスナー先生の後継者ルードルフ・ヴァイラー先生、そしてアルフレート・クローゼ先生（メスナーの姪御さんのご主人）、ヴォルフガング・シュミッツ先生（元大蔵大臣）、ヘルベルト・シャンベック先生（元オーストリア連邦参議院副議長）（以上ヴィーン在住のメスナー先生に関わりを有する方々）、ルードルフ・メスナー先生（メスナーの甥御さん）、ローター・シュナイダー先生（ドイツの社会倫理学者）に学問上お世話になった。とりわけヴァイラー先生は、私をヴィーン大学カトリック神学部の客員教授としての招聘して下さった。私は先生のゼミナールに参加するとともに、私自身もゼミナール指導をするという貴重な経験をし、これが非常に大きな励みとなった。センタ・ライヒェンプファーダー博士も貴重な資料を折につけご提供いただき、私のメスナー研究を後押しして下さった。

また、二十数年前（一九八二―一九八四年）、南山大学学長ヨハネス・ヒルシュマイヤー先生のお計らいで、私は西ドイツ・ミュンスター大学のカトリック神学部に留学の機会を与えられ、そこのキリスト教社会科学研究所所長ヴィルヘルム・ヴェーバー先生の下でキリスト教社会教説と教皇回勅の研究を始めた（公布されたばかりのLaborem exercensをゼミで取り上げていた関係上、これが私の初めての回勅研究となった）。不幸にもヴェーバー先生はヒルシュマイヤー学長を追うかのように、同じ年に同じ病で亡くなられた。短期間ではあったが、この留学体験も私にとっては実に貴重であった。ヴィーン留学（一九九四―一九九五年）を終える頃体調を崩していた家内を病院に紹介して下さった、その紹介がなければ家内は一九九五年夏には帰らぬ人となっていたであろう、命の恩人ともいえる、そのシュミッツ先生も二〇〇八年に亡くなられた。近年水波先生も亡くなられた。これら先生の在天の霊に深い感謝の念を捧げ、心からご冥福を祈る。

熊本大学法学部に移るに際し、また移籍後、山崎広道学部長を始め同僚諸氏にお世話になってきているが、特に九大大学院時代から親交のある先輩で法曹養成研究科の平田元教授（二〇一四年四月から研究科長）には常日頃から親しく対応して頂いており忝いことである。長期にわたり闘病生活を余儀なくされていた妻ひとみが入院先の広島で病歿したとき、九大大学院時代からの友人で副学部長である深町公信教授に葬儀関係でたいへんお世話になった。その年度は、学務でも大日方信春教授に教務学生委員長を交代して頂き、大いに助けられた。

その他にも名前を記したいという衝動に駆られる方々がおられるが、それらの方々の名前はこの私の胸に秘めることでお許し願い、私をここまで導いてくださったこれらすべての方々に衷心からお礼を申しあげたい。

妻子のひとみと秀樹の存在も、もちろん、私の人生において様々な面で私の後押しをしてくれており研究遂行・執筆完成への励みとなり、これに寄与した。ただ残念なことに、三十年間連れ添った妻ひとみは本書の刊行を見ずして私よりも前に他界した。亡き妻に感謝の祈りを捧げたい。また、妻に先立たれて茫然としていた私を終始支えてくれた今の妻実香と乳児秀翔が我が家に加わり、現在では四人家族として日常を過ごしているこの現実を感謝して受け止めている。

本書を公刊するに当たって想到し痛感するのは、私の現在があるのはただただ直接間接これを支えて下さっている、過去現在の方々のお蔭であるということに尽きる。

本書は、熊本大学法学会の助成を受け同法学会叢書の一巻として刊行される。関係各位に感謝申し上げる。そして、成文堂の編集部の飯村晃弘氏にお礼を申し述べる。

最後に、完成には程遠い本書ではあるが、拙著を在天の三人の霊に献じたい。ヨハネス・メスナー先生、水波朗先生、山田ひとみの霊に。

二〇一四年二月十六日

山　田　　秀

(2)　欧文目次

Hideshi YAMADA
Das Naturrechtsdenken
von Johannes MESSNER
Band 13 des Vereins für die rechtswissenschaftlichen Forschungen der juristischen Fakultät an der Kumamoto Universität
Seibundo-Verlag, Tokio 2014

INHALT

著者紹介

山田秀（やまだ　ひでし）
1955年　鹿児島市に生まれる
1978年　九州大学法学部卒業後、同大学大学院法学研究科入学（基礎法学専攻）
1982-1984年　西ドイツ・ミュンスター大学カトリック神学部に留学。キリスト教社会科学及び教皇回勅を学ぶ。
1985年　法学研究科博士後期課程単位取得退学
同年九州大学法学部助手（比較憲制論）
1986年　法学博士（九州大学）
1986年　南山大学講師（社会倫理研究所所員）
1994-1995年　オーストリア共和国ヴィーン大学カトリック神学部客員教授
1998年　南山大学教授を経て
2008年　熊本大学教授

主要著作

Das Naturrechtslehre von Johannes Messner und ihre Rezeption in Japan, Wien 1996.
Für eine Kulturethik im 21. Jahrhundert, in：Rudolf Weiler（Hrsg.）*Wirtschaften-ein sittliches Gebot im Verständnis von Johannes Messner*. Duncker & Humblot, Berlin 2003.
Rechtsethik von Krieg und Frieden im Blick auf *Pacem in Terris*, in *ETHCA 2004. Jahrbuch des Instituts für Religion und Frieden*, Institut für Religion und Frieden beim Militärbischofsamt, Wien 2004.
Mensch und Naturrecht in Entwicklung aus Sicht eines japanischen Naturrechtlers, in：Rudolf Weiler（Hrsg.）*Mensch und Naturrecht in Evolution*, Wien 2008,
Philosophische Überlegungen über die Menschenrechte und Menschenwürde, in *Zeit-Fragen*, 20. Dezember 2011, 19. Jahrgang, Nr. 51.

ヨハネス・メスナーの自然法思想
熊本大学法学会叢書 13

2014年３月20日　初版第１刷発行

著　者　山　田　　秀
編　者　熊本大学法学会
代表者　山　崎　広　道
発行者　阿　部　耕　一

〒162-0041　東京都新宿区早稲田鶴巻町514番地
発行所　株式会社　成　文　堂
電話 03(3203)9201㈹
http://www.seibundoh.co.jp

製版・印刷　三報社印刷　　製本　佐抜製本

ISBN 978-4-7923-0559-8 C3032

定価（本体 5300 円＋税）

熊本大学法学会叢書

1	日本社会主義史研究	本体 5000円 岡本　宏著
2	行政手続法の研究	品　切 海老沢俊郎著
3	十九世紀ドイツ私法学の実像	本体 6000円 赤松秀岳著
4	近代日本の東アジア政策と軍事	本体 4000円 大澤博明著
5	時代転換期の法と政策	本体 6000円 中村直美・岩岡中正編
6	持続可能な地域社会の形成	本体 5300円 上野眞也著
7	法化社会と紛争解決	本体 4200円 吉田勇編著
8	パターナリズムの研究	品　切 中村直美著
9	紛争解決システムの新展開	本体 5300円 吉田勇編著
10	法と政策をめぐる現代的変容	本体 6000円 山崎広道編著
11	対話促進型調停論の試み	本体 5000円 吉田　勇著
12	イギリスの自白排除法則	本体 3500円 稲田隆司著
13	ヨハネス・メスナーの自然法思想	本体 5300円 山田　秀著